BTS Comptabilité & Gestion
1re année

CONTRÔLE ET TRAITEMENT COMPTABLE DES OPÉRATIONS COMMERCIALES

HUGUES JENNY

PROCESSUS 1

APPLICATIONS PGI

BiMédia

FontainePicard

Préambule

Cet ouvrage est destiné à l'étude du processus 1 du BTS CG (voir extrait du référentiel ci-après).

Tous les scénarios et les situations professionnelles sont caractérisés (en début d'énoncé) par la ou les composantes d'activités traitées. Cette information est destinée à aider l'étudiant à compléter son passeport professionnel.

Les scénarios peuvent être étudiés soit en classe entière banalisée, soit sur poste informatique à l'aide du PGI.

L'apprentissage est basé sur des missions relatives à la société DUVIVIER afin que l'étudiant acquière les compétences nécessaires à partir d'une situation professionnelle contextualisée.

Le processus 1 fait partie du bloc de processus P1/P2 pour lequel un horaire de :
- 3 h (classe entière) + 3 h (groupe) est prévu en première année ;
- 2 h (classe entière) + 2 h (groupe) est prévu en seconde année.

Votre progression vers l'autonomie :
L'épreuve écrite (E4A) et les épreuves en CCF vous demanderont une capacité d'analyse et d'adaptation importante. Cet ouvrage vous permettra d'acquérir les compétences nécessaires pour atteindre ces objectifs. L'intégration d'aléas et de situations professionnelles contextualisées à analyser vous entraîneront à atteindre les résultats attendus.
Afin d'y parvenir, vous observerez qu'au fur et à mesure des scénarios et des situations professionnelles, les missions à réaliser seront moins guidées et vous mettront en situation quasi professionnelle de recherche d'information (actualisation de votre veille), d'analyse et de mise en œuvre de vos compétences.

Collection BTS CG… Ouvrages Bi-Média

Facile comme un clic : format html, lisible par tout navigateur, aucune application à installer

Ouvrage numérique version étudiant enrichi

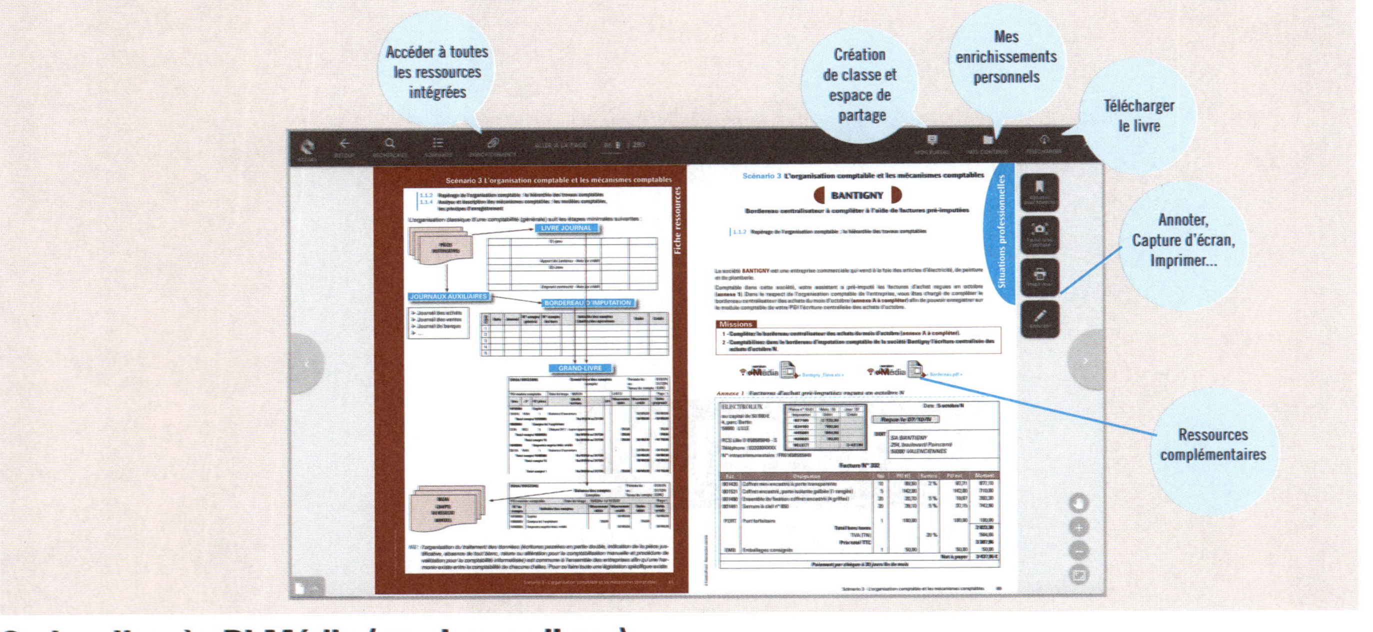

Codes d'accès Bi-Média (version en ligne)

Prescription à une classe

L'enseignant se déclare prescripteur sur le site www.fontainepicard.com pour disposer d'un accès aux ressources contenues dans le logiguide.

Afin d'obtenir les versions Bi-Média (à destination de l'enseignant et de ses étudiants), l'enseignant doit en faire la demande directe auprès de notre distributeur, le Kiosque numérique de l'Education (KNE), sur le portail de commande dédié : https://www.kiosque-edu.com

Un justificatif d'achat sera requis pour valider la demande (facture d'ouvrages FontainePicard, facture libraires, liste officielle du lycée ou attestation du chef d'établissement faisant mention du (ou des) manuel(s) FontainePicard utilisé(s) en classe).

Livraison directe dans l'ENT de l'établissement dans les 48 heures après la commande Bi-Média.

Pour plus de renseignements :
https://www.fontainepicard.com/content/41-nos-ouvrages-bimedia

Commande individuelle

Merci de nous contacter sur cette adresse e-mail : multimedia@fontainepicard.com pour demander votre clé d'activation (joindre le justificatif d'achat de l'ouvrage).

Extrait du référentiel

P1 - Contrôle et traitement comptable des opérations commerciales

1.1. Analyse du système d'information comptable (SIC)

- 1.1.1 Identification des caractéristiques du SIC dans l'entreprise et ses acteurs
- 1.1.2 Repérage de l'organisation comptable : la hiérarchie des travaux comptables
- 1.1.3 Repérage des sources du droit comptable et des obligations liées à l'exercice du métier
- 1.1.4 Analyse et description des mécanismes comptables : les modèles comptables, les principes d'enregistrement

1.2. Contrôle des documents commerciaux

- 1.2.1 Tenue et suivi des dossiers clients : du contrôle du devis au contrôle de l'encaissement
- 1.2.2 Tenue et suivi des dossiers fournisseurs : du contrôle de la commande au contrôle du règlement
- 1.2.3 Contrôle des opérations et des traitements dématérialisés
- 1.2.4 Conception des procédures d'archivage des documents commerciaux dans le respect des procédures comptables

1.3. Enregistrement et suivi des opérations comptables relatives aux clients

- 1.3.1 Enregistrement, contrôle et validation des opérations relatives aux clients (y compris celles générées par le PGI)
- 1.3.2 Suivi des créances, contrôle et lettrage
- 1.3.3 Enregistrement, suivi des effets de commerce créés

1.4. Production de l'information relative au risque client

- 1.4.1 Analyse de la composition du portefeuille client et de son évolution
- 1.4.2 Alerte, conseil pour réduire le risque client
- 1.4.3 Relance des clients

1.5. Enregistrement et suivi des opérations relatives aux fournisseurs

- 1.5.1 Recherche des informations, y compris techniques, relatives aux factures fournisseurs
- 1.5.2 Vérification et validation des factures d'achat de bien, de service et/ou d'acquisition d'immobilisation
- 1.5.3 Mise en évidence et traitement des anomalies dans le processus achat
- 1.5.4 Enregistrement des factures d'achat de bien, de service et/ou d'acquisition d'immobilisation
- 1.5.5 Gestion des échéances relatives aux règlements des fournisseurs
- 1.5.6 Enregistrements relatifs aux opérations de financement

1.6. Réalisation des rapprochements bancaires (comptabilité de trésorerie)

- 1.6.1 Pointage des relevés et des comptes bancaires
- 1.6.2 Réalisation d'un état de rapprochement
- 1.6.3 Enregistrement des écritures de régularisation suite au rapprochement bancaire

1.7. Contribution à la performance du processus « Contrôle et traitement comptable des opérations commerciales » et la recherche de la sécurisation des opérations

- 1.7.1 Présentation des caractéristiques de l'organisation du processus « Contrôle et traitement des opérations commerciales »
- 1.7.2 Analyse du processus « Contrôle et traitement comptable des opérations commerciales »

(Extrait du référentiel BTS CG 05-11-2014 publication CRCF-5)

Sommaire

14 situations professionnelles en ligne : version BiMédia

P1_LAMBRES_Enonce.pdf
P1_CUINCY_Enonce.pdf
P1_TORTEQUENNE_Enonce.pdf
P1_GARAGEARMAND_Enonce.pdf
P1_ANHIERS_Enonce.pdf
P1_FRAISMARAIS_Enonce.pdf
P1_FLERS_Enonce.pdf
P1_BUGNICOURT_Enonce.pdf
P1_LALLAING_Enonce.pdf
P1_BREBIERES_Enonce.pdf
P1_HORDAIN_Enonce.pdf
P1_HUITRIERE_Enonce.pdf
P1_GARDENBOOT_Enonce.pdf
P1_INFOLIGHT_Enonce.pdf

Crédits photographiques

p. 7 © Franck Boston_Fotolia_5966949; p. 14a © nsphotography_Fotolia_123421 ; p. 14b © Yuri Arcurs_Fotolia_1153368; p. 14c © Yuri Arcurs_Fotolia_1523118; p. 14d © Philip Date_Fotolia_511082; p. 14e © liquidImage_Fotolia_1733219; p. 14f © Edyta Pawlowska_Fotolia_161470; p. 14g © Yuri Arcurs_Fotolia_12376896; p. 14h © Geo Martinez_Fotolia_148905; p. 14i © RRF_Fotolia_7603994; p. 15a © Mykola Velychko_Fotolia_6909433; p. 15b © Brian Jackson_Fotolia_8529540; p. 15 c © Matador_Fotolia_22085130 ; p. 16 © Beboy_Fotolia_32708387 ; p. 17a © Scott Maxwell_Fotolia_696172; p. 17b © rgbspace_Fotolia_3626080; p. 17c © Scott Maxwell_Fotolia_402028; p. 25 © auremar_Fotolia_23362227; p. 45 © Thomas Jansa_Fotolia_37606200; p. 70 © Karramba Production_Fotolia_43627276; . 71a © Richard Villalon_Fotolia_31495558; p. 71b © Karramba Production_Fotolia_43627276; p. 99 © nyul_Fotolia_22651993; p. 116 © Fantasista_Fotolia_5258914; p. 120 © Palindra_Fotolia_11219925; p. 124 © rike33_Fotolia_41361657; p. 125 © rike33_Fotolia_41361657; p. 137 © Madlen Kunze_Fotolia_1191079; p. 146 © Palindra_Fotolia_11219925; p. 149 © contrastwerkstatt_Fotolia_55843967; p. 181 © Wrangler_Fotolia_40356968; p. 213 © lightpoet_Fotolia_34970440; p. 233 © Palindra_Fotolia_11219925; p. 241 © Geo Martinez_Fotolia_148905; p. 255 © Palindra N&B_Fotolia_11219925; p. 263 © viperagp_Fotolia_53410891 ; p. 281 © synto_Fotolia_766098; p. 319 © Yuri Arcurs_Fotolia_2912527; p. 345 © Agence DER_Fotolia_11396517; p. 361 © Palindra_Fotolia_11219925; p. 367 © Andres Rodriguez_Fotolia_1448904

Scénario 1 Le système d'information comptable

1.1.1 Identification des caractéristiques du SIC dans l'entreprise et ses acteurs

Contexte général DUVIVIER :

Embauché récemment dans le service comptable de la société Duvivier, vous découvrez le système d'information comptable de l'entreprise et vous l'analysez.

Mission de veille :

Mettre à jour votre veille comptable sur les thèmes suivants :

- Définition du système d'information
- Système d'information comptable
- L'environnement de l'entreprise
- Comparatif ERP PGI
- Fournisseur d'applications hébergées

→ Informations relatives à la société DUVIVIER

Forme sociale	Société Anonyme au capital social de 250 000 € composé de 2 500 actions de 100 € de valeur nominale
Activité	Vente de matériels électriques et prestations de services d'électricité
Date de création	1er janvier N-5 par 7 actionnaires (Messieurs Fontaine, Picard, Hugues, Josette, Felix, Gilles et Luce). Immatriculation au Greffe du tribunal de commerce de Lille
Siège social	10 rue Doumergue - 59500 DOUAI
Téléphone/Télécopie	03 27 97 XX XX/03 27 89 XX XX
E-mail/Site	Duvivier@orange.fr/http://www.Duvivier.com
Immatriculation - RCS (SIRET)	RCS Lille - n° 758 501 001
N° d'identifiant (TVA intracommunautaire)	FR 94 758 501 001
Code APE (NAF)	2733Z
Administration fiscale	Services des impôts des entreprises (SIE) de DOUAI
Cabinet comptable	Cabinet COEX de Lille (M. Colas)
Commissaire aux comptes	M. Rohart - KPMG Lille
Compte bancaire	Compte 512100 Société Générale - 66 rue Saint-Jacques - 59500 DOUAI RIB : Banque n° 17304 - guichet n° 04158 – compte n° 00032589550 – clé n° 89
Exercice comptable	du 1er janvier au 31 décembre
Plan des comptes	Codification à 6 chiffres pour le plan comptable général. Codes alphanumériques de 6 caractères pour le plan tiers (commençant par 9 pour les fournisseurs et par 0 pour les clients) reprenant les 5 premières lettres du tiers.
Services de l'entreprise	- Direction générale - Service administratif et RH - Service comptable - Service commercial - Service réception des marchandises
Organisation de la comptabilité	L'entreprise utilise les journaux auxiliaires suivants : ACH : Achats ; BQ1 : Société Générale (SG) ; CAIS : Caisse ; IMO : Immobilisations (types : Achats) ; OD : Opérations diverses ; RAN : Report à nouveaux ; VTE : Ventes et prestations de services
Organisation informatique	Utilisation d'un PGI (Progiciel de Gestion Intégré), installé sur le réseau de l'entreprise en multi-utilisateurs avec autorisations d'accès, comprenant un module comptable, un module de gestion commercial (facturation), un module de suivi des immobilisations (amortissements) et un module de présentation des états comptables et fiscaux (liasse fiscale, téléprocédures déclaratives). La gestion de la paie se fait par l'intermédiaire d'un FAH (Fournisseur d'Applications hébergées) sur le site www.mapaiefacile.com

→ Extrait du catalogue de l'entreprise DUVIVIER (TVA au taux normal)

Référence	Désignation de l'article	Prix HT
EL119	Platine Disjoncteur (H : 50 – L : 190)	30,70 €
EL130	Cache borne 4 modules	10,50 €
EL191	Gaine multifonctions verticale	59,40 €
EL228	Disjoncteur basse fréquence	7,00 €
EL261	Variateur Din 1000 W	232,00 €
EL281	Disjoncteur moteur 10 A magnétothermique	157,00 €
EL365	Ampoules économie énergie 25 W	5,00 €
EL394	Parafoudre bipolaire 15KA 230 V	241,00 €
EL396	Filtre 35A 500 V	196,00 €
EL422	Câbles électriques 100 mètres	15,00 €
EL458	Matériels électriques (normes US)	8,00 €
EL460	Ampèremètre analogique 30A	224,00 €
EL461	Cadran mesure ampèremètre 0-50 A	6,43 €
EL465	Commutateur ampèremètre 4 positions	138,00 €
EL468	Compteur énergétique mono directionnel 32 A	142,00 €
EL487	Répartiteur unipolaire 125 A	39,50 €
EL567	Cloison séparation H : 25-40 blanc	6,88 €
EL626	Joint de corps alu	6,70 €
EL745	LGP Clip de fixation D19 NR	3,27 €
EL814	Lampes à led	2,00 €
[...]	[...]	[...]

***NB :** le code « EL » correspond au matériel électrique vendu.*

→ Plan comptable – Comptes spécifiques de l'entreprise DUVIVIER

Numéro	Libellé	Numéro	Libellé
[...]	[...]	607100	Achats de matériels électriques
445661	État, TVA déductible sur autres biens et services (TR)	607200	Achats de produits d'entretien
		607300	Achats de quincaillerie
445662	État, TVA déductible sur autres biens et services (TN)	[...]	[...]
		706100	Prestations de services (TR)
445663	État, TVA déductible sur autres biens et services (TI)	706200	Prestations de services (TN)
		706300	Prestations de services (TI)
[...]	[...]	[...]	[...]
445711	État, TVA collectée (TR)	707100	Ventes de matériels électriques
445712	État, TVA collectée (TN)	707200	Ventes de produits d'entretien
445713	État, TVA collectée (TI)	707300	Ventes de quincaillerie
[...]	[...]	[...]	[...]
512100	Banque – Société Générale		
531100	Caisse		
[...]	[...]		

***NB :** le comptable de l'entreprise décompose ses comptes lorsqu'il doit les rattacher à des taux de TVA différents afin d'avoir un paramétrage de son PGI le plus performant possible.*

Mission 1 Vous êtes chargé de réaliser une analyse de l'environnement de l'entreprise Duvivier en répondant aux questions suivantes :

Quelles sont les activités principales de la Société Duvivier ?

➜

Quels sont les différents acteurs internes à l'entreprise ?

➜

➜

➜

Quels sont les différents acteurs externes à l'entreprise ?

➜

➜

➜

➜

➜

➜

➜

Quelles sont les principales obligations du service comptable de l'entreprise ?

➜ **Obligations légales :**

➜ **Obligation de contrôle :**

➜ **Obligation de gestion :**

➜ **Obligation de communication :**

Quelles seront les missions dévolues à chaque service de l'entreprise ?

➜ **Service réception :**

➜ **Service commercial :**

➜ **Service administratif et RH :**

➜ **Service comptable :**

➜ **Direction générale :**

Quels sont les principaux avantages et inconvénients de l'utilisation d'un PGI ?

➜

Quels sont les principaux avantages et inconvénients de l'utilisation d'un FAH ?

➜

Mission 2 **Votre collaborateur vous a transmis par courriel une multitude de questions de la part des acteurs internes et externes de la société Duvivier. Déterminez à quels acteurs vous allez devoir répondre :**

›

- Avons-nous atteint notre objectif de rentabilité fixé l'année dernière ?
- Sommes-nous actuellement bénéficiaire ou déficitaire ?
- Quel est l'état de nos stocks ?

›

- Notre dividende va-t-il augmenter cette année ?
- Des augmentations de capital sont-elles à prévoir ?

›

- Quel a été le nombre d'heures travaillées par M. Alex ce mois-ci ?
- Quels sont les nouveaux plafonds à utiliser dans le module de paie ?

›

- Quel est l'en-cours client de notre client Arthur ?
- Peut-on augmenter la ligne de crédit de notre client Bertrand ?
- Doit-on accepter une augmentation du délai de paiement du client Charles à 30 jours fin de mois ?

›

- Pouvez-vous me transmettre la copie du bon de commande n° 2 569 du 15/11/N ?
- Peut-on obtenir les pièces justificatives relatives au litige avec le fournisseur Damien ?

›

- Les rumeurs de licenciement économique sont-elles fondées ?
- Où en sommes-nous en termes de participation aux bénéfices ?
- Quand allons-nous obtenir nos fiches de paie individuelles ?

›

- Votre découvert est-il occasionnel ?
- Désirez-vous négocier vos lettres de change avant leurs échéances ?
- Êtes-vous intéressé par l'affacturage ?

›

- Le relevé de facture que vous m'avez envoyé n'est-il pas erroné ?
- Comment les intérêts de retard liés à ma nouvelle LCR ont-ils été calculés ?
- Votre service commercial m'a précisé que j'avais atteint mon plafond d'en-cours. Puis-je tout de même réaliser une commande importante ?

›

- Quand le règlement de ma facture 287 du 15 janvier sera-t-il effectué ?
- Votre demande d'avoir concerne-t-elle votre dernière facture ?
- Votre demande de délai de paiement est-elle due à des difficultés passagères ?

›

- Avez-vous fait parvenir l'ensemble des informations relatives à votre constitution ?

›

- Avez-vous mis en place les normes IFRS relatives à la comptabilisation par composants de votre nouvelle machine ?
- Vos procédures de suivi de créances clients sont-elles fiables ?
- Un contrôle interne de votre organisation comptable est-il nécessaire ?

›

- Votre déclaration de TVA du mois précédent sera-t-elle finalisée dans les délais impartis ?
- Avez-vous mis en place le système de télédéclaration dans votre entreprise ?

Mission 3

La numérotation des comptes du Plan Comptable Général (PCG) comporte la classe 4 intitulée « Comptes de tiers ».

Repérez les numéros de comptes à associer aux acteurs internes et externes suivants de l'entreprise DUVIVIER.

Acteurs	Interne	Externe	N° de Compte	Intitulé du compte
1. Client ARTHUR	☐	☐		
2. Service des impôts (SIE de Douai)	☐	☐		
3. Salariés (services de l'entreprise : comptable, commercial, réception des marchandises, etc.)	☐	☐		
4. Fournisseur de matériels électriques (Société ALIXIA)	☐	☐		
5. Fournisseur d'ordinateur (Entreprise LEBLANC)	☐	☐		
6. Actionnaires (MM. FONTAINE, PICARD, etc.)	☐	☐		
7. Sécurité sociale, Pôle emploi, Caisse de retraite	☐	☐		
8. Expert-comptable (M. COLAS), commissaire aux comptes (M. ROHART), Notaire (Maître GERVAIS)	☐	☐		

Mission 4 **Au regard de l'organisation comptable et informatique de la société Duvivier, déterminez quels modules du PGI et du FAH vont être utilisés par chaque service de l'entreprise.**

Service / PGI/FAH	Direction générale	Service administratif et RH	Service comptable	Service commercial	Service réception des marchandises
Module comptable					
Module de gestion commerciale					
Module gestion des immobilisations					
Module de présentation des états comptables et fiscaux					
Site : www.mapaiefacile.com					

1.1.1 Identification des caractéristiques du SIC dans l'entreprise et ses acteurs

Le système d'information comptable (SIC) représente l'ensemble des éléments physiques, humains, matériels et immatériels permettant d'organiser l'obtention, le traitement, la communication et l'archivage des informations liées à la comptabilité d'une entité.

L'information comptable (interne ou externe) nécessite un traitement quotidien afin de répondre aux interrogations et aux besoins des partenaires qui l'entoure ou qui la compose.

L'activité principale d'une entreprise peut être très diverse :

- commerciale (ex. : magasin de vente de chaussures) ;
- industrielle (ex. : entreprise de fabrication de chaussures) ;
- artisanale (ex. : cordonnier) ;
- de prestation de services (ex. : entreprise de réparation de machines destinées à la fabrication de chaussures).

Quelle qu'elle soit, l'activité repose sur la mise en place d'un processus de gestion. Celui-ci engendre la recherche d'informations, leur traitement (souvent des calculs) et la communication des résultats obtenus. Les instruments de gestion sont donc essentiellement des systèmes d'informations.

D'une manière générale, le SIC est un système d'organisation de l'information financière permettant :

- → de saisir, classer, enregistrer des données de bases chiffrées (ex. : factures, chèques, avoirs, LCR...) ;
- → de fournir, après traitement approprié, un ensemble d'informations conformes aux besoins des divers utilisateurs intéressés et aux obligations relatives aux textes réglementaires (ex. : Obligations du Plan Comptable Général).

Plus la taille de l'entreprise est importante, plus la demande d'information sera forte. Les comptes annuels (encore appelés documents de synthèse : bilan, compte de résultat et annexes) permettent de répondre à plusieurs obligations :

- obligation légale (informations comptables et fiscales annuelles ou pluri annuelles) ;
- obligation de contrôle (respect des principes comptables et des textes en vigueur) ;
- obligation de gestion (suivi et analyse des objectifs fixés par la direction) ;
- obligation de communication (information aux partenaires commerciaux et économiques : clients, fournisseurs, banques, salariés, comité d'entreprise, syndicats, etc.).

Associés
Actionnaires
Dirigeants
Services
de l'entreprise
Salariés de l'entreprise
Partenaires commerciaux
et financiers
Système
d'Information
Comptable
Partenaires divers
Experts-comptables,
commissaires
aux comptes
Administrations diverses

Composantes du SIC

Plus la taille de l'entreprise sera importante plus le SIC sera développé et plus l'information comptable sera diffuse. Plusieurs organisations peuvent être mises en place :

- SIC décomposé en service :
  - Service comptabilité fournisseur
  - Service comptabilité client
  - Service trésorerie
  - Service financier
  - Service RH (Ressources Humaines)
  - …

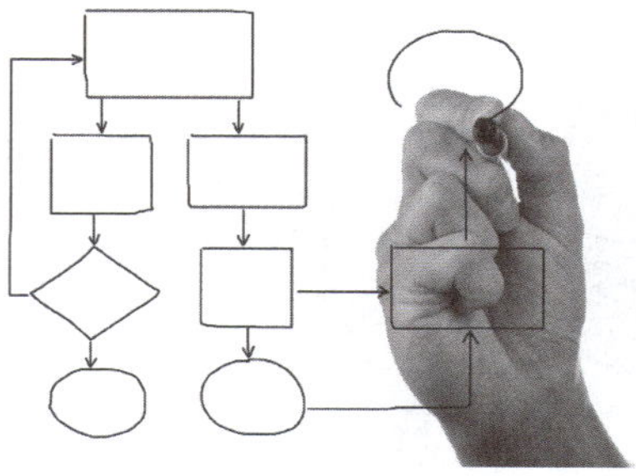

- SIC décomposé en fonction :
  - Fonction technique
  - Fonction achat
  - Fonction vente
  - Fonction logistique
  - Fonction sociale
  - Fonction financière
  - Fonction administrative
  - …

- SIC décomposé en tâches hiérarchiques :
  - Niveau stratégique
  - Niveau tactique
  - Niveau opérationnel
  - Niveau exécutif
  - …

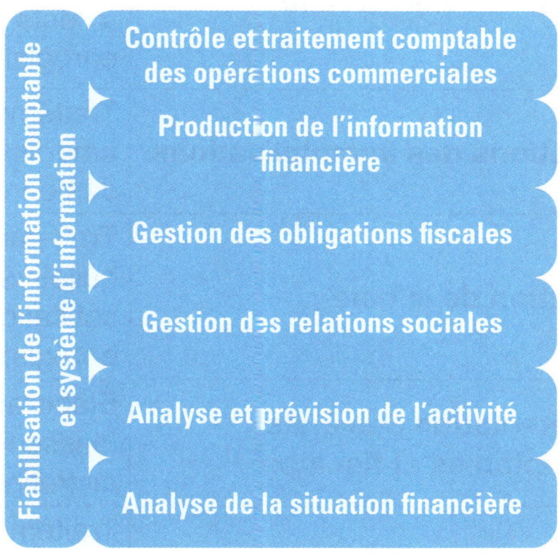

- SIC décomposé en processus :
  - Processus « métier » :
    - Contrôle et traitement comptable des opérations commerciales
    - Production de l'information financière
    - Gestion des obligations fiscales
    - Gestion des relations sociales
    - Analyse et prévision de l'activité
    - Analyse de la situation financière
  - Processus « support » :
    - Fiabilisation de l'information comptable et système d'information

Une entreprise de petite taille reposera sur un pôle comptable unique dans lequel les services, fonctions, tâches, seront centralisés et réalisés par une équipe de taille réduite.
Quelle que soit la taille du SIC, le management devra s'adapter afin que les résultats fixés soient atteints, que les moyens mis en œuvre soient choisis, contrôlés et adaptés, que les traitements effectués soient analysés et commentés et que toutes les opérations soient régulées dans le but d'atteindre les objectifs visés.
Le SIC représente donc à la fois une organisation de l'information financière permettant d'optimiser la prise de décision mais aussi un ensemble de procédures permettant de répondre aux besoins d'informations.

Informatisation du SIC

Le SIC fait partie intégrante du système informatique (SI) de l'entreprise. L'enregistrement comptable manuel a quasiment disparu, seules de toutes petites entités continuent à utiliser des livres comptables manuscrits tout en respectant les règles comptables en vigueur et les prescriptions relatives à la taille de leur entreprise.
La plupart des PME et des grandes entreprises utilisent donc un SIC informatisé soit en installant un progiciel de gestion intégré, soit en louant une application informatique hébergée.

Progiciel de Gestion Intégré (PGI)

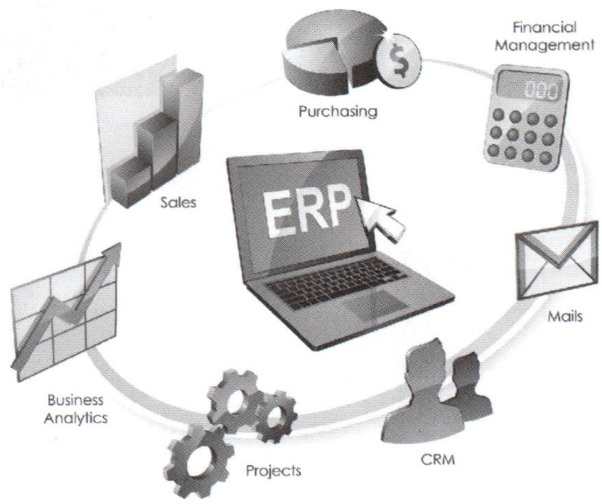

Le progiciel de gestion intégré, encore appelé en anglais ERP *(Enterprise Resource Planning)*, est composé de divers modules permettant la réalisation de certaines tâches spécifiques au module utilisé tout en ayant une base informationnelle commune (souvent la base comptable).

On y retrouve principalement les modules suivants :

Modules	Tâches
Gestion commerciale	Traitement des opérations liées à la facturation (achat ou vente), au suivi des stocks, au suivi et à l'analyse des comptes de tiers (clients et fournisseurs) avec mise à jour comptable directe des enregistrements dans le module comptable.
Gestions des immobilisations	Traitement des opérations liées aux immobilisations (acquisition, amortissement, cession), avec une mise à jour comptable directe des enregistrements dans le module comptable.
Gestion de la paie	Traitement des opérations liées à la paie, à l'établissement des bulletins individuels de paie, des livres de paie, des bordereaux de cotisations sociales avec une mise à jour comptable directe des enregistrements dans le module comptable.
Présentation des états comptables et fiscaux	Élaboration des documents de synthèse comptable ou fiscaux (liasse fiscale) avec transfert possible des documents vers l'administration des impôts.
Gestion comptable	Traitement des enregistrements dans les différents brouillards adéquats, établissement des documents comptables et fiscaux obligatoires (journaux, Grand-livre, balance des comptes, déclaration de TVA, etc.), lettrage des comptes, suivi des comptes de trésorerie (états de rapprochement bancaire), validation des écritures comptables.

NB : *tant qu'un enregistrement est dans le document nommé « brouillard », il est modifiable à tout moment, par contre la procédure de validation transforme le « brouillard » en un « journal » et empêche la suppression de l'écriture.*
Seule une contrepassation de la mauvaise écriture suivie de l'enregistrement de la nouvelle est possible.

Fournisseur d'Applications Hébergées (FAH)

Les PME et certains cabinets comptables font parfois appel à des FAH encore appelés en anglais ASP *(Application Service Provider)*.

Le concept du SaaS (*Software as a Service* = logiciel en tant que service) repose sur l'utilisation d'un progiciel comptable (et des modules correspondants) installé sur le serveur du fournisseur de service en passant par les canaux Internet et sans installation préalable du progiciel sur les postes informatiques de l'entreprise.

Les principaux avantages de ce système résident dans :

- la réduction des coûts d'acquisition ;
- la mise à jour rapide et en temps réel des données fiscales, sociales et comptables ;
- l'utilisation du *« cloud computing »* (utilisation à distance dans n'importe quel endroit des données informatiques).

Les inconvénients majeurs sont :

- un coût d'utilisation qui reste important (location du service) ;
- un risque de blocage en cas de liaison Internet défaillante ;
- une forte sécurisation des données « sensibles » stockées chez le prestataire de services.

PAILLENCOURT

Circulation de l'information comptable entre les acteurs

1.1.1 Identification des caractéristiques du SIC dans l'entreprise et ses acteurs

La société **PAILLENCOURT** est une entreprise industrielle de fabrication de meubles en bois. Elle est composée de 104 salariés répartis dans de multiples services (administratif, de production, commercial…).

Dans sa gestion quotidienne, elle est confrontée à divers acteurs (internes ou externes) que la direction générale veut recenser sur un schéma (**annexe 1**).

En tant que collaborateur dans le service comptable, vous devez l'aider à remplir cette mission.

Missions

1 - **Complétez le schéma des acteurs en liaison avec l'entreprise Paillencourt (annexe 1 à compléter).**

2 - **À l'aide des termes indiqués, déterminez une question que pourrait être amené à poser l'acteur à votre service comptable (annexe 2 à compléter).**

Annexe 1 (à compléter) - Schéma des acteurs en liaison avec l'entreprise Paillencourt

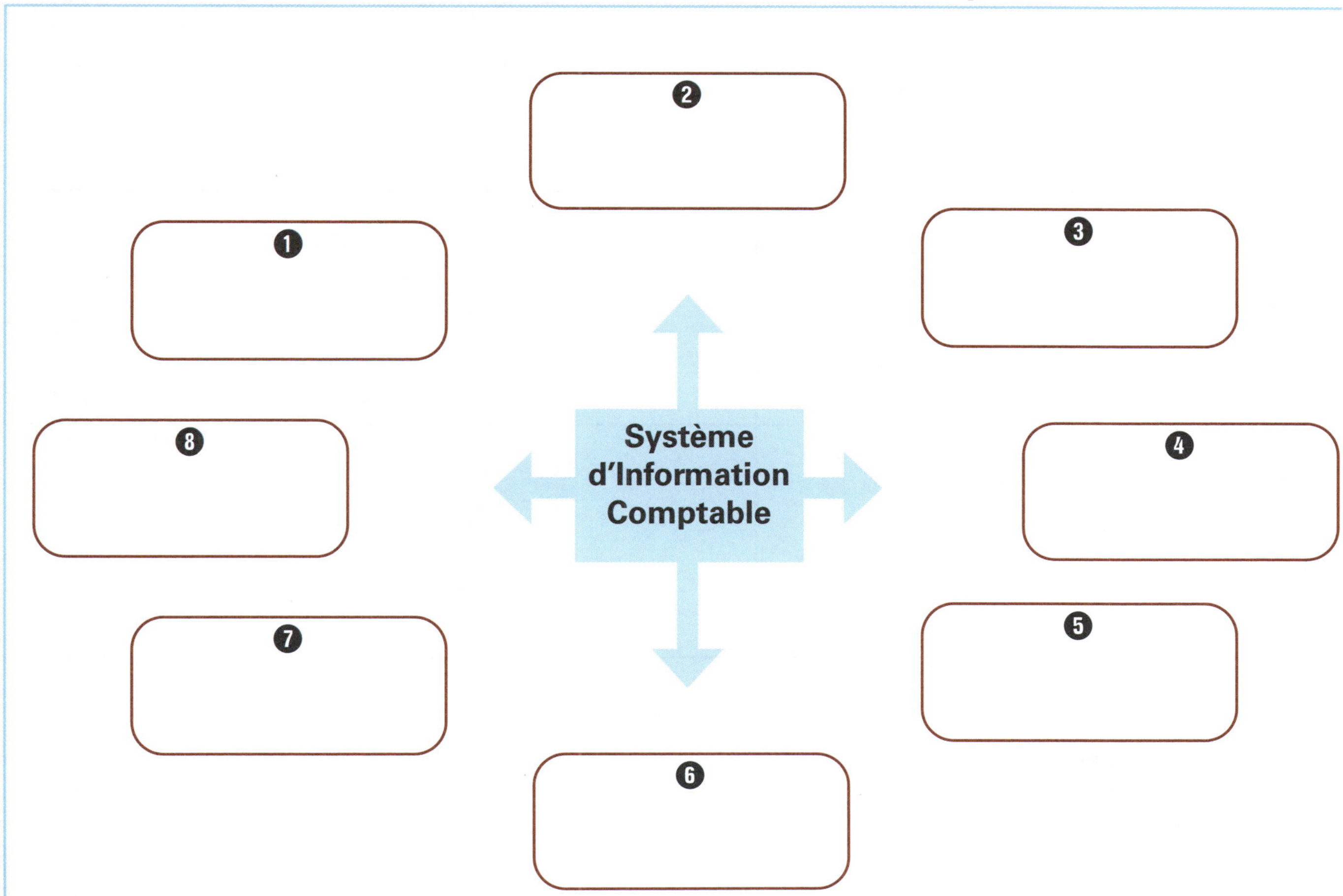

Annexe 2 (à compléter) - Tableau des questions

N°	Termes	Acteurs	Questions
❶	Contrôle interne		
❷	Bulletins de paie		
❸	Découvert		
❹	Dividende		
❺	Ristourne		
❻	Échéance		
❼	Déclaration de TVA		
❽	Relevé de factures		

THUN

Décomposition du Système d'Information Comptable (SIC)

1.1.1 Identification des caractéristiques du SIC dans l'entreprise et ses acteurs

La société **THUN** est une entreprise commerciale de vente de chaussures de sport. Elle se fournit chez les grands distributeurs de marque (Adidas, Nike, Asics, Mizuno…) pour les revendre à ses clients (particuliers ou entreprise spécialisée dans les articles de sport).

La vente peut se faire soit par Internet (site commercial), soit directement dans l'entreprise dont le siège social est situé à Troyes. L'entreprise ne dispose pas véritablement de magasins mais d'un « *showroom* » installé à Troyes au plus près des zones de stockage.

La majeure partie des particuliers achète leurs chaussures en commandant sur le site et en réglant une avance de 30 % à la commande (système de paiement sécurisé par carte bancaire) et le solde à réception des chaussures (par chèque bancaire).

Les entreprises spécialisées dans les articles de sport passent leurs commandes directement à l'entreprise en envoyant des bons de commande qu'ils peuvent télécharger sur le site commercial de la société Thun. Leurs conditions de règlement sont de 20 % à la commande et 80 % à 30 jours fin de mois suivant la livraison.

En moyenne, les fournisseurs sont réglés 15 jours après l'achat (à partir de la date de livraison). Aucun acompte à la commande n'est exigé.

Le délai de stockage moyen des chaussures de sport est de 6 jours (il est relativement court car l'entreprise attend souvent la commande des clients avant de lancer l'approvisionnement auprès des fournisseurs).

Compte tenu de la répartition entre les particuliers et les entreprises spécialisées dans les articles de sport, le délai moyen de règlement des clients est de 20 jours.

Pour fixer son prix de vente, l'entreprise Thun applique un coefficient multiplicateur de 1,5 sur le prix d'achat des chaussures.

Le chiffre d'affaires (CA) mensuel moyen est de 180 000 € HT (pour un mois de 30 jours).

Un schéma des flux comptables doit être élaboré afin de bien comprendre l'organisation du SIC (**annexe à compléter**).

Missions

1 - **Complétez le schéma des flux comptables (annexe à compléter).**

2 - **Évaluez le Besoin en Fonds de Roulement (BFR) en jours.**

3 - **Donnez une définition des termes suivants : stock de marchandises, délai de stockage, créances clients, durée de crédit client, dettes fournisseurs, durée de crédit fournisseur, trésorerie, chiffre d'affaires, marge commerciale.**

4 - **Concluez sur les liens existants entre la marge commerciale et la trésorerie.**

Remarque : Formule de calcul simplifiée permettant d'évaluer le Besoin en Fonds de Roulement (BFR) en jours

BFR (en jours de CA HT) = (Délai de stockage en jours de CA HT) +
(Délai de crédit client en jours de CA HT) – (Délai de crédit fournisseur en jours de CA HT)

Annexe (à compléter) - Schéma des flux comptables

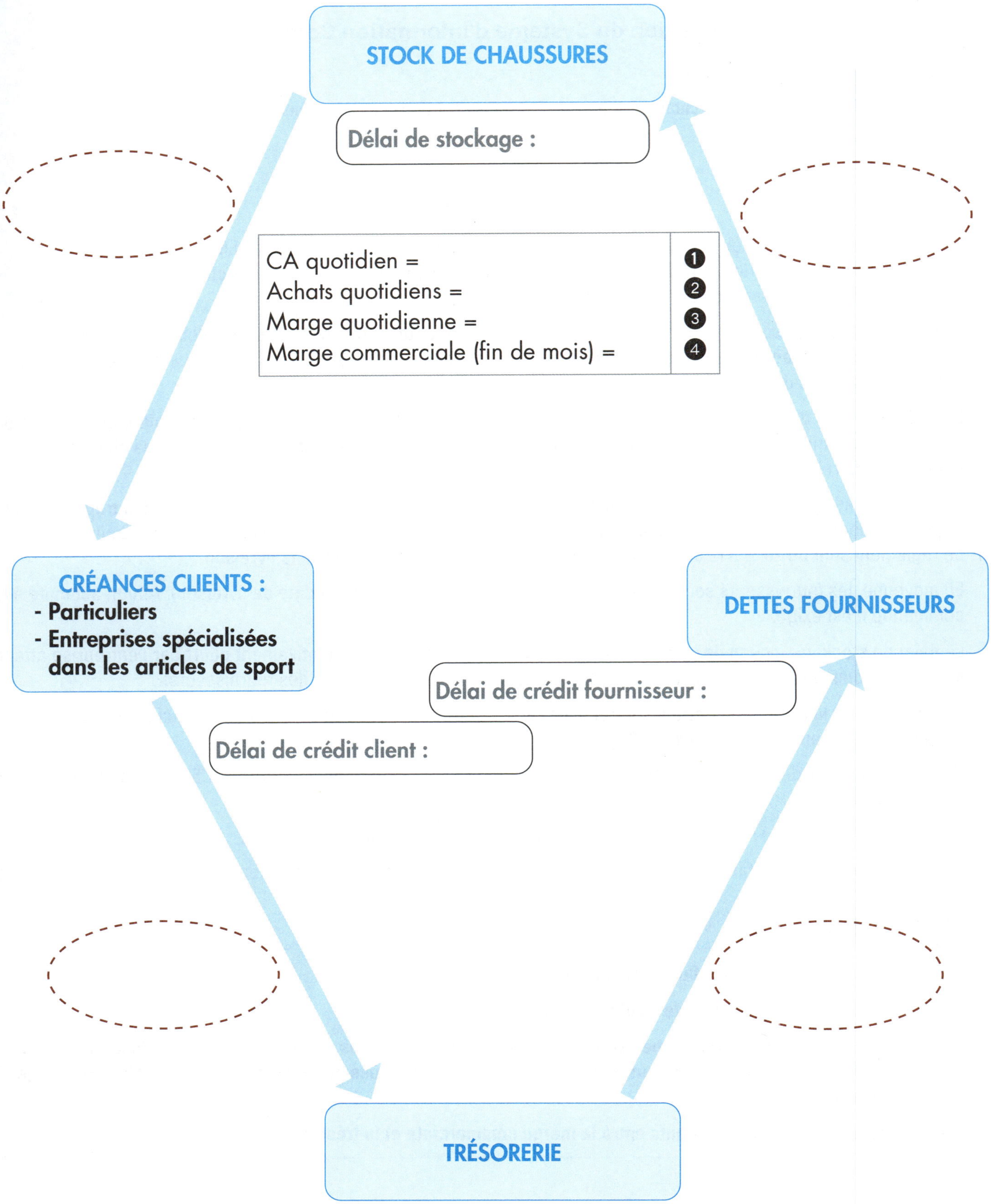

❶

❷

❸

❹

HEM

Informatisation du SIC - Comparaison des coûts

1.1.1 Identification des caractéristiques du SIC dans l'entreprise et ses acteurs

La **société HEM** est une entreprise de métallurgie créée au début du XXe siècle.

La comptabilité a été tenue pendant des années de manière manuelle ou semi-informatisée par le service comptable de l'entreprise puis surveillée et contrôlée par un cabinet comptable.

Embauché depuis peu dans le service « Contrôle de gestion » de cette société, vous avez récolté des informations, réunies dans un tableau récapitulatif (**annexe**).

À l'aide de celui-ci, vous proposez une modernisation des tâches comptables à votre direction.

Mission

→ **Présentez dans une courte note de synthèse les avantages et inconvénients associés à chaque possibilité de modernisation du Système d'Information Comptable (SIC) de la société Hem.**

Annexe - *Tableau récapitulatif des possibilités de modernisation du SIC*

Possibilité 1	Possibilité 2	Possibilité 3
Acquisition d'un PGI	**Abonnement à un FAH**	**Externalisation complète de la comptabilité**
Progiciel de Gestion Intégré « Comptalux » : ◆ Coût d'acquisition : 2 360 € HT. ◆ Possibilité de s'abonner à la mise à jour et à l'aide en ligne pour un montant de 150 € HT par mois. ◆ Présence de 5 modules : ◗ Comptabilité ; ◗ Facturation ; ◗ Paie ; ◗ Immobilisations ; ◗ Comptes annuels. ◆ Gestion des postes en multi-utilisateurs avec répartition des droits d'accès (paramétrée par la société « Comptalux »). ◆ Formation de 3 jours sur site par la société « Comptalux » pour un forfait de 850 € HT par jour. ◆ Intervention à domicile gratuite sous 48 heures en cas de panne non résolue en ligne.	Fournisseur d'Application Hébergée « Easy-Gest » : ◆ Abonnement mensuel de 410 € HT. ◆ Service comprenant : mise à jour en temps réel, formation sous forme de tutoriels, prise en main des postes à distance en cas de problème, mise à disposition des modules applicatifs de base (comptabilité, facturation, gestion des immobilisations) en ligne sécurisée. ◆ Possibilité de s'abonner à des modules complémentaires (paie, gestion des représentants, trésorerie, liasse fiscale) pour un coût mensuel de 120 € HT. ◆ Connexion sécurisée par login (nom d'utilisateur) et MDP (mot de passe) mise en place par le FAH après analyse des besoins.	Cabinet comptable « Expertcom » : ◆ Honoraires variables selon le degré de responsabilité : ◗ 6 250 € HT annuel pour la tenue complète de la comptabilité de A à Z ; ◗ 3 750 € HT annuel pour la tenue (hors gestion de la paie) ; ◗ 2 500 € HT annuel pour la surveillance des travaux comptables effectués par le service comptable de l'entreprise. ◆ Quid du service « Comptable » : le comptable coûte actuellement 2 150 € bruts par mois (+ 30 % de charges sociales patronales). Vu son ancienneté et la convention collective, son licenciement équivaudrait à lui payer une indemnité équivalente à 2 ans de salaire brut.

◗ Le matériel informatique actuel n'est plus assez performant pour l'installation du PGI. Selon le déploiement par services, il faudra prévoir l'acquisition de plusieurs ordinateurs portables, d'un serveur dédié et de connexions réseau efficientes (achat d'un hub ou de switch).

◗ L'abonnement Internet actuel n'est pas illimité en très haut débit.

◗ Notre expert-comptable a pris sa retraite cette année (il était chargé de la « surveillance » comptable de notre entreprise depuis plus de 25 ans).

◗ Malgré une faible informatisation des services administratifs, les résultats comptables de l'entreprise sont bénéficiaires depuis plusieurs années.

1.1.3 Repérage des sources du droit comptable et des obligations liées à l'exercice du métier

Contexte général DUVIVIER :

Embauché récemment dans le service comptable de la société Duvivier, vous analysez les sources du droit comptable afin d'optimiser vos missions futures.

Mission de veille :

Mettre à jour votre veille comptable sur les thèmes suivants :
- Lois comptables françaises
- Règles comptables applicables
- Autorité des Normes Comptable (ANC)
- Principes comptables
- Plan comptable général
- Déontologie comptable

→ Droit comptable

◆ Document imprimé par le responsable du service comptable de la société DUVIVIER

IAS 2 « Stocks »

Publication

- *Au niveau de l'IASB*

La dernière version révisée d'IAS 2 a été publiée par l'IASB le 18 décembre 2003.

- *Au niveau de l'Union européenne*

IAS 2 a été homologuée antérieurement par le règlement CE n° 2238/2004 du 29 décembre 2004. Le résumé ci-après est établi sur la base de la version d'IAS 2 telle que publiée dans le règlement CE n° 1126/2008 qui reprend la version de l'IASB publiée le 18 décembre 2003 et les amendements successifs à cette norme introduits par d'autres normes ou interprétations homologuées au sein de l'Europe au plus tard le 15 octobre 2008.

Postérieurement au règlement de 2008, IAS 2 a fait l'objet d'amendements subséquents par les règlements européens suivants :

- **règlement** CE n° 70/2009 du 23 janvier 2009 portant adoption des **améliorations** 2008 apportées aux IAS/IFRS modifie la présente norme ;
- **règlement UE n° 1255/2012** du 11 décembre 2012 portant adoption d'**IFRS 13 « Évaluation de la juste valeur »** a impacté IAS 2 (consulter les § D49 et D50 de l'annexe) ;
- **règlement (UE) du 22 septembre 2016** portant adoption de la **norme IFRS 15** « Produits des activités ordinaires tirés de contrats conclus avec des clients » publiée par l'IASB le 28 mai 2014 a impacté IAS 2 (§ 2, 8, 29 et 37 modifiés, ajout § 40E, § 19 supprimé) ;
- **règlement (UE) 2016/2067** du 22 novembre 2016 portant adoption de la norme IFRS 9 « Instruments financiers » publiée par l'IASB le 24 juillet 2014 (modification § 2, ajout paragraphe 40F, suppression § 40A, 40B, 40D).

Objectif de la norme

L'objectif d'IAS 2 est de prescrire le traitement comptable des stocks. IAS 2 donne des commentaires sur :

- la détermination du coût et sa comptabilisation ultérieure en charges, y compris toute dépréciation jusqu'à la valeur nette de réalisation ;
- les méthodes de détermination du coût qui sont utilisées pour imputer les coûts aux stocks.

Champ d'application

IAS 2 s'applique à tous les stocks, sauf :

- aux travaux en cours générés par des contrats de construction (cf. IAS 11 « Contrats de construction ») ;
- aux instruments financiers (cf. IAS 32 « Instruments financiers : présentation » et IAS 39 « Instruments financiers : comptabilisation et évaluation ») ;
- aux actifs biologiques relatifs à l'activité agricole et à la production agricole au moment de la récolte (cf. IAS 41 « Agriculture »).

Définitions

Les stocks sont des actifs :

- détenus en vue de la vente dans le cours normal de l'activité ;
- en cours de production pour une telle vente ou,
- sous forme de matières premières ou de fournitures devant être consommées dans le processus de production ou de prestation de services.

La valeur nette de réalisation est le prix de vente estimé dans le cours normal de l'activité, diminué des coûts estimés pour l'achèvement et des coûts estimés nécessaires pour réaliser la vente.

Évaluation des stocks

Les stocks doivent être évalués au plus faible du coût et de la valeur nette de réalisation.

Le coût des stocks doit comprendre tous les coûts d'acquisition, coûts de transformation et autres coûts encourus pour amener les stocks à l'endroit et dans l'état où ils se trouvent.

Les coûts d'acquisition des stocks comprennent le prix d'achat, les droits de douane et autres taxes (autres que les taxes ultérieurement récupérables par l'entité auprès des administrations fiscales), ainsi que les frais de transport, de manutention et autres coûts directement attribuables à l'acquisition des produits finis, des matières premières et des services. Les rabais commerciaux, remises et autres éléments similaires sont déduits pour déterminer les coûts d'acquisition.

Exemples de coûts exclus du coût des stocks et comptabilisés en charges de la période au cours de laquelle ils sont encourus :

- montants anormaux de déchets de fabrication, de main-d'œuvre ou d'autres coûts de production ;
- coûts de stockage, à moins que ces coûts ne soient nécessaires au processus de production préalablement à une nouvelle étape de production ;
- frais généraux administratifs qui ne contribuent pas à mettre les stocks à l'endroit et dans l'état où ils se trouvent et frais de commercialisation.

Mission 1 Répondez aux questions du responsable du service comptable suite à l'analyse du texte qu'il vous a fourni.

Les câbles électriques que nous achetons pour ensuite les installer lors de nos interventions sont-ils à considérer comme des stocks ou comme des charges ?

➜

Faut-il inclure le montant du transport lors de l'évaluation des stocks de matières premières ?

➜

Faut-il inclure dans le coût de stockage du matériel électrique que nous vendons les primes des commerciaux qui se sont chargés de promouvoir nos articles auprès de nos clients ?

➜

➜ Plan Comptable Général

Mission 2 Répondez aux questions du responsable du service comptable en vous référant au Plan Comptable Général.

Lors de mes études de comptabilité, j'ai étudié le PCG. Depuis quelques années, il est question de normes IFRS. Que dois-je appliquer ?

➜

Nous avons reçu une facture d'un fournisseur américain libellée en dollars. Dans quelle partie du PCG, puis-je trouver les règles relatives aux calculs des conversions ?

➜

Le PCG reprend-il uniquement les numéros de compte à appliquer dans les écritures comptables ?

→

→ Principes comptables

Mission 3 Vous avez assisté à une réunion entre l'expert-comptable et le dirigeant de l'entreprise. Vous avez résumé les éléments ressortant de cette conversation dans le tableau suivant. Il vous est demandé de le terminer en précisant les principes comptables à appliquer.

Problèmes soulevés lors de la conversation	
M. Fontaine (PDG de la SA Duvivier) : « Au vu des derniers résultats, j'ai demandé au service comptable de modifier la valeur des matériels à l'actif de notre bilan. Cette nouvelle valeur correspond mieux à la valeur actuelle de ces biens et pourrait permettre la réalisation de plus-values en cas de cessation d'activité ». *M. Colas (expert-comptable) :* « Non, vous ne pouvez pas faire cela ! ».	→
F : « Le chef comptable a pris ses congés entre noël et nouvel an. Des factures de vente n'ont pas été enregistrées. J'ai demandé à ce qu'elles ne soient pas comptabilisées pour l'instant pour ne pas augmenter le résultat de manière trop importante et pour économiser un peu d'impôt sur les bénéfices. » *C :* « Vous risquez d'avoir des ennuis avec le fisc ! ».	→ →
F : « Un de nos fournisseurs nous a livré des marchandises de mauvaise qualité, notre avocat est sûr que nous allons gagner le procès et notre dette de 1 250 € sera éteinte. Le procès n'aura lieu qu'en janvier N+1 mais pour ne pas l'oublier, j'ai déjà fait annuler sa dette ». *C :* « Non, vous devez attendre le résultat du procès ».	→
F : « Mon ordinateur de bureau acquis en N-2 devient obsolète. Il avait été prévu de l'amortir en linéaire sur 5 ans, j'ai prévu de demander au comptable de passer en dégressif pour accélérer l'amortissement ». *C :* « Non, vous devez continuer à l'amortir en linéaire ».	→
F : « Notre service commercial a remarqué par hasard que notre fournisseur Alain Terrieur était le frère d'un de nos meilleurs clients Alex Terrieur. Il a donc téléphoné à Alex pour qu'il règle directement son frère des 800 € que nous nous devons mutuellement et j'ai demandé au service comptable qu'il constate la même chose dans nos comptes ». *C :* « Cela peut vous sembler plus simple, mais vous ne pouvez annuler une créance par une dette de cette façon-là ».	→
F : « Notre filiale a emprunté auprès de sa banque la somme de 250 000 € pour relancer la fabrication d'un produit spécifique. Nous nous sommes portés caution au cas où celle-ci ne pourrait rembourser sa dette mais le service comptable m'a précisé qu'aucun enregistrement n'était à réaliser ». C : « En ont-ils fait mention dans l'Annexe ? ».	→ →
F : « Je trouve que la présentation du bilan en colonnes n'est pas très claire. Cette année, j'ai demandé à ce qu'il soit présenté avec en haut les capitaux propres et dettes (nos ressources) et en bas les actifs (nos emplois). Cela est quand même beaucoup plus clair, mais le service comptable me dit que les services des impôts risquent de ne pas apprécier ». *C :* « C'est peut-être plus clair pour vous, mais le formalisme de présentation vous oblige à utiliser les modèles prévus ».	→
F : « Le chef comptable m'a dit un truc dément, il veut annuler une partie de la prime d'assurance annuelle (3/4, m'a-t-il dit) car la prime a été enregistrée le 1er octobre N pour l'année à venir. Mais j'ai validé le paiement et le chèque était global ! ». *C :* « Il a raison, le règlement et la constatation de la charge sur l'exercice sont deux choses bien différentes ».	→

→ Plan de comptes

Mission 4 Le responsable du service comptable a décidé de tester vos connaissances comptables et votre faculté d'adaptation. Il vous a fourni le plan de comptes de l'entreprise et vous demande quels comptes utiliser dans les situations suivantes :

Classe 1	Comptes de capitaux			Argent apporté lors de la constitution de l'entreprise ou lors d'augmentation de capital
				Argent mis en réserve suite aux bénéfices réalisés les années précédentes
				Résultat de l'exercice
				Subvention reçue du Conseil général relative à l'acquisition d'un bâtiment basse consommation
				Argent emprunté aux établissements financiers
Classe 2	Comptes d'immobilisations	Biens conservés durablement par l'entreprise distingués en 3 parties :		
		➔ Immobilisations incorporelles		
				Brevets acquis, logiciels d'application…
				Valeur estimée de la clientèle achetée
		➔ Immobilisations corporelles		
				Terrain appartenant à l'entreprise (nu ou bâti)
				Bâtiments, atelier, magasin…
				Machines, outillages…
				Véhicules (voiture, camion…)
				Ordinateurs, imprimantes, logiciels d'exploitation, serveur…
		➔ Immobilisations financières		
				Actions ou titres de société acquis en nombre pour détenir une participation
				Actions ou titres acquis dans le but d'être conservé longtemps
				Argent prêté à une société du groupe
Classe 3	Comptes de stocks	Valeurs des stocks au moment de l'inventaire physique		
			Stocks de matières premières	
			Stocks d'emballages	
			Stocks de produits finis	
			Stocks de marchandises	
Classe 4	Comptes de tiers	Tierce personne travaillant avec l'entreprise en interne ou en externe		
			Fournisseurs de biens et services	
			Fournisseurs d'immobilisations	
			Clients	
			Personnel et comptes rattachés	
			Organismes sociaux	
			État	
			Associés	
			Débiteurs et créditeurs divers	
Classe 5	Comptes financiers	Argent disponible rapidement ou placé et déblocable facilement		
				Placement en actions
				Placement en obligations
				Argent disponible sur le compte bancaire
				Espèces (billets et pièces) disponibles

Classe 6	Comptes de charges	Dépenses relatives à la gestion de l'entreprise et réparties en 3 sous-catégories :		
		➔ Charges d'exploitation (dépenses liées à l'activité de l'entreprise)		
				Ensemble des achats réalisés par l'entreprise
				Loyer du photocopieur
				Réparation du camion
				Assurance incendie du bâtiment
				Comptable intérimaire
				Annonce promotionnelle dans la « Voix du Nord »
				Facture du transporteur Roger
				Frais de restaurant et d'hôtel du responsable du service commercial
				Timbres achetés à la Poste
				Commissions retenues par la Société Générale
				Ensemble des impôts et taxes à payer
				Ensemble des charges de personnel relatives aux salaires bruts et aux cotisations sociales patronales
			Dotations aux amortissements, dépréciations et provisions d'exploitation	
		➔ Charges financières (dépenses ayant un rapport avec l'argent)		
				Intérêts bancaires retenus par la Société Générale
				Réductions financières accordées sur les ventes
				Pertes liées à la conversion d'un emprunt étranger en euros
				Pertes liées à la cession d'actions
			Dotations aux amortissements, dépréciations et provisions financiers	
		➔ Charges exceptionnelles (dépenses n'ayant pas un caractère habituel)		
				Amendes pour mauvais stationnement
				Valeur nette comptable du matériel au jour de sa cession
			Dotations aux amortissements, dépréciations et provisions exceptionnels	
Classe 7	Comptes de produits	Recettes liées à l'activité de l'entreprise et également réparties en 3 sous-catégories :		
		➔ Produits d'exploitation (recettes liées à l'activité de l'entreprise)		
				Installations électriques réalisées chez un client
				Ventes de matériels électriques
				Subvention de la ville de Douai pour combler notre baisse d'activité suite à des travaux publics pour la rénovation du quartier)
			Reprises sur amortissements, dépréciations et provisions d'exploitation	
		➔ Produits financiers (recettes ayant un rapport avec l'argent)		
				Dividendes encaissés et liés aux titres de participation détenus
				Réductions financières obtenues sur les achats
				Gains liés à la conversion d'un emprunt étranger en euro
				Gains liés à la cession d'obligations
			Reprises sur amortissements, dépréciations et provisions financiers	
		➔ Produits exceptionnels (recettes n'ayant pas un caractère habituel)		
				Règlements de clients considérés comme insolvables
				Prix de vente hors taxes encaissés lors de la cession du matériel
			Reprises sur amortissements, dépréciations et provisions exceptionnels	

→ Particularités

Mission 5 Votre chef comptable vous demande de retrouver dans le plan de comptes, les numéros de compte particuliers suivants :

215400	Matériel industriel		Amortissements du matériel industriel
370000	Stocks de marchandises		Dépréciations des stocks de marchandises
401000	Fournisseurs ❶		Fournisseurs – Avances et acomptes versés sur commandes ❷

❶ Compte de passif à solde créditeur

❷ Compte d'actif à solde débiteur

→ Déontologie comptable

Mission 6 Le P.-D.G. de la SA Duvivier a vu sur votre CV que vous aviez travaillé plusieurs mois dans un cabinet d'expertise comptable et de commissariat aux comptes.
Il vous convie à un entretien pour vous poser quelques questions :

Questions	Réponses
M. Colas est notre expert-comptable, je dois choisir un commissaire aux comptes ; j'ai bien envie de lui demander pour avoir affaire à la même personne.	
Sinon, j'avais pensé à la fille de ma sœur (ma nièce) qui a brillamment réussi son DCG, puis son DSCG et a obtenu son diplôme d'expertise comptable il y a deux ans.	
De mon temps, le Code de déontologie comptable était différent, j'ai vu que l'on parlait maintenant de NEP. Qu'est-ce que c'est ?	
J'ai entendu dire que les commissaires aux comptes étaient astreints au secret professionnel. Ils ne pourraient donc pas nous poursuivre si nous prenions quelques libertés avec le droit comptable ?	

1.1.3 Repérage des sources du droit comptable et des obligations liées à l'exercice du métier

Le droit comptable prend sa source dans divers textes et règlements dont la hiérarchie peut être résumée de la façon suivante :

<table>
<tr><th>Sources générales</th><th>Sources spécifiques (exemples)</th></tr>
<tr><td>❶
Textes européens</td><td>
➢ 4ᵉ directive européenne du 25/07/1978 destinée à l'harmonisation des dispositions nationales relatives au contenu et à la présentation des états financiers.
➢ 7ᵉ directive européenne du 13/06/1983 destinée à la présentation des comptes consolidés.
➢ Directive du 26/06/2013 remplaçant la 4ᵉ et la 7ᵉ par une directive unique « relative aux états financiers annuels, aux états financiers consolidés et aux rapports y afférents pour certaines formes d'entreprises » avec une application sur les exercices ouverts à compter du 1ᵉʳ janvier 2016.
➢ Normes internationales fixées par l'IASB. Cet organisme publie les normes IFRS qui sont ensuite adoptées par l'Union européenne :
<table>
<tr><td>IASB</td><td>International Accounting Standard Board</td><td>Comité des normes comptables internationales</td></tr>
<tr><td>IFRS</td><td>International Financial Reporting Standards</td><td>Normes de présentation des documents financiers internationaux</td></tr>
</table>
➢ Règlement européen du 19/07/2002 qui valide l'utilisation des normes IFRS à compter de janvier 2005.
</td></tr>
<tr><td>❷
Textes légaux (Loi, décrets)</td><td>
➢ Lois du 30/04/1983 et du 11/02/1984 (Lois comptables) définissant les obligations générales des commerçants, le contenu des documents de synthèse, les principes comptables, …
➢ Décret du 02/11/1983 précisant le contenu de la Loi comptable (procédure, tenue des comptes, modalités d'enregistrement…).
➢ Code de commerce et Loi du 24/07/1966 précisant les obligations comptables des commerçants.
➢ Code du travail présentant la réglementation relative aux salaires et à la participation.
➢ Code Général des Impôts présentant un grand nombre de textes fiscaux ayant des répercussions dans la comptabilité (amortissements dérogatoires, dépréciations…).
</td></tr>
<tr><td>❸
Textes réglementaires (règlements)</td><td>
➢ L'ANC (Autorité des Normes Comptables) est un organisme qui a remplacé le CNC (Conseil National de la Comptabilité) et le CRC (Comité de la Réglementation Comptable) en janvier 2009. Le texte, publié au journal officiel, précise les missions de l'ANC :
1° elle établit sous forme de règlements les prescriptions comptables générales et sectorielles que doivent respecter les personnes physiques ou morales soumises à l'obligation légale d'établir des documents comptables conformes aux normes de la comptabilité privée ;
2° elle donne un avis sur toute disposition législative ou réglementaire contenant des mesures de nature comptable applicables aux personnes visées au 1°, élaborée par les autorités nationales ;
3° elle émet, de sa propre initiative ou à la demande du ministre chargé de l'économie, des avis et prises de position dans le cadre de la procédure d'élaboration des normes comptables internationales ;
4° elle veille à la coordination et à la synthèse des travaux théoriques et méthodologiques conduits en matière comptable ; elle propose toute mesure dans ces domaines, notamment sous forme d'études et de recommandations.
</td></tr>
<tr><td>❹
Jurisprudence</td><td>➢ Textes et conclusions émanant de certains arrêts du Conseil d'État ou des cours administratives d'appel.</td></tr>
<tr><td>❺
Doctrine</td><td>
➢ L'OEC (L'Ordre des Experts-Comptables) publie des recommandations et des avis relatifs à l'application des règles comptables.
➢ La CNCC (Compagnie Nationale des Commissaires aux Comptes) donne son avis au garde des Sceaux sur les problèmes de contrôle des comptes et peut lui soumettre des propositions.
</td></tr>
</table>

***NB :** ne pas oublier, le texte qui fixe le cadre de l'établissement des comptes individuels en distinguant quatre grands livres et neuf grands titres… c'est-à-dire le Plan Comptable Général (PCG).*

Plan Comptable Général

Le PCG est régulièrement mis à jour afin de tenir compte des modifications relatives aux normes internationales (IFRS) et pour être en adéquation avec l'évolution constante de la comptabilité et de la fiscalité. Sa mise à jour est promulguée par arrêté ministériel après étude du texte préconisé par l'ANC.

Évolutions principales

- Arrêté ministériel du 22/06/1999 homologuant le règlement CRC 99-03 et présentant le PCG.
- 2000 : convergence du PCG vers les normes IFRS.
- Règlement CRC 00-06 du 07/12/2000 relatif aux passifs (inspiré de la norme IAS 37).
- Règlement CRC 02-10 du 12/12/2002 relatif à l'amortissement et à la dépréciation des actifs (inspiré de la norme IAS 36).
- Règlement CRC 04-06 du 23/11/2004 relatif aux actifs (inspiré des normes IAS 2, IAS 16, IAS 23 et IAS 38).
- Règlement CRC 05-09 du 03/11/2005 relatif à la modification du PCG suite à l'application des règles d'amortissement et de dépréciation des actifs.
- Règlement CRC 05-04 du 03/11/2005 relatif à la nouvelle présentation des documents de synthèse.
- Règlement ANC 2014-03 du 05/06/2014 relatif à l'abrogation du règlement CRC 99-03.
- Règlement ANC 2018-01 du 20/04/2018 relatif aux méthodes comptables de référence.
- Etc.

Contenu du PCG

Livre I : Principes généraux applicables aux différents postes des documents de synthèse

Titre I : Objet et principes de la comptabilité

- Champ d'application et définition des comptes annuels.
- Principes d'établissements des comptes annuels et méthodes comptables.

Titre II : L'actif

- Définition des actifs non financiers, conditions d'inscription, évaluation à la date d'entrée dans le patrimoine, évaluation postérieurement à leur date d'entrée.
- Actifs financiers (Titres immobilisés, titres de placement, opérations sur titres).

Titre III : Le passif

- Capital social, subventions d'investissement, provisions réglementées.
- Définition des passifs, comptabilisation, évaluation, pensions, retraites et versements similaires, coûts de démantèlement, d'enlèvement et de remise en état de site.

Titre IV : Actifs et passifs dont la valeur dépend des fluctuations des monnaies étrangères

- Règles générales.
- Règles spécifiques.

Titre V : Charges et produits

- Charges, produits, résultat, impôts et taxes, impôts sur les résultats.

Livre II : Modalités particulières d'application des principes généraux

Titre VI : Dispositions et opérations de nature spécifique

- Logiciels, sites Internet, indemnités de mutation versées par les sociétés à objet sportif, primes de partage des profits, quotas d'émission de gaz à effet de serre et unités assimilées, certificats d'économie d'énergie, terrains de carrières et redevances de fortage, droits au paiement de base, jetons émis et détenus.
- Opérations faites en commun et pour le compte de tiers, contrats à long terme, opérations de fiducie, plans d'options d'achat ou de souscription d'actions et plans d'attribution d'actions gratuites aux salariés, contrats de garantie financière, opérations avec une entreprise en redressement judiciaire, activités d'échanges dans le cadre de transaction Internet, dispositions relatives aux instruments financiers à terme et aux opérations de couverture.
- REACH, licence UMTS, actifs acquis et reçus par les musées, droits d exploitation audiovisuelle cédés à titre gratuit, garanties financières, contribution financière relative à l'élimination des déchets, certificats de valeur garantie, bons de cession de valeur garantie et instruments assimilés.

Titre VII : Comptabilisation et évaluation des opérations de fusion et opérations assimilées

- Champ d'application.
- Principes d'inscription des apports dans les comptes de l'entité bénéficiaire.
- Définitions.
- Analyse de la situation de contrôle au moment de l'opération, détermination du sens des opérations, principe de détermination de la valeur d'apport, détermination des valeurs individuelles des apports, traitement du boni et du mali de fusion.
- Traitement de la perte de rétroactivité, traitement des opérations réciproques.
- Cas particulier de l'opération de confusion de patrimoine.
- Informations devant figurer dans l'annexe.

Livre III : Modèles de comptes annuels

Titre VIII : Documents de synthèse

- Règles d'établissement et de présentation des comptes annuels.
- Système de base, système abrégé, système développé.
- Contenu de l'annexe (personnes morales, personnes physiques), informations à mentionner dans l'annexe.
- Informations de l'annexe présentées sous forme de tableau.
- Comptes intermédiaires.

Livre IV : Tenue, structure et fonctionnement des comptes

Titre IX : Tenue, structure et fonctionnement des comptes

- Principes généraux, livres comptables.
- Principes généraux, pièces justificatives.
- Cadre comptable, plan de comptes général, règles d'établissement d'un plan de comptes, classification des comptes.
- Comptes de capitaux, comptes d'immobilisations, comptes de stocks et en-cours, comptes de tiers, comptes financiers, comptes de charges, comptes de produits, comptes spéciaux.

Principes comptables

Les principes comptables sont énoncés par le Code de commerce et repris par le Plan Comptable Général. Ils permettent une harmonisation et un cadre juridique strict applicable à toutes les entreprises.

Principes comptables (Règlement ANC 2014-3 mis à jour au 01/01/2019)
Principe d'image fidèle (article 121-1)
« La comptabilité est un système d'organisation de l'information financière permettant de saisir, classer, enregistrer des données de base chiffrées et présenter des états reflétant une image fidèle du patrimoine, de la situation financière et du résultat de l'entité à la date de clôture. »
Principe de comparabilité et continuité d'exploitation (article 121-2)
« La comptabilité permet d'effectuer des comparaisons périodiques et d'apprécier l'évolution de l'entité dans une perspective de continuité d'activité ».
Principe de régularité et de sincérité (article 121-3)
« La comptabilité est conforme aux règles et procédures en vigueur qui sont appliquées avec sincérité afin de traduire la connaissance que les responsables de l'établissement des comptes ont de la réalité et de l'importance relative des événements enregistrés ». « Dans le cas exceptionnel où l'application d'une règle comptable se révèle impropre à donner une image fidèle, il y est dérogé. La justification et les conséquences de la dérogation sont mentionnées dans l'annexe. »
Principe de prudence (article 121-4)
« La comptabilité est établie sur la base d'appréciations prudentes, pour éviter le risque de transfert, sur des périodes à venir, d'incertitudes présentes susceptibles de grever le patrimoine et le résultat de l'entité. »
Principe de permanence des méthodes (article 121-5)
« La cohérence et la comparabilité des informations comptables au cours des périodes successives reposent sur la permanence des méthodes comptables et de la structure du bilan et du compte de résultat. Les méthodes comptables sont les principes, règles et pratiques spécifiques appliqués par une entité lors de l'établissement de ses comptes annuels. Les termes « méthode comptable » s'appliquent : • aux méthodes d'évaluation et de comptabilisation ; • aux méthodes de présentation des comptes. Les méthodes comptables peuvent être : • explicites : elles résultent d'une disposition spécifique définie par l'Autorité des normes comptables ; • ou implicites : en l'absence de texte, elles résultent d'une pratique conforme aux principes d'établissement des comptes annuels énoncés aux articles 121-1 à 121-5. L'adoption initiale d'une méthode comptable résulte d'une décision de l'entité qui n'a pas à être justifiée. Une entité doit appliquer de manière cohérente et permanente une méthode comptable aux opérations et informations similaires. Les exceptions au principe de permanence des méthodes sont définies aux articles 122-1 et 122-2. Les méthodes comptables considérées par l'Autorité des normes comptables comme conduisant à une meilleure information car répondant aux principes généraux des normes de comptabilité privée sont qualifiées de méthodes de référence. […] »
Principe de non compensation (articles 112-2 et 112-3)
« Aucune compensation ne peut être opérée entre les postes d'actif et de passif ». « Aucune compensation ne peut être opérée entre les postes de charges et de produits ».
Principe d'indépendance des exercices (articles 511-3 et 512-4)
« Pour calculer le résultat par différence entre les produits et les charges de l'exercice, sont rattachées à l'exercice les charges supportées par l'exercice, auxquelles s'ajoutent éventuellement les charges afférentes à des exercices précédents mais qui, par erreur ou omission, n'ont pas alors fait l'objet d'un enregistrement comptable ». « Pour calculer le résultat par différence entre les produits et les charges de l'exercice, sont rattachés à l'exercice, les produits acquis à cet exercice, auxquels s'ajoutent éventuellement les produits acquis à des exercices précédents mais qui, par erreur ou omission, n'ont pas alors fait l'objet d'un enregistrement comptable. »

Source : http://www.anc.gouv.fr

Plan de comptes

Dans son titre IX, le PCG regroupe les comptes dans un document appelé « Plan de comptes ».

Les comptes sont organisés par classe de compte (classes 1 à 7) :

Classe 1 : Comptes de capitaux
Classe 2 : Comptes d'immobilisations
Classe 3 : Comptes de stocks
Classe 4 : Comptes de tiers
Classe 5 : Comptes financiers
Classe 6 : Comptes de charges
Classe 7 : Comptes de produits

Puis chaque classe comporte dix comptes à deux chiffres :

Exemple : classe 4
→ comptes **40** Fournisseurs et comptes rattachés
→ comptes **41** Clients et comptes rattachés
→ comptes **42** Personnel et comptes rattachés
→ comptes **43** Sécurité sociale et autres organismes sociaux
→ comptes **44** État et autres collectivités publiques
→ etc.

Puis chaque compte à deux chiffres comporte dix sous-comptes à trois chiffres :

Exemple : comptes **60** Achats
→ comptes **601** Achats stockés de matières premières
→ comptes **602** Achats stockés d'autres approvisionnements
→ comptes **603** Variation des stocks
→ comptes **604** Achats d'études et prestations de services
→ comptes **605** Achats de matériels, équipements et travaux
→ etc.

Cette codification dite « décimale » a été mise en place afin que chaque classe puisse se décomposer en 10 comptes à deux chiffres, puis chaque compte à deux chiffres en 10 sous comptes à trois chiffres, etc.

Particularités

1. Lorsqu'un compte d'immobilisations possède un **8** en seconde position, on est en présence d'un compte d'amortissement.
2. Lorsqu'un compte d'actif possède un **9** en seconde position, on est en présence d'un compte de dépréciations.
3. Lorsqu'un compte possède un **9** en troisième position, ce compte fonctionne dans le sens inverse du compte principal auquel il est rattaché.
4. De nombreux comptes ont été créés en respectant une certaine réciprocité. Celle-ci se retrouve tout particulièrement dans les comptes de charges et de produits.

Exemples :

607000	Achats de marchandises	→ **707000**	Ventes de marchandises
665000	Escomptes accordés	→ **765000**	Escomptes obtenus
681730	Dotations aux dépréciations des stocks	→ **781730**	Reprises sur dépréciations des stocks

Déontologie comptable

Suite aux scandales financiers qui ont émaillé le début des années 2000 (Enron & Andersen, Tyco, Worldcom, etc.), les états et les instances de régulation internationales ont pris des mesures visant à encadrer la production des comptes et sécuriser l'information financière. Ainsi en 2002, le congrès américain a adopté la Loi Sarbanes-Oxley (SOX) puis en 2003, le parlement français a voté la Loi sur la Sécurité Financière (LSF).

La LSF a notamment créé le Haut Conseil du Commissariat aux Comptes (H3C), organisme rattaché au ministère de la Justice, chargé d'assurer la surveillance de la profession de commissaire aux comptes, avec le concours de la Compagnie Nationale des Commissaires aux Comptes (CNCC).

Le commissaire aux comptes conserve pour mission principale de certifier les comptes des sociétés qu'ils contrôlent. Ainsi l'article L. 823-9 précise :

> « Les commissaires aux comptes certifient, en justifiant de leurs appréciations, que les comptes annuels sont **réguliers** et **sincères** et donnent une **image fidèle** du résultat des opérations de l'exercice écoulé ainsi que de la situation financière du patrimoine de la société à la fin de cet exercice. »

Sources réglementaires

- Le Code de commerce

Dans son livre VIII, titre II, chapitres I, II et III, il précise l'organisation et le contrôle de la profession (rôle du H3C, de la CNCC, contrôle des commissaires aux comptes…), le statut du commissaire aux comptes (règles de déontologie, secret professionnel, responsabilité…), les modalités d'exercice du contrôle légal (nomination, certification des comptes, pouvoirs d'investigation…).

- Le Code de déontologie

Constituant l'annexe 8-1 du livre VIII du Code de commerce, il définit la déontologie à laquelle est astreint le commissaire aux comptes lors de l'accomplissement de sa mission. Il précise notamment la Loi sur différents aspects : comportement du commissaire aux comptes, définition des situations à risques, exercice de la profession en réseau, publicité…

- Les Normes d'Exercice Professionnel (NEP)

Ce sont les règles que doit suivre le commissaire aux comptes dans le cadre de sa mission. Élaborées par la CNCC, elles sont homologuées par le garde des Sceaux après avis du H3C. Ces normes définissent la démarche d'audit du commissaire aux comptes et précisent l'organisation des travaux dans le cadre de cette démarche.

- La doctrine

Elle est composée des anciennes normes de la CNCC n'ayant pas fait l'objet d'une NEP, des bulletins de la CNCC, des guides d'application sectorielles, des notes d'informations, des bulletins techniques...

Règles de déontologie professionnelle

Elle se définit de la façon suivante :

> La déontologie professionnelle fait référence à l'ensemble de principes et règles éthiques qui gèrent et guident une activité professionnelle. Ces normes, sont celles qui déterminent les devoirs minimums exigibles par les professionnels dans l'accomplissement de leur activité.

Tous les acteurs du SIC sont donc soumis à cette déontologie professionnelle quelle que soit leur hiérarchie et qu'ils soient commissaire aux comptes, expert-comptable, responsable financier, collaborateur comptable, aide comptable…

Cette déontologie repose principalement sur le respect des principes comptables vus précédemment et délimite les responsabilités civiles et pénales des acteurs comptables.

Celle-ci permet, dans le cas des commissaires aux comptes, de distinguer la notion « d'indépendance professionnelle » et « d'incompatibilités », la notion de « secret professionnel » et de « révélation des faits délictueux » et de découvrir la notion de « seuils de signification ».

- Indépendance, situations interdites et incompatibilités

« Le commissaire aux comptes doit être indépendant de la personne ou de l'entité dont il est appelé à certifier les comptes » **(Article 5 du Code de déontologie)**.

Le Code de déontologie prévoit également des situations interdites : *« Il est interdit au commissaire aux comptes de fournir à la personne ou à l'entité, dont il certifie les comptes, ou aux personnes ou entités qui la contrôlent ou sont contrôlées par elle [...] tout conseil ou toute prestation de services n'entrant pas dans les diligences directement liées à la mission du commissaire aux comptes telles qu'elles sont définies par les normes d'exercice professionnel »* **(Article 10 du Code de déontologie)**.

À ce titre, l'exercice d'une mission d'expertise comptable est incompatible avec l'exercice d'une mission de commissaire aux comptes par le même professionnel.

Certains liens familiaux, financiers ou professionnels entre la personne ou l'entité contrôlée et le commissaire aux comptes sont incompatibles avec la mission de commissaire aux comptes.

À titre d'exemple, un commissaire aux comptes ne peut accepter une mission au profit d'une société dont l'un des mandataires sociaux serait son épouse, son fils, son père...

Ces dispositions s'appliquent non seulement au commissaire aux comptes mais également à tous ses collaborateurs.

- Secret professionnel et révélation de faits délictueux

Le commissaire aux comptes est astreint au secret professionnel, c'est-à-dire qu'il a l'obligation de conserver toute information entrant dans le champ d'application de sa mission. La violation de ce principe peut engager sa responsabilité pénale, civile ou disciplinaire.

Néanmoins, le commissaire aux comptes ne peut pas être condamné pour violation du secret professionnel lorsqu'il révèle au procureur de la République des faits délictueux découverts lors de l'accomplissement de sa mission.

Par ailleurs, la levée du secret professionnel est également possible quand l'information est réclamée par la justice (nécessité d'une commission rogatoire), le commissaire aux comptes du groupe, l'expert-comptable de la société, le dirigeant lui-même, l'assemblée générale, le conseil d'administration ou de surveillance et le directoire, l'autorité des marchés financiers.

- Seuil de signification (**NEP 320**)

Le commissaire aux comptes détermine un ou des seuils de signification en fonction de son jugement personnel.

Il se base sur des critères dits « pertinents » tels : le résultat courant, le résultat net, le chiffre d'affaires, les capitaux propres, l'endettement...

Le choix de ces critères dépend notamment (§10) : *« de la structure des comptes de l'entité, de la présence dans les comptes d'éléments auxquels certains des utilisateurs se fondant sur les comptes sont susceptibles d'être particulièrement attentifs, du secteur d'activité de l'entité, de la structure de l'actionnariat de l'entité ou de son financement et de leur variabilité dans le temps »*.

L'observation d'anomalies significatives au regard des seuils de signification influence son analyse et son jugement du caractère régulier, sincère et fidèle des comptes contrôlés.

Situations professionnelles

ESQUERCHIN

Les principes comptables

1.1.3 Repérage des sources du droit comptable et des obligations liées à l'exercice du métier

Nouvellement embauché dans la société **ESQUERCHIN**, les dirigeants vous demandent de les informer sur les différents principes comptables dictés par le PCG.

Missions

1 - Sur le site de l'ANC à l'adresse : https://www.anc.gouv.fr/files/live/sites/anc/files/contributed/ANC/1_Normes_fran%c3%a7aises/Reglements/Recueils/PCG_Janvier2019/PCG_2019.pdf recherchez les termes suivants et copiez les définitions correspondantes pour informer vos dirigeants :

- **prudence**
- **pour calculer le résultat**
- **continuité d'activité**
- **permanence des méthodes**
- **aucune compensation**
- **importance relative**

2 - Complétez le schéma de l'annexe en reliant le principe avec l'exemple correspondant.

Annexe - Principes et exemples associés (schéma à compléter)

Impossibilité de réaliser un enregistrement surévalué pour obtenir une plus-value en cas de cession de la société

Impossibilité de diminuer le compte banque pour tenir compte du montant de l'emprunt restant à payer

Obligation d'enregistrer les pertes probables mais pas les gains probables

Impossibilité de changer de méthode de calcul de l'amortissement d'une année sur l'autre

Obligation de faire apparaître dans l'annexe les informations importantes du bilan et du compte de résultat

Obligation d'annuler le montant d'une assurance concernant l'exercice N+1

Scénario 2 **Les sources du droit comptable**

AUBENCHEUL

Numérotation des comptes (tableau à compléter)

1.1.3 **Repérage des sources du droit comptable et des obligations liées à l'exercice du métier**

M. AUBENCHEUL a été licencié économiquement de son entreprise de textile dans laquelle il travaillait depuis plus de 20 ans. Avec sa prime de licenciement, il décide de reprendre le bar de son village.

L'ancien gérant de ce débit de boissons désire partir à la retraite mais voudrait conserver les murs pour pouvoir les léguer à ses enfants.

M. Aubencheul vous a demandé de l'accompagner lors de son entretien avec l'ancien gérant.

Vous avez réalisé un résumé de leur conversation (**annexe**) qui va vous permettre d'expliquer à M. Aubencheul, les différents comptes qu'il sera amené à utiliser.

Mission

➜ **Complétez le tableau des comptes concernés (numéros et intitulés) en vous basant sur le résumé de leur entretien.**

Annexe (à compléter) - Résumé de l'entretien et tableau

Résumé de l'entretien	N°	Comptes concernés	
		N°	Intitulés
➢ L'ancien gérant désire conserver ses murs et ne vendra que le droit d'utilisation du bar. ❶	❶		
➢ Il vendra également les boissons restantes (non périmées). ❷	❷		
➢ M. Aubencheul apportera un tiers de la somme due grâce à sa prime de licenciement et le reste suite à sa demande de prêt au Crédit Agricole. ❸ ❹	❸		
	❹		
➢ L'argent non utilisé sera placé sur un compte ouvert au nom de l'entreprise au Crédit Agricole. ❺	❺		
➢ Les pompes à bière sont louées par le brasseur et réglées au trimestre (entretien et maintenance compris). ❻	❻		
➢ Le brasseur livre les boissons (en bouteilles et en fûts) une fois par semaine (le vendredi) sans frais de consignation. Les boissons sont soumises à des taux de TVA différents selon leur degré d'alcool. ❼	❼		
➢ À la vente, la décomposition de la TVA doit également être faite. ❽	❽		
➢ Dans le village, les consommateurs paient encore beaucoup en espèces. ❾	❾		
➢ Les principaux coûts sont liés à la consommation d'eau, au chauffage et à l'électricité. ❿	❿		

BRUILLE 1

Classification des immobilisations

1.1.3 Repérage des sources du droit comptable et des obligations liées à l'exercice du métier

Au cours du mois de septembre N, la Société à responsabilité limitée **BRUILLE** a fait l'acquisition de différents biens et vous transmet les pièces comptables correspondantes :

ETS DEVRED Le 02/09/N

SARL BRUILLE

Facture n° 728

Générateur industriel		14 000,00
Remise 5 %	-	700,00
Net commercial		13 300,00
Escompte 2 %	-	266,00
Net financier		13 034,00
Livraison	+	560,00
Installation	+	1 400,00
Total HT		14 994,00
TVA (TN)	+	2 998,80
Net à payer	=	**17 992,80**

Chèque n° 188756

BANQUE POPULAIRE DU NORD

Avis de débit n° 27 du 06/09/N

SARL BRUILLE

Désignation	Quantité	Cours	Montant
Obligations SA Morinie	1 500	75	112 500,00
Actions SA Catteau	100	50	5 000,00
Commission 1,50 %			1 762,50
TVA (TN)			352,50
NET À VOTRE DÉBIT			**119 615,00**

Payé par prélèvement bancaire

CEGID SA Le 12/09/N

SARL BRUILLE

Facture N° 12888

PC COMPAQ		3 100,00
LOGICIELS D'APPLICATION	+	650,00
FRAIS FORMATION LOGICIEL	+	100,00
RAMES PAPIER A4	+	50,00
		3 900,00
TVA (TN)	+	780,00
NET À PAYER	=	4 680,00

LAFORET IMMOBILIER

Le 15/09/N

SARL BRUILLE

Facture V20105

Local commercial neuf		350 000
Frais d'architecte	+	3 500
TVA (TN)		70 700
Droits de mutation	+	7 000
Net à payer	=	**431 200**

Maître S. PARIS

Notaire Le 30/09/N

SARL BRUILLE

Facture n° 87

Terrain bâti		27 000,00
Honoraires de notaire	+	650,00
Droits de mutation	+	750,00
Net à payer	=	28 400,00

Peugeot SADA **Le 20/09/N**

SARL BRUILLE

Facture n° 8897

Peugeot 208 Diesel		15 000,00
TVA (TN)	+	3 000,00
Carte grise	+	280,00
Carburant (gazole)	+	60,00
Net à payer	=	**18 340,00**

Missions

En vous appuyant sur les extraits du Plan Comptable Général fournis en annexe :

1 - Listez les 4 éléments qui permettent de qualifier un actif.

2 - Expliquez la notion d'avantages économiques futurs.

3 - Définissez la notion d'actif immobilisé.

4 - Quelles sont les catégories d'immobilisations présentées dans le PCG ? Définissez chacune d'elles.

5 - Complétez le tableau suivant en précisant pour chaque bien acquis la nature de l'immobilisation et le numéro de compte correspondant.

SARL BRUILLE	Immobilisation			N° de compte
	Incorporelle	Corporelle	Financière	
Générateur industriel				
Obligations SA Morinie				
Actions SA Catteau				
PC COMPAQ				
Logiciels d'application				
Local commercial neuf				
Peugeot 208				
Terrain bâti				

Annexe - *Extraits du Plan Comptable Général et de la revue comptable des Éditions Francis Lefebvre*

PCG – Section 1

Actifs non financiers - Définition

211-1. - Un actif est un élément identifiable du patrimoine ayant une valeur économique positive pour l'entité, c'est-à-dire un élément générant une ressource que l'entité contrôle du fait d'événements passés et dont elle attend des avantages économiques futurs.

211-2. - L'avantage économique futur représentatif d'un actif est le potentiel qu'a cet actif de contribuer, directement ou indirectement, à des flux nets de trésorerie au bénéfice de l'entité.
Le potentiel de services attendus de l'utilisation d'un actif par une association ou une entité relevant du secteur public est fonction de l'utilité sociale correspondant à son objet ou à sa mission.

Sous-section 1 – Actifs incorporels

211-5. - Une immobilisation incorporelle est un actif non monétaire sans substance physique.
Une immobilisation incorporelle est identifiable :
- si elle est séparable des activités de l'entité, c'est-à-dire susceptible d'être vendue, transférée, louée ou échangée de manière isolée ou avec un contrat, un autre actif ou passif ;
- ou si elle résulte d'un droit légal ou contractuel même si ce droit n'est pas transférable ou séparable de l'entité ou des autres droits et obligations.

Sous-section 2 – Actifs corporels

211-6. - Une immobilisation corporelle est un actif physique détenu, soit pour être utilisé dans la production ou la fourniture de biens ou de services, soit pour être loué à des tiers, soit à des fins de gestion interne et dont l'entité attend qu'il soit utilisé au-delà de l'exercice en cours.

Extrait du Lefebvre Comptable

Les immobilisations financières sont des titres émis par des personnes morales, publiques ou privées, [...] qui confèrent des droits sur le capital de la personne morale émettrice ou sur un droit de créance.

GÉDÉON

Déontologie comptable - Analyse de cas relatifs au démarchage publicitaire

1.1.3 Repérage des sources du droit comptable et des obligations liées à l'exercice du métier

Stagiaire dans le cabinet comptable **GÉDÉON**, votre responsable vous demande d'étudier les cas suivants relatifs à la déontologie du métier d'expert-comptable. Il souhaite que vous lui donniez votre avis sur les aspects relatifs au démarchage publicitaire en respect de l'article 152 du Code de déontologie des experts-comptables (**annexe 1**).

Mission

→ **Donnez un avis circonstancié pour chaque cas présenté dans le tableau de l'annexe 2 en vous référant à l'article 152 du Code de déontologie (annexe 1).**

Annexe 1 - Code de déontologie des professionnels de l'expertise comptable - Article 152

Les actions de promotion réalisées par les personnes mentionnées à l'article 141 ont pour objet de procurer au public qu'elles visent une information utile. Ces personnes ne peuvent proposer des services à des tiers n'en ayant pas fait la demande que dans des conditions compatibles avec les règles déontologiques et professionnelles d'exercice de leur profession.

Les moyens auxquels il est recouru pour procéder à ces actions de promotion ou de démarchage sont mis en œuvre avec discrétion, de façon à ne pas porter atteinte à l'indépendance, à la dignité et à l'honneur de la profession, pas plus qu'aux règles du secret professionnel et à la loyauté envers les clients et les autres membres de la profession.

Lorsqu'elles présentent leur activité professionnelle à des tiers, par quelque moyen que ce soit, les personnes mentionnées à l'article 141 ne doivent adopter aucune forme d'expression qui soit de nature à compromettre la dignité de leur fonction ou l'image de la profession.

Ces modes de communication ainsi que tous autres ne sont admis qu'à condition que l'expression en soit décente et empreinte de retenue, que leur contenu ne comporte aucune inexactitude ni ne soit susceptible d'induire le public en erreur et qu'ils soient exempts de tout élément comparatif.

L'article 141 du Code de déontologie précise ainsi que : « *Les dispositions du présent chapitre constituent le Code de déontologie des professionnels de l'expertise comptable. Elles s'appliquent aux experts-comptables stagiaires et aux salariés mentionnés respectivement à l'article 83 ter et à l'article 83 quater de l'ordonnance du 19 septembre 1945 susvisée. À l'exception de celles qui ne peuvent concerner que des personnes physiques, elles s'appliquent également aux sociétés d'expertise comptable et aux associations de gestion et de comptabilité* ».

Annexe 2 - Cas pratiques à analyser

Cas	Démarchage	Commentaires
1. Une circulaire proposant un chèque-cadeau pour toutes missions comptables et fiscales ou sociales est adressée par une société d'expertise comptable à une certaine catégorie d'entreprises (tabac loto presse) à partir de coordonnées figurant dans les Pages Jaunes, sans demande préalable de leur part.	OUI ☐ NON ☐	
2. Un cabinet d'expertise comptable envoie une carte de vœux à un non-client dont l'activité est relative au nettoyage industriel et faisant référence à une spécialisation en « conseil aux entreprises de propreté ».	OUI ☐ NON ☐	
3. Une société d'expertise comptable annonce l'ouverture d'un nouveau cabinet dans un journal régional.	OUI ☐ NON ☐	
4. Une société d'expertise comptable sponsorise la réalisation d'un sondage par un institut d'études.	OUI ☐ NON ☐	
5. Une société d'expertise comptable présente ses activités sur son site Internet et offre la possibilité d'obtenir un devis en ligne.	OUI ☐ NON ☐	
6. Une Association de Gestion et de Comptabilité (AGC) a adressé à des entreprises adhérentes à la Fédération des boulangers de la région Ouest un document de présentation de ses activités.	OUI ☐ NON ☐	

1.1.2 Repérage de l'organisation comptable : la hiérarchie des travaux comptables
1.1.4 Analyse et description des mécanismes comptables : les modèles comptables, les principes d'enregistrement

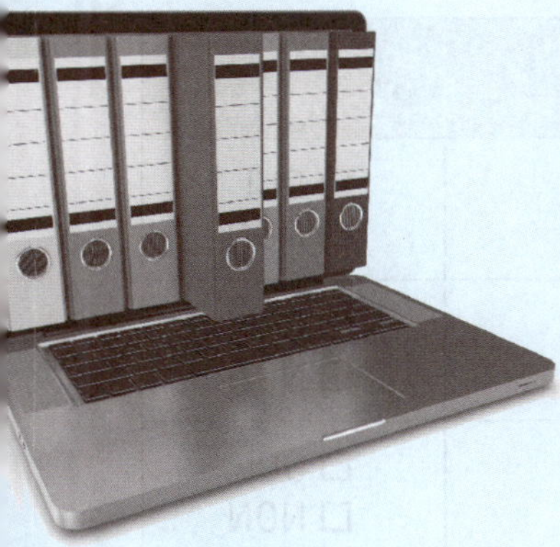

Contexte général DUVIVIER :

Embauché récemment dans le service comptable de la société Duvivier, vous découvrez l'organisation comptable de l'entreprise, vous l'analysez et vous mettez en place les mécanismes comptables qui vont permettre d'enregistrer les opérations financières auxquelles vous allez être confronté.

Mission de veille :

Mettre à jour votre veille comptable sur les thèmes suivants :
- Pièces justificatives comptables obligatoires
- Journal général et journaux auxiliaires
- Grand-livre des comptes
- Balance des comptes
- Composition du bilan
- Composition du compte de résultat
- Fonctionnement des comptes
- Mécanismes comptables des flux

→ Documents archivés par le service comptable de la société DUVIVIER

De : Duvivier@orange.fr	À : EtsFernand@sfr.fr
PJ : Catalogue Duvivier	Date : 28/12/N-1
Objet : Demande de catalogue et de prix – Offre n° 1285	

Bonjour,
Suite à votre appel téléphonique du 27/12/N-1, vous trouverez ci-joint notre catalogue avec les prix détaillés et nos conditions commerciales.
Vous trouverez en page 191 de ce catalogue un bon de commande à compléter manuellement. Vous pouvez également compléter notre bon de commande en ligne sur notre site: http://www.Duvivier.com dans la rubrique Professionnels/Panier/Suivi des commandes.
Je suis à votre entière disposition pour toutes informations complémentaires.
Bien cordialement.
Gérard Hustiner, responsable du service commercial

SA DUVIVIER
10, rue Doumergue – 59500 DOUAI
Tél. 03 27 97 XX XX - Fax : 03 27 89 XX XX
SA au capital de 250 000 € - 758 501 001 RCS LILLE
N° Intracom : FR 94 758 501 001

BON DE COMMANDE N° 889
Le : 02/01/N
Entreprise FERNAND
22, rue Saint-Paul
59000 LILLE

Réf.	Désignation	Qtés	PU	Remise	PU net	Montant
EL130	Cache borne 4 modules	3	10,50 €		10,50 €	31,50 €
EL365	Ampoules économie énergie 25 W	50	5,00 €	5 %	4,75 €	237,50 €
EL814	Lampes à led	22	2,00 €		2,00 €	44,00 €
	Port HT	1	15,00 €		15,00 €	15,00 €
					Montant net HT	328,00 €

SA DUVIVIER
10, rue Doumergue – 59500 DOUAI
Tél. 03 27 97 XX XX - Fax : 03 27 89 XX XX
SA au capital de 250 000 € - 758 501 001 RCS LILLE
N° Intracom : FR 94 758 501 001

BON DE LIVRAISON N° 858
Le : 04/01/N
Entreprise FERNAND
22, rue Saint-Paul
59000 LILLE

Réf.	Désignation	Qtés	PU	Remise	PU net	Montant
EL130	Cache borne 4 modules	3	10,50 €		10,50 €	31,50 €
EL365	Ampoules économie énergie 25 W	50	5,00 €	5 %	4,75 €	237,50 €
EL814	Lampes à led	22	2,00 €		2,00 €	44,00 €
	Port HT	1	15,00 €		15,00 €	15,00 €
					Montant net HT	328,00 €

SA DUVIVIER
10, rue Doumergue – 59500 DOUAI
Tél. 03 27 97 XX XX - Fax : 03 27 89 XX XX
SA au capital de 250 000 € - 758 501 001 RCS LILLE
N° Intracom : FR 94 758 501 001

FACTURE N° 825
Le : 04/01/N
Entreprise FERNAND
22, rue Saint-Paul
59000 LILLE

Réf.	Désignation	Qtés	PU	Remise	PU net	Montant
EL130	Cache borne 4 modules	3	10,50 €		10,50 €	31,50 €
EL365	Ampoules économie énergie 25 W	50	5,00 €	5 %	4,75 €	237,50 €
EL814	Lampes à led	22	2,00 €		2,00 €	44,00 €
					Net commercial	313,00 €
					Port	15,00 €
					Montant net HT	328,00 €
Paiement 1/3 au comptant par chèque					TVA au taux normal	65,60 €
Solde à 30 jours fin de mois par traite					Net à payer TTC en euros	**393,60 €**

SOCIÉTÉ GÉNÉRALE
Date : 04/01/N
Bénéficiaire : Société DUVIVIER
Solde précédent :
Montant : 131,20
Nouveau solde :
Chèque n° 76976

SOCIETE GENERALE
€ 131,20
PAYEZ CONTRE CE CHÈQUE NON ENDOSSABLE
sauf au profit d'une banque ou d'un organisme visé par la loi
Cent trente et un euros et vingt centimes
À Société DUVIVIER
Lille Le 4 janvier N
PAYABLE À
SOCIÉTÉ GÉNÉRALE
Agence de Lille
28501-13558-00087447458-22
000 60 571568 54
Entreprise FERNAND
22 rue Saint-Paul
59000 LILLE
Fernand
Chèque N°
76976 # 2850113558 # 0087447458 # 22

SA DUVIVIER
10 rue Doumergue
59500 DOUAI

Contre cette LETTRE DE CHANGE
stipulée SANS FRAIS
veuillez payer la somme indiquée en euros
ci-dessous à l'ordre de : nous-mêmes

mention LRC s'il y a lieu

À Douai LE

€

MONTANT POUR CONTRÔLE	DATE DE CRÉATION	ÉCHÉANCE	RÉF. TIRÉ	LCR seulement	MONTANT
262,40	04/01/N	28/02/N	OFERNA		262,40

RIB du TIRÉ

Code établ.	Code guichet	N° de compte	Clé RIB
17304	04158	32589550	93

NOM et ADRESSE DU TIRÉ: Entreprise FERNAND, 22 rue Saint-Paul, 59000 LILLE

DOMICILIATION
Société Générale
66 rue Saint-Jacques DOUAI

Valeur en marchandises N° 127
05/01/N
ACCEPTATION OU AVAL
Duvivier
ne rien inscrire au-dessous de cette ligne

SA DUVIVIER
10, rue Doumergue – 59500 DOUAI
Tél. 03 27 97 XX XX - Fax : 03 27 89 XX XX
SA au capital de 250 000 € - 758 501 001 RCS LILLE
N° Intracom : FR 94 758 501 001

AVOIR N° A825
Le : 05/01/N
Entreprise FERNAND
22, rue Saint-Paul
59000 LILLE

Réf.	Désignation	Qtés	PU	Remise	PU net	Montant
EL130	Cache borne 4 modules	1	10,50		10,50	10,50
					Net commercial	10,50
					Port	0,00
					Montant net HT	10,50
					TVA au taux normal	2,10
					Net à déduire TTC en euros	**12,60**

→ Pièces justificatives

Mission 1 Complétez le tableau suivant permettant de définir les pièces justificatives et de déterminer celles nécessitant un enregistrement comptable.

Pièces justificatives	Définition	Enregistrement comptable
Offre n° 1285		☐ OUI ☐ NON
Bon de commande n° 889		☐ OUI ☐ NON
Bon de livraison n° 858		☐ OUI ☐ NON
Facture n° 825		☐ OUI ☐ NON
Avoir n° A825		☐ OUI ☐ NON
Chèque bancaire n° SG 76976		☐ OUI ☐ NON
Lettre de change relevé (LCR) n° 127		☐ OUI ☐ NON

→ Journal général et journaux auxiliaires

◆ Journal général

Mission 2 Complétez le journal général de l'entreprise Duvivier en vous basant sur les documents archivés.

Compte	04/01/N	Débit	Crédit
0FERNA	Client FERNAND	393,60	
707100	Vente de matériels électriques		313,00
708500	Ports et frais accessoires facturés		15,00
445712	État, TVA collectée (TN)		65,60
	Facture n° 825 au client Fernand	**393,60**	**393,60**
	04/01/N		
512100	Société Générale		
0FERNA	Client FERNAND		
	Chèque n° SG 76976 du client Fernand		
	05/01/N		
413000	Clients, effets à recevoir		
0FERNA	Client FERNAND		
	LCR n° 127 acceptée par le client Fernand		
	05/01/N		
707100	Vente de matériels électriques		
445712	État, TVA collectée (TN)		
0FERNA	Client FERNAND		
	Avoir n° A 825 au client Fernand		
	Principe de la partie double respecté (total débit = total crédit)	**799,80**	**799,80**

◆ **Journaux auxiliaires utilisés**

Mission 3 Complétez le tableau suivant permettant de déterminer les journaux auxiliaires concernés par les pièces justificatives nécessitant un enregistrement comptable.

Organisation de la comptabilité

L'entreprise utilise les journaux auxiliaires suivants : ACH : Achats ; BQ1 : Société Générale (SG) ; CAIS : Caisse ; IMO : Immobilisations (type : Achats) ; OD : Opérations diverses ; RAN : Report à nouveaux ; VTE : Ventes et prestations de services.

Documents à enregistrer	Journal auxiliaire concerné	Code journal
Facture n° 825		
Chèque n° SG 76976		
LCR n° 127		
Avoir n° A825		

➜ Précomptabilisation

◆ **Hypothèse 1 : Saisie des numéros de compte nécessaires directement sur la pièce comptable**

Mission 4 Complétez le tampon suivant apposé sur la facture n° 825.

Pièce n° 3	Mois : 01	Jour : 04
Imputation	Débit	Crédit
707100		
708500		
445712		
0FERNA		

◆ **Hypothèse 2 : Tableau récapitulatif des opérations similaires (bordereau centralisateur)**

Mission 5 Complétez le bordereau centralisateur des ventes du mois de janvier N à l'aide de la facture n° 825.

BORDEREAU CENTRALISATEUR DES VENTES — **MOIS** Janvier — **ANNÉE** N — **VTE** — **FOLIO** 1/1

N° ligne	Jour	Comptes à débiter	Montants	N° de pièce	Libellé des opérations	Comptes à créditer							
						TVA collectée (TN)	Matériel électrique	Produits d'entretien	Quincaillerie	Transports	Emballages consignés	Divers – Montants	Divers – N° de compte
1	2	0BENDI	323,05	VTE1	Facture 823 – Bendix	53,84	115,00	85,00	64,50	10,00		- 5,29	665000
2	3	0MARTI	344,80	VTE2	Facture 824 – Martin	50,80		254,00			40,00		
3													
4	5	0DIVER	2 954,03	VTE4	Vente magasin semaine 1	492,34	1 654,50	513,19	294,00				
5	5	0FERNA	- 12,60	VTE5	Avoir A 825 - Fernand	- 2,10	- 10,50						
Totaux à reporter ou du mois					Totaux à reporter ou du mois								
			DÉBIT		NUMÉROS DE COMPTES	**445712**	**707100**	**707200**	**707300**	**708500**	**419600**		**CRÉDIT**

◆ **Hypothèse 3 : Bordereau d'imputation comptable permettant une saisie plus rapide sur le PGI**

Mission 6 Complétez le bordereau d'imputation comptable à l'aide de la facture n° 825.

Ligne	Date	Journal	N° compte général	N° compte de tiers	Intitulés des comptes Libellés des opérations	Débit	Crédit
1			411000		Client Fernand		
2			707100		Ventes de matériels électriques		
3			708500		Ports et frais accessoires facturés		
4			445712		État, TVA collectée sur ventes (TN)		
5					*Fernand - facture 825*		
					Totaux		

➜ Grand-livre des comptes

Mission 7 Complétez l'extrait du Grand-livre de la SA Duvivier au 05/01/N après les toutes premières écritures de l'exercice N.

◆ **Présentation sous la forme de comptes en « T »**

D+	207000 Fonds commercial		C-
SDI	5 000,00		
ΣD			ΣC

D-	707100 Ventes de matériels électriques		C+
5/01	10,50	115,00	2/01
		313,00	4/01
		1 654,50	5/01
ΣD			ΣC

D+	606100 Eau, énergie		C-
3/01	250,00		
ΣD			ΣC

D+	218300 Matériel de bureau		C-
SDI	6 000,00		
ΣD			ΣC

D+	531100 Caisse		C-
SDI	300,00	500,00	5/01
2/01	323,05		
5/01	572,40		
ΣD			ΣC

D+	607000 Achats de marchandises		C-
1/01	1 000,00		
3/01	600,00		
4/01	500,00		
ΣD			ΣC

D+	661100 Intérêts sur emprunts		C-
5/01	20,00		
ΣD			ΣC

D-	101000 Capital		C+
		100 000,00	SCI
ΣD			ΣC

D+	613000 Locations		C-
3/01	310,00		
ΣD			ΣC

D+	512100 Banque - Société Générale		C-
SDI	5 503,92	1 200,00	1/01
3/01	344,80	200,00	2/01
4/01	131,20	720,00	3/01
5/01	2 381,63	300,00	3/01
5/01	500,00	310,00	3/01
		600,00	4/01
		520,00	5/01
ΣD			ΣC

D-	164000 Emprunts		C+
5/01	500,00	5 000,00	SCI
ΣD			ΣC

D+	616000 Primes d'assurances		C-
2/01	200,00		
ΣD			ΣC

D+	445662 État, TVA déductible (TN)		C-
1/01	200,00		
3/01	120,00		
3/01	50,00		
4/01	100,00		
ΣD			ΣC

D-	707300 Ventes de quincaillerie		C+
		64,50	2/01
		294,00	5/01
ΣD			ΣC

D-	445712 État, TVA collectée (TN)		C+
5/01	2,10	53,84	2/01
		50,80	3/01
		65,60	4/01
		492,34	5/01
ΣD			ΣC

D+	411000 Clients		C-
SDI	1 543,19	323,05	2/01
2/01	323,05	344,80	3/01
3/01	344,80	131,20	4/01
4/01	393,60	262,40	5/01
5/01	2 954,03	12,60	5/01
		2 954,03	5/01
ΣD			ΣC

D-	708500 Ports et frais accessoires facturés		C+
		10,00	2/01
		15,00	4/01
ΣD			ΣC

D-	419600 Clients, dettes/ emballages consignés		C+
		40,00	2/01
ΣD			ΣC

D+	665000 Escomptes accordés		C-
2/01	5,29		
ΣD			ΣC

D-	707200 Ventes de produits d'entretien		C+
		85,00	2/01
		254,00	3/01
		513,19	5/01
ΣD			ΣC

D+	580000 Virements internes		C-
5/01	500,00	500,00	5/01
ΣD			ΣC

D+	413000 Clients, effets à recevoir		C-
5/01	262,40		
ΣD			ΣC

◆ **Présentation professionnelle (PGI)**

Mission 8 Simulez l'édition du Grand-livre des comptes issus du PGI.

SA DUVIVIER Matériels électriques, quincaillerie 10, rue Doumergue 59500 DOUAI			**Grand-livre des comptes**		Période du : 01/01/N au : 05/01/N Tenue de compte : EURO		
PGI module comptable			Date de tirage : 06/01/N		à 07:57		Page : 1
Date	**J^al^**	**N° pièce**	**Libellé écriture**	**Lett.**	**Mouvement débit**	**Mouvement crédit**	**Solde progressif**
101000		**Capital**					
0101N	RAN	1	Apports (création de l'entreprise)			100 000,00	- 100 000,00
	Total compte 101000		**Du 0101N au 0501N**			**100 000,00**	**- 100 000,00**
164000		**Emprunt**					
0101N	RAN	1	Emprunt SG 251425			5 000,00	- 5 000,00
0501N	BQ1	11	Échéance – emprunt SG 251425		500,00		- 4 500,00
	Total compte 164000		**Du 0101N au 0501N**		**500,00**	**5 000,00**	**- 4 500,00**
207000		**Fonds de commerce**					
0101N	RAN	1	Fonds commercial (création de l'entreprise)		5 000,00		5 000,00
	Total compte 207000		**Du 0101N au 0501N**		**5 000,00**		**5 000,00**
218300		**Matériels de bureau et informatique**					
0101N	RAN	1	Matériels possédés par l'entreprise au 0101N		6 000,00		6 000,00
	Total compte 218300		**Du 0101N au 0501N**		**6 000,00**		**6 000,00**
512100		**Banque – Société Générale**					
0101N	RAN	1	Solde initial au 0101N				
0101N	BQ1	2	Chèque 901001 (achat de marchandises)				
0201N	BQ1	3	Chèque 901002 (prime d'assurance)				
0301N	BQ1	4	Chèque encaissé sur ventes de marchandises				
0301N	BQ1	5	Chèque 901003 (achat de marchandises)				
0301N	BQ1	6	Virement 121 – facture d'électricité				
0301N	BQ1	7	Virement 122 – Loyer de l'entrepôt				
0401N	BQ1	8	Chèque encaissé sur ventes de marchandises				
0401N	BQ1	9	Chèque 901004 (achat de marchandises)				
0501N	BQ1	10	Chèques encaissés sur ventes de marchandises				
0501N	BQ1	11	Virement 123 – échéance emprunt SG 251425				
0501N	BQ1	12	Dépôt des espèces provenant de la caisse				
	Total compte 512100		**Du 0101N au 0501N**				
707100		**Ventes de matériels électriques**					
0201N	VTE	1	Facture 823			115,00	- 115,00
0401N	VTE	3	Facture 825			313,00	- 428,00
0501N	VTE	4	Vente magasin – semaine 1			1 654,50	- 2 082,50
0501N	VTE	5	Avoir A 825		10,50		- 2 072,00
	Total compte 707100		**Du 0101N au 0501N**		**10,50**	**2 082,50**	**- 2 072,00**
			Totaux		**217 560,28**	**217 560,28**	

→ Balance des comptes

Mission 9 Reprenez les comptes du Grand-livre de la SA Duvivier au 05/01/N et présentez la balance.

◆ Présentation professionnelle (PGI)

SA DUVIVIER				Période du : 01/01/N	
	Balance des comptes			au : 05/01/N	
	Complète			Tenue de compte : EURO	
PGI module comptable		Date de tirage : 06/01/N à 7:58			Page 1
N° de compte	**Intitulés des comptes**	**Mouvement débit**	**Mouvement crédit**	**Solde débit**	**Solde crédit**
101000	Capital				
[...]	[...]	[...]	[...]	[...]	[...]
164000	Emprunts auprès des établissements de crédit				
207000	Fonds commercial				
[...]	[...]	[...]	[...]	[...]	[...]
218300	Matériels de bureau et informatique				
[...]	[...]	[...]	[...]	[...]	[...]
411000	Clients	5 558,67	4 028,08	1 530,59	
413000	Clients, effets à recevoir	262,40		262,40	
419600	Clients, dettes sur emballages consignés		40,00		40,00
445662	État, TVA déductible sur ABS (TN)	470,00		470,00	
445172	État, TVA collectée (TN)	2,10	662,58		660,48
[...]	[...]	[...]	[...]	[...]	[...]
512100	Banque – Société Générale				
531100	Caisse	1 195,45	500,00	695,45	
580000	Virements internes	500,00	500,00		
606100	Eau, électricité	250,00		250,00	
607000	Achats de marchandises	2 100,00		2 100,00	
613000	Locations	310,00		310,00	
616000	Primes d'assurances	200,00		200,00	
661100	Intérêts sur emprunts	20,00		20,00	
665000	Escomptes accordés	5,29		5,29	
707100	Ventes de matériels électriques				
707200	Ventes de produits d'entretien				
707300	Ventes de quincaillerie				
708500	Ports et frais accessoires facturés				
	Totaux comptes de bilan	**214 664,49**	**214 242,09**	**422,40**	
	Totaux comptes de gestion	**2 885,29**	**3 307,69**		**422,40**
	Totaux de la balance	**217 560,28**	**217 560,28**		

→ Documents de synthèse

Mission 10 Reprenez les comptes de la balance de la SA Duvivier au 05/01/N et présentez les documents de synthèse.

◆ Présentation classique en tableau

BILAN DE LA SA DUVIVIER au 5 janvier N

ACTIF				PASSIF		
Actif immobilisé	Immobilisations Incorporelles	Fonds commercial		Capitaux propres	Capital social	
		Autres			Écarts de réévaluation	
	Immobilisations corporelles		166 000,00		Réserve légale	6 950,00
	Immobilisations financières		10 140,00		Réserves réglementées	
		Total 1	181 140,00		Autres réserves	80 000,00
Actif circulant	Stock	Matières premières, approvisionnements	2 316,47		Report à nouveau	
		En-cours de production			Résultat de l'exercice	
		Marchandises	8 027,85		Provisions réglementées	
	Avances et acomptes versés sur commande				Total 1	187 372,40
	Créances	Clients et comptes rattachés	1 792,99	Provisions pour risques et charges (Total 2)		
		Autres	470,00	Dettes	Emprunts et dettes assimilées	
	Valeurs mobilières de placement		2 500,00		Avances et acomptes reçus sur commande	
	Banques, CCP				Fournisseurs et comptes rattachés	8 300,00
	Caisse				Autres dettes	1 781,91
		Total 2	20 814,31		Total 3	14 581,91
	Charges constatées d'avance				Produits constatés d'avance	
		Total général	201 954,31		Total général	201 954,31

COMPTE DE RÉSULTAT (en liste) DE LA SA DUVIVIER

	5 Janvier N
Produits d'exploitation (hors taxes) :	
Ventes de marchandises ( )	
Production vendue [biens et services]	
Production stockée	
Production immobilisée	
Subventions d'exploitation	
Autres produits	
Total I (dont à l'exportation :)	
Charges d'exploitation (hors taxes) :	
Achats de marchandises	
Variation de stock (marchandises)	
Achats d'approvisionnements	
Variation de stock d'approvisionnements	
Autres achats et charges externes ( )	
Impôts, taxes et versements assimilés	
Rémunérations du personnel	
Charges sociales	
Dotations aux amortissements	
Dotations aux dépréciations et aux provisions	
Autres charges	
Total II	
Résultat d'exploitation (I - II)	
Produits financiers	
Charges financières ( )	
Résultat financier (III)	
Produits exceptionnels	
Charges exceptionnelles	
Résultat exceptionnel (IV)	0,00
Participation des salariés **(V)**	
Impôts sur les bénéfices **(VI)**	
Bénéfice ou perte (I - II + III + IV - V - VI)	

◆ Présentation professionnelle (PGI)

Extrait du bilan - Passif (CERFA 2051)

Désignation de l'entreprise SA DUVIVIER — Néant ☐*

			Exercice N	Exercice N - 1
CAPITAUX PROPRES	Capital social ou individuel (1)* (Dont versé : ....)	DA		
	Primes d'émission, de fusion, d'apport, ...	DB		
	Ecarts de réévaluation (2)* (dont écart d'équivalence EK)	DC		
	Réserve légale (3)	DD		
	Réserves statutaires ou contractuelles	DE		
	Réserves réglementées (3)* (Dont réserve spéciale des provisions pour fluctuation des cours B1)	DF		
	Autres réserves (Dont réserve relative à l'achat d'œuvres originales d'artistes vivants * EJ)	DG		
	Report à nouveau	DH		
	RÉSULTAT DE L'EXERCICE (bénéfice ou perte)	DI		
	Subventions d'investissement	DJ		
	Provisions réglementées *	DK		
	TOTAL (I)	DL		

Extrait du compte de résultat en liste (CERFA 2052)

Désignation de l'entreprise : SA DUVIVIER — Néant ☐*

		Exercice N						Exercice (N-1)
			France		Exportations et livraisons intracommunautaires		Total	
PRODUITS D'EXPLOITATION	Ventes de marchandises *	FA		FB		FC		
	Production vendue { biens *	FD		FE		FF		
	Production vendue { services *	FG		FH		FI		
	Chiffres d'affaires nets *	FJ		FK		FL		
	Production stockée *					FM		
	Production immobilisée *					FN		
	Subventions d'exploitation					FO		
	Reprises sur amortissements et provisions, transferts de charges * (9)					FP		
	Autres produits (1) (11)					FQ		
	Total des produits d'exploitation (2) (I)					FR		
CHARGES D'EXPLOITATION	Achats de marchandises (y compris droits de douane)*					FS		
	Variation de stock (marchandises)*					FT		
	Achats de matières premières et autres approvisionnements (y compris droits de douane)*					FU		
	Variation de stock (matières premières et approvisionnements)*					FV		
	Autres achats et charges externes (3) (6 bis)*					FW		
	Impôts, taxes et versements assimilés *					FX		
	Salaires et traitements *					FY		
	Charges sociales (10)					FZ		
	DOTATIONS D'EXPLOITATION — Sur immobilisations { - dotations aux amortissements *					GA		
	DOTATIONS D'EXPLOITATION — Sur immobilisations { - dotations aux provisions					GB		
	DOTATIONS D'EXPLOITATION — Sur actif circulant : dotations aux provisions *					GC		
	DOTATIONS D'EXPLOITATION — Pour risques et charges : dotations aux provisions					GD		
	Autres charges (12)					GE		
	Total des charges d'exploitation (4) (II)					GF		
1 - RÉSULTAT D'EXPLOITATION (I – II)						GG		
opérations en commun	Bénéfice attribué ou perte transférée * (III)					GH		
	Perte supportée ou bénéfice transféré * (IV)					GI		
PRODUITS FINANCIERS	Produits financiers de participations (5)					GJ		
	Produits des autres valeurs mobilières et créances de l'actif immobilisé (5)					GK		
	Autres intérêts et produits assimilés (5)					GL		
	Reprises sur provisions et transferts de charges					GM		
	Différences positives de change					GN		
	Produits nets sur cessions de valeurs mobilières de placement					GO		
	Total des produits financiers (V)					GP		
CHARGES FINANCIÈRES	Dotations financières aux amortissements et provisions *					GQ		
	Intérêts et charges assimilées (6)					GR		
	Différences négatives de change					GS		
	Charges nettes sur cessions de valeurs mobilières de placement					GT		
	Total des charges financières (VI)					GU		
2 - RÉSULTAT FINANCIER (V – VI)						GV		
3 - RÉSULTAT COURANT AVANT IMPÔTS (I – II + III – IV + V – VI)						GW		

(RENVOIS : voir tableau n° 2053) * Des explications concernant cette rubrique sont données dans la notice n° 2032.

→ Courriel envoyé par le responsable du service comptable de la société DUVIVIER

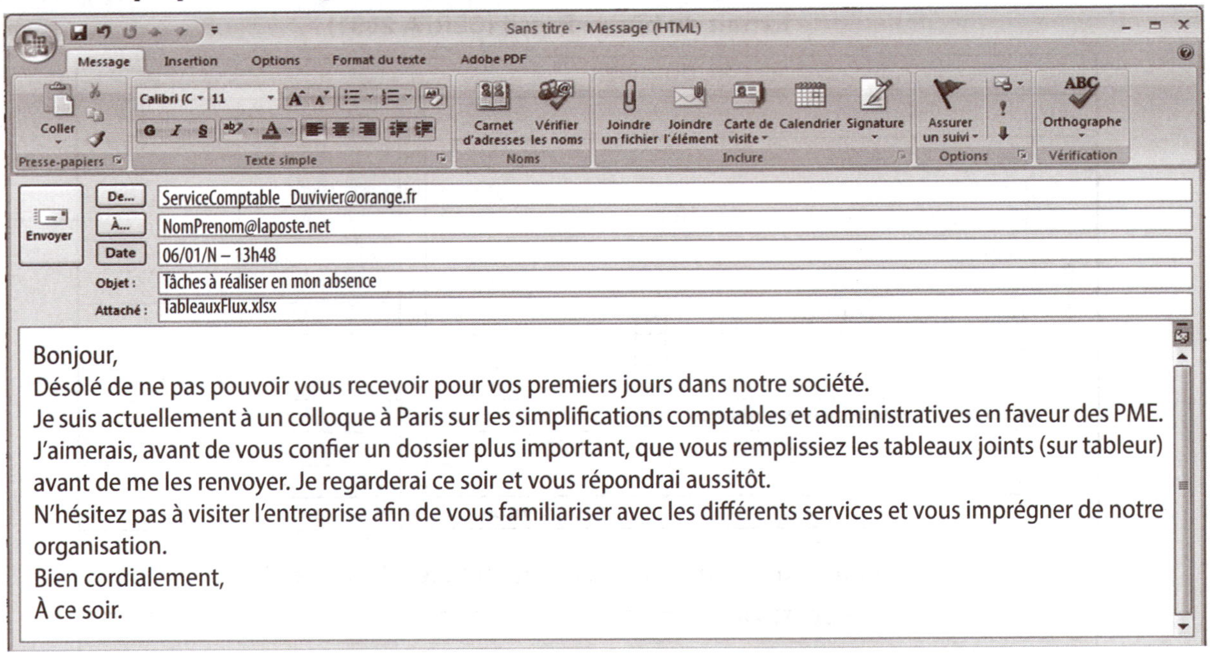
Sans titre - Message (HTML)

De... ServiceComptable_Duvivier@orange.fr
À... NomPrenom@laposte.net
Date 06/01/N – 13h48
Objet : Tâches à réaliser en mon absence
Attaché : TableauxFlux.xlsx

Bonjour,
Désolé de ne pas pouvoir vous recevoir pour vos premiers jours dans notre société.
Je suis actuellement à un colloque à Paris sur les simplifications comptables et administratives en faveur des PME.
J'aimerais, avant de vous confier un dossier plus important, que vous remplissiez les tableaux joints (sur tableur) avant de me les renvoyer. Je regarderai ce soir et vous répondrai aussitôt.
N'hésitez pas à visiter l'entreprise afin de vous familiariser avec les différents services et vous imprégner de notre organisation.
Bien cordialement,
À ce soir.

Mission 11 **Après avoir lu le courriel du responsable du service comptable, vous complétez les tableaux joints.**

→ Les mécanismes comptables relatifs aux flux

Étape 1 : le 01/01/N, la société Duvivier a acheté pour 1 000 € HT (TVA au taux normal) de matériels électriques à un fournisseur (facture n° 127).
Étape 2 : le 01/01/N, le paiement a été réalisé au comptant par chèque bancaire n° SG 125540.
Étape 3 : le 05/01/N, du matériel électrique (1 654,50 € HT), des produits d'entretien (513,19 € HT) et de la quincaillerie (294,00 € HT) ont été vendu à divers clients pour un total de 2 461,69 € HT (TVA au taux normal) (vente magasin - semaine 1).
Étape 4 : le 05/01/N, les règlements des clients sont réalisés par chèques (2 381,63 €) et par espèces (572,40 €).

1re étape : Constatation du flux de marchandises et de la dette qu'il occasionne (01/01/N)

Comment a-t-on employé les ressources de l'entreprise ? →

D'où provient cette marchandise ? →

Ligne	Date	Journal	N° compte général	N° compte de tiers	Intitulés des comptes/ Libellés des opérations	Emplois Débit	Ressources Crédit
1	01/01/N	ACH					
2						❶	
3							
4					*Facture n° 127*		
					Totaux		
❶							

2e étape : Constatation du flux financier et de l'extinction de la dette (01/01/N)

Comment a-t-on employé les ressources de l'entreprise ? →

D'où provient cet argent ? →

Ligne	Date	Journal	N° compte général	N° compte de tiers	Intitulés des comptes/ Libellés des opérations	Emplois Débit	Ressources Crédit
5	01/01/N	BQ1					
6							
7					*Chèque n° SG 125540*		
					Totaux		

3e étape : Constatation du flux de marchandises et de la créance qu'elle occasionne (05/01/N)

Comment a-t-on employé les ressources de l'entreprise ? →

D'où provient cette créance ? →

Ligne	Date	Journal	N° compte général	N° compte de tiers	Intitulés des comptes/ Libellés des opérations	Emplois Débit	Ressources Crédit
8	05/01/N	VTE					
9							
10							
11							
12							❶
13					*Vente magasin – semaine 1*		
					Totaux		
❶							

4e étape : Constatation des flux financiers et de l'extinction de la créance (05/01/N)

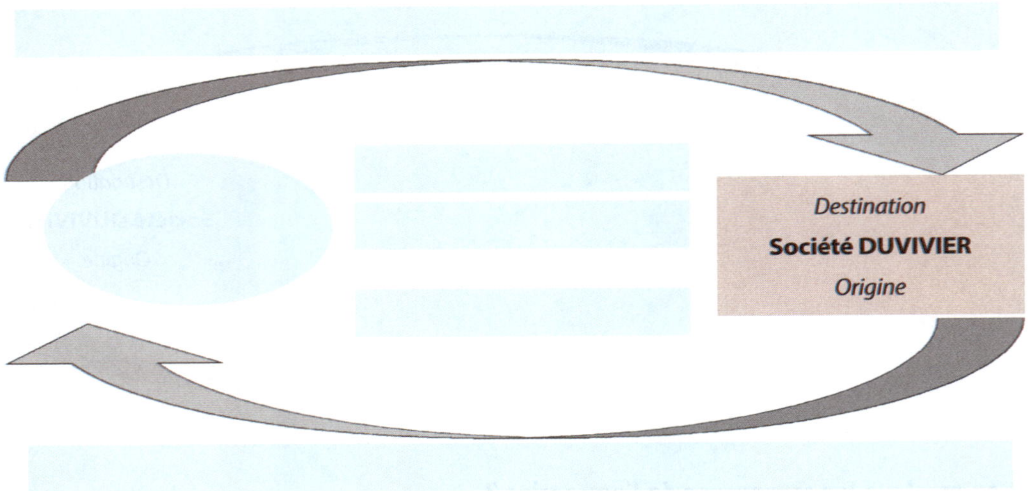

Comment a-t-on employé les ressources de l'entreprise ? ➜

D'où provient cet argent ? ➜

Ligne	Date	Journal	N° compte général	N° compte de tiers	Intitulés des comptes/ Libellés des opérations	Emplois Débit	Ressources Crédit
14	05/01/N	BQ1					
15							
16					*Chèques encaissés sur les ventes magasin*		
17	05/01/N	CAIS					
18							
19					*Espèces encaissées sur les ventes magasin*		
					Totaux		

→ Les mécanismes comptables relatifs aux documents de synthèse

Mission 12 Après avoir analysé les documents de synthèse simplifiés de la société DUVIVIER et étudié le positionnement des comptes dans ces deux documents, vous compléterez les tableaux mis à votre disposition par le dirigeant.

◆ Le bilan

Bilan simplifié de la société DUVIVIER au 05/01/N

ACTIF	Montants	PASSIF	Montants
Actif Immobilisé		**Capitaux propres**	
Immobilisations incorporelles	5 000	Capital	100 000
Immobilisations corporelles	166 000	Réserves	86 950
Immobilisations financières	10 140	Résultat	422
Actif circulant		**Dettes**	
Stocks	10 344	Emprunts	4 500
Clients	1 793	Fournisseurs	8 300
TVA déductible	470	TVA collectée	660
VMP	2 500	Autres dettes	1 122
Banque	5 012		
Caisse	695		
Total des actifs	**201 954**	**Total des passifs**	**201 954**

◆ Le compte de résultat

Compte de résultat simplifié de la société DUVIVIER au 05/01/N

CHARGES	Montants	PRODUITS	Montants
Charges d'exploitation		**Produits d'exploitation**	
Achats de marchandises	2 100	Ventes de marchandises	3 283
Eau, électricité	250	Prestations de services	
Locations	310	Transports	25
Assurances	200		
Charges financières		**Produits financiers**	
Intérêts	25		
Charges exceptionnelles		**Produits exceptionnels**	
Bénéfice	422	Perte	
Total des charges	**3 308**	**Total des produits**	**3 308**

→ Fonctionnement des comptes selon leur provenance

SA DUVIVIER 10, rue Doumergue – 59500 DOUAI Tél. 03 27 97 XX XX - Fax : 03 27 89 XX XX SA au capital de 250 000 € - 758 501 001 RCS LILLE N° Intracom : FR 94 758 501 001				**FACTURE N°** 825 **Le** : 04/01/N **Entreprise FERNAND** 22, rue Saint-Paul 59000 LILLE		
Réf.	**Désignation**	**Qtés**	**PU**	**Remise**	**PU net**	**Montant**
EL130	Cache borne 4 modules	3	10,50		10,50	31,50
EL365	Ampoules économie énergie 25 W	50	5,00	5 %	4,75	237,50
EL814	Lampes à led	22	2,00		2,00	44,00
					Net commercial	313,00
					Port	15,00
					Montant net HT	328,00
Paiement 1/3 au comptant par chèque					TVA au taux normal	65,60
Solde à 30 jours fin de mois par traite					Net à payer TTC en euros	**393,60**

Comptes concernés par le document	

N° des comptes	Intitulés des comptes	ACTIF / CHARGE Comptes positionnés à gauche du document de synthèse et augmentant à gauche (au débit)	PASSIF / PRODUIT Comptes positionnés à droite du document de synthèse et augmentant à droite (au crédit)
		☐	☐
		☐	☐
		☐	☐
		☐	☐

D | **C**   **D** | **C**   **D** | **C**

D | **C**   **D** | **C**   **D** | **C**

Ligne	Date	Journal	N° compte général	N° compte de tiers	Intitulés des comptes/ Libellés des opérations	Débit	Crédit
1	04/01/N	VTE					
2							
3							
4							
5					*Facture n° 825*		
					Totaux		

SOCIÉTÉ GÉNÉRALE

Date : 04/01/N

Bénéficiaire :
Société DUVIVIER

Solde précédent :

Montant : 131,20

Nouveau solde :

Chèque n° 76976

SOCIÉTÉ GÉNÉRALE

€ 131,20

PAYEZ CONTRE CE CHÈQUE NON ENDOSSABLE
sauf au profit d'une banque ou d'un organisme visé par la loi
Cent trente et un euros et vingt centimes

À Société DUVIVIER

PAYABLE À
SOCIÉTÉ GÉNÉRALE
Agence de Lille
28501-13558-00087447458-22

Lille Le 4 janvier N

000 60 4571568 54
Entreprise FERNAND
22 rue Saint-Paul
59000 LILLE

Fernand

Chèque N°

76976 # 2850113558 # 00087447458 # 22

Comptes concernés par le document	

N° des comptes	Intitulés des comptes	ACTIF / CHARGE Comptes positionnés à gauche du document de synthèse et augmentant à gauche (au débit)	PASSIF / PRODUIT Comptes positionnés à droite du document de synthèse et augmentant à droite (au crédit)
		☐	☐
		☐	☐
		☐	☐
		☐	☐

D | C D | C D | C

Ligne	Date	Journal	N° compte général	N° compte de tiers	Intitulés des comptes/ Libellés des opérations	Débit	Crédit
6	04/01/N	BQ1					
7							
8					*Chèque n° 76976*		
					Totaux		

Cabinet d'assurance VILLETTE
76, square Schumann
62300 LENS
Tél. 03 20 52 XX XX - Fax : 03 20 52 XX XX

Quittance n° 01/N/147

Société DUVIVIER
10, rue Doumergue
59500 DOUAI
France

Le : 02/01/N

Désignation	Montant
Quittance mensuelle (magasin) :	
Assurance incendie (prorata mensuel : 1 440 €/12)	120,00 €
Assurance dégâts des eaux (prorata mensuel : 240 €/12)	20,00 €
Assurance vol (prorata mensuel : 480 €/12)	40,00 €
Montant net HT	180,00
Taxes spéciales	20,00
Virement par prélèvement automatique à la Société Générale — **Net à payer**	**200,00 €**

NB : les taxes spéciales sur assurances sont comptabilisées dans le même compte que l'assurance.

Comptes concernés par le document	

N° des comptes	Intitulés des comptes	ACTIF / CHARGE Comptes positionnés à gauche du document de synthèse et augmentant à gauche (au débit)	PASSIF / PRODUIT Comptes positionnés à droite du document de synthèse et augmentant à droite (au crédit)
		☐	☐
		☐	☐
		☐	☐
		☐	☐

D		C	D		C	D		C

Ligne	Date	Journal	N° compte général	N° compte de tiers	Intitulés des comptes/ Libellés des opérations	Débit	Crédit
1	02/01/N	ACH					
2							
3					*Quittance n° 01/N/147*		
4	02/01/N	BQ1					
5							
6					*Virement par prélèvement automatique*		
					Totaux		

Agence de Douai
66, rue Saint-Jacques
59500 DOUAI

SA DUVIVIER
10, rue Doumergue
59500 DOUAI

Compte n° 17304/04158/00032589550/93

AVIS DE DÉBIT n° 21				
Date	Nature des opérations	Valeur	Débit	Crédit
05/01/N	Remboursement emprunt	05-janv	500,00	
05/01/N	Intérêts sur emprunt	05-janv	20,00	
	NET DÉDUIT DE VOTRE COMPTE		**520,00**	

Comptes concernés par le document			
N° des comptes	**Intitulés des comptes**	**ACTIF / CHARGE** Comptes positionnés à gauche du document de synthèse et augmentant à gauche (au débit)	**PASSIF / PRODUIT** Comptes positionnés à droite du document de synthèse et augmentant à droite (au crédit)
		☐	☐
		☐	☐
		☐	☐
		☐	☐

D		C	D		C	D		C

Ligne	Date	Journal	N° compte général	N° compte de tiers	Intitulés des comptes/ Libellés des opérations	Débit	Crédit
1	05/01/N	BQ1					
2							
3							
5					*Avis de débit n° 21*		
					Totaux		

1.1.2 Repérage de l'organisation comptable : la hiérarchie des travaux comptables
1.1.4 Analyse et description des mécanismes comptables : les modèles comptables, les principes d'enregistrement

L'organisation classique d'une comptabilité (générale) suit les étapes minimales suivantes :

PIÈCES JUSTIFICATIVES

LIVRE JOURNAL

	01-janv		
	Apport de Lambres - Avis de crédit		
	02-Janv		
	Emprunt contracté - Avis de crédit		

JOURNAUX AUXILIAIRES

- Journal des achats
- Journal des ventes
- Journal de banque
- …

BORDEREAU D'IMPUTATION

Ligne	Date	Journal	N° compte général	N° compte de tiers	Intitulés des comptes Libellés des opérations	Débit	Crédit
1							
2							
3							
4							
5							

GRAND-LIVRE

DOUAI BOISSONS — Grand-livre des comptes complet — Période du : 01/01/N au : 31/12/N — Tenue de compte : EURO

PGI module comptable — Date de tirage : 06/01/N à 07:57 — Page : 1

Date	J^al	N° pièce	Libellé écriture	Lett.	Mouvement débit	Mouvement crédit	Solde progressif
10100000		**Capital**					
0101N	RAN	1	Balance d'ouverture			50 000,00	- 50 000,00
	Total compte 10100000		**Du 0101N au 3112N**			**50 000,00**	**- 50 000,00**
10800000		**Compte de l'exploitant**					
312N	BQ3	5	Chèque 3417 - Loyer appartement		250,00		250,00
	Total compte 10800000		**Du 0101N au 31/12N**		**250,00**		**250,00**
	Total compte 10		**Du 0101N au 31/12N**		**250,00**	**50 000,00**	**- 49 750,00**
16400000		**Emprunts auprès étab. crédit**					
3011N	RAN	1	Balance d'ouverture			30 000,00	-30 000,00
	Total compte 16400000		**Du 0101N au 31/12N**			**30 000,00**	**-30 000,00**
	Total compte 16		**Du 0101N au 31/12N**			**30 000,00**	**-30 000,00**
	Total compte 1		**Du 0101N au 31/12N**		**250,00**	**80 000,00**	**-79 750,00**

DOUAI BOISSONS — **Balance des comptes** Complète — Période du : 01/01/N au : 31/12/N — Tenue de compte : EURO

PGI module comptable — Date de tirage : 19/02/N+1 à 19:25:07 — Page 1

N° de compte	Intitulés des comptes	Mouvement débit	Mouvement crédit	Solde débit	Solde crédit
10100000	Capital		50 000,00		50 000,00
10800000	Compte de l'exploitant	250,00		250,00	
16400000	Emprunts auprès étab. crédit		30 000,00		30 000,00

BILAN
COMPTE DE RÉSULTAT
ANNEXES

***NB :** l'organisation du traitement des données (écritures passées en partie double, indication de la pièce justificative, absence de tout blanc, rature ou altération pour la comptabilisation manuelle et procédure de validation pour la comptabilité informatisée) est commune à l'ensemble des entreprises afin qu'une harmonie existe entre la comptabilité de chacune d'elles. Pour ce faire toute une législation spécifique existe.*

Pièces justificatives

L'information comptable trouve sa source dans les pièces justificatives. Celles-ci permettent de justifier et d'apporter la preuve de l'opération réalisée. Elle peut être d'origine :

- interne : bon de commande, bon de réception, factures de vente, avoirs accordés, souche de chèque, pièces de caisse, tickets de cartes bancaires, lettre de change relevé (LCR) créée…
- externe : devis, bon de livraison, factures d'achat, avoirs obtenus, chèques reçus, tickets de caisse, lettre de change (LCR) acceptée…

Certaines d'entre elles engendrent un enregistrement comptable (ex. : factures) et d'autres ont pour rôle de justifier d'une opération en-cours de traitement (ex. : devis, bon de commande, bon de livraison).

Journal général et journaux auxiliaires

Afin de comptabiliser quotidiennement les opérations générées par les flux d'entrées et de sorties, plusieurs documents peuvent être utilisés selon que l'entreprise utilise une comptabilité dite « générale » ou une comptabilité dite « auxiliaire ».

- Dans une comptabilité dite « générale », il est fréquent d'utiliser un journal général reprenant :
  - les numéros des comptes débités et crédités ;
  - les intitulés des comptes débités et crédités ;
  - les montants des comptes débités et crédités ;
  - le libellé de l'opération (1).

(1) Le libellé est généralement constitué par l'inscription de la pièce justificative correspondant à l'opération (notion de preuve).

Ce type de présentation est relativement « théorique » ou « scolaire », les entreprises utilisent, pour la plupart, des progiciels comptables d'où l'obligation de passer par des journaux auxiliaires.

- Les journaux auxiliaires utilisés correspondent à l'opération à enregistrer. Citons en particulier :
  - ➢ Le journal des Achats (ACH ou HA) : pour toutes les opérations relatives aux achats (et aux constatations de charges).
  - ➢ Le journal des Ventes (VTE ou VT) : pour toutes les opérations relatives aux ventes, travaux, prestations de services (et aux constatations de produits).
  - ➢ Le journal de Banque (BQ) : pour tous les paiements ou encaissements bancaires (chèques, virements, cartes bancaires).
  - ➢ Le journal de Caisse (CAIS ou CA) : pour tous les paiements ou encaissements en espèces.
  - ➢ Le journal des Opérations Diverses (OD) : pour toutes les opérations non reprises dans un autre journal.

NB : *d'autres journaux peuvent être créés ayant une nature se rapprochant des journaux principaux (natures : achat, vente, trésorerie, général). Il est par exemple possible de créer un journal IMO qui reprendra toutes les acquisitions d'immobilisations et qui aura pour nature « achat ».*

Précomptabilisation

Selon la taille de l'entreprise, son organisation comptable sera plus ou moins détaillée et passera par plusieurs phases d'enregistrement des pièces justificatives.

Les petites entités enregistrent leurs pièces comptables directement sur leur PGI alors que les entreprises de taille plus importante passent par une étape de pré-imputation soit :

- en saisissant les numéros de compte nécessaires directement sur la piece comptable ;
- en élaborant un tableau récapitulatif des opérations similaires appelé « bordereau centralisateur » : Il permet de « centraliser » toutes les opérations de même nature (achats, ventes, trésorerie) afin de détailler les comptes de tiers aux dates concernées par les opérations et en centralisant au dernier jour du mois concerné, dans un compte « global », l'ensemble des opérations identiques ;
- en complétant un bordereau d'imputation comptable : il permet d'obtenir une présentation quasiment identique à celle du PGI pour faciliter et accélérer la saisie.

Grand-livre des comptes

Le Grand-livre des comptes reprend l'ensemble des comptes utilisés par l'entreprise. Il détaille toutes les sommes débitées (à gauche du compte) et toutes les sommes créditées (à droite du compte) lors des enregistrements comptables et permet de déterminer le solde final du compte :

- si le total des opérations débitées est > au total des opérations créditées → le solde est dit débiteur ;
- si le total des opérations débitées est < au total des opérations créditées → le solde est dit créditeur ;
- si le total des opérations débitées est = au total des opérations créditées → le solde est dit nul.

Une présentation dite en « T » permet de simplifier la réalisation des comptes.

Dans cette présentation, le solde débiteur final (SDF) apparaît au crédit et le solde créditeur final (SCF) apparaît au débit afin d'équilibrer les comptes.

Par contre, lors de la réouverture des comptes, les soldes initiaux reprennent leurs places initiales : Solde Débiteur Initial (SDI) au débit et Solde Créditeur Initial (SCI) au crédit.

Balance des comptes

La balance générale des comptes reprend l'intégralité des comptes du Grand-livre avec la reprise des totaux débit et crédit (mouvements) et la reprise du solde final (débiteur ou créditeur).

Elle a pour but de vérifier que le principe de la partie double a bien été respecté.

Les comptes doivent apparaître dans l'ordre chronologique du Plan Comptable Général.

Documents de synthèse

Hormis la vérification du principe de la partie double (total des mouvements débités égal au total des mouvements crédités et total des soldes débiteurs égal au total des soldes créditeurs), la balance des comptes permet de préparer la présentation des documents de synthèse (bilan, compte de résultat et annexes).

Le principe est de reprendre les soldes finaux des comptes et de les affecter dans le document qui les concerne :

- les comptes de bilan (numéros de compte commençant par 1, 2, 3, 4 ou 5) dans le bilan ;
- les comptes de gestion (numéros de compte commençant par 6 ou 7) dans le compte de résultat.

Synthèse des travaux comptables

L'organisation comptable est soumise à des échéances et à des travaux réguliers et obligatoires. On peut décomposer les travaux comptables en trois temps :

Travaux quotidiens

→ Traitement des pièces comptables (factures, chèques, traites, pièces de caisse…)
→ Pré-enregistrement (bordereaux d'imputation comptable…)
→ Enregistrement dans les journaux auxiliaires
→ Mise à jour du Grand-livre des comptes

Travaux à périodicité mensuelle

→ Édition du Grand-livre mensuel des comptes
→ Édition de la balance mensuelle des comptes
→ Édition de situations intermédiaires pour contrôle des objectifs
→ Analyse des comptes pour une aide à la prise de décision

Travaux à périodicité annuelle

→ Édition de la balance annuelle des comptes (avant inventaire)
→ Travaux d'inventaire : rectification des erreurs, épuration du compte d'attente, inventaire des stocks, amortissements, dépréciations, provisions, ajustements des comptes de gestion
→ Édition de la balance annuelle des comptes (après inventaire)
→ Établissement des documents de synthèse (bilan, compte de résultat, annexes)

Mécanismes comptables relatifs aux flux

L'entreprise est confrontée à des flux d'informations comptables. Ceux-ci peuvent être distingués :

- de par leur provenance :
  - Flux interne → Flux réalisé à l'intérieur de l'entreprise.
  - Flux externe → Flux entre l'entreprise et un partenaire extérieur.
- de par leur substance :
  - Flux financier → Flux d'argent, celui-ci peut être monétaire (ex. : règlement au comptant par chèque, espèces), de créances (ex. : règlement à crédit de la part d'un client), de dettes (ex. : règlement à crédit en faveur d'un fournisseur).
  - Flux réel → Flux relatif à une « chose », celui-ci peut être de marchandises (ex. : achat ou vente de marchandises), de biens (ex. : acquisition d'une immobilisation), de services (ex. : prestations de services reçues ou réalisées).

Ce système de flux générés par l'activité de l'entreprise peut être schématisé de la façon suivante :

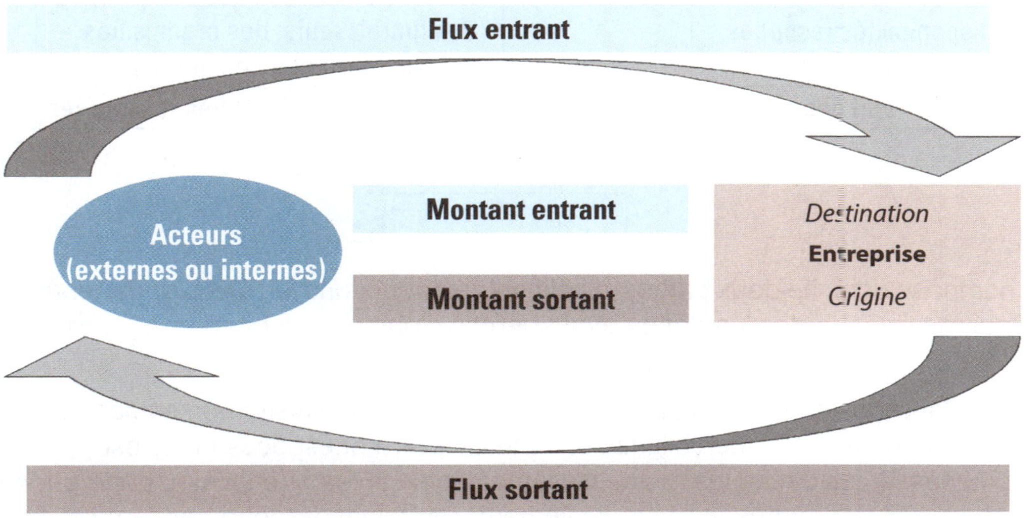

Les flux d'entrées (encore appelés « **emplois** ») sont caractérisés par un enregistrement comptable au débit du compte concerné.

Les flux de sorties (encore appelés « **ressources** ») sont caractérisés par un enregistrement comptable au crédit du compte concerné.

Le principe de la partie double sous-entend donc que le total des emplois débités (flux d'entrées) doit être égal au total des ressources créditées (flux de sorties).

Mécanismes comptables relatifs aux documents de synthèse

Bilan

La méthode des flux permet, par sa décomposition en emplois et ressources, de présenter la situation du patrimoine de l'entreprise à une date donnée (encore appelé « Bilan »).

Le bilan sera composé de deux parties :

EMPLOIS	Montants	RESSOURCES	Montants
L'emploi des ressources se nomme **l'ACTIF**. Les emplois peuvent avoir plusieurs destinations : - acquérir des immobilisations (incorporelles, corporelles ou financières), - acquérir des stocks pour vendre ou produire, - accorder des crédits aux clients, - obtenir des disponibilités (espèces en caisse, compte bancaire).		Les ressources de financement composent le **PASSIF**. Elles peuvent avoir plusieurs origines : - les fonds ou les biens apportés par les associés (capital), - les réserves consécutives aux bénéfices antérieurs non distribués, - le bénéfice lui-même, - les crédits obtenus des banques, des fournisseurs, des organismes sociaux, ... (notion de dettes)	
Total des emplois	**X**	**Total des ressources**	**X**

NB *: le principe de la partie double entraîne toujours l'équilibre du bilan, d'où l'égalité :*

ACTIF = PASSIF

Le bilan se compose donc de deux parties : l'actif qui regroupe tous les biens appartenant à l'entreprise et le passif qui regroupe toutes les dettes ayant permis d'obtenir ces biens.

La présentation normalisée repose sur les principes suivants :

- en haut de l'actif, les biens les moins « liquides » (les immobilisations) ; en bas de l'actif, les biens les plus « liquides » (les disponibilités : compte bancaire et espèces en caisse) ;
- en haut du passif, les dettes les moins facilement « exigibles » (capital apporté par les associés); en bas du passif, les dettes les plus facilement « exigibles » (dettes envers les fournisseurs, le personnel, les organismes sociaux, l'État...).

Ces deux parties sont elles-mêmes décomposées en deux sous-parties :

ACTIF :

- Actif immobilisé : biens conservés durablement par l'entreprise et dont l'objet n'est pas d'être revendus immédiatement.
- Actif circulant : biens acquis pour être revendus ou utilisés dans la production (stocks), créances envers les clients, disponibilités liées à la trésorerie à court terme.

PASSIF :

- Capitaux propres : montant des apports des associés et des fonds mis en réserves.
- Dettes : montant correspondant aux fonds mis à la disposition de l'entreprise par les banques, aux biens livrés ou services rendus non encore réglés aux fournisseurs, aux salaires dus au personnel en contrepartie de leur travail, aux cotisations sociales dues aux divers organismes, aux impôts dus à l'État, etc.

Le bilan représente l'image du patrimoine de l'entreprise à une date fixée (souvent le 31/12). Il doit être présenté au moins une fois tous les 12 mois et permet d'analyser l'évolution de ce patrimoine sur toute la durée de vie de l'entreprise.
Il permet également de déterminer le résultat annuel (ou périodique dans le cas d'une situation intermédiaire).
Ce résultat représente une ressource de financement supplémentaire pour l'entreprise engendrée par son activité. Il apparaît donc au passif du bilan (en positif pour un bénéfice et en négatif pour une perte).

Compte de résultat

L'analyse de ce résultat se fait par l'intermédiaire du compte de résultat qui contient toutes les charges et tous les produits réalisés au cours d'un seul exercice comptable de 12 mois (souvent du 1/01 au 31/12).

CHARGES	Montant	PRODUITS	Montant
Les charges *(comptes 600000)* représentent notamment :		Les produits *(comptes 700000)* représentent notamment :	
- les dépenses courantes engendrées par l'activité de l'entreprise *(comptes 600000 à 650000)* : **achats, loyers payés, entretien, assurances, commissions, publicité, transport, frais de déplacement, frais postaux, services bancaires, impôts et taxes, charges de personnel…**	**A**	- les recettes encaissées liées à l'activité principale ou aux activités accessoires de l'entreprise *(comptes 700000 à 750000)*: **ventes, prestations de services, loyers reçus, subventions obtenues…**	**W**
- les dépenses à caractère financier *(comptes 660000)* : **charges financières liées à des intérêts à payer, des réductions financières accordées, des pertes de change…**	**B**	- les produits à caractère financier *(compte 760000)* : **produits financiers liés à des intérêts à recevoir, des réductions financières obtenues, des gains de change…**	**X**
- les dépenses non courantes n'ayant pas vocation à se renouveler *(comptes 670000)* : **charges exceptionnelles liées à des amendes, à des pénalités, à l'octroi de dons, à la valeur comptable des immobilisations sorties du bilan…**	**C**	- les produits non courants n'ayant pas vocation à se renouveler *(comptes 770000)* : **produits exceptionnels liés à des rentrées d'argent non prévues, à des subventions reçues, à des remboursements d'impôts, au prix de vente des immobilisations sorties…**	**Y**
- les charges calculées (sans décaissement) : **dotations aux amortissements, aux dépréciations ou aux provisions liés à l'exploitation** *(comptes 681000)*, **ayant un caractère financier** *(comptes 686000)* **ou exceptionnel** *(comptes 687000)*	**D**	- les produits calculés (sans encaissement) : **reprises d'amortissement, de dépréciations ou de provisions liés à l'exploitation** *(comptes 781000)*, **ayant un caractère financier** (*comptes 786000)* **ou exceptionnel** *(comptes 787000)*.	**Z**
La différence entre le total des charges **(TC = A + B + C + D)** et le total des produits **(TP = W + X + Y + Z)** permet de déterminer le même résultat que celui calculé par différence entre le total des actifs et le total des passifs.			
Si le total des produits **(TP)** est supérieur au total des charges **(TC)**, l'activité a dégagé une ressource supplémentaire.	**Bénéfice (TP > TC)**	Si le total des charges **(TC)** est supérieur au total des produits **(TP)**, l'activité n'a pas permis de dégager une ressource supplémentaire mais au contraire nécessite un emploi complémentaire.	**Perte (TC > TP)**

Fonctionnement des comptes selon leur provenance

Les flux relatifs aux opérations comptables sont résumés dans un document appelé « compte ». Il se présente schématiquement de la manière suivante (présentation dite en T) :

Débit	N° du compte + Nom du compte		Crédit
	Emploi ou DÉBIT	Ressource ou CRÉDIT	

Les comptes fonctionnent différemment selon leur provenance :

- Comptes provenant du bilan :
  Les comptes d'actif augmentent au **débit (D+)** et diminuent au **crédit (C-)**
  Les comptes de passif augmentent au **crédit (C+)** et diminuent au **débit (D-)**

- Comptes provenant du compte de résultat :
  Les comptes de charges augmentent au **débit (D+)** et diminuent au **crédit (C-)**
  Les comptes de produits augmentent au **crédit (C+)** et diminuent au **débit (D-)**

BILAN			
ACTIF **Comptes d'actif (2-3-4-5)**		**PASSIF** **Comptes de passif (1-4)**	
DÉBIT +	CRÉDIT -	DÉBIT -	CRÉDIT +

COMPTE DE RÉSULTAT			
CHARGES **Comptes de charges (6)**		**PRODUITS** **Comptes de produits (7)**	
DÉBIT +	CRÉDIT -	DÉBIT -	CRÉDIT +

Situations professionnelles

BANTIGNY

Bordereau centralisateur à compléter à l'aide de factures pré-imputées

1.1.2 Repérage de l'organisation comptable : la hiérarchie des travaux comptables

La société **BANTIGNY** est une entreprise commerciale qui vend à la fois des articles d'électricité, de peinture et de plomberie.

Comptable dans cette société, votre assistant a pré-imputé les factures d'achat reçues en octobre (**annexe 1**). Dans le respect de l'organisation comptable de l'entreprise, vous êtes chargé de compléter le bordereau centralisateur des achats du mois d'octobre (**annexe A à compléter**) afin de pouvoir enregistrer sur le module comptable de votre PGI l'écriture centralisée des achats d'octobre.

Missions

1 - **Complétez le bordereau centralisateur des achats du mois d'octobre (annexe A à compléter).**

2 - **Comptabilisez dans le bordereau d'imputation comptable de la société Bantigny l'écriture centralisée des achats d'octobre N.**

version BiMédia « Bantigny_Eleve.xls »

version BiMédia « Bordereau.pdf »

Annexe 1 - Factures d'achat pré-imputées reçues en octobre N

ELECTROLUX
au capital de 50 000 €
4, parc Bertin
59000 LILLE

RCS Lille B 658585849 - S
Téléphone : 032030XXXX
N° intracommunautaire : FR61658585849

Pièce n° 10-01	Mois : 10	Jour : 07
Imputation	Débit	Crédit
607100	2 723,30	
624100	100,00	
445660	564,66	
409600	50,00	
9ELECT		3 437,96

Date : **5 octobre N**

Reçue le 07/10/N

DOIT

SA BANTIGNY
254, boulevard Poincarré
59300 VALENCIENNES

Facture N° 332

Réf.	Désignation	Qté	PU HT	Remise	PU net	Montant
001420	Coffret mini encastré à porte transparente	10	89,50	2 %	87,71	877,10
001521	Coffret encastré, porte isolante galbée (1 rangée)	5	142,00		142,00	710,00
001490	Ensemble de fixation coffret encastré (4 griffes)	20	20,70	5 %	19,67	393,30
001491	Serrure à clef n° 850	20	39,10	5 %	37,15	742,90
PORT	Port forfaitaire	1	100,00		100,00	100,00
	Total hors taxes					**2 823,30**
	TVA (TN)			20 %		564,66
	Prix total TTC					**3 387,96**
EMB	Emballages consignés	1	50,00		50,00	50,00
					Net à payer	**3 437,96 €**

Paiement par chèque à 30 jours fin de mois

Annexe 1 (suite) - Factures d'achat pré-imputées reçues en octobre N

Peintures VALENTINE
8, rue Voltaire
62000 ARRAS
Tél : 03-23-25-XX-XX
RCS Arras B 452253214 / SIRET
FR90452253214
Capital : 30 000 €

Pièce n° 10-02	Mois : 10	Jour : 12
Imputation	Débit	Crédit
607200	3 973,92	
624100	200,00	
445660	834,78	
409600	120,00	
9VALEN		5 128,70

SA BANTIGNY
254, bd Poincarré
59300 VALENCIENNES
FR01714589652

Reçue le 12/10/N

Le 10/10/N

Facture 4598

Désignation	Montant
DEL251 – Peinture intérieure 2,5 L – Blanc – 25 pots	997,50
LUX487 – Peinture murs et plafonds satin blanc 10 L – 50 pots	2 245,00
CIN144 – Peinture décorative à paillettes 2 L – 30 pots	897,00
Brut HT	4 139,50
Remise 4 %	- 165,58
Net commercial	3 973,92
Port forfaitaire	200,00
Net HT	4 173,92
TVA (TN)	834,78
Emballages consignés	120,00
Net à payer (à 30 jours nets par virement bancaire)	**5 128,70 €**

ELECTROLUX
au capital de 50 000 €
4, parc Bertin
59000 LILLE

RCS Lille B 658585849 - S
Téléphone : 032030XXXX
N° intracommunautaire : FR61658585849

Pièce n° 10-03	Mois : 10	Jour : 20
Imputation	Débit	Crédit
607100	4 106,20	
624100	100,00	
445660	841,24	
409600	30,00	
9ELECT		5 077,44

Date : **18 octobre N**

Reçue le 20/10/N

DOIT

SA BANTIGNY
254, boulevard Poincarré
59300 VALENCIENNES

Facture N° 357

Réf.	Désignation	Qté	PU HT	Remise	PU net	Montant
036200	Goulotte Lina 25 – 25x25 – L. 2m	100	6,96	10 %	6,26	626,40
036702	Porte-étiquette Linagraf pour goulotte Lina 25	100	1,60	10 %	1,44	144,00
037010	Bandeau extension pour goulotte Lina 25	100	4,18	10 %	3,76	376,20
036638	Gaine de passage de porte Lina 25 – diamètre 20	10	302,00	2 %	295,96	2 959,60
PORT	Port forfaitaire	1	100,00		100,00	100,00
	Total hors taxes					**4 206,20**
	TVA (TN)			20 %		841,24
	Prix total TTC					**5 047,44**
EMB	Emballages consignés	1	30,00		30,00	30,00
					Net à payer	**5 077,44 €**

Paiement par chèque à 30 jours fin de mois

Annexe 1 (fin) - Factures d'achat pré-imputées reçues en octobre N

SA VIDEX
Articles de plomberie
22, route du Sud
34500 BÉZIERS
Téléphone : 04-74-85-XX-XX
FR15684478852
SA au capital de 25 000 €

Pièce n° 10-04	Mois : 10	Jour : 22
Imputation	Débit	Crédit
607300	1 715,75	
624100	300,00	
445660	403,15	
409600	50,00	
9VIDEX		2 468,90

DATE : 20/10/N

SA BANTIGNY
254, bd Poincarré
59300 VALENCIENNES

Reçue le 22/10/N

Facture n° 12562

Désignation	Qté	PU HT	Montant
Robinet de lavabo Jena (457890)	10	33,50	335,00
Mousseur lumineux Vectra (489620)	20	9,90	198,00
Mitigeur thermostatique de baignoire Grohe (475250)	5	249,00	1 245,00
Montant net commercial			**1 778,00**
Remise 5 % (sur mitigeur)			- 62,25
Net HT			**1 715,75**
Frais de port HT			300,00
Montant total HT			**2 015,75**
TVA (TN)			403,15
Emballages consignés			50,00
Net à payer (en euros)			**2 468,90**

En votre aimable règlement sous huit jours

Peintures VALENTINE
8, rue Voltaire
62000 ARRAS
Tél : 03-23-25-XX-XX
RCS Arras B 452253214 / SIRET
FR90452253214
Capital : 30 000 €

Pièce n° 10-05	Mois : 10	Jour : 25
Imputation	Débit	Crédit
607200	2 615,62	
624100	80,00	
445660	539,12	
409600	60,00	
9VALEN		3 294,74

SA BANTIGNY
254, bd Poincarré
59300 VALENCIENNES
FR01714589652

Reçue le 25/10/N

Le 23/10/N

Facture 4611

Désignation	Montant
V33652 – Peinture cuisine et bain 0,75 L – écume – 40 pots	1 476,00
MAI014 – Enduit décoratif masque carrelage 10 kg – 20 pots	798,00
LIG558 – Colorant universel, noir 25 ml – 100 unités	395,00
Brut HT	2 669,00
Remise 2 %	- 53,38
Net commercial	2 615,62
Port forfaitaire	80,00
Net HT	2 695,62
TVA (TN)	539,12
Emballages consignés	60,00
Net à payer (à 30 jours nets par virement bancaire)	**3 294,74 €**

SA VIDEX
Articles de plomberie
22, route du Sud
34500 BÉZIERS
Téléphone : 04-74-85-XX-XX
FR15684478852
SA au capital de 25 000 €

Pièce n° 10-06	Mois : 10	Jour : 29
Imputation	Débit	Crédit
607300	3 827,30	
624100	250,00	
445660	815,46	
409600	90,00	
9VIDEX		4 982,76

DATE : 27/10/N

SA BANTIGNY
254, bd Poincarré
59300 VALENCIENNES

Reçue le 29/10/N

Facture n° 12584

Désignation	Qté	PU HT	Montant
Mitigeur de lavabo bec bas Jena (457922)	10	32,80	328,00
Mélangeur de lavabo mural logo chromé (422610)	3	559,00	1 677,00
Receveur de douche Klara résine ¼ de cercle (448780)	10	199,00	1 990,00
Montant net commercial			**3 995,00**
Remise exceptionnelle 10 % (sur réf. 422610)			- 167,70
Net HT			**3 827,30**
Frais de port HT			250,00
Montant total HT			**4 077,30**
TVA (TN)			815,46
Emballages consignés			90,00
Net à payer (en euros)			**4 982,76**

En votre aimable règlement sous huit jours

Annexe A (à compléter) - Bordereau centralisateur des achats du mois d'octobre N

BORDEREAU CENTRALISATEUR DES ACHATS — **MOIS** Octobre. — **ANNÉE** N — **HA** — **FOLIO** 1/1

N° ligne	Jour	Comptes à créditer	Montants	N° de pièce	Libellés des opérations	Comptes à débiter: TVA déductible	Achat électricité	Achat peinture	Achat plomberie	Transports	Emballages consignés	Divers: Montants	Divers: N° de compte
1	7	9ELECT	3 437,96	HA1	Facture n° 332 d'Electrolux	564,66	2 723,30			100,00	50,00		
2													
3													
4													
5													
6													
7													
8													
9													
10													
Totaux à reporter ou du mois					Totaux à reporter ou du mois								
			DÉBIT		NUMÉROS DE COMPTES	445660	607100	607200	607300	624100	409600		CRÉDIT

BRUNEMONT

Comptes détaillés et comptes schématiques (erreurs à déceler)

1.1.4 Analyse et description des mécanismes comptables : les modèles comptables, les principes d'enregistrement

L'entreprise **BRUNEMONT** est une petite épicerie ouverte 24 heures sur 24, 7 jours sur 7.

Elle a réalisé, en espèces, les opérations suivantes :

• 5 septembre	Ventes au comptant de la semaine	554,80 €
• 6 septembre	Achat de divers articles (pièces de caisse n° 601)	107,50 €
• 10 septembre	Achat de timbres-poste (pièce de caisse n° 602)	29,00 €
• 12 septembre	Ventes au comptant de la semaine	449,25 €
	Déposé à la banque (pièce de caisse n° 603)	900,00 €
• 17 septembre	Achat de divers articles (pièce de caisse n° 604)	127,30 €
• 19 septembre	Ventes au comptant de la semaine	453,65 €
• 21 septembre	Paiement au comptant du transporteur (pièce de caisse n° 605)	59,80 €
• 26 septembre	Achat de divers articles (pièce de caisse n° 606)	172,80 €
• 28 septembre	Ventes au comptant de la semaine	382,45 €
• 29 septembre	Déposé à la banque (pièce de caisse n° 607)	500,00 €

Missions

Sachant qu'il y avait dans la caisse 187,85 €, le 1er septembre au matin :

1 - Présentez le compte « Caisse » (annexe 1 à compléter).

2 - Calculez le résultat de ces opérations (sans tenir compte de la TVA).

version eMédia « Brunemont_Eleve.xls »

Annexe 1 (à compléter) - Compte Caisse

Compte 530000 CAISSE					
Date	Libellés	Débit	Crédit	Solde	Sens
	Totaux				

Dans cette même entreprise, le compte « Banque » a été préparé par un stagiaire en comptabilité, il se présente ainsi :

BANQUE					
Dates	**Libellés**	**Sommes**	**Dates**	**Libellés**	**Sommes**
5 sept	Ventes de la semaine *(chèques déposés en banque – AC 61)*	438,00	15 sept	Paiement d'une publicité dans le journal local *(chèque 787151)*	95,00
10 sept	Prélèvement automatique de la facture d'électricité *(avis de débit 13)*	127,50	18 sept	Achat de divers articles *(chèque 787152)*	1 359,75
12 sept	Ventes de la semaine *(chèques déposés en banque – AC 62)*	514,50	23 sept	Intérêts bancaires en notre faveur *(avis de crédit 65)*	82,60
12 sept	Virement de la caisse *(avis de crédit 63)*	900,00	24 sept	Achat d'une nouvelle caisse enregistreuse *(chèque 787154)*	610,00
19 sept	Ventes de la semaine *(chèques déposés en banque – AC 64)*	365,80	26 sept	Ventes de la semaine *(chèques déposés en banque – AC 66)*	412,90
20 sept	Achat de fournitures administratives *(chèque 787153)*	18,10	28 sept	Achat de divers articles *(chèque 787155)*	587,65
29 sept	Virement de la caisse *(avis de crédit 67)*	500,00			

Le 1er septembre au matin, le solde en faveur de la banque s'élevait à 327,10 €.

Missions

3 - Faites un récapitulatif des erreurs rencontrées.

4 - Présentez le compte « Banque » en tenant compte de ces erreurs (annexe 2 à compléter).

5 - Présentez de manière schématique (compte en T en annexe 3) tous les comptes jouant en contrepartie du compte « Banque » (sans tenir compte de la TVA et sans refaire le compte « Caisse »).

Annexe 2 (à compléter) - Compte Banque

Compte 512000 BANQUE					
Date	**Libellés**	**Débit**	**Crédit**	**Solde**	**Sens**
	Totaux				

Annexe 3 (à compléter) - Comptes schématiques

607000 Achats de marchandises	

606400 Fournitures administratives	

623000 Publicité	

606100 Fournitures non stockables	

707000 Ventes de marchandises	

760000 Produits financiers	

218300 Matériel de bureau et info.	

FÉRIN

Bordereau d'imputation, Grand-livre des comptes, balance des comptes

1.1.2 Repérage de l'organisation comptable : la hiérarchie des travaux comptables
1.1.4 Analyse et description des mécanismes comptables : les modèles comptables, les principes d'enregistrement

Le 15 septembre N, **M. FERIN**, vendeur en gros d'articles de sport (spécialisé dans le football), a établi la balance suivante des soldes de ses comptes.

Libellés	Soldes	
	débiteurs	créditeurs
Capital		20 000
Emprunt		30 000
Immobilisations (mobilier)	16 000	
Immobilisations (matériel)	4 000	
Stock de marchandises (chaussures, maillots, survêtements...)	38 000	
Fournisseur Abbibas (**9ABBIB**)		12 000
Fournisseur Mike (**9MIKE0**)		4 000
Client « Magasin Chaussport » (**0CHAUS**)	2 500	
Client « Magasin Pentathlon » (**0PENTA**)	1 000	
Banque	4 300	
Caisse	200	
Totaux	66 000	66 000

Les opérations de la seconde moitié du mois de septembre N ont été les suivantes :

• 15 septembre	Réception de la facture A1 du fournisseur Mike concernant l'achat de vêtements de sport	350,00 €
• 2 au 15 septembre	Ventes de marchandises au comptant :	
	- contre espèces	3 200,00 €
	- contre chèques	7 000,00 €
• 15 septembre	Reçu un chèque de Chaussport	2 500,00 €
• 16 septembre	Payé par chèque une annuité de remboursement d'emprunt (dont intérêts : 3 600,00 €)	13 600,00 €
• 18 septembre	Réception de la facture A2 du fournisseur Ombru (**9OMBRU**) pour l'achat d'une machine à gonfler les ballons	800,00 €
• 20 septembre	Acheté au comptant et payé par chèque des ballons FIFA World Cup	5 000,00 €
• 23 septembre	Effectué un virement bancaire au profit des Ets Abbibas	9 500,00 €
• 25 septembre	Accordé un prêt à un salarié (versé par chèque bancaire)	1 000,00 €
• 30 septembre	Prélèvement de M. FERIN dans la caisse pour ses besoins personnels	500,00 €
• 16 au 30 septembre	Ventes au comptant (dont 380,00 € contre espèces)	4 500,00 €
• 30 septembre	Ramené l'encaisse à 300,00 € en versant l'excédent à la banque.	

Remarque : Ces opérations seront traitées sans TVA.
Journaux auxiliaires utilisés (HA-VT-BQ-CA-OD)
Organisation du plan tiers : les comptes clients commencent par 0 plus les cinq premières lettres du nom du client (ex : Clients divers = 0DIVER). Les comptes fournisseurs commencent par 9 plus les cinq premières lettres du nom du fournisseur (ex. : Fournisseurs divers = 9DIVER).

Missions

1 - Enregistrez ces opérations dans le bordereau d'imputation (annexe 1) en décomposant toutes les écritures par journaux auxiliaires (facturation, règlement...).

2 - Reportez ces enregistrements dans les comptes schématiques du Grand-livre (annexe 2).

3 - Présentez la balance générale des comptes à six colonnes au 30 septembre (annexe 3).

4 - Calculez le résultat du mois de septembre.

version eMédia « Ferin_Eleve.xls »

Annexe 1 (début) - Bordereau d'imputation comptable de l'entreprise FERIN

Ligne	Date	Journal	N° compte général	N° compte de tiers	Intitulés des comptes	Libellés des opérations	Débit	Crédit
1	15-sept							
2								
3	15-sept							
4								
5	15-sept							
6								
7	15-sept							
8								
9	15-sept							
10								
11	16-sept							
12								
13								
14	18-sept							
15								
16	20-sept							
17								
18	20-sept							
19								

Annexe 1 (fin) - Bordereau d'imputation comptable de l'entreprise FERIN

Ligne	Date	Journal	N° compte général	N° compte de tiers	Intitulés des comptes	Libellés des opérations	Débit	Crédit
20	23-sept							
21								
22	25-sept							
23								
24	30-sept							
25								
26	30-sept							
27								
28	30-sept							
29								
30	30-sept							
31								
32	30-sept							
33								
34	30-sept							
35								
36								
37								
38								
						Totaux		

Annexe 2 - Grand-livre des comptes de l'entreprise FERIN

101000 Capital

108000 Compte de l'exploitant

164000 Emprunts

215400 Matériels industriels

218400 Mobilier

274000 Prêts

580000 Virement interne

530000 Caisses

607000 Achats de marchandises

661100 Intérêts/emprunt

370000 Stocks de marchandises

707000 Ventes de marchandises

411000 Clients

401000 Fournisseurs

404000 Fourn. d'immobilisations

512000 Banques

Annexe 3 - Balance générale de l'entreprise FERIN

BALANCE GÉNÉRALE DE L'ENTREPRISE FERIN AU 30 SEPTEMBRE					
N° de compte	Noms des comptes	Mouvements		Soldes	
		Débit	Crédit	Débiteurs	Créditeurs
	Totaux				

Total des produits	
Total des charges	
Résultat	

BOWLING VAUBAN

Détermination du capital - Bordereau d'imputation et Grand-livre des comptes - Balance des comptes, compte de résultat et bilan

1.1.2 Repérage de l'organisation comptable : la hiérarchie des travaux comptables
1.1.4 Analyse et description des mécanismes comptables : les modèles comptables, les principes d'enregistrement

La comptabilité de l'entreprise **BOWLING VAUBAN** comporte les comptes suivants au 1er janvier N :

Outillages (quilles, queues de billards, etc.) : 15 000 €	**Caisse** : 500 €	**Dettes envers le personnel** : 2 000 €
Matériels industriels (machine à recharger les quilles et à distribuer les boules) : 40 000 €	**Emprunts** : 80 000 €	**Banque (solde positif)** : 6 000 €
Installations générales (pistes, gouttières, billards, jeux électroniques, bar, etc.) : 120 000 €	**Bâtiments** : 150 000 €	**Fournisseurs de biens et services** : 5 000 €
Fournisseurs d'immobilisations : 100 000 €	**Terrains** : 100 000 €	**Stocks de boissons** : 3 500 €

Missions

1 - Retrouvez le montant du capital.

2 - Enregistrez les opérations suivantes du mois de janvier N (annexe 1) dans le bordereau d'imputation comptable fourni (annexe 2).

3 - Présentez le Grand-livre des comptes au 31 janvier N (annexe 3).

4 - Présentez la balance des comptes au 31 janvier N (annexe 4).

5 - Présentez le compte de résultat du mois de janvier N (annexe 5) et le bilan au 31 janvier N (annexe 6) en supposant que le stock constaté le 31 janvier N soit le même que celui du 1er janvier N.

version eMédia « Vauban_Eleve.xls »

Annexe 1 - Opérations réalisées en janvier N

❶	Achat de boissons (**facture 812**) à la SATRESSOIF payée par **chèque n° 515**	4 500,00 €
❷	Achat à crédit de 250 nouvelles quilles (**facture 127** de la SARL Boule et Bille)	2 500,00 €
❸	Acquisition de 10 nouveaux billards à la SNC James	15 000,00 €
	et remplacement d'une machine à recharger les quilles (**facture 601**)	4 000,00 €
	Cette double acquisition (chez le même fournisseur) est payée par **chèque bancaire n° 516**. Elle est partiellement financée par un emprunt de 16 000,00 € (**avis de crédit n° 203**).	
❹	Reçu règlements en espèces pour ventes au bar (**pièce de caisse n° 101**) et	1 500,00 €
	en chèques et cartes bancaires des clients (**avis de crédit n° 204**)	6 500,00 €
❺	Payé en espèces (**pièce de caisse n° 102**) :	
	- des frais de publicité	200,00 €
	- des assurances	250,00 €
	- du petit outillage (bleus, triangles, etc.)	150,00 €
❻	Payé par **chèques** et par **virements bancaires** :	
	- des brasseurs (SATRESSOIF)	3 500,00 €
	- des salaires (enregistrés fin décembre)	2 000,00 €
	- des remboursements d'emprunts	8 000,00 €
	- des intérêts sur ces emprunts	4 000,00 €
❼	Cotisations sur salaires dues à la Sécurité sociale (à payer en février)	1 900,00 €
❽	Location des pistes et des billards aux clients : réglés en espèces (**pièce de caisse n° 103**) et	4 500,00 €
	réglés par chèques bancaires ou par cartes bancaires (**avis de crédit n° 205**)	6 500,00 €
❾	Versements d'espèces en banque (fin janvier) pour ramener le solde en caisse à 200 €	
	(**pièce de caisse n° 104 et avis de crédit n° 206**)	? ???, ?? €

Remarques :

- *Il sera fait abstraction de la TVA car seule l'organisation comptable sera analysée.*
- *Les journaux auxiliaires suivants sont utilisés : **HA** : Achats et frais généraux ; **VT** : Ventes au bar (ventes de marchandises) et locations des pistes et des billards (prestations de services) ; **OD** : Opérations Diverses ; **BQ** : Banques (chèques, cartes bancaires et virements) ; **CA** : Caisse (espèces).*
- *Les clients sont tous rassemblés dans le compte de tiers ODIVER : Clients divers. Par contre les fournisseurs sont codifiés à l'aide des 5 premières lettres de leur nom (exemples : Fournisseur Marcel : 9MARCE ; Fournisseur Jean : 9JEANO).*

Annexe 2 (début) - Bordereau d'imputation comptable de l'entreprise BOWLING VAUBAN

Ligne	N°	Journal	N° compte général	N° compte de tiers	Intitulés des comptes	Libellés des opérations	Débit	Crédit
1	1a							
2								
3	1b							
4								
5	2							
6								
7	3a							
8								
9								
10	3b							
11								
12	3c							
13								
14	4a							
15								
16	4b							
17								
18	4c							
19								

Annexe 2 (fin) - Bordereau d'imputation comptable de l'entreprise BOWLING VAUBAN

Ligne	N°	Journal	N° compte général	N° compte de tiers	Intitulés des comptes	Libellés des opérations	Débit	Crédit
20	**5**							
21								
22								
23								
24	**6**							
25								
26								
27								
28								
29	**7**							
30								
31	**8a**							
32								
33	**8b**							
34								
35	**8c**							
36								
37	**9a**							
38								
39	**9b**							
40								
						Totaux		

Annexe 3 (début) - Grand-livre des comptes de l'entreprise BOWLING VAUBAN (au 31 janvier N)

Annexe 3 (fin) - Grand-livre des comptes de l'entreprise BOWLING VAUBAN (au 31 janvier N)

Annexe 4 - Balance générale des comptes au 31 janvier N de l'entreprise BOWLING VAUBAN

BALANCE GÉNÉRALE DE L'ENTREPRISE BOWLING VAUBAN au 31/01/N

N° de compte	Intitulés des comptes	Sommes		Soldes	
		Débit	Crédit	Débiteurs	Créditeurs
	Totaux				

Annexe 5 - Compte de résultat du mois de janvier N de l'entreprise BOWLING VAUBAN

COMPTE DE RÉSULTAT (en liste) DE L'ENTREPRISE BOWLING VAUBAN	
	Janvier N
Produits d'exploitation (hors taxes) :	
Ventes de marchandises	
Production vendue [biens et services]	
Production stockée	
Production immobilisée	
Subventions d'exploitation	
Autres produits	
Total I (dont à l'exportation :)	
Charges d'exploitation (hors taxes) :	
Achats de marchandises	
Variation de stock (marchandises)	
Achats d'approvisionnements	
Variation de stock d'approvisionnements	
Autres achats et charges externes ( )	
Impôts, taxes et versements assimilés	
Rémunérations du personnel	
Charges sociales	
Dotations aux amortissements	
Dotations aux dépréciations et aux provisions	
Autres charges	
Total II	
Résultat d'exploitation (I - II)	
Produits financiers	
Charges financières	
Résultat financier (III)	
Produits exceptionnels	
Charges exceptionnelles	
Résultat exceptionnel (IV)	
Participation des salariés **(V)**	
Impôts sur les bénéfices **(VI)**	
Bénéfice ou perte (I - II + III + IV - V - VI)	

Annexe 6 - Bilan au 31 janvier N de l'entreprise BOWLING VAUBAN

BILAN DE L'ENTREPRISE BOWLING VAUBAN au 31 janvier N

ACTIF

Actif immobilisé	Immobilisations Incorporelles	Fonds commercial	
		Autres	
	Immobilisations corporelles		
	Immobilisations financières		
		Total 1	
Actif circulant	Stock	Matières premières, approvisionnements	
		En-cours de production	
		Marchandises	
	Avances et acomptes versés sur commande		
	Créances	Clients et comptes rattachés	
		Autres	
	Valeurs mobilières de placement		
	Banques, CCP		
	Caisse		
		Total 2	
	Charges constatées d'avance		
		Total général	

PASSIF

Capitaux propres	Capital social	
	Écarts de réévaluation	
	Réserve légale	
	Réserves réglementées	
	Autres réserves	
	Report à nouveau	
	Résultat de l'exercice	
	Provisions réglementées	
	Total 1	
Provisions pour risques et charges (Total 2)		
Dettes	Emprunts et dettes assimilées	
	Avances et acomptes reçus sur commande	
	Fournisseurs et comptes rattachés	
	Autres dettes	
	Total 3	
	Produits constatés d'avance	
	Total général	

OCR SPEED

Reconnaissance automatique des factures

1.1.2 Repérage de l'organisation comptable : la hiérarchie des travaux comptables
1.1.4 Analyse et description des mécanismes comptables : les modèles comptables, les principes d'enregistrement

La société **OCR Speed** s'est développée dans le domaine de la vente de logiciels de reconnaissance automatique des factures.

Le principe de fonctionnement du logiciel est d'utiliser un outil de scannérisation qui permet de numériser les factures (achat ou vente) puis de les imputer directement dans les journaux auxiliaires adéquats.

Les différents comptes sont retrouvés par l'outil numérique (grâce aux paramétrages préalables) et l'imputation des comptes est directe dans le journal auxiliaire achat (HA) ou vente (VT).

Votre entreprise (Société BATTAVIA), spécialisée dans la vente de salades aux grandes surfaces, a acquis cette solution numérique et vous demande de l'utiliser pour la numérisation des factures reçues en septembre N.

Missions

- **Vous êtes chargé de tester cet outil numérique en analysant les factures imputées dans vos journaux auxiliaires d'achat et de vente.**
  Vous en profiterez pour déceler les problèmes de paramétrage rencontrés.

version eMédia « OCRSpeed_Eleve.docx »

Annexe 1 - Organisation comptable de l'entreprise BATTAVIA

- La société utilise la solution numérique OCR Speed associé à son PGI lui permettant l'enregistrement de ses factures de ventes, l'intégration de ses opérations d'achat, la gestion de ses stocks, le suivi des créances et des dettes, l'imputation comptable des règlements.

- Ses opérations d'achat sont soumises à la TVA au taux réduit (salade en vrac) dans le compte 445661 TVA déductible - TR.

- Ses opérations de ventes sont soumises à la TVA au taux intermédiaire (salade en sachet) dans le compte 445713 TVA collectée - TI.

- Le transport peut être facturé lors de l'achat, soit au taux réduit (compte 445661 TVA déductible - TR), soit au taux normal (compte 445662 TVA déductible - TN), soit au taux intermédiaire (compte 445663 TVA déductible - TI). De même, pour les ventes avec les comptes 445712 TVA collectée - TN ou 445713 TVA collectée - TI.

- Les comptes de tiers sont créés de la façon suivante : 401 ou 411 + 3 chiffres correspondant à l'ordre d'entrée du tiers dans l'entreprise.

- Le plan comptable est composé de comptes à 6 chiffres (les comptes de charges et produits sont distingués par le chiffre 1 pour la TVA au taux réduit, par le chiffre 3 pour la TVA au taux intermédiaire et par le chiffre 2 pour la TVA au taux normal) :
  - 607100 : Achats de salades en vrac (TR)
  - 624120 : Transports/achats (TN)
  - 624130 : Transports/achats (TI)
  - 707300 : Ventes de salades en sachets (TI)
  - 708510 : Ports et frais accessoires facturés (TR)
  - 708520 : Ports et frais accessoires facturés (TN)
  - 708530 : Ports et frais accessoires facturés (TI)

- La solution numérique OCR Speed est paramétrée de telle sorte qu'en cas de non reconnaissance du compte à associer, un compte d'attente (471000) est utilisé. Le comptable doit ensuite trouver la bonne imputation comptable.

Annexe 2 - Paramétrage de l'outil numérique

Société BATTAVIA
Spécialiste en salade sous vide
SA au capital de 25 000 € - RCS 104 322 441 Douai
4 rue des prés - 59502 DOUAI-DORIGNIES
Tél. : 03 27 95 XX XX - Fax : 03 27 95 XX XX

Ets GRAND FRAIS
144 route de Cambrai
59000 DOUAI

FACTURE n° : 09/001
Date : 02/09/N

Commande n° : BC 08/047 du 25/08
Livraison n° : BL 09/001 du 01/09

Conditions de livraison : par route port récupéré
Transport effectué par la société BINBIN Express

Désignation	Qtés	PU bruts	Remise	PU nets	Montants
Sachets sous vide de salade (laitue)	250	2,20	5 %	2,09	522,50 €
Transport récupéré (condition « départ »)	1	80,00		80,00	80,00 €
				TVA (10,00 %)	52,25 €
				TVA (20,00 %)	16,00 €
Règlement par virement bancaire à 30 JFM				**Net à payer**	**670,75 €**

Date	Journal	Numéro de pièce	Compte général	Compte auxiliaire	Libellés de l'opération	Débit	Crédit
02/09	VT	09/001	411000	411027	Facture 09/001 - Grand Frais	670,75	
			707300				522,50
			708520				80,00
			445713				52,25
			445712				16,00
					Totaux	**670,75**	**670,75**

❶ Reconnaissance des coordonnées de l'entreprise en entête de facture d'où une opération enregistrée dans le journal auxiliaire de vente.

❷ Reconnaissance de la date d'enregistrement de la facture de vente.

❸ Reconnaissance du numéro de pièce comptable.

❹ Reconnaissance du tiers (client) et affectation par le PGI du numéro de compte de tiers. Le PGI enregistre automatiquement le compte général rattaché au compte de tiers (compte 411000). Ce compte est paramétré comme un compte d'actif qui augmente donc au débit.

❺ Le net à payer correspond à la créance envers le client, il est affecté directement au débit du compte client pour l'augmenter.

❻ Reconnaissance de l'article vendu (salade) d'où l'utilisation pré-paramétrée du compte 707300 dans le PGI. Ce compte est reconnu par le PGI comme un compte de produit qui augmente au crédit. Le montant à inclure dans l'écriture est le montant net commercial (après réduction commerciale : ici une remise).

❼ Reconnaissance de l'article « Transport récupéré (condition « départ ») » qui nécessite l'utilisation d'un compte de produit (708520) dans la mesure où la TVA associée à ce type de transport est au taux normal. Ce compte est reconnu par le PGI comme un compte de produit qui augmente au crédit.

❽ Reconnaissance de la TVA au taux intermédiaire (10 %) et affectation par le PGI du compte 445713. Ce compte est associé à la vente et fonctionne donc dans le PGI de la même façon (augmentation au crédit).

❾ Reconnaissance de la TVA au taux normal (20 %) et affectation par le PGI du compte 445712. Ce compte est associé à la vente et fonctionne donc dans le PGI de la même façon (augmentation au crédit).

Société BATTAVIA

Spécialiste en salade sous vide
SA au capital de 25 000 € - RCS 104 322 441 Douai
4 rue des prés - 59502 DOUAI-DORIGNIES
Tél. : 03 27 95 XX XX - Fax : 03 27 95 XX XX

SARL « Les fruits de chez nous »
24 rue du marché aux fleurs
59000 LILLE

FACTURE n° : 09/002
Date : 04/09/N

Commande n° : BC 08/054 du 28/08
Livraison n° : BL 09/002 du 04/09

Conditions de livraison : par route port forfaitaire
Transport effectué par la société BINBIN Express

Désignation	Qtés	PU bruts	Remise	PU nets	Montants
Sachets sous vide de salade (scarole)	120	2,40	5 %	2,28	273,60 €
Transport (forfait – condition « arrivée »)	1	50,00		50,00	50,00 €
				Montant HT	323,60 €
				TVA (10,00 %)	32,36 €
Règlement par virement bancaire à 30 JFM				**Net à payer**	**355,96 €**

EARL PECHEUX
26 impasse de l'église
59553 ESQUERCHIN
EARL au capital de 5 000 €
RCS 736 601 444 Douai
Tél. 03 27 91 XX XX

FACTURE n° : 56

Le : 06/09/N

Société BATTAVIA
4 rue des prés
59502 DOUAI-DORIGNIES

Désignation	Quantités	PU	Montants
Salades en vrac (laitue, scarole, batavia, feuille de chêne)	360 pieds	0,30	108,00 €
Transport (condition « arrivée »)	1	20,00	20,00 €
		TVA (5,50 %)	7,04 €
Règlement à 30 jours nets par chèque bancaire		**Net à payer**	**135,04 €**

Coopératives du Douaisis
58 place du général de Gaulle
59553 CUINCY
Tél. 03 27 92 XX XX

Le : 08/09/N

FACTURE n° : 84

SCOP au capital de 12 500 € - RCS 334 811 604 Douai

Société BATTAVIA
4 rue des prés
59502 DOUAI-DORIGNIES

Quantités	Désignation	PU	Montants
600 pieds	Salades en vrac (laitue, scarole, batavia, feuille de chêne)	0,25	150,00 €
		TVA (5,50 %)	8,25 €
		Transport (condition « Départ »)	15,00 €
		TVA (20,00 %)	3,00 €
Conditions de règlement : 30 jours fin de mois (virement)		**Net à payer**	**176,25 €**

Philippe MARTEL
17 chemin vert
59552 LAMBRES-LEZ-DOUAI
Tél. : 03 27 81 XX XX

FACTURE n° : 35

Date : 10/09/N

Société BATTAVIA
4 rue des prés
59502 DOUAI-DORIGNIES

Livraison prévue : 10/09/N

Commande du 04/09/N

Désignation	Quantités	PU net	Montant
Salades diverses (batavia, laitue)	330 pieds	0,30	114,00 €
Transport condition « départ »	1	20,00	20,00 €
		TVA (5,50 %)	6,27 €
		TVA (20,00 %)	4,00 €
		Total TTC	144,27 €
		Acompte à la commande du 4/09	- 50,00 €
Règlement au comptant par chèque		**Net à payer**	**94,27 €**

Annexe 3 (fin) - Factures de septembre

Exploitation agricole Basquin
51, rue du bois Lamy
59552 COURCHELETTES
Tél. : 03 27 92 XX XX - Fax : 03 27 92 XX XX
SNC au capital de 8 000 € - RCS 256 224 601 Douai

Société BATTAVIA
4 rue des prés
59502 DOUAI-DORIGNIES

Date : 12/09/N

FACTURE n° : 42

Désignation	Montants
1 500 pieds de salade (en vrac)	420,00 €
Réduction financière négociée pour paiement comptant : 5 %	- 21,00 €
TVA au taux réduit : (420 - 21) x 5,50 %	21,95 €
Net à payer	**420,95 €**

Règlement : 30 jours nets par chèque bancaire ou au comptant sous escompte de 5 %

Coopératives du Douaisis
58 place du général de Gaulle
59553 CUINCY
Tél. 03 27 92 XX XX

Le : 14/09/N

FACTURE n° : 90

SCOP au capital de 12 500 € - RCS 334 811 604 Douai

Société BATTAVIA
4 rue des prés
59502 DOUAI-DORIGNIES

Quantités	Désignation	PU	Montants
1 000 pieds	Salades en vrac (laitue, scarole, batavia, feuille de chêne)	0,23	230,00 €
3	Palettes consignées	80,00	240,00 €
	Condition particulière : franco de port	TVA (5,50 %)	12,65 €
	Conditions de règlement : 30 jours fin de mois (virement)	**Net à payer**	**482,65 €**

Annexe 4 - Bordereau d'imputation comptable généré par le PGI pour le mois de septembre

Date	Journal	Numéro de pièce	Compte général	Compte auxiliaire	Libellés de l'opération	Débit	Crédit
04/09	VT	09/002	471000		Facture 09/002	355,96	
			707300				273,60
			708530				50,00
			445713				32,36
06/09	HA	56	607100		Facture 56 - EARL Pecheux	108,00	
			471000			20,00	
			445661			7,04	
			401000	401044			135,04
08/09	HA	84	607100		Facture 84 - Coopératives du Douaisis	150,00	
			624120			15,00	
			445661			8,25	
			471000			3,00	
			401000	401005			176,25
10/09	HA	35	607100		Facture 35 - Philippe Martel	114,00	
			624120			20,00	
			445661			6,27	
			471000			4,00	
			471000				50,00
			401000	401011			94,27
12/09	HA	42	607100		Facture 42 - Exploitation agricole Basquin	420,00	
			445661			21,95	
			471000				21,00
			401000	401027			420,95
14/09	HA	90	607100		Facture 90 - Coopératives du Douaisis	230,00	
			471000			240,00	
			445661			12,65	
			401000	401005			482,65
					Totaux	**1 736,12**	**1 736,12**

***Remarques** : la SARL « Les fruits de chez nous » est le 35e client entré dans nos comptes.*

Annexe 5 - La reconnaissance automatique des factures : numérisation et saisie comptable

La reconnaissance automatique des factures, qu'est-ce que c'est ?

La reconnaissance automatique des factures est un processus qui s'inscrit dans le cadre de la démarche globale d'**automatisation de la comptabilité**. L'enjeu est ici de favoriser les traitements informatiques qui s'effectuent de façon autonome, c'est-à-dire sans (ou avec une faible) intervention de l'Homme. D'autres procédés sont également touchés et notamment les opérations bancaires avec le mécanisme de récupération automatique des relevés de banque.

Par définition, la **reconnaissance automatique des factures** est un processus qui analyse et traite les factures clients et fournisseurs de façon automatisée (**numérisation puis saisie** dans les comptes), ce qui permet de s'affranchir de l'étape de saisie manuelle des données. L'objectif de la démarche, à terme, est de dématérialiser l'ensemble des documents et de les traiter intégralement sur la toile.

De nombreux cabinets d'expertise-comptable se sont lancés dans de tels projets ; la saisie comptable étant une tâche ayant une très faible valeur ajoutée aux yeux de leurs clients. A l'heure actuelle, de plus en plus d'entreprises commencent à s'approprier ces technologies.

La reconnaissance automatique des factures, quels sont les avantages ?

Les **avantages de la reconnaissance automatique des factures** sont multiples.

Tout d'abord, elle procure un **gain de temps substantiel**. En effet, la saisie comptable est généralement considérée comme une tâche consommatrice de temps et ce procédé y remédie. Cela permet au chef d'entreprise ou au comptable de dégager du temps afin de se concentrer sur des prestations à plus forte valeur ajoutée : gérer son business et développer ses affaires (pour le dirigeant) ou conseiller son client et, par exemple, optimiser sa situation (pour l'expert-comptable).

Ensuite, elle permet de **limiter le risque d'erreur** généré par l'intervention humaine : saisie d'une même facture deux fois, passation des écritures comptables à l'envers, inversion entre le hors taxes et la TVA, etc. Le logiciel est généralement équipé de garde-fous (garantie de l'unicité des enregistrements comptables grâce au numéro de la facture notamment).

Enfin, la dématérialisation permet de **réduire le volume de papier** pour l'entreprise. Cela permet d'alléger la charge de documents papiers (qu'elle soit physique ou financière) et également de diminuer l'empreinte carbone de l'entreprise sur son environnement.

La reconnaissance automatique des factures, comment ça marche ?

La mise en place du procédé de reconnaissance automatique des factures nécessite de **s'équiper** d'un matériel particulier : un **scanner** ou un **outil de numérisation en ligne** doté d'un logiciel capable de lire, de reconnaître et d'interpréter les contenus des factures de façon automatique et intelligente. On appelle cela la **reconnaissance optique de caractères** (*Optical Character Recognition* – OCR – en Anglais).

Ces logiciels existent en différentes versions (monoposte, réseau, Cloud ou Saas).

Ensuite, il convient de **numériser les documents** concernés. Le logiciel va alors analyser la structure de la facture afin d'identifier chaque élément séparément : date de la facture, nom du fournisseur ou du client, montant total hors taxes, montant de la TVA, montant toutes taxes comprises, etc.

À l'issue du processus, le **logiciel intègre automatiquement les écritures comptables** dans le logiciel de comptabilité de l'entreprise. Bien évidemment, avant tout investissement, il conviendra de s'assurer que la solution de gestion comptable utilisée par l'entreprise est compatible avec l'équipement de reconnaissance automatique des factures.

La reconnaissance automatique des factures, quels sont les inconvénients ?

Deux inconvénients entachent principalement ce procédé révolutionnaire.

Le premier tient aux **conditions de forme** exigées pour la lecture et l'analyse des factures. En effet, certains logiciels de reconnaissance exigent des **présentations particulières**. L'entreprise peut alors être contrainte de modifier la présentation de ses factures de ventes et de demander à ses fournisseurs de faire la même chose (ou alors de générer elle-même des factures d'achats au format accepté par le logiciel).

Le second réside dans le **coût** de la solution. Il peut atteindre des sommes importantes et, lorsque l'entreprise effectue une analyse « coûts/bénéfices », elle peut ne pas être attractive.

Par ailleurs, lorsqu'une entreprise a recours à ce procédé pour scanner des factures reçues au format papier, les **conserver** en format électronique et détruire ainsi l'original en papier, elle doit vérifier que la procédure de numérisation répond à de nombreuses conditions pour qu'elle soit reconnue sur le plan fiscal.

<u>Conclusion</u> : **la reconnaissance automatique des factures est un processus qui tend à se démocratiser. Il consiste à numériser des factures d'achats et/ou de ventes à l'aide d'un équipement doté d'un logiciel spécifique qui va les analyser et les enregistrer automatiquement dans le logiciel de comptabilité.**

Annexe 6 - Bien saisir une facture d'achat (fournisseur) ou de vente (client)

L'encodage des factures d'achat et de vente : la saisie comptable

Nous l'avons déjà abordé dans différents articles mais il convient de le rappeler une nouvelle fois : **tout flux impactant le patrimoine ou l'activité d'une entreprise** doit être pris en considération dans ses comptes et faire l'objet d'une **comptabilisation**, c'est-à-dire qu'il génère une succession d'**enregistrements d'écritures comptables** (cela consiste à passer des écritures dans la comptabilité).

Cette tâche est appelée **« saisie comptable »** et est généralement effectuée dans le cadre de la tenue d'une **comptabilité en partie double**.

Lorsqu'elle reçoit ou émet une **facture**, l'entreprise doit l'**enregistrer** dans ses comptes.

Elle doit tout d'abord distinguer, lorsqu'elle est redevable de la taxe sur la valeur ajoutée, le montant hors taxes (HT), la TVA et le montant « toutes taxes comprises » (TTC). Puis elle va procéder à la saisie de ce document dans sa comptabilité.

Modèle de saisie comptable d'une facture d'achat – fournisseur :

- Débit du compte de charges concerné (pour le montant HT) ;
- Débit du compte de TVA déductible (pour le montant de la TVA) ;
- Crédit du compte fournisseur (pour le montant TTC).

Remarques : *lorsque l'entreprise acquiert un bien qu'elle souhaite conserver de manière durable (appelé une immobilisation en comptabilité), elle va utiliser un compte d'immobilisations (au lieu d'un compte de charges) et un compte spécial de TVA déductible.*

Modèle de saisie comptable d'une facture de vente – client :

- Débit du compte de client (pour le montant TTC) ;
- Crédit du compte de TVA collectée (pour le montant de la TVA) ;
- Crédit du compte de produits concerné (pour le montant HT).

En pratique, la plupart des logiciels comptables proposent le cadre de saisie suivant :

Date	Numéro de pièce	Compte général	Compte auxiliaire	Libellé de l'opération	Débit	Crédit

- La **date** représente la date d'établissement de la facture (qui peut être différente de la date de livraison ou de la date d'expédition des marchandises).

- Le **numéro de pièce** correspond au numéro qui est attribué par l'opérateur de saisie à la pièce comptable (il pourra choisir sa propre codification pour ses factures de ventes et en créer une spéciale pour ses factures d'achats).

- Le **numéro de compte général** correspond au compte mouvementé (celui qui est concerné par l'opération). Il s'agira d'un compte de bilan ou d'un compte de gestion.

- Le **numéro de compte auxiliaire** ne concerne que les tiers (clients, fournisseurs) ; il permet d'individualiser chacun d'entre eux afin de ne pas regrouper toutes les opérations dans le même compte général.

- Le **libellé** de l'opération correspond à la description du flux.

- Les colonnes **« débit »** et **« crédit »** constate le sens dans lequel est mouvementé le compte (certains comptes, lorsqu'ils sont débités, traduisent un appauvrissement de l'entreprise tandis que d'autres traduisent un enrichissement).

Conclusion : **la saisie d'une facture fournisseur ou d'une facture client nécessite de respecter un certain formalisme. D'ailleurs, une attention particulière doit être apportée à la saisie comptable puisqu'elle constitue la base de la comptabilité. Lorsqu'elle est correctement effectuée, elle permet de bien préparer le bilan comptable de fin d'année.**

https://www.compta-facile.com/

Scénario 4 Tenue et suivi des dossiers clients

1.2.1 Tenue et suivi des dossiers clients : du contrôle du devis au contrôle de l'encaissement
1.2.3 Contrôle des opérations et des traitements dématérialisés
1.7.1 Présentation des caractéristiques de l'organisation du processus « Contrôle et traitement des opérations commerciales »
1.7.2 Analyse du processus « Contrôle et traitement comptable des opérations commerciales »

Contexte général DUVIVIER :

Salarié dans le service comptable de la société Duvivier, vous travaillez en liaison avec le service commercial et la direction générale afin d'optimiser la gestion du processus client.

Mission de veille :

Mettre à jour votre veille comptable sur les thèmes suivants :
- Processus de vente
- Gestion administrative et comptable des documents commerciaux (contrôle interne)
- Mentions obligatoires d'une facture
- Rabais, remises, ristournes
- Transport forfaitaire
- Consignation d'emballages
- Échange de données informatisées

→ Du devis à l'encaissement

Documents à traiter par les services « comptable » et « commercial » de la société DUVIVIER :

- Appel d'offres n° 816 (original) envoyé le 06/12/N par M. Walter pour l'achat de matériels électriques en grosse quantité (commande totale supérieure à 3 000 €).
- Lettre de proposition commerciale (copie) et catalogue envoyés par courrier à M. Walter le 08/12/N suite à sa demande (un bon de commande est annexé au catalogue) :

Extrait du catalogue (TVA au taux normal)

Référence	Désignation de l'article	Prix HT
EL119	Platine Disjoncteur (H : 50 – L : 190)	30,70 €
EL130	Cache borne 4 modules	10,50 €
EL191	Gaine multifonctions verticale	59,40 €
EL228	Disjoncteur basse fréquence	7,00 €
EL261	Variateur Din 1000 W	232,00 €
EL281	Disjoncteur moteur 10 A magnétothermique	157,00 €
EL365	Ampoules économie énergie 25 W	5,00 €
EL394	Parafoudre bipolaire 15KA 230 V	241,00 €
EL396	Filtre 35A 500 V	196,00 €
EL422	Câbles électriques 100 mètres	15,00 €
EL458	Matériels électriques (normes US)	8,00 €
EL460	Ampèremètre analogique 30A	224,00 €
EL461	Cadran mesure ampèremètre 0-50 A	6,43 €
EL465	Commutateur ampèremètre 4 positions	138,00 €
EL468	Compteur énergétique mono directionnel 32 A	142,00 €
EL487	Répartiteur unipolaire 125 A	39,50 €
EL567	Cloison séparation H : 25-40 blanc	6,88 €
EL626	Joint de corps alu	6,70 €
EL745	LGP Clip de fixation D19 NR	3,27 €
EL814	Lampes à led	2,00 €

- Bon de commande n° 616 (original) complété et envoyé par M. Walter (reçu le 12/12/N) et comprenant les informations suivantes :

Articles commandés	Réf	Quantité
Cache borne 4 modules	EL130	20
Variateur Din 1000 W	EL261	2
Parafoudre bipolaire 15KA 230 V	EL394	10
Ampèremètre analogique 30A	EL460	3
Joint de corps alu	EL626	30

NB : cette commande peut être emballée à l'aide de 2 palettes.

- Chèque n° BPN 45197 de M. Walter reçu le 12/12/N pour un montant de 800,00 € **(montant à vérifier et opération à comptabiliser)**.
- Bon de livraison n° 804 (double) adressé au client Walter le 15/12/N et correspondant à la commande réalisée (le bon de livraison accompagne la marchandise livrée).
- Facture 512 (double) envoyée par mail au client Walter le 15/12/N pour un montant net à payer de 3 828,20 € **(montant à vérifier et opération à comptabiliser)**.
- Tableau des conditions de vente envoyé le jour même par mail au client Walter suite à son appel téléphonique du 17/12/N :

Conditions de livraison
- Dans les 15 jours de la commande ;
- Par train (SNCF) ou transport routier.

Conditions de paiement
- Acompte de 20 % du montant brut à la commande (arrondi à la dizaine d'euro supérieure) ;
- Règlement du solde soit au comptant sous escompte de 2,50 % (obligatoire pour tout nouveau client), soit par lettre de change domiciliée à 30 JFM (client habituel).

Remises
- Commande HT (C) < 1 000 € : pas de remise ;
- 1 000 € ≤ C ≤ 3 000 € : remise de 4 % ;
- Commande HT (C) > 3 000 € : remise de 5 % ;
- Remise supplémentaire automatique de 2 % accordée à tout nouveau client.

Ports et emballages
- Commande HT (C) ≤ 5 000 € : emballages et port facturés (voir remarque ci-dessous) ;
- Commande HT (C) > 5 000 € : franco de port et d'emballages.

Remarque : les emballages sont des cartons préformés permettant un minimum de casse lors de la manutention et des palettes. La palette est consignée 25,00 € l'unité, quels que soient la taille et le poids des cartons. Le port représente un forfait fixé selon le kilométrage (barème joint au catalogue).

- Courriel de réclamation envoyé le 20/12/N par M. Walter pour la non-attribution d'une condition spécifique de vente.
- Avoir 512A (double) adressé par mail au client Walter le 23/12/N pour un montant net à déduire de 87,96 €, correspondant à la remise supplémentaire de 2 % accordée à tout nouveau client **(montant à vérifier et opération à comptabiliser)**.
- Chèque n° BPN 45211 de M. Walter reçu le 28/12/N pour un montant de 3 740,24 € **(montant à vérifier et opération à comptabiliser)**.

Procédure de traitement des ventes

SA Duvivier – Livre des procédures (vente) - Page 1/2

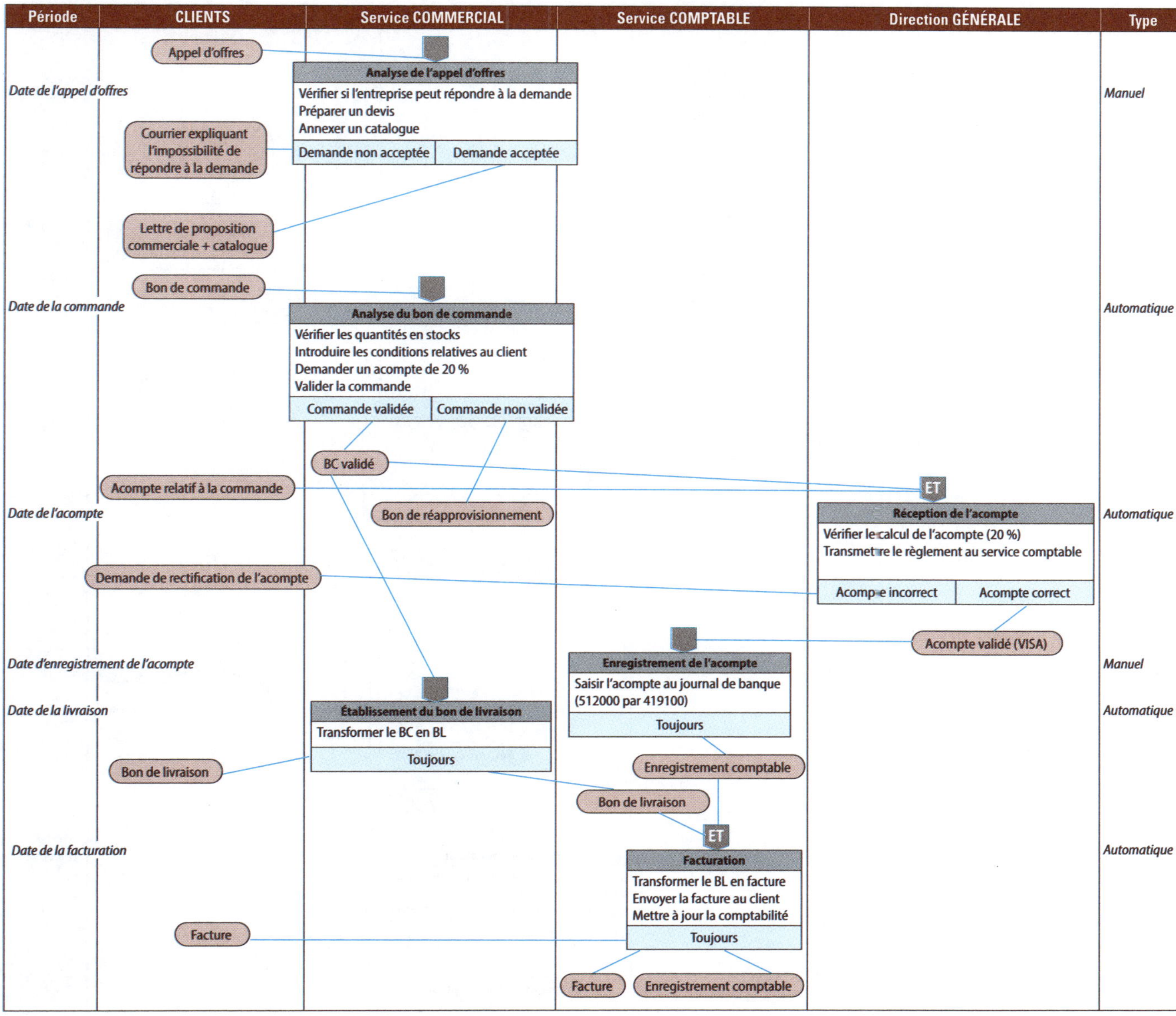

Procédure de traitement des ventes

SA Duvivier – Livre des procédures (vente) - Page 2/2

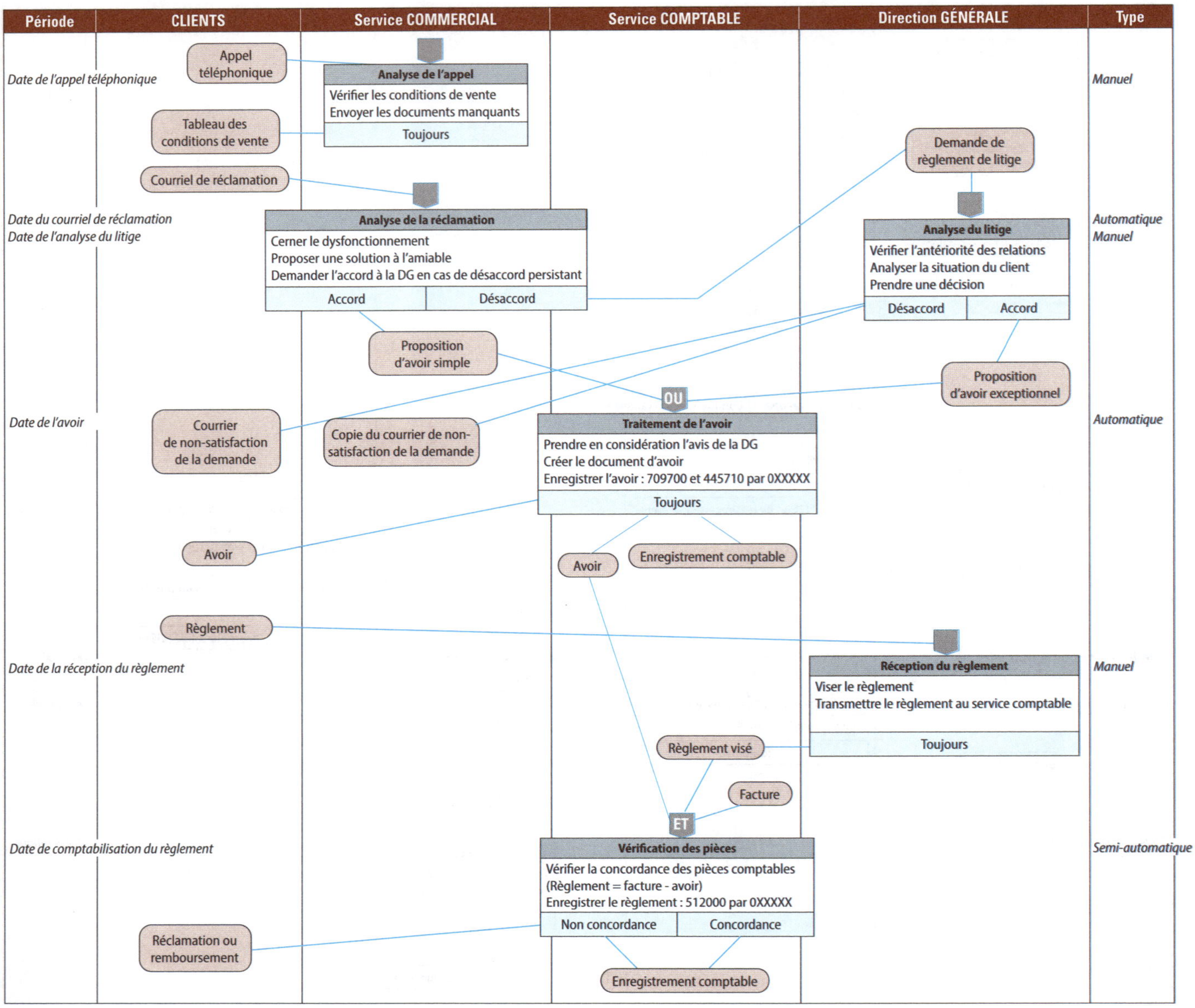

Mission 1 **Ces documents ont été classés chronologiquement dans un tableau. Expliquez le traitement de chacun et leurs éventuelles implications sur la comptabilité générale.**

Tableau des tâches (avec prise en compte de la séparation des fonctions)

Étapes	Documents	Traitements	Comptabilisation
1	Appel d'offres n° 816	Le service commercial analyse l'offre pour envoyer le catalogue ou le devis détaillé correspondant.	Aucun enregistrement
2	Lettre + catalogue		
3	Bon de commande n° 616		
4	Chèque n° BPN 45197	La direction générale reçoit le chèque d'acompte, le vérifie et le transmet au service comptable qui procède à son enregistrement.	<u>Enregistrement classique</u> : *Journal de banque* 512000 Banques 419 00 Clients, avances et acomptes reçus
5	Bon de livraison n° 804		
6	Facture n° 512		
7	Tableau des conditions de vente	Pour répondre à l'appel téléphonique du client, le service commercial envoie le tableau récapitulatif des conditions de vente qu'il aurait dû annexer au catalogue.	Aucun enregistrement.
8	Courriel de réclamation		
9	Avoir n° 512A		
10	Chèque n° BPN 45211		

Mission 2 Vérifiez les montants des documents suivants.

Facture 512				
Articles commandés	**Réf**	**Quantité**	**PU**	**Montants**
		Total Brut HT		
		Remise		
		Net commercial		
		Escompte		
		Net financier		
		Port forfaitaire HT		150,00
		Hors taxes		
		TVA	TN	
		Palettes		
		Acompte reçu		
		NET À PAYER		3 828,20

Chèque n° BPN 45197 :

Avoir 512A			
Net commercial (facture 512)			
Remise supplémentaire			
Escompte			
Net financier			
TVA	TN		
NET À DÉDUIRE			87,96

Chèque n° BPN 45211 :

Mission 3 Comptabilisez les opérations relatives aux documents précédents.

Bordereau d'imputation comptable de la société DUVIVIER

Ligne	Date	Journal	N° compte général	N° compte de tiers	Intitulés des comptes/ Libellés des opérations	Débit	Crédit
1	12/12/N	BQ1					
2							
3					*Walter - chèque n° BPN 45197*		
4	15/12/N	VTE					
5							
6			665000		Escomptes accordés	93,98	
7							
8			708500		Ports et frais accessoires facturés		150,00
9							
10			419600		Clients, dettes sur emballages consignés		50,00
11					*Walter - facture 512*		
12	23/12/N	VTE					
13							
14							
15							
16					*Walter - avoir 512A*		
17	28/12/N	BQ1					
18							
19					*Walter - chèque n° BPN 45211*		
					Totaux		

→ Séparation des tâches et contrôle interne

Mission 4 **Dans la société Duvivier, le contrôle interne a fait apparaître divers dysfonctionnements.**

Complétez le tableau suivant permettant la mise en place d'une séparation des fonctions pour éviter tous risques futurs.

Processus de facturation – VENTE :

Problèmes rencontrés	Fonctions à séparer	
- Marchandise livrée alors qu'aucune facture n'a été comptabilisée. - Facture fausse ou erronée et détournement d'une partie de la marchandise. - Avoir non envoyé et conservation de la marchandise à retourner. - Facture comptabilisée ne correspondant pas à ce qui a été livré. - Marchandise non conforme retournée et oubli de l'enregistrement de l'avoir.		
- Marchandise livrée sans vérification du règlement à l'échéance. - Marchandise non envoyée et conservation de l'acompte. - Marchandise non conforme retournée et conservation du règlement global. - Réclamation du règlement global alors qu'une partie de la marchandise a été retournée.		
- Facture non comptabilisée et détournement du règlement. - Avoir non comptabilisé et détournement du règlement. - Réclamation du règlement global alors qu'un avoir a été comptabilisé.		

Dans le PGI, la mise en place d'autorisation d'accès et de limitation des pouvoirs de chacun des intervenants permet d'éviter certains dysfonctionnements.

Mission 5 **Complétez le tableau de procédure suivant afin d'optimiser le processus client.**

Procédures	Service concerné
Procédure de saisie de l'accusé du bon de commande reçu.	
Procédure de vérification : bon de commande/bon de livraison.	
Procédure de validation de la facture.	
Procédure de contrôle de cohérence : bon de commande/ bon de livraison/facture.	
Procédure de validation : facture/comptabilisation.	
Procédure d'autorisation d'enregistrement du règlement.	
Procédure de saisie du règlement.	
Procédure de vérification : comptabilisation/règlement.	

➜ Aperçu de la facture

Société DUVIVIER	DOIT	FACTURE		
10, rue Doumergue 59500 DOUAI SA au capital de 250 000 € RCS Lille : 758 501 001 SIRET : 758 501 001 00013/Code NAF : 2733Z TVA intracom : FR 94 758 501 001	Classement VT813 Code client 001301	**Date** 28/03/N	**Numéro** 485	**Feuillet** 1/1
	Commandes **Offre** **Devis** **Livraison** **Représentant**	n° 127 du 25/03/N n° 816 du 12/03/N n° 822 du 15/03/N n° 127 du 02/04/N M. Pasquelin		
	Établissements LECORNET 15, avenue du général Leclerc 59000 LILLE TVA intracom : FR 10 863 427 134			

Origine	**Destination**	**Mode**		**LIVRAISON**	**Date :**
			Conditions :	Dans les 8 jours suivant la commande	02/04/N
DOUAI	LILLE	par route		PAIEMENT	
			Conditions :	Au comptant par chèque	
			Domiciliation :	Société Générale Douai	

Marques et numéros	**Nombre et nature des colis** **Description de la marchandise**	**Masse nette**	**Dimensions**
	5 articles d'électricité	**Masse brute**	**Volume**

N°	Référence	Désignation des articles	TVA	Quantité	PU HT	Tx REM.	PU Net	Montant HT
1	EL814	Lampes à led	TN	1 000	2,00	5 %	1,90	1 900,00
2	EL458	Matériels électriques (normes US)	TN	15	8,00	5 %	7,60	114,00
3	EL365	Ampoules économie énergie 25 W	TN	150	5,00	5 %	4,75	712,50
4	EL422	Câbles électriques 100 mètres	TN	20	15,00	5 %	14,25	285,00
5	EL228	Disjoncteur basse fréquence (*)	TN	30	7,00	0 %	7,00	210,00

(*) Article soldé (fin de série)

Net commercial	3 221,50
2,50 % Escompte	- 80,54
Net financier	3 140,96
TVA	628,19
TTC	3 769,15
Transport forfaitaire TTC (TVA au taux normal)	180,00
Palettes consignées	25,00
Acompte reçu	- 680,00
NET À PAYER (en euros)	3 294,15

TVA [1]			
TAUX	Base	Montant	Code
20,00 %	3 290,96	658,19	TN
10,00 %	0,00	0,00	TI
5,50 %	0,00	0,00	TR

Conditions particulières :

Remise de 5 % pour un brut > à 3 000 € et de 4 % pour un brut supérieur ou = à 1 000 €.
Remise supplémentaire de 2 % pour tout nouveau client.
Aucune remise en cas d'articles soldés (fin de série).
Escompte de 2,50 % en cas de règlement au comptant.
Transport forfaitaire basé sur le kilométrage routier (voir barème du siège social).
Palettes et cartons préformés consignés (25 € la palette).
Acompte de 20 % du montant brut à la commande (arrondi à la dizaine d'euros supérieure).

[1] TN : Taux Normal ; TI : Taux Intermédiaire ; TR : Taux Réduit.

L'article 289 du CGI précise les mentions obligatoires devant figurer sur les factures.

Mission 6 **Complétez le tableau suivant en vous basant sur la facture précédente.**

Mentions obligatoires	Facture de la société DUVIVIER
Nom complet et adresse du fournisseur.	
Nom complet et adresse du client.	
Numéro individuel d'identification attribué au fournisseur.	**Immatriculation RCS :** **N° de SIRET :** **Code NAF :**
Numéros d'identification à la taxe sur la valeur ajoutée du vendeur et de l'acquéreur.	**Vendeur :** **Acquéreur :**
Date d'émission de la facture.	
Numéro unique de la facture (basé sur une séquence chronologique et continue).	

Pour chacun des biens livrés ou des services rendus : quantité, dénomination précise, prix unitaire hors taxes et code de la taxe sur la valeur ajoutée légalement applicable (ou taux).	Qté	Dénomination	PU HT	TVA
		Lampes à led		
		Matériels électriques (normes US)		
		Ampoules économie énergie 5W		
		Câbles électriques (100 mètres)		
		Disjoncteur basse fréquence		

Rabais, remises, ristournes ou escomptes acquis et chiffrables.	Référence	Taux de remise	PU Net	Explications
	Taux d'escompte			

Date à laquelle est effectuée, ou achevée, la livraison de biens ou la prestation de services.	

Montant de la taxe à payer et, par taux d'imposition, total hors taxe et taxe correspondante mentionnés distinctement.	**TVA**			
	Taux	**Base**	**Montant**	**Code**
	Explications			

➜ Réductions relatives à la facturation

Mission 7 Déterminez le montant « net à payer » par le client Gilbert (sans réaliser la facture) et en détaillant les calculs dans le tableau suivant.

Facture 255 à la société Gilbert : lampes à led : 4 000 unités à 2,00 € pièce. Remise exceptionnelle de 10 % (car la quantité commandée est importante) et de 5 % (car le montant brut excède 3 000 €) ; rabais : 4 % (Gilbert a accepté la livraison d'une marchandise similaire à celle qu'il avait commandé) ; Gilbert n'est pas un nouveau client ; escompte : 2,50 % (paiement au comptant par chèque bancaire n° CM 342333) ; TVA au taux normal.

Calculs détaillés de la facture :

	Détails des calculs	Résultats	
Montant brut			
- Remise 1			
Sous-total 1			
- Remise 2			
Sous-total 2			
- Rabais			
Montant net commercial			707100 (C)
- Escompte			665000 (D)
Montant net financier			
TVA (TN)			445711 (C)
Net à payer			411000 (D)

Calculs directs :

➜ Montant net commercial :

➜ Escompte :

➜ TVA (TN) :

➜ Montant net à payer :

→ Majorations relatives à la facturation

◆ Le transport

Mission 8 **Déterminez le montant « net à payer » par le client Étienne (sans réaliser la facture) et en détaillant les calculs dans le tableau suivant.**

Facture 321 à M. Étienne : Prestation de services (travaux de rénovation énergétique) pour 600,00 € ; aucune remise (M. Étienne n'est pas un nouveau client) ; règlement à 30 JFM par chèque bancaire (30 Jours Fin de Mois) ; TVA au taux réduit ; port forfaitaire HT (condition « arrivée ») : 50,00 €.
Le transporteur Sernam avait envoyé la facture T73 pour 48,00 € TTC le 28/02/N incluant la TVA au taux normal.

Calculs détaillés de la facture :

	Détails des calculs	Résultats	
Montant brut			
- Remise et rabais			
Montant net commercial			706000 (C)
- Escompte			665000 (D)
Montant net financier			
Transport forfaitaire - condition « arrivée »			708500 (C)
Total HT			
TVA (TR)			445711 (C)
Net à payer			411000 (D)

Calculs directs :

→ TVA (TR) :

→ Montant net à payer :

Mission 9 **Déterminez le montant « net à payer » par le client Steven (sans réaliser la facture) et en détaillant les calculs dans le tableau suivant.**

Facture 322 à M. Steven : Prestation de service (travaux de rénovation énergétique) pour 450,00 € ; aucune remise (M. Steven n'est pas un nouveau client) ; règlement au comptant par chèque bancaire ; TVA au taux réduit ; port récupéré HT (condition « départ ») : 30 €.
La facture T74 du transporteur Sernam du 28/02/N s'était élevée à 36,00 € TTC incluant la TVA au taux normal.

Calculs détaillés de la facture :

	Détails des calculs	Résultats	
Montant brut			
- Remise et rabais			
Montant net commercial			706000 (C)
- Escompte			665000 (D)
Montant net financier (HT)			
TVA (TR)			445711 (C)
Transport récupéré - condition « départ »			708500 (C)
TVA/transport (TN)			445712 (C)
Net à payer			411000 (D)

Calculs directs :

- ➜ Escompte :
- ➜ TVA (TR) :
- ➜ TVA (TN) :
- ➜ Montant net à payer :

➜ Autres frais accessoires

Mission 10 **Déterminez le montant « net à payer » par la société Régis (sans réaliser la facture) et en détaillant les calculs dans le tableau suivant.**

01/04/N : Facture 467 à la société Régis : Matériels électriques normes US : 2 000,00 € brut ; remise 4 % ; rabais : 150 € ; TVA au taux normal ; port forfaitaire HT (condition « arrivée ») : 100,00 € ; une assurance a été engagée pour garantir la livraison : 40,00 € (exonérées) ; un électricien spécialiste en matériel norme US s'est chargé de la transaction et nous a réclamé une commission de 2,50 % de la valeur brute de la vente (TVA au taux normal) ; règlement à 30 JFM. Les charges ont été préalablement enregistrées lors de la facturation du transport, de l'assurance et du courtage au fournisseur.

Calculs détaillés de la facture :

	Détails des calculs	Résultats	
Montant brut			
- Remise et rabais			
Montant net commercial			707100 (C)
- Escompte			665000 (D)
Montant net financier			
Transport forfaitaire - condition « arrivée »			708500 (C)
Montant HT			
TVA (TN)			445712 (C)
Assurances récupérées			616000 (C)
Commissions récupérées			622200 (C)
TVA/commissions (TN)			445662 (C)
Net à payer			411000 (D)

Calculs directs :

- ➜ Montant net commercial :
- ➜ TVA collectée (TN) :
- ➜ TVA déductible (TN) :
- ➜ Montant net à payer :

→ Emballages consignés

Mission 11 Déterminez le montant « net à payer » par la société Régis (sans réaliser la facture) et en détaillant les calculs dans le tableau suivant.

01/04/N : Facture 467 à la société Régis. 5 palettes ont été consignées au prix unitaire de 25,00 €.

Calculs détaillés de la facture :

	Détails des calculs	Résultats	
Total TTC		2 344,00	
Emballages consignés			419600 (C)
Net à payer			

Calculs directs :

→ Montant net à payer :

→ Phases de paramétrage du module de facturation

Mission 12 Précisez dans le tableau suivant, les différents paramétrages à mettre en œuvre pour optimiser la gestion commerciale de la facturation des ventes.

Paramétrage de l'entité	Raison sociale	Société DUVIVIER
	Activité	Vente de matériels électriques et prestations de services d'électricité
	Adresse	10, rue Doumergue
	CP - Ville	59500 DOUAI
	N° téléphone N° télécopie Adresse mail Site internet	03 27 97 XX XX 03 27 89 XX XX Duvivier@orange.fr http://www.Duvivier.com
	N° SIRET Code NAF N° TVA Intracommunautaire	758 501 001 00013 2733Z FR 94 758 501 001
Tables	<u>Plan comptable</u> : Compte ventes Compte prestations Compte TVA (TR) Compte TVA (TI) Compte TVA (TN)	 → → → → →
	<u>Code Taxes</u> : TVA collectée (TR) TVA collectée (TI) TVA collectée (TN)	 → → →
	Modes de règlement	*Exemples :*
	Conditions de règlement	*Exemples :*
	Plan tiers (clients)	
	Familles d'articles	*Exemples :*
	Articles	

- **1.2.1** Tenue et suivi des dossiers clients : du contrôle du devis au contrôle de l'encaissement
- **1.2.3** Contrôle des opérations et des traitements dématérialisés
- **1.7.1** Présentation des caractéristiques de l'organisation du processus « Contrôle et traitement des opérations commerciales »
- **1.7.2** Analyse du processus « Contrôle et traitement comptable des opérations commerciales »

Schéma du processus de vente

Le processus de gestion administrative et comptable des opérations de vente peut être résumé de la façon suivante :

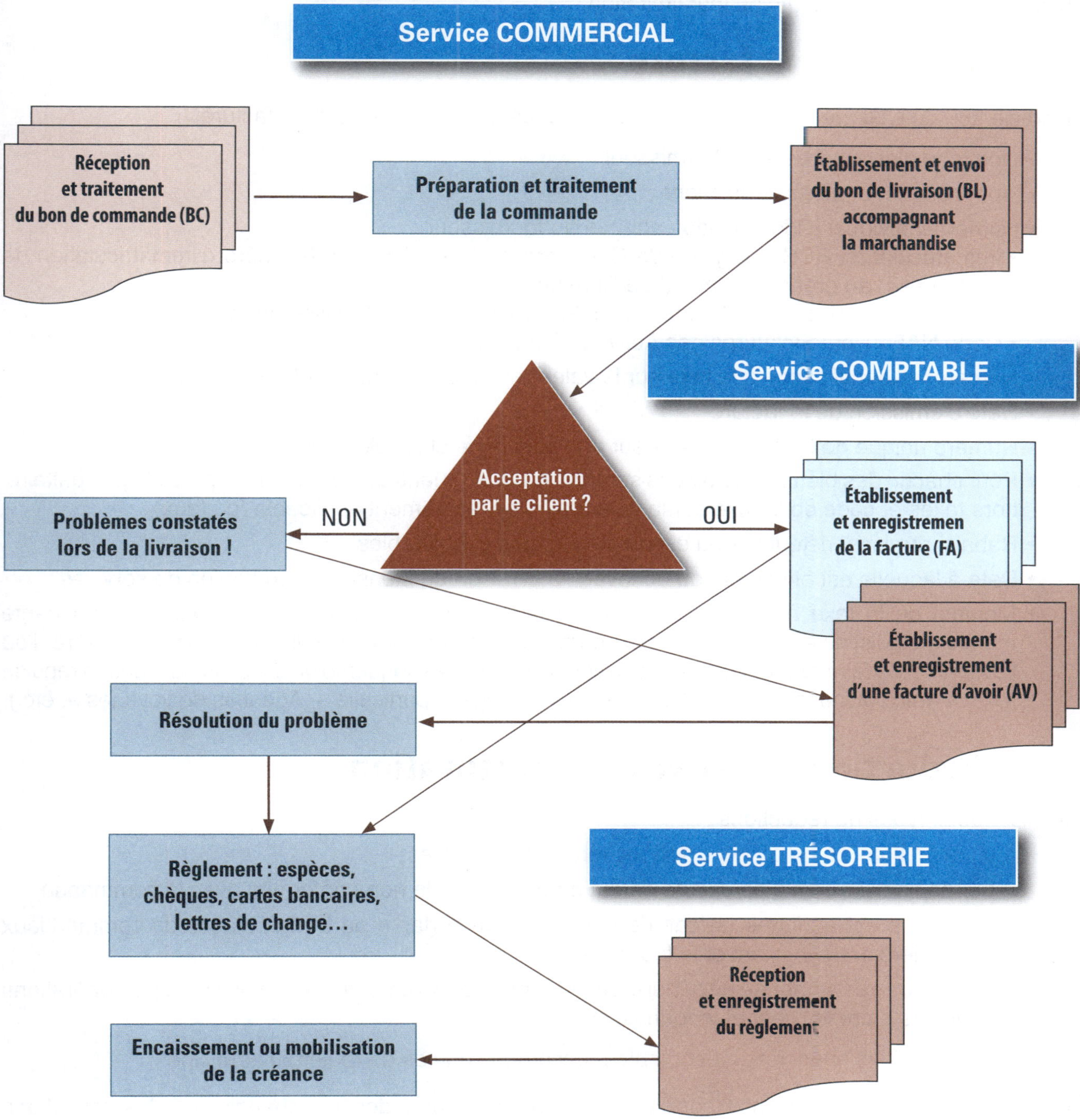

Préalablement à la réception de la commande, il est possible que le client ait demandé l'envoi d'un catalogue ou le calcul d'un prix (devis) avant d'avoir pris sa décision de commander.

La décision d'établir un avoir peut éventuellement requérir une autorisation auprès de la Direction de l'entreprise.

Séparation des tâches et contrôle interne

Toute entreprise bien organisée doit prévoir un contrôle interne de son processus « Vente » afin d'éviter toute erreur grave ou toute fraude pouvant mettre en péril la pérennité de l'entreprise. Pour cela, le principe de base est d'instaurer une séparation des tâches incompatibles entre elles.

Dans les logiciels de gestion ou les PGI, la mise en place d'autorisation d'accès et de limitation des pouvoirs de chacun des intervenants permettra de respecter, et d'adapter selon la taille et les moyens de l'entreprise, le principe de séparation des fonctions. Il permettra ainsi d'éviter de faire exécuter par la même personne ou le même service - sans contrôles intermédiaires - certaines fonctions jugées incompatibles.

La mise en place de procédures d'autorisation, de procédures de contrôle et de supervision est la phase principale d'une bonne organisation comptable et pourra permettre d'éviter la survenance d'autres dysfonctionnements ou leur limitation.

Aperçu de la facture

L'article 289 du CGI précise les mentions obligatoires devant figurer sur les factures :

- Nom complet et adresse du fournisseur
- Nom complet et adresse du client
- Numéro individuel d'identification attribué au fournisseur :
  - Immatriculation RCS : Registre de Commerces et des Sociétés (Numéro d'immatriculation de l'entreprise) au greffe du tribunal de Commerce
  - N° de SIRET : Système d'Identification du Répertoire des ETablissements
  - Code NAF : Nomenclatures des Activités Françaises
- Numéros d'identification à la taxe sur la valeur ajoutée du vendeur et de l'acquéreur
- Date d'émission de la facture
- Numéro unique de la facture (basé sur une séquence chronologique et continue)
- Pour chacun des biens livrés ou des services rendus : quantité, dénomination précise, prix unitaire hors taxes et code de la taxe sur la valeur ajoutée légalement applicable (ou taux)
- Rabais, remises, ristournes ou escomptes acquis et chiffrables
- Date à laquelle est effectuée, ou achevée, la livraison de biens ou la prestation de services
- Montant de la taxe à payer et, par taux d'imposition, total hors taxes et taxe correspondante mentionnés distinctement. En cas d'exonération, plusieurs cas particuliers peuvent apparaître d'où l'obligation de faire référence à la disposition du CGI correspondante ou d'inscrire la mention requise (ex : « Auto liquidation », « Auto facturation », « Régime particulier – Agences de voyages », etc.)

Réductions relatives à la facturation

Il existe deux types de réductions :

- Les réductions commerciales (rabais, remises, ristournes)
  - Le rabais est attribué en cas de défaut de qualité ou de non-conformité avec la commande.
  - La remise est attribuée en cas de commande importante ou du fait d'accords commerciaux particuliers entre le client et le fournisseur.
  - La ristourne est attribuée en général en fin d'année en « remerciement » des multiples opérations réalisées entre le client et le fournisseur.
- Les réductions financières (escomptes) accordées en cas de règlement anticipé

Le « montant net commercial » correspond au montant brut des marchandises – les réductions commerciales.

Le calcul final du « montant net à payer » se fait par le principe de la « cascade » c'est-à-dire en débutant par les réductions commerciales (les unes après les autres) et en terminant par l'escompte.

NB *: le montant calculé après les réductions financières s'appelle le « montant net financier ».*

Majorations relatives à la facturation

Transports

Plusieurs éventualités concernent le transport :

- Soit le fournisseur se charge du transport (par le biais d'un transporteur ou personnellement) et il réclame au client soit :
  - le coût « euro pour euro » c'est-à-dire la récupération exacte du prix du transport (port récupéré). La TVA est alors récupérée au taux normal ;
  - le coût « forfaitaire » c'est-à-dire un forfait fixé généralement au kilomètre parcouru (port forfaitaire). La TVA appliquée sur le transport forfaitaire subit le même taux que le bien transporté.
- Soit le client se charge du transport (par le biais d'un transporteur ou personnellement) et il assume séparément le coût lié à celui-ci (TVA au taux normal).

Le fournisseur peut accorder au client des conditions « franco de port » c'est-à-dire qu'il a déjà inclus le coût du transport dans le prix de la marchandise vendue.

La date de transfert de propriété est liée à deux types de conditions différentes :

- la condition « départ » : dans ce cas, le client est propriétaire du bien transporté dès le départ du lieu de stockage du fournisseur ;
- la condition « arrivée » : dans ce cas, le client n'est propriétaire du bien transporté qu'à son arrivée chez lui.

Ces deux conditions ont donc une incidence sur la propriété du bien pendant le transport.

Autres frais accessoires

D'autres frais accessoires peuvent avoir été engagés par le fournisseur pour le compte de son client :

- l'acheminement des marchandises nécessite peut-être une assurance complémentaire ;
- l'obtention de la marchandise a peut-être nécessité l'intervention d'un tiers (courtier, commissionnaire…).

La refacturation de ces frais peut-être incluse dans le prix de la marchandise (condition « franco ») mais peut également venir augmenter le net à payer.

Emballages consignés

La consignation d'un emballage correspond à un prêt contre une somme d'argent. Celle-ci étant remboursée après restitution des emballages.

Cette pratique a été mise en place afin de pouvoir récupérer des emballages coûteux que les clients avaient tendance à conserver pour leur propre compte.

La gestion des emballages consignés requiert la même organisation que la gestion des stocks de marchandises.

Pour le fournisseur, l'opération de consignation représente à la fois une augmentation de sa créance vis-à-vis du client et la création d'une dette relative aux emballages « prêtés » que devra restituer le client.

À titre de simplification, la consignation se fait sans TVA, il suffit donc d'ajouter le montant des emballages consignés en bas de facture au montant net à payer.

Afin d'établir les différents documents vus précédemment (bon de commande, bon de livraison, factures, avoirs, etc.) des logiciels de facturation ou le module de gestion commerciale d'un PGI existent et doivent être paramétrés de façon efficace et précise.

Phases de paramétrage du module de facturation

Pour tout module de facturation d'un PGI, une phase de paramétrage importante est à réaliser. Elle comportera au minimum les étapes suivantes :

➢ Définition du cadre de gestion :

- Paramétrage de l'entité (caractéristiques juridiques de l'entreprise).
- Création des tables :
  - table des taxes (TVA collectée) ;
  - table des modes de règlement proposés aux clients ;
  - fichier clients ;
  - table des familles d'article (type de produits vendus, catégories, prix de vente, liens comptables…) ;
  - fichier articles (répartis par famille).

➢ Gestion du processus « clients » :

- Établissement des devis.
- Gestion des commandes :
  - enregistrement des commandes clients ;
  - établissement des bons de livraison (par transformation des bons de commande) ;
  - établissement des factures (par transformation des bons de livraison).
- Gestion des avoirs accordés aux clients.

➢ Suivi des créances :

- Lettrage des factures.
- Relance des clients.
- Gestion du contentieux.

➢ Divers :

- Analyse statistique et graphique des ventes.
- Exportation des données vers le module comptable du PGI (enregistrement comptable des ventes).

Échange de données informatisées (EDI)

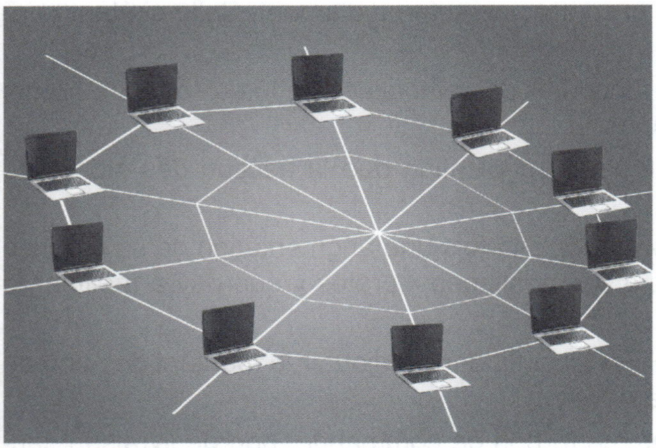

L'EDI permet de dématérialiser la facture c'est-à-dire d'éviter le support « papier ». Toutefois, l'archivage des informations commerciales reste obligatoire du côté du client et du fournisseur.

Dans un souci d'authentification du document transmis par Internet, le procédé de la « signature électronique » permet de garantir l'échange des données entre le client et le fournisseur. Ce système est souvent mis en place par les FAH ou par le vendeur lui-même.

Le CGI (Code Général des Impôts) ordonne qu'une acceptation formelle du procédé par le client soit réalisée, que le système garantisse l'authenticité du document, qu'une liste des mouvements de factures soit établie et que les factures dématérialisées soient conservées au moins 3 ans en plus des 3 ans légaux (total 6 ans). Toutefois le délai de conservation prévu par le Code de commerce reste de 10 ans.

OISY 1

Création de la société - Paramétrages relatifs aux ventes (PGI)

- **1.1.1** Identification des caractéristiques du SIC dans l'entreprise et ses acteurs
- **1.1.2** Repérage de l'organisation comptable : la hiérarchie des travaux comptables
- **1.2.1** Tenue et suivi des dossiers clients : du contrôle du devis au contrôle de l'encaissement
- **1.2.3** Contrôle des opérations et des traitements dématérialisés
- **1.7.1** Présentation des caractéristiques de l'organisation du processus « Contrôle et traitement des opérations commerciales »
- **1.7.2** Analyse du processus « Contrôle et traitement comptable des opérations commerciales »
- **7.3.2** Participation à l'évolution du système d'information

Le projet final est l'informatisation de la gestion commerciale et de la comptabilité sur les différents modules d'un PGI.
À la base, vous disposez de multiples informations (**annexes suivantes**) relatives à la deuxième quinzaine du mois de septembre N.

L'entreprise « **OISY** » a été créée par M. Jenny le 1er septembre 1990 dans la ville de Fourmies (59610) sous le nom de « **JCS** » (Jenny Chocolat Services).

Après un développement rapide et l'ouverture de plusieurs agences à Lille (59000) et Valenciennes (59300), l'entreprise s'est transformée en une SA au nom de « **OISY** » (nom de la marque de chocolat phare de l'entreprise) et a ouvert d'autres succursales afin de toucher la clientèle recentrée sur la région parisienne.

Ces dernières années, la croissance est telle que la société se doit de revoir toute son organisation comptable afin d'optimiser sa gestion quotidienne.

Ses principales caractéristiques sont les suivantes :

Forme sociale	SA au capital social de 400 000 €.
Date de création	1er septembre 1990.
Siège social	15, rue d'Arras – 59610 Fourmies.
Immatriculation RCS	Avesnes/Helpe - n° 443 140 413 00016.
N° TVA intracommunautaire	FR 70 443 140 413.
Code APE (NAF)	4636Z.
Téléphone/Télécopie	03 27 42 XX XX/03 27 42 XX XX.
E-Mail/Site	Oisy@orange.fr/http://www.EtsOisy.com
Comptes bancaires	Crédit Industriel et Commercial (CIC) – 123, avenue Gabriel Péri – 59000 Lille Code banque : 16452 ; code guichet : 25789 ; n° de compte : 004152378 ; clé : 79 Société Générale (SG) – 94, rue du maréchal Leclerc – 75000 Paris Code banque : 25698 ; code guichet : 14544 ; n° de compte : 00002365002 ; clé : 93.
Exercice comptable	Du 1er septembre de l'année en cours au 31 août de l'année suivante.
Plan des comptes	Codification à 8 chiffres pour le plan comptable général (pas de ventilation analytique). Codes alphanumériques de 8 caractères pour les tiers (commençant par 9 pour les fournisseurs et par 0 pour les clients).
Organisation de la comptabilité	L'entreprise utilise les journaux auxiliaires suivants : **ACH** : Achats ; **BQ1** : Crédit Industriel et Commercial CIC ; **BQ2** : Société Générale SG ; **CAIS** : Caisse ; **IMO** : Immobilisations (type achat) ; **OD** : Opérations Diverses ; **RAN** : Report à nouveaux ; **VTE** : Ventes marchandises.

Mission

→ **À l'aide du progiciel de gestion intégré et des annexes suivantes :**

Dans le module comptable :

- **créez la société « OISY_XX » (avec XX pour vos initiales) en mettant à jour les principales caractéristiques de la société : identification, exercice comptable, organisation du plan de comptes, codes journaux, banques, puis paramétrage du plan comptable de l'entreprise (annexes 1 et 6), des taux de taxes (annexe 2) et du plan tiers clients (annexe 3) ;**
- **saisissez la balance d'ouverture au 15 septembre N directement dans le journal des « Report à nouveau » (RAN) (annexe 6).**

Dans le module de gestion commerciale :

- **créez la société « OISY_XX » (avec XX pour vos initiales) liée au fichier comptable créé au préalable et mettez à jour les différentes caractéristiques du module de gestion commerciale (voir ❶) ;**
- **créez ensuite les familles d'articles (annexe 4) et importer (si nécessaire) les articles à l'aide du fichier « Oisy_articles.txt » ;**
- **mettez à jour les quantités en stocks au 15/09/N à l'aide des annexes 4 et 5.**

❶ ***Remarques concernant le module de gestion commerciale*** :

- le catalogue article est composé de deux catégories : ***Revente de produits chocolatés*** (suivi en stock) et ***Transport*** (sans suivi) ;
- les catégories comptables utilisées sont : ***Ventes de chocolat*** (vente) et ***Stocks de chocolat*** (stock) ;
- les 4 catégories tarifaires sont détaillées dans l'**annexe 3** (Type tarif : HT) ;
- les 10 types de conditionnement se font en grammes de 100 g à 1 000 g (voir **annexe 5** : poids) ;
- les 5 unités de vente correspondent aux quatre types d'articles plus une catégorie « ***Aucune*** » (voir **annexe 5** : type) ;
- l'entrepôt de stockage (intitulé : Entrepôt Oisy) se trouve à la même adresse que le siège social ;

  Il est géré par M. Dustock (Tél : 03-27-41-XX-XX ; Fax : 03-27-41-XX-XX ; E-Mail : Oisy.Dustock@orange.fr).

version BiMédia

« Oisy_MOP_Compta_Sage »
« Oisy_MOP_Compta_SagePGI »
« Oisy_MOP_Gescom_Sage »
« Oisy_MOP_Gescom_SagePGI »
« Oisy_Procedures compta_Cegid.pdf »
« Oisy_Procedures gescom_Cegid.pdf »
« Oisy_Procedures compta_Ebp.pdf »
« Oisy_Procedures gescom_Ebp.pdf »

version BiMédia

« Oisy_articles.txt »

version BiMédia

PGI

« Oisy_Modeles_Sage.zip »
« Oisy_Modeles_SagePGI.zip »

Annexe 1 - Extrait du plan comptable de l'entreprise « OISY » (ventes et stocks)

Familles de produit	Comptes de vente	Comptes de stocks	Familles de produit	Comptes de vente	Comptes de stocks
Cacao [1]	70710000	37100000	Tablettes de chocolat blanc [2]	70740000	37400000
Tablettes de chocolat à la crème [2]	70720000	37200000	Coffrets [3]	70750000	37500000
Tablettes de chocolat au lait [2]	70730000	37300000	Spécialités [3]	70760000	37600000

[1] Taxé au taux réduit (TR)
[2] Taxé au taux normal (TN)
[3] Les coffrets et spécialités sont composés de bonbons au chocolat dont la composition détient moins de 25 % de chocolat pur. D'où sa taxation au taux normal (TN)

Autres comptes spécifiques utilisés par l'entreprise Oisy :

66510000	Escomptes accordés sur ventes (TR)	70851000	Ports et frais accessoires facturés
66520000	Escomptes accordés sur ventes (TN)	70971000	RRR Accordés sur ventes (TR)
		70972000	RRR Accordés sur ventes (TN)

Annexe 2 - Taux de taxes utilisés par l'entreprise « OISY »

Codes taxes	Intitulés des comptes	Comptes taxes	Comptes rattachés
V05	TVA coll. Ventes (TR)	44571100	70710000 – 70971000 – 66510000
V20	TVA coll. Ventes (TN)	44571200	70720000 – 70730000 – 70740000 – 70750000 – 70760000 – 70972000 – 70851000 – 66520000

Annexe 3 - Extrait du plan tiers (clients) de l'entreprise « OISY »

Code	Nom ou Raison sociale	Catégorie	Adresse	Conditions de paiement	Téléphone	En-cours autorisé
0BOU01FR	Ets BOUCHEZ Daniel	Confiseurs	14, Fbg Saint Honoré 55100 Verdun	Comptant par chèque	037142XXXX	800 €
0CUN02FR	Ets CUNTH Hervé	Revendeurs	10, rue du marché 55100 Verdun	Traite 30 jours nets ❶	037116XXXX	2 000 €
0DEL03FR	Ets DELVART François	Confiseurs	11, avenue Flaubert 55000 Bar le duc	Comptant par chèque	037036XXXX	600 €
0FIL04FR	Ets FILEX Chocolaterie	Revendeurs	52, avenue du Square 55700 Stenay	Comptant par chèque	037778XXXX	1 000 €
0DED05FR	Ets DEDEYSTERE Stéphane	Confiseurs	56, rue des Rouets 59610 Fourmies	Traite fin de mois	032760XXXX	500 €
0SZY06FR	Ets SZYMANSKI Thierry	Pâtissiers	23, rue des glacis 59500 Douai	Traite 30 JFM	032797XXXX	500 €
0SAR07FR	Ets SARTEAUX Antoine	Pâtissiers	3, rue des Poilus 59000 Lille	Virement fin de mois	032021XXXX	600 €
0STY08FR	Ets STYRNA Stanislas	Divers	106, avenue des Wetz 59400 Cambrai	Traite 30 JFM	032737XXXX	300 €
0BIE09FR	Ets BIENVENU Aimé	Revendeurs	20, avenue V. Hugo 59000 Lille	Traite 30 JFM	032042XXXX	1 000 €
0BEG10FR	Ets BEGHIN Benjamin	Pâtissiers	231, rue Berthelot 59300 Valenciennes	Comptant par chèque	032745XXXX	400 €
0ZZZ99FR	Clients divers					

❶ *Il est accordé un escompte de 1% en cas de règlement au comptant par chèque.*

Rattachement des tiers

Les clients français sont à rattacher au compte 41100000 : Clients.

Annexe 4 - Informations concernant les stocks de l'entreprise « OISY »

Famille de produits

Code famille	Libellés	Comptede vente	Compte de stocks	TVA	Coefficient de marge	Suivi du stock
FA001	Cacao	70710000	37100000	TR	1,10	CMUP
FA002	Tablettes de chocolat à la crème	70720000	37200000	TN	1,25	CMUP
FA003	Tablettes de chocolat au lait	70730000	37300000	TN	1,25	CMUP
FA004	Tablettes de chocolat blanc	70740000	37400000	TN	1,25	CMUP
FA005	Coffrets	70750000	37500000	TN	1,40	CMUP
FA006	Spécialités	70760000	37600000	TN	1,20	CMUP
FA010	Consignation	41960000	32600000	aucune	0	CMUP
FA011	Port	70851000		TN	0	
FA012	Escompte (taux réduit - TR)	66510000		TR	0	
FA013	Escompte (taux normal - TN)	66520000		TN	0	
FA014	RRR supplémentaire (TR)	70971000		TR	0	
FA015	RRR supplémentaire (TN)	70972000		TN	0	

Note interne

Objet : Création d'articles pour les consignations, le port, les escomptes et les RRR supplémentaires.

Consignation pour nos clients :

- Code article REF90, « palette client », famille FA010, stock réel au 15/09/N : 20 unités, prix de vente : 20 € ;
- Code article REF91, « container client », famille FA010, stock réel au 15/09/N : 15 unités, prix de vente : 30 €.

Code article « Port » : Désignation « Port » et rattachement à la famille FA011.

Code article « ESC1 » : Désignation « Escompte (TR) » et rattachement à la famille FA012.

Code article « ESC2 » : Désignation « Escompte (TN) » et rattachement à la famille FA013.

Code article « RRR1 » : Désignation « RRR supplémentaire (TR) » et rattachement à la famille FA014.

Code article « RRR2 » : Désignation « RRR supplémentaire (TN) » et rattachement à la famille FA015.

Annexe 5 - Quantités en stocks au 15/09/N dans l'entreprise « OISY »

Réf.	Type	Désignation	Famille	Poids (en g) (1)	Code TVA	Prix d'achat HT	Coeff.	Prix de vente HT	Quantités en stocks au 15/09
REF20	Coffret	N° 1 (entre 25 et 30 bonbons)	FA005	250	1	5,45 €	1,40	7,63 €	53
REF21	Coffret	N° 2 (entre 35 et 40 bonbons)	FA005	350	1	6,85 €	1,40	9,59 €	51
REF22	Coffret	N° 3 (entre 45 et 50 bonbons)	FA005	450	1	7,85 €	1,40	10,99 €	82
REF23	Coffret	N° 4 (entre 70 et 75 bonbons)	FA005	700	1	12,00 €	1,40	16,80 €	50
REF24	Coffret	N° 5 (entre 90 et 95 bonbons)	FA005	900	1	13,65 €	1,40	19,11 €	80
REF30	Spécial	Sachets découverte	FA006	300	1	5,45 €	1,20	6,54 €	61
REF31	Spécial	Palets aux éclats d'amandes (lait)	FA006	150	1	2,50 €	1,20	3,00 €	54
REF32	Spécial	Palets aux éclats d'amandes (noir)	FA006	150	1	2,60 €	1,20	3,12 €	80
REF33	Spécial	Muscadines	FA006	150	1	3,80 €	1,20	4,56 €	75
REF40	Boîte	Cacao en poudre	FA001	100	2	1,20 €	1,10	1,32 €	144
REF41	Tablette	Chocolat à la crème	FA002	100	1	1,24 €	1,25	1,55 €	83
REF42	Tablette	Chocolat au lait écrémé	FA002	100	1	1,36 €	1,25	1,70 €	62
REF43	Boîte	Cacao maigre	FA001	500	2	4,60 €	1,10	5,06 €	95
REF44	Boîte	Chocolat en poudre	FA001	1 000	2	8,60 €	1,10	9,46 €	104
REF45	Tablette	Chocolat à la crème de marrons	FA002	100	1	1,20 €	1,25	1,50 €	37
REF46	Tablette	Chocolat à la crème de whisky	FA002	100	1	1,04 €	1,25	1,30 €	65
REF50	Tablette	Lait nature (petite plaque)	FA003	100	1	1,12 €	1,25	1,40 €	104
REF51	Tablette	Lait aux vermicelles	FA003	100	1	1,28 €	1,25	1,60 €	88
REF52	Tablette	Lait aux flocons d'avoine	FA003	100	1	1,32 €	1,25	1,65 €	74
REF53	Tablette	Lait nature (moyenne plaque)	FA003	500	1	5,00 €	1,25	6,25 €	99
REF54	Tablette	Lait nature (grosse plaque)	FA003	1 000	1	9,32 €	1,25	11,65 €	42
REF60	Tablette	Chocolat blanc (petite plaque)	FA004	100	1	1,24 €	1,25	1,55 €	77
REF61	Tablette	Chocolat fourré	FA004	100	1	1,40 €	1,25	1,75 €	55
REF62	Tablette	Chocolaté à la taza (+ farine)	FA004	100	1	1,44 €	1,25	1,80 €	32
REF63	Tablette	Chocolat blanc (moyenne plaque)	FA004	500	1	6,20 €	1,25	7,75 €	58
REF64	Tablette	Chocolat blanc (grosse plaque)	FA004	1 000	1	11,60 €	1,25	14,50 €	32

(1) 10 types de conditionnement (100 g - 150 g - 250 g - 300 g - 350 g - 450 g - 500 g - 700 g - 900 g - 1 000 g).

Annexe 6 - Balance d'ouverture de l'entreprise « OISY » au 15 septembre N

N° compte	Nom du compte	Solde débiteur	Solde créditeur
10100000	Capital		400 000,00
10610000	Réserve légale		40 000,00
10640000	Réserves réglementées		14 250,00
10680000	Autres réserves		26 407,57
11000000	Report à nouveau		125,50
12000000	Résultat (provisoire)		4 750,00
16400000	Emprunts auprès des établissements de crédit		20 550,00
16800000	Intérêts courus		1 609,25
20500000	Concessions et droits similaires, brevets	18 145,00	
20700000	Fonds commercial	128 650,00	
21110000	Terrains	54 250,00	
21310000	Constructions	248 156,00	
21820000	Matériel de transport	28 165,00	
21830000	Matériel de bureau et matériel informatique	68 516,50	
21840000	Mobilier	55 160,00	
23880000	Avances, acomptes versés/cdes d'immob. corp.	265,54	
28050000	Amortissements des concessions et droits similaires		10 973,00
28130000	Amortissements des constructions		80 216,00
28182000	Amortissements du matériel de transport		9 164,00
28183000	Amortissements du matériel de bureau et informatique		33 218,50
28184000	Amortissements du mobilier		4 112,00
37000000	Stocks de marchandises	7 470,39	
40100000	Fournisseurs divers (9ZZZ99FR)		15 861,95
40960000	Fournisseurs, créances sur emballages et matériels à rendre	1 200,00	
0CUN02FR	Ets CUNTH ***(échéance 10/10)***	436,54	
0SZY06FR	Ets SZYMANSKI ***(échéance 05/09)***	512,49	
0BIE09FR	Ets BIENVENU ***(échéance 30/09)***	263,12	
41300000	Effets à recevoir « 0DED05FR - Ets DEDEYSTÈRE » ***(échéance 30/09)***	80,00	
41960000	Clients, dettes sur emballages consignés		500,00
43100000	Sécurité sociale		2 912,55
43710000	Autres organismes sociaux		2 368,62
44400000	État, impôt sur les bénéfices		1 265,00
44551000	TVA à décaisser		984,00
45700000	Associés, dividendes à payer		5 732,06
51211000	Crédit Industriel et Commercial **(CIC = BQ1)**	27 835,75	
51212000	Société Générale **(SG = BQ2)**	33 250,00	
53110000	Caisse	2 643,67	
	Totaux	**675 000,00**	**675 000,00**

Remarque :

Les comptes de tiers suivants doivent avoir les mêmes caractéristiques : 41100000 – 41300000 – 41910000 : saisie de l'échéance – lettrage automatique – saisie compte tiers.

PING MARKET

Factures à compléter - Bordereau et centralisation - Informatisation (PGI)

- **1.1.4** Analyse et description des mécanismes comptables : les modèles comptables, les principes d'enregistrement
- **1.2.1** Tenue et suivi des dossiers clients : du contrôle du devis au contrôle de l'encaissement
- **1.2.3** Contrôle des opérations et des traitements dématérialisés
- **1.7.1** Présentation des caractéristiques de l'organisation du processus « Contrôle et traitement des opérations commerciales »
- **1.7.2** Analyse du processus « Contrôle et traitement comptable des opérations commerciales »
- **7.3.2** Participation à l'évolution du système d'information

La société anonyme **PING MARKET** commercialise des articles de sport destinés à la pratique du tennis de table en loisir et en compétition. Ses produits se ventilent en trois catégories :
- les revêtements (à coller sur les raquettes), les bois (prêts à recevoir les revêtements) et les raquettes complètes déjà montées (marchandises A) ;
- les vêtements : chemisettes, shorts, survêtements et chaussures (marchandises B) ;
- les tables (marchandises C).

Elle propose ses articles aux magasins de sport généralistes, aux magasins spécialisés dans le tennis de table et aux clubs.

En tant que comptable stagiaire dans cette société, vous êtes chargé de compléter les factures du mois d'octobre N en vous inspirant de la facture n° 10/N/812 du 04/10/N (**annexe 1**) puis de les enregistrer dans le bordereau des ventes du mois d'octobre fourni en **annexe 4** avant de saisir l'écriture globale des ventes du mois d'octobre dans le journal centralisateur (**annexe 5**).

Missions

1 - **Complétez les factures n° 10/N/813 à 10/N/819 fournies en annexe 1 en vous aidant du catalogue (annexe 2) et des conditions commerciales offertes aux clients de la société (annexe 3).**

2 - **Enregistrez dans le bordereau des ventes (annexe 4) les écritures relatives aux factures précédemment complétées en vous inspirant de la 1re ligne d'enregistrement relative à la facture n° 10/N/812.**

3 - **Complétez le journal centralisateur des ventes (annexe 5) à l'aide du bordereau des ventes préalablement complété.**

4 - **(facultatif) Vérifiez vos résultats en créant votre base de données « Ping market » sur votre PGI (les articles pourront être importés).**

version BiMédia « PingMarket_Eleve.xls »
« PingMarket_Bordereau partage_XX »

version BiMédia « PingMarket_Articles.txt »

→ Organisation comptable

La société Ping Market utilise les comptes de vente suivants :
- 707100 : Ventes de marchandises A pour les revêtements, les bois et les raquettes complètes ;
- 707200 : Ventes de marchandises B pour les chemisettes, shorts, survêtements et chaussures ;
- 707300 : Ventes de marchandises C pour les tables.

Toutes ses ventes sont soumises au taux de TVA normal.

Les numéros de compte des clients sont inscrits sur les factures (lorsque ceux-ci sont déjà inscrits en compte dans la société).

***NB** : les clients sans compte sont à enregistrer dans le compte de tiers suivant : 411999 Clients divers.*

Annexe 1 - Factures de ventes

SA PING MARKET
27 rue d'Arras
59500 DOUAI
FR 58 922 813 654

DECATHLON SIN LE NOBLE (411307)
7 rue de Cambrai 59450 Sin le noble
FR 94 317 922 151

Le 04/10/N — FACTURE N° 10/N/812

Réf.	Libellé	Qté	PUHT	Total HT
RE0139	Tibhar - Rev. Primus	20	21,90	438,00
RE1238	DHS - Rev. Néo skyline	15	24,90	373,50
BO0138	Tibhar - Bois Lebesson	25	30,90	772,50
VE0647	Chem. Joola Fancy	10	29,90	299,00
TA0460	Table Stiga Optimum	5	399,00	1 995,00
Total brut				3 878,00
Remise générale de 5 %(1)				- 33,62
Remise spécifique de 10 %(2)				- 199,50
Net commercial HT				3 644,88
Escompte 2 %(3)				- 72,90
Frais de port HT (8 km)				20,00
Base HT				3 591,97
TVA au taux normal				718,40
Net à payer au comptant par chèque bancaire				**4 310,38**

SA PING MARKET
27 rue d'Arras
59500 DOUAI
FR 58 922 813 654

INTERSPORT NOYELLES (411159)
ZAC du bord des Eaux 62110 Hénin Beaumont
FR 69 424 585 412

Le 07/10/N — FACTURE N° 10/N/813

Réf.	Libellé	Qté	PUHT	Total HT
RE1104	Xiom - Rev. Oméga	30		
RE1150	Adidas - Rev. Performance	20		
RE1317	Dr Neubauer - Rev. Fighter	10		
BO1060	Andro - Bois Fibercomp Def	15		
SH0210	Short Buterfly Morio	20		
Total brut				
Remise générale de ...... %				
Remise spécifique de ...... %				
Net commercial HT				
Escompte ...... %				
Frais de port HT (14 km)				
Base HT				
TVA au taux normal				
Net à payer par LCR au 30/11/N				

(1) Seules les réf. RE1238 et VE0647 peuvent être remisées, soit un total de 373,50 + 299,00 = 672,50. (Montant brut compris entre 500 et 1 000 d'où une remise de 5 % appliquée sur ces 2 articles : 672,50 x 5 % = 33,62).

(2) 5 tables d'où une remise de 10 % (1 995,00 x 10 % = 199,50).

(3) Paiement au comptant par chèque bancaire par un client en compte (411307) d'où un escompte de 2 %.

SA PING MARKET
27 rue d'Arras
59500 DOUAI
FR 58 922 813 654

Club APC – Association Pongiste Courchelettoise
11 place de la Mairie 59552 Courchelettes
(Association non immatriculée)

Le 12/10/N — FACTURE N° 10/N/814

Réf.	Libellé	Qté	PUHT	Total HT
RE0338	Yasaka - Rev. Pryde	5		
RE1150	Adidas - Rev. Performance	5		
RA0740	Raq. Donic Young	20		
RA1001	Raq. Andro Suss Piro	20		
TA0750	Table Donic Waldner classic	2		
Total brut				
Remise générale de ...... %				
Remise spécifique de ...... %				
Net commercial HT				
Escompte ...... %				
Frais de port HT (6 km)				
Base HT				
TVA au taux normal				
Net à payer au comptant par chèque bancaire				

SA PING MARKET
27 rue d'Arras
59500 DOUAI
FR 58 922 813 654

Magasin ERISPORT DOUAI (411258)
122 rue de Bellaing 59500 Douai
FR 52 154 741 268

Le 15/10/N — FACTURE N° 10/N/815

Réf.	Libellé	Qté	PUHT	Total HT
VE0753	Chem. Donic Graphite	30		
VE0756	Chem. Donic Core	30		
VE0758	Chem. Donic Titan	30		
SH0728	Short Donic Carbon	90		
CH0719	Chaussures Donic Speedflex	30		
Total brut				
Remise générale de ...... %				
Remise spécifique de ...... %				
Net commercial HT				
Escompte ...... %				
Frais de port HT (2 km)				
Base HT				
TVA au taux normal				
Net à payer au comptant par chèque bancaire				

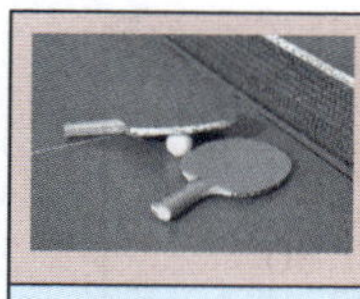

SA PING MARKET
27 rue d'Arras
59500 DOUAI
FR 58 922 813 654

Magasin GO SPORT LILLE (411822)
Centre commercial Euralille 59000 Lille
FR 48 735 656 548

Le 19/10/N — FACTURE N° 10/N/816

Réf.	Libellé	Qté	PUHT	Total HT
RE0138	Tibhar – Rev. Genius	20		
RE0139	Tibhar – Rev. Primus	20		
RE0140	Tibhar – Rev. Mythik	20		
BO0139	Tibhar – Bois Inferno	30		
BO0140	Tibhar – Bois Ikarus	30		
Total brut				
Remise générale de ...... %				
Remise spécifique de ...... %				
Net commercial HT				
Escompte ...... %				
Frais de port HT (45 km)				
Base HT				
TVA au taux normal				
Net à payer par LCR au 30/11/N				

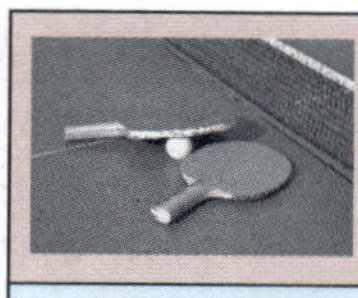

SA PING MARKET
27 rue d'Arras
59500 DOUAI
FR 58 922 813 654

Ets STT – Les Spécialistes du Tennis de Table (411320)
24 route de Béthune 62300 Lens
FR 05 244 966 255

Le 22/10/N — FACTURE N° 10/N/817

Réf.	Libellé	Qté	PUHT	Total HT
RE1284	Cornilleau – Rev. Start-up	30		
BO1214	Cornilleau – Bois Aero Off	15		
VE0760	Chem. Donic Titanflex	40		
SU0623	Survêt. Joola style	30		
TA1199	Table Sponeta	8		
Total brut				
Remise générale de ...... %				
Remise spécifique de ...... %				
Net commercial HT				
Escompte ...... %				
Frais de port HT (27 km)				
Base HT				
TVA au taux normal				
Net à payer au comptant par chèque bancaire				

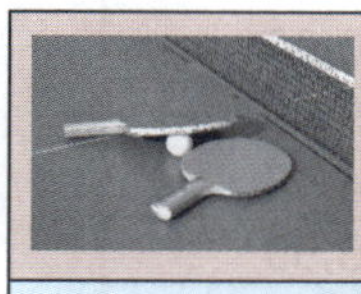

SA PING MARKET
27 rue d'Arras
59500 DOUAI
FR 58 922 813 654

Club PPCF – Ping-pong Club Fourmisien
22 avenue de la Piscine 59610 Fourmies
(Association non immatriculée)

Le 28/10/N — FACTURE N° 10/N/818

Réf.	Libellé	Qté	PUHT	Total HT
RA0255	Raq. Butterfly Timo Boll	20		
VE0757	Chem. Donic Carisma	20		
SU0731	Survêt. Donic Xenon	20		
CH0719	Chaussures Donic Speedflex	20		
TA0460	Table Stiga Optimum	4		
Total brut				
Remise générale de ...... %				
Remise spécifique de ...... %				
Net commercial HT				
Escompte ...... %				
Frais de port HT (109 km)				
Base HT				
TVA au taux normal				
Net à payer au comptant par virement bancaire				

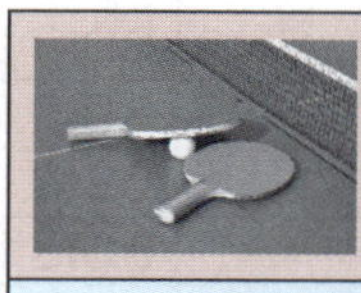

SA PING MARKET
27 rue d'Arras
59500 DOUAI
FR 58 922 813 654

Magasin SPORT 2000 VALENCIENNES (411456)
147 rue du Quesnoy 59300 Valenciennes
FR 51 313 985 327

Le 30/10/N — FACTURE N° 10/N/819

Réf.	Libellé	Qté	PUHT	Total HT
RE1241	DHS – Rev. Neo Hurricane	20		
BO0835	TSP – Bois Gaia	5		
BO0836	TSP – Bois Phoenix fire	5		
VE1063	Chem. Andro Kuando	15		
SU0729	Survêt. Donci Syncro	10		
Total brut				
Remise générale de ...... %				
Remise spécifique de ...... %				
Net commercial HT				
Escompte ...... %				
Frais de port HT (42 km)				
Base HT				
TVA au taux normal				
Net à payer par LCR au 30/11/N				

Annexe 2 - Catalogue des produits

Références	Marques	Produits	Prix HT
		Revêtements	
RE0138	TIBHAR	REV. GENIUS	21,90
RE0139	TIBHAR	REV. PRIMUS(2)	21,90
RE0140	TIBHAR	REV. MYTHIK(3)	24,90
RE0243	BUTTERFLY	REV. SPINART	34,90
RE0245	BUTTERFLY	REV. ROUNDELL(1)	21,90
RE0264	BUTTERFLY	REV. TENERGY	36,90
RE0338	YASAKA	REV. PRYDE	26,90
RE0435	STIGA	REV. CALIBRA(2)	24,50
RE0436	STIGA	REV. CALIBRA LT SOUND	24,50
RE0667	JOOLA	REV. PHENIX(1)	21,90
RE0669	JOOLA	REV. X-PLODE SENSITIVE(2)	21,90
RE0778	DONIC	REV. COPPA SPEED	25,90
RE0779	DONIC	REV. AKKADI	28,90
RE0780	DONIC	REV. ACUDA(1)	22,90
RE1055	ANDRO	REV. HEXER DURO(3)	24,90
RE1102	XIOM	REV. VEGA EUROPE(2)	19,90
RE1103	XIOM	REV. VEGA ELITE(3)	19,90
RE1104	XIOM	REV. OMEGA	29,90
RE1150	ADIDAS	REV. PERFORMANCE(2)	22,50
RE1153	ADIDAS	REV. RESPONSE	29,50
RE1238	DHS	REV. NEO SKYLINE	24,90
RE1241	DHS	REV. NEO HURRICANE(1)	21,90
RE1243	DHS	REV. SKYLINE(1)	21,90
RE1284	CORNILLEAU	REV. START-UP(2)	24,00
RE1317	DR NEUBAUER	REV. FIGHTER	39,90
		Bois	
BO0137	TIBHAR	BOIS BALSA CARBON	34,90
BO0138	TIBHAR	BOIS LEBESSON(3)	30,90
BO0139	TIBHAR	BOIS INFERNO	39,90
BO0140	TIBHAR	BOIS IKARUS	34,90
BO0271	BUTTERFLY	BOIS INNERFORCE	39,90
BO0277	BUTTERFLY	BOIS T-TEC MAZE	34,90
BO0278	BUTTERFLY	BOIS T-TEC MAZE ALL+(2)	24,90
BO0646	JOOLA	BOIS EAGLE MEDIUM(1)	24,90
BO0647	JOOLA	BOIS EAGLE FAST	29,90
BO0659	JOOLA	BOIS FLAME FAST(2)	26,90
BO0660	JOOLA	BOIS FLAME EXTREME	29,90
BO0771	DONIC	BOIS BURN OFF(3)	29,90
BO0835	TSP	BOIS GAIA	39,90
BO0836	TSP	BOIS PHOENIX FIRE	39,90
BO0935	BANCO	BOIS HINOKI(2)	32,90
BO0940	BANCO	BOIS EPOXY OFF	34,90
BO1043	ANDRO	BOIS TEMPER	37,50
BO1044	ANDRO	BOIS CS7 PRO(3)	32,90
BO1060	ANDRO	BOIS FIBERCOMP DEF	39,00
BO1214	CORNILLEAU	BOIS AERO OFF(1)	25,00
BO1215	CORNILLEAU	BOIS AERO ALL(2)	25,00
BO1309	DR NEUBAUER	BOIS BULLDOG	39,00
BO1310	DR NEUBAUER	BOIS TITAN	30,00
		Raquettes complètes	
RA0255	BUTTERFLY	RAQ. BUTTERFLY TIMO BOLL(3)	33,90
RA0740	DONIC	RAQ. DONIC YOUNG	34,90
RA1001	ANDRO	RAQ. ANDRO SUSS PIRO(2)	31,90

Annexe 2 (suite) - Catalogue des produits

Références	Marques	Produits	Prix HT
		Vêtements - Chemisettes	
VE0151	TIBHAR	CHEM. TIBHAR RADIUS(1)	22,90
VE0152	TIBHAR	CHEM. TIBHAR RALLYE(2)	23,90
VE0153	TIBHAR	CHEM. TIBHAR BAMBOO	24,90
VE0154	TIBHAR	CHEM. TIBHAR ELITE	25,90
VE0238	BUTTERFLY	CHEM. BUTTERFLY KISHU	24,90
VE0239	BUTTERFLY	CHEM. BUTTERFLY BENITO(2)	26,90
VE0647	JOOLA	CHEM. JOOLA FANCY	29,90
VE0648	JOOLA	CHEM. JOOLA LOOP(3)	24,90
VE0753	DONIC	CHEM. DONIC GRAPHITE	25,90
VE0756	DONIC	CHEM. DONIC CORE	29,90
VE0757	DONIC	CHEM. DONIC CARISMA(1)	22,90
VE0758	DONIC	CHEM. DONIC TITAN(2)	23,90
VE0760	DONIC	CHEM. DONIC TITANFLEX	28,90
VE0919	BANCO	CHEM. BANCO PANAMA(1)	24,90
VE1063	ANDRO	CHEM. ANDRO KUANDO(3)	25,90
		Shorts	
SH0132	TIBHAR	SHORT TIBHAR RADIUS(1)	13,90
SH0137	TIBHAR	SHORT TIBHAR RALLYE(3)	19,90
SH0142	TIBHAR	SHORT TIBHAR TRIO	13,90
SH0144	TIBHAR	SHORT TIBHAR BEACH	16,90
SH0210	BUTTERFLY	SHORT BUTTERFLY MORIO(2)	14,90
SH0629	JOOLA	SHORT JOOLA RIO	15,90
SH0631	JOOLA	SHORT JOOLA SLICE(1)	12,90
SH0728	DONIC	SHORT DONIC CARBON(2)	18,90
		Survêtements	
SU0132	TIBHAR	SURVET. TIBHAR RADIUS	59,90
SU0133	TIBHAR	SURVET. TIBHAR RALLYE	57,90
SU0236	BUTTERFLY	SURVET. BUTTERFLY BENITO	56,90
SU0623	JOOLA	SURVET. JOOLA STYLE(2)	55,90
SU0630	JOOLA	SURVET. JOOLA STREAM(1)	49,90
SU0729	DONIC	SURVET. DONIC SYNCRO(3)	47,90
SU0731	DONIC	SURVET. DONIC XENON	54,90
SU1045	ANDRO	SURVET. ANDRO MORRO(1)	52,90
		Chaussures	
CH0613	JOOLA	CHAUSSURES JOOLA TRACK(3)	39,90
CH0719	DONIC	CHAUSSURES DONIC SPEEDFLEX	35,90
		Tables	
TA0200	BUTTERFLY	TABLE BUTTERFLY CENTREFOLD	389,00
TA0220	BUTTERFLY	TABLE BUTTERFLY OCTET	379,00
TA0460	STIGA	TABLE STIGA OPTIMUM	399,00
TA0750	DONIC	TABLE DONIC WALDNER CLASSIC	385,00
TA1199	SPONETA	TABLE SPONETA	325,00

(1) Prix net de toute remise
(2) Promotions
(3) Fin de série/liquidations

Annexe 3 - Conditions commerciales

Conditions relatives aux remises

Remises générales :

- 5 % de remise pour toutes commandes supérieures ou égales à 500 € HT* ;
- 10 % de remise pour toutes commandes supérieures ou égales à 1 000 € HT* ;
- 15 % de remise pour toutes commandes supérieures ou égales à 1 500 € HT* ;
- 20 % de remise pour toutes commandes supérieures ou égales à 2 000 € HT*.

**Sont exclus de ces remises : les tables, les articles marqués « prix net de toute remise », les articles en promotion, les articles « en fin de série/liquidations », les articles qui bénéficient déjà d'une quelconque remise, les frais de port, de transport...*

Remises spécifiques :

- 5 % de remise à partir de 3 tables ;
- 10 % de remise à partir de 5 tables.

Conditions relatives au transport

Livraison par transporteur indépendant, suivant barème forfaitaire suivant :

- \- de 10 kilomètres : 20 € HT ;
- de 10 à 50 kilomètres inclus : 50 € HT ;
- \+ de 50 kilomètres : 100 € HT.

Conditions relatives au paiement :

- règlement au comptant par chèque bancaire, par cartes bancaires, par virement bancaire pour tout nouveau client ou client sans compte ;
- règlement par LCR à 30 jours fin de mois pour tout client inscrit en compte (ayant transmis ses coordonnées bancaires) avec possibilité d'un escompte de 2 % en cas de règlement au comptant par chèque bancaire.

Annexe 4 - Bordereau des ventes

BORDEREAU DES VENTES — MOIS : Octobre — ANNÉE : N — VT — FOLIO : 1/1

N° LIGNE	JOUR	Comptes à débiter	Montants	N° de pièce	Libellés des opérations	TVA collectée TN	March. A	March. B	March. C	Transports	Emballages consignés	Divers Montants	Divers N° de compte
1	4	411307	4 310,38	VT1	Fact 10/N/812 - Décathlon Sin le noble	718,40 €	1 565,32 €	284,05 €	1 795,50 €	20,00 €		- 72,90 €	665000
2													
3													
4													
5													
6													
7													
8													
9													
10													
TOTAUX À REPORTER OU DU MOIS					TOTAUX À REPORTER OU DU MOIS								
			DÉBIT		NUMÉROS DE COMPTES	445712	707100	707200	707300	708500	419600		CRÉDIT

Explications : *ventes de marchandises A, B et C à enregistrer au montant net commercial :*

1 565,32 = 438,00 + (373,50 x 0,95) + 772,50 — 284,05 = 299,00 x 0,95 — 1 795,50 = 1 995,00 x 0,90

Annexe 5 - Journal centralisateur des ventes

Débit	Crédit	Journal centralisateur	Débit	Crédit	
Journal VT		31/10/N			
		Centralisation des ventes d'octobre N			
					Totaux

PÉRIGORD

Organisation comptable - Facturation - Enregistrement - Informatisation (PGI)

- 1.1.4 Analyse et description des mécanismes comptables : les modèles comptables, les principes d'enregistrement
- 1.2.1 Tenue et suivi des dossiers clients : du contrôle du devis au contrôle de l'encaissement
- 1.2.3 Contrôle des opérations et des traitements dématérialisés
- 1.3.1 Enregistrement, contrôle et validation des opérations relatives aux clients (y compris celles générées par le PGI)
- 1.3.2 Suivi des créances, contrôle et lettrage
- 1.7.1 Présentation des caractéristiques de l'organisation du processus « Contrôle et traitement des opérations commerciales »
- 1.7.2 Analyse du processus « Contrôle et traitement comptable des opérations commerciales »
- 7.3.2 Participation à l'évolution du système d'information

→ Partie 1 : Organisation comptable

Mission

→ **À l'aide des documents fournis dans l'annexe 1 [schéma du circuit des documents commerciaux - chèque n° 8576966 - bon de livraison n° 1 - lettre envoyée à la Maison CELLIER avec les tarifs - accusé du bon de commande n° 1 (commande 126) - facture n° 1], répondez aux questions suivantes :**

- **Qui est le fournisseur ?** ....
- **Qui est le client ?** ....
- **Numérotez chronologiquement la circulation des documents :**

Numéros	Documents
	Chèque n° 8576966
	Bon de livraison n° 1
	Lettre envoyée à la Maison CELLIER avec les tarifs
	Lettre envoyée par la Maison Cellier (appel d'offres)
	Accusé du bon de commande n° 1 (commande 126)
	Bon de commande 126 envoyé par la Maison Cellier
	Facture n° 1

- **Quel service est chargé de vérifier la conformité entre le bon de commande et le bon de livraison ?**

  ....

- **La livraison est-elle conforme à la commande et aux tarifs appliqués ?** OUI ☐ NON ☐
- **Quels services sont chargés de régulariser les problèmes éventuels ?**

  ....

  ....

- **Des problèmes existent-ils dans ce 1er cas ?** OUI ☐ NON ☐
- **Quelle vérification doit réaliser le service comptabilité de la Maison Cellier avant de valider le règlement ? Pourquoi ?**

  ....

  ....

  ....

- **Qui dispose de la signature du chèque ?** ....
- **En quoi consiste la validation du bon de réception ?**

  ....

  ....

- **Pourquoi est-il nécessaire de conserver des doubles dans plusieurs services différents ?**

  ....

→ Partie 2 : Établissement des documents

Le service Achat de la Maison Cellier a réalisé une seconde commande (n° 130) en date du 20 novembre N avec une livraison prévisible au 27 novembre.

Le taux de remise de 6 % accordé par le fournisseur pour tout nouveau client ne s'applique que sur la 1re commande, toutefois le client désire profiter de la promotion « Fêtes de Noël » concernant les terrines de foie gras à la Périgourdine (remise de 5 %) et des remises sur quantités sur les plats cuisinés et les spécialités (10 % de remise pour une quantité supérieure ou égale à 40).

Les références et quantités commandées ont été les suivantes :

Références	Quantités	Références	Quantités
FG 2 02 1	10	FG 5 10 1	10
FG 2 03 1	15	PC 4 00 1	50
FG 2 04 1	15	SP 1 06 2	20
FG 2 06 1	10	SP 6 02 1	50

Missions

1 - À quoi correspond la codification des références suivantes ?

FG		**2**		**02**		**1**	
PC		**4**		**00**		**1**	
SP		**1**		**06**		**2**	

2 - Complétez la facture fournie en annexe 2 en date du 29/11/N de manière manuscrite ou à l'aide du tableur.

3 - Complétez le chèque n° 8576976 fourni en annexe 1 en date du 29/11/N.

version BiMédia « Perigord_Eleve.xls »

→ Partie 3 : Analyse des documents

On vous remet l'**annexe 3** comprenant plusieurs documents :

- Accusé du bon de commande n° 3 (commande 137) ;
- Bon de livraison n° 3 ;
- Factures n° 3 et n° 4 ;
- Avoir n° 5.

Missions

1 - Détectez les trois erreurs commises dans le traitement de la commande n° 137 :

Erreur	Description de l'erreur
1	
2	
3	

2 - Complétez le chèque n° 8576986 fourni en annexe 1 en date du 20/12/N.

→ Partie 4 : Informatisation sur le module de gestion commerciale du PGI

Missions

1 - Créez et paramétrez la société dans le module de gestion commerciale :

- **Créez un nouveau fichier commercial et un nouveau fichier comptable (voir les coordonnées de l'entreprise dans les annexes), exercice comptable du 01/01/N au 31/12/N, devise : €, fichier prêt à l'emploi (éléments comptables et éléments commerciaux), nom de la base de données : Perigord_XX.**
- **Créez ou vérifiez l'existence des catégories comptables : Ventes en France – Achats en France – Stocks en France.**
- **Affectez ou vérifiez l'affectation des journaux comptables à la gestion commerciale : VTE pour les ventes, ACH pour les achats et BQ1 pour les règlements.**
- **Créez ou renommez le dépôt de stockage :**

Fiche principale	Informations à saisir
Intitulé	Conserverie
Adresse	22, rue des Arcades
CP/Ville	24004 Périgueux
Responsable	M. Dustock
Catégorie comptable	Stocks en France

- **Créez ou renommez les catégories tarifaires :**

Nom de la catégorie tarifaire	Type tarif
Professionnels	HT
Particuliers	HT

- **Créez ou renommez une condition de livraison : Port dû sous 8 jours (code : PD).**
- **Créez un compte de tiers (client) pour le client « Maison Cellier » (voir ses coordonnées dans les annexes ; compte : OCELLI – complément d'adresse : service réception). Ce client doit régler au comptant par chèque.**
- **Créez des familles d'articles : vous pouvez annuler les familles inutiles.**

Code famille	Intitulé	Catégories tarifaires			Renseignements comptes et TVA	
		Intitulé		Coeff	Catégorie comptable	Plan de compte et code TVA
FG	Foies gras truffés (suivi de stock : CMUP)	PROFESSIONNELS	PARTICULIERS	1 PV HT	Ventes en France	70100500 code taxe 1 : V05
					Achats en France	Aucun achat (production)
					Stocks en France	35500000 code taxe 1 : aucun
PC	Plats cuisinés (suivi de stock : CMUP)				Ventes en France	70700500 code taxe 1 : V05
					Achats en France	60700500 code taxe 1 : A05
					Stocks en France	37000000 code taxe 1 : aucun
SP	Spécialités (suivi de stock : CMUP)				Ventes en France	70700500 code taxe 1 : V05
					Achats en France	60700500 code taxe 1 : A05
					Stocks en France	37000000 code taxe 1 : aucun
RRR	Rabais Remise Ristourne (suivi de stock : aucun)				Ventes en France	70900000 code taxe 1 : V05
					Achats en France	60900000 code taxe 1 : A05
					Stocks en France	Pas de stockage code taxe 1 : aucun

- **Importez (si nécessaire) les articles et les stocks initiaux : les articles et les stocks initiaux ont déjà été enregistrés sur l'ancien logiciel de gestion commerciale.**
La société informatique vous a préparé deux fichiers d'importation (Perigord_Articles.txt et Perigord_Stocks.txt).

version Média « Perigord_Articles.txt »

version Média « Perigord_Stocks.txt »

2 - Créez les documents des ventes nécessaires (remplacez les XX par vos initiales) :

Pièce XX1 : Facture relative à la commande n° 126(1),

Pièce XX2 : Facture relative à la commande n° 130(1) (à imprimer),

Pièce XX3 : Facture erronée relative à la commande n° 137,

Pièce XX4 : Facture rectificative relative à la commande n° 137,

Pièce XX5 : Facture d'avoir relative à la commande n° 137(1).

(1) Les factures 1 et 2 ont été réglées au comptant par chèque (19/11/N et 29/11/N), les factures et avoir 3 - 4 - 5 ont été réglés en une seule fois au comptant par chèque le 20/12/N.

➤ **Réalisez les règlements du client Cellier.**

3 - Mettez à jour la comptabilité (après vérification des documents des ventes) sans clôturer l'exercice comptable.

➤ **Dans le module de gestion commerciale, mettez à jour la comptabilité.**

➤ **Basculez dans le module comptable et imprimez les brouillards de banque (BQ1) et de ventes (VTE) de novembre et décembre N.**

4 - Faites le lettrage du compte client Cellier.

Dans le module comptable :

➤ **Imprimez un extrait de ce compte en choisissant un modèle et en demandant toutes les écritures (y compris les écritures lettrées).**

SCHÉMA DU CIRCUIT DES DOCUMENTS COMMERCIAUX

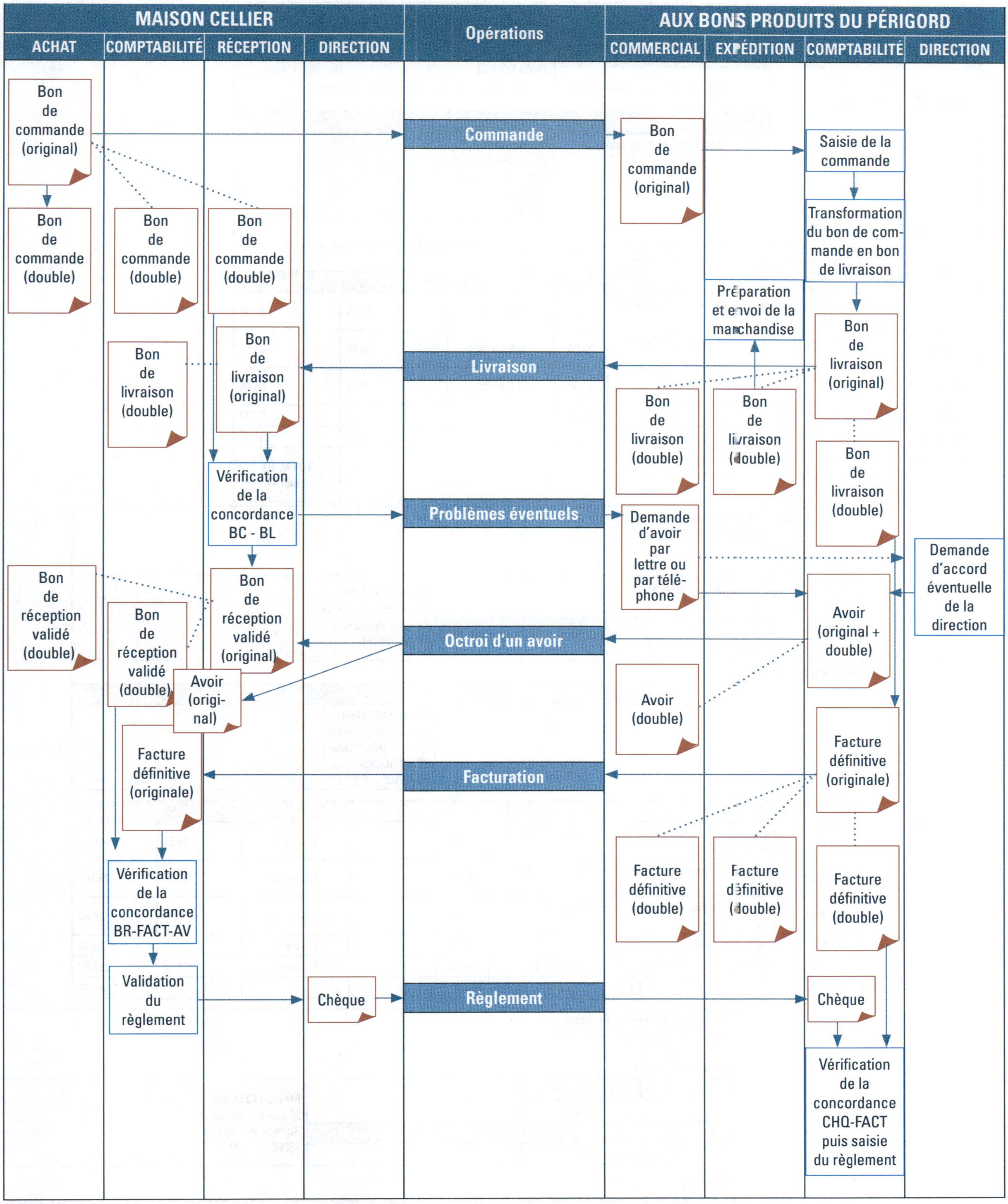

Aux Bons Produits du Périgord
Alimentation (foie gras et truffes)
22, rue des Arcades
24004 PÉRIGUEUX

Numéro	Date	Référence	N° intracommunautaire client
1	19/11	Commande n° 126	

Maison CELLIER
58 rue des Alouettes
Service Réception
76000 ROUEN

Accusé de commande

Date de livraison	Adresse de livraison
Mercredi 19 novembre	Maison CELLIER 58 rue des Alouettes Service Réception 76000 ROUEN FRANCE

Cher client,
Nous avons bien reçu votre commande et nous vous en remercions. Ces produits vous seront livrés à l'adresse indiquée ci-dessus.
Nous vous rappelons précisément le contenu de votre commande.

Référence	Désignation	Qté	Conditionnement	PU HT	Montant HT
FG1061	Pâté délice périgourdin au foie gras et aux truffes du Périgord (6-8)	30,00	6-8 parts	15,51	465,30
FG3061	Bloc de foie gras de canard aux truffes du Périgord (6-8)	20,00	6-8 parts	39,48	789,60
SP3051	Galantine de volaille aux truffes du Périgord (5-6)	10,00	5-6 parts	5,64	56,40
PC5041	Sauce Périgueux (4-6)	20,00	4-6 parts	4,14	82,72
FG5061	Délice de lièvre au foie gras et aux truffes (6-8)	20,00	6-8 parts	14,57	291,40

Nous sommes à votre disposition pour tout complément d'information.
Nous vous prions d'agréer, cher client, nos sincères salutations.
Le Service commercial

TOTAL HT
1 685,42

Aux Bons Produits du Périgord
Alimentation (foie gras et truffes)
22, rue des Arcades
24004 PÉRIGUEUX

Numéro	Date	Référence	N° intracommunautaire client
1	19/11	Commande n° 126	

Maison CELLIER
58 rue des Alouettes
Service Réception
76000 ROUEN

Bon de livraison

Date de livraison	Adresse de livraison
19/11	Maison CELLIER 58 rue des Alouettes Service Réception 76000 ROUEN FRANCE

Référence	Désignation	Qté	Reste à livrer	Conditionnement	PU HT	Montant HT
FG1061	Pâté délice périgourdin au foie gras et aux truffes du Périgord (6-8)	30,00		6-8 parts	15,51	465,30
FG3061	Bloc de foie gras de canard aux truffes du Périgord (6-8)	20,00		6-8 parts	39,48	789,60
SP3051	Galantine de volaille aux truffes du Périgord (5-6)	10,00		5-6 parts	5,64	56,40
PC5041	Sauce Périgueux (4-6)	20,00		4-6 parts	4,14	82,72
FG5061	Délice de lièvre au foie gras et aux truffes (6-8)	20,00		6-8 parts	14,57	291,40
Port	TOTAL	100,00				**1 685,42**

Aux Bons Produits du Périgord
Alimentation (foie gras et truffes)
22, rue des Arcades
24004 PÉRIGUEUX

Numéro	Date	Référence	N° intracommunautaire client
1	19/11	Commande n° 126	

Maison CELLIER
58 rue des Alouettes
Service Réception
76000 ROUEN

Facture

Référence	Désignation	Qté	Prix unitaire	Remise	Montant HT	*
FG1061	Pâté délice périgourdin au foie gras et aux truffes du Périgord (6-8)	30,00	16,50	6 %	465,30	V05
FG3061	Bloc de foie gras de canard aux truffes du Périgord (6-8)	20,00	42,00	6 %	789,60	V05
SP3051	Galantine de volaille aux truffes du Périgord (5-6)	10,00	6,00	6 %	56,40	V05
PC5041	Sauce Périgueux (4-6)	20,00	4,40	6 %	82,72	V05
FG5061	Délice de lièvre au foie gras et aux truffes (6-8)	20,00	15,50	6 %	291,40	V05

Code	Base	Taux	Taxe	Total HT	Escompte	Port	Total TTC	Acompte	NET À PAYER
V05	1 685,42	5,50 %	92,70	1 685,42	0,00		1 778,12	0,00	**1 778,12**
				Conditions de règlement :			le 19/11	Chèque	1 778,12
Total	**1 685,42**		**92,70**						

AUX BONS PRODUITS DU PÉRIGORD
Société d'alimentation (foie gras et truffes)
22 rue des Arcades 24004 PÉRIGUEUX

Tél. : *04 26 XX XX XX*
Fax : *04 26 XX XX XX*

Crédit Lyonnais Agence Périgueux
N° siret : *874 596 745 00016*
Code NAF (APE) : 1013A
N° Identifiant : FR 96 874 596 745

Maison CELLIER
58 rue des Alouettes
76000 ROUEN

Vos réf. : MC/R
Nos réf. : SE/RF

Objet : catalogue général
PJ : tarif

Périgueux,
le 31 octobre N

Monsieur,

Nous sommes en possession de votre lettre du 20 octobre et vous remercions de la préférence que vous voulez bien nous donner.

Conformément à votre désir, nous vous adressons, sous pli séparé, notre catalogue général. Nous avons lieu de croire que vous y trouverez des articles et des prix à votre convenance, et que vous nous favoriserez prochainement d'une commande.

En raison des fluctuations constantes du marché, veuillez noter que ces offres vous sont faites sous réserve de modifications de tarif.

Pour le règlement de nos factures, nous nous conformerons volontiers aux habitudes de votre maison.

Croyez, Monsieur, à nos sentiments dévoués.

H. JENNY
Directeur commercial

Liste articles
Société : Aux Bons Produits du Périgord

Référence	Désignation	Famille	Prix HT	TVA	Prix TTC
FG1021	Pâté délice périgourdin au foie gras et aux truffes du Périgord (2)	FG	6,00	5,5	6,33
FG1031	Pâté délice périgourdin au foie gras et aux truffes du Périgord (3-4)	FG	9,00	5,5	9,50
FG1041	Pâté délice périgourdin au foie gras et aux truffes du Périgord (4-5)	FG	11,50	5,5	12,13
FG1061	Pâté délice périgourdin au foie gras et aux truffes du Périgord (6-8)	FG	16,50	5,5	17,41
FG2021	Terrine de foie gras à la périgourdine - Foie d'oie et truffes (2)	FG	14,00	5,5	14,77
FG2031	Terrine de foie gras à la périgourdine - Foie d'oie et truffes (3-4)	FG	21,50	5,5	22,68
FG2041	Terrine de foie gras à la périgourdine - Foie d'oie et truffes (4-5)	FG	28,00	5,5	29,54
FG2061	Terrine de foie gras à la périgourdine - Foie d'oie et truffes (6-9)	FG	42,00	5,5	44,31
FG2101	Terrine de foie gras à la périgourdine - Foie d'oie et truffes (10)	FG	63,00	5,5	66,47
FG2121	Terrine de foie gras à la périgourdine - Foie d'oie et truffes (12)	FG	80,00	5,5	84,40
FG3021	Bloc de foie gras de canard aux truffes du Périgord (2)	FG	15,00	5,5	15,83
FG3031	Bloc de foie gras de canard aux truffes du Périgord (3-4)	FG	22,00	5,5	23,21
FG3041	Bloc de foie gras de canard aux truffes du Périgord (4-5)	FG	28,00	5,5	29,54
FG3061	Bloc de foie gras de canard aux truffes du Périgord (6-8)	FG	42,00	5,5	44,31
FG3081	Bloc de foie gras de canard aux truffes du Périgord (8-10)	FG	60,00	5,5	63,30
FG3121	Bloc de foie gras de canard aux truffes du Périgord (12-15)	FG	78,00	5,5	82,29
FG4061	Ballotine de dinde au foie gras et aux truffes (6-8)	FG	15,50	5,5	16,35
FG4101	Ballotine de dinde au foie gras et aux truffes (10-12)	FG	29,00	5,5	30,60
FG5061	Délice de lièvre au foie gras et aux truffes (6-8)	FG	15,50	5,5	16,35
FG5101	Délice de lièvre au foie gras et aux truffes (10-12)	FG	29,00	5,5	30,60
PC1021	Cassoulet périgourdin au confit d'oie (2)	PC	8,50	5,5	8,97
PC1041	Cassoulet périgourdin au confit d'oie (4)	PC	16,50	5,5	17,41
PC2041	Saucisses d'oie cuisinées à la graisse d'oie (4)	PC	13,90	5,5	14,66
PC3021	Ris de veau sauce Périgueux (2-3)	PC	23,00	5,5	24,27
PC4001	Champignons et truffes pour omelettes et garnitures	PC	3,75	5,5	3,96
PC5021	Sauce Périgueux (2-3)	PC	2,25	5,5	2,37
PC5041	Sauce Périgueux (4-6)	PC	4,40	5,5	4,64
RRR	Rabais Remise Ristourne	RRR		5,5	
SP1021	Pâté de canard aux truffes du Périgord (2-3)	SP	5,00	5,5	5,28
SP1022	Pâté de foie de volaille aux truffes du Périgord (2)	SP	3,50	5,5	3,69
SP1023	Paté Périgord maison truffé (2-3)	SP	3,00	5,5	3,17
SP1041	Pâté de canard aux truffes du Périgord (4-5)	SP	9,75	5,5	10,29
SP1042	Pâté de foie de volaille aux truffes du Périgord (4-5)	SP	6,75	5,5	7,12
SP1061	Pâté de canard aux truffes du Périgord (6-8)	SP	14,00	5,5	14,77
SP1062	Pâté de foie de volaille aux truffes du Périgord (6-8)	SP	10,00	5,5	10,55
SP2021	Terrine d'oie aux truffes du Périgord (2-3)	SP	6,00	5,5	6,33
SP2022	Terrine d'oie au poivre vert (2-3)	SP	4,50	5,5	4,75
SP2023	Terrine de marcassin (2-3)	SP	4,50	5,5	4,75
SP2041	Terrine d'oie aux truffes du Périgord (4-5)	SP	11,50	5,5	12,13
SP2042	Terrine d'oie au poivre vert (4-5)	SP	6,00	5,5	6,33
SP2043	Terrine de marcassin (4-5)	SP	6,00	5,5	6,33
SP3051	Galantine de volaille aux truffes du Périgord (5-6)	SP	6,00	5,5	6,33
SP4021	Timbale Périgourdine au foie truffé (2-3)	SP	4,50	5,5	4,75
SP4041	Timbale Périgourdine au foie truffé (4-5)	SP	7,00	5,5	7,39
SP4061	Timbale Périgourdine au foie truffé (6-8)	SP	16,00	5,5	16,88
SP5021	Rillettes d'oie (2-3)	SP	4,40	5,5	4,64
SP5022	Rillettes de canard (2-3)	SP	3,50	5,5	3,69
SP5023	Rillettes de dindonneau (2-3)	SP	4,00	5,5	4,22
SP5041	Rillettes d'oie (4-5)	SP	6,00	5,5	6,33
SP5042	Rillettes de canard (4-5)	SP	5,70	5,5	6,01
SP5043	Rillettes de dindonneau (4-5)	SP	5,80	5,5	6,12
SP5061	Rillettes d'oie (6-8)	SP	12,00	5,5	12,66
SP5062	Rillettes de canard (6-8)	SP	11,00	5,5	11,61
SP6021	Caille farcie et truffée (2)	SP	8,00	5,5	8,44

SOCIÉTÉ GÉNÉRALE

Date : 19 novembre N

Bénéficiaire :
Société Aux Bons Produits du Périgord

Solde précédent :

Montant : 1 778,12

Nouveau solde :

Chèque n° 8576966

SOCIÉTÉ GÉNÉRALE

€ 1 778,12

PAYEZ CONTRE CE CHÈQUE NON ENDOSSABLE
sauf au profit d'une banque ou d'un organisme visé par la loi

Mille sept cent soixante-dix-huit euros et douze centimes

À La société Aux Bons Produits du Périgord

PAYABLE À
SOCIÉTÉ GÉNÉRALE
Agence de Rouen
23589-17895-8742-02

Chèque N°

Rouen Le 19 novembre N

000 60 4571568 54

Maison CELLIER
58, rue des Alouettes
76000 ROUEN

Cellier

8576966 # 031705004063 # 803179151733

SOCIÉTÉ GÉNÉRALE

Date :

Bénéficiaire :

Solde précédent :

Montant :

Nouveau solde :

Chèque n° 8576976

SOCIÉTÉ GÉNÉRALE

€

PAYEZ CONTRE CE CHÈQUE NON ENDOSSABLE
sauf au profit d'une banque ou d'un organisme visé par la loi

À

PAYABLE À
SOCIÉTÉ GÉNÉRALE
Agence de Rouen
23589-17895-8742-02

Chèque N°

Le

000 60 4571568 54

Maison CELLIER
58, rue des Alouettes
76000 ROUEN

8576976 # 031705004063 # 803179151733

SOCIÉTÉ GÉNÉRALE

Date :

Bénéficiaire :

Solde précédent :

Montant :

Nouveau solde :

Chèque n° 8576986

SOCIÉTÉ GÉNÉRALE

€

PAYEZ CONTRE CE CHÈQUE NON ENDOSSABLE
sauf au profit d'une banque ou d'un organisme visé par la loi

À

PAYABLE À
SOCIÉTÉ GÉNÉRALE
Agence de Rouen
23589-17895-8742-02

Chèque N°

Le

000 60 4571568 54

Maison CELLIER
58, rue des Alouettes
76000 ROUEN

8576986 # 031705004063 # 803179151733

Annexe 2 - Facture à compléter

Aux Bons Produits du Périgord
Alimentation (foie gras et truffes)
22, rue des Arcades
24004 PÉRIGUEUX

Numéro	Date

Référence	N° intracommunautaire client

Maison CELLIER
58 rue des Alouettes
Service Réception
76000 ROUEN

Facture

Référence	Désignation	Qté	Prix unitaire	Remise	Montant HT	*

Code	Base	Taux	Taxe	Total HT	Escompte	Port	Total TTC	Acompte	NET À PAYER
V05		5,50 %							
Total				**Conditions de règlement :**					

Aux Bons Produits du Périgord
Alimentation (foie gras et truffes)
22, rue des Arcades
24004 PÉRIGUEUX

Numéro	Date	
3	08/12	
Référence		N° intracommunautaire client
Commande n° 137		

Maison CELLIER
58 rue des Alouettes
Service Réception
76000 ROUEN

Accusé de commande

Date de livraison	Adresse de livraison
Lundi 15 décembre	**Maison CELLIER** 58 rue des Alouettes Service Réception 76000 ROUEN FRANCE

Cher client,
Nous avons bien reçu votre commande et nous vous en remercions. Ces produits vous seront livrés à l'adresse indiquée ci-dessus.
Nous vous rappelons précisément le contenu de votre commande.

Référence	Désignation	Qté	Conditionnement	PU HT	Montant HT
SP5062	Rillettes de canard (6-8)	14,00		9,90	138,60
SP4061	Timbale périgourdine au foie truffé (6-8)	12,00		14,40	172,80
SP2042	Terrine d'oie au poivre vert (4-5)	15,00		5,40	81,00
SP2043	Terrine de marcassin (4-5)	12,00		5,40	64,80
SP1061	Pâté de canard aux truffes du Périgord (6-8)	12,00		12,60	151,20
					TOTAL HT **608,40**

Nous sommes à votre disposition pour tout complément d'information.
Nous vous prions d'agréer, cher client, nos sincères salutations.
Le Service commercial

Aux Bons Produits du Périgord
Alimentation (foie gras et truffes)
22, rue des Arcades
24004 PÉRIGUEUX

Numéro	Date	
3	15/12	
Référence		N° intracommunautaire client
Commande n° 137		

Maison CELLIER
58 rue des Alouettes
Service Réception
76000 ROUEN

Bon de livraison

Date de livraison	Adresse de livraison
15/12	**Maison CELLIER** 58 rue des Alouettes Service Réception 76000 ROUEN FRANCE

Référence	Désignation	Qté	Reste à livrer	Conditionnement	PU HT	Montant HT
SP5062	Rillettes de canard (6-8)	12,00		6-8 parts	9,90	118,80
SP4061	Timbale périgourdine au foie truffé (6-8)	12,00		6-8 parts	16,00	192,00
SP2042	Terrine d'oie au poivre vert (4-5)	15,00		4-5 parts	5,40	81,00
SP2043	Terrine de marcassin (4-5)	12,00		4-5 parts	5,40	64,80
SP1021	Pâté de canard aux truffes du Périgord (2-3)	12,00		2-3 parts	4,50	54,00
Port	TOTAL	63,00				**510,60**

NB *: la maison CELLIER a profité d'une remise exceptionnelle de 10 % pour les fêtes de fin d'année sur l'ensemble des spécialités.*

Aux Bons Produits du Périgord
Alimentation (foie gras et truffes)
22, rue des Arcades
24004 PÉRIGUEUX

Numéro	Date	
3	20/12	
Référence		**N° intracommunautaire client**
Commande n° 137		

Maison CELLIER
58 rue des Alouettes
Service Réception
76000 ROUEN

Facture

Référence	Désignation	Qté	Prix unitaire	Remise	Montant HT	*
SP5062	Rillettes de canard (6-8)	12,00	11,00	10 %	118,80	V05
SP4061	Timbale périgourdine au foie truffé (6-8)	12,00	16,00		192,00	V05
SP2042	Terrine d'oie au poivre vert (4-5)	15,00	6,00	10 %	81,00	V05
SP2043	Terrine de marcassin (4-5)	12,00	6,00	10 %	64,80	V05
SP1021	Pâté de canard aux truffes du Périgord (2-3)	12,00	5,00	10 %	54,00	V05

Code	Base	Taux	Taxe	Total HT	Escompte	Port	Total TTC	Acompte	NET À PAYER
V05	510,60	5,50 %	28,08	510,60	0,00		538,68	0,00	**538,68**
Total	**510,60**		**28,08**	**Conditions de règlement :**			le 20/12	Chèque	538,68

Aux Bons Produits du Périgord
Alimentation (foie gras et truffes)
22, rue des Arcades
24004 PÉRIGUEUX

Numéro	Date	
4	20/12	
Référence		**N° intracommunautaire client**
Oubli/Cde n° 137		

Maison CELLIER
58 rue des Alouettes
Service Réception
76000 ROUEN

Facture

Référence	Désignation	Qté	Prix unitaire	Remise	Montant HT	*
SP1061	Pâté de canard aux truffes du Périgord (6-8)	12,00	14,00	10 %	151,20	V05
SP5062	Rillettes de canard (6-8)	2,00	11,00	10 %	19,80	V05

Code	Base	Taux	Taxe	Total HT	Escompte	Port	Total TTC	Acompte	NET À PAYER
V05	171,00	5,50 %	9,41	171,00	0,00		180,41	0,00	**180,41**
Total	**171,00**		**9,41**	**Conditions de règlement :**			le 20/12	Chèque	180,41

Aux Bons Produits du Périgord
Alimentation (foie gras et truffes)
22, rue des Arcades
24004 PÉRIGUEUX

Numéro	Date		
5	20/12		
Référence		N° intracommunautaire client	
Avoir/Cde n° 137			

Maison CELLIER
58 rue des Alouettes
Service Réception
76000 ROUEN

AVOIR

Référence	Désignation	Qté	Avoir unitaire	TVA	Montant HT
SP1021	Pâté de canard aux truffes du Périgord (2-3)	12,00	4,50	5,5	54,00
RRR	Rabais Remise Ristourne	1,00	19,20	5,5	19,20

Base	Taux	Taxe
73,20	5,50 %	4,03

AVOIR EN COMPTE
77,23

ROUCOURT

Organisation - Dysfonctionnement - Document de liaison

- 1.1.4 Analyse et description des mécanismes comptables : les modèles comptables, les principes d'enregistrement
- 1.2.1 Tenue et suivi des dossiers clients : du contrôle du devis au contrôle de l'encaissement
- 1.2.3 Contrôle des opérations et des traitements dématérialisés
- 1.7.1 Présentation des caractéristiques de l'organisation du processus « Contrôle et traitement des opérations commerciales »
- 1.7.2 Analyse du processus « Contrôle et traitement comptable des opérations commerciales »

La société **ROUCOURT** vend du matériel informatique aux professionnels et aux particuliers. Suite à de nombreux dysfonctionnements administratifs, il a été décidé de mettre en place des documents de suivi des procédures comptables (**annexe 1**).

Au cours du mois d'avril, trois fiches ont été complétées et deux autres sont en attente. Il vous est demandé de traiter les deux problèmes rencontrés à la fin du mois d'avril (**annexe 2**), de compléter les fiches de suivi en attente (**annexe 3**) et de comptabiliser la totalité des écritures relatives à la résolution de ces dysfonctionnements en vous basant sur les écritures générées par le PGI (**annexe 4**).

→ Organisation comptable

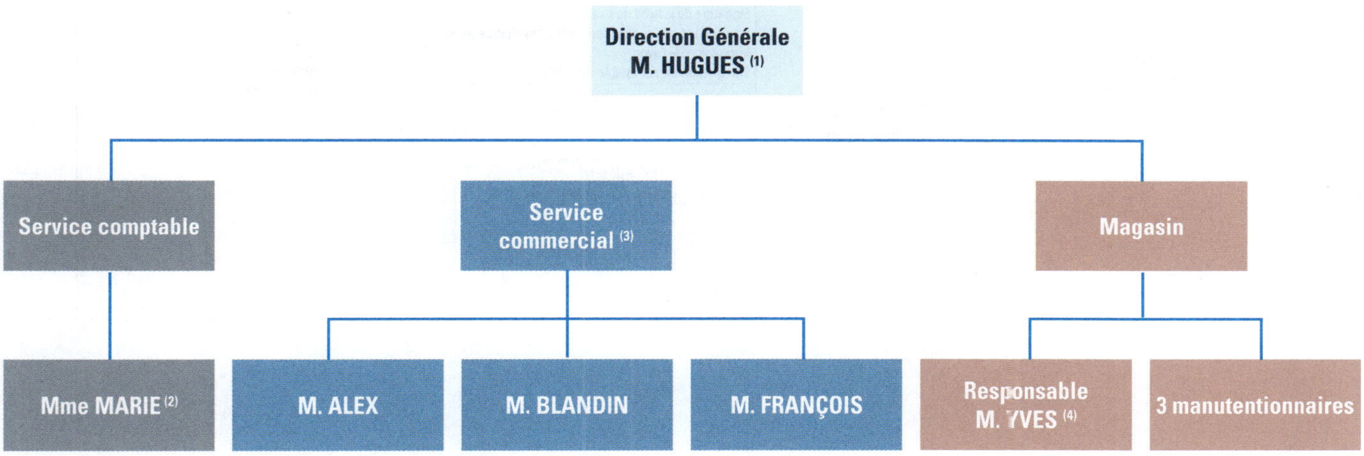

(1) Il est chargé du règlement des litiges et de l'organisation administrative de l'ensemble des opérations concernant l'entreprise.

(2) Elle est chargée de la comptabilisation des diverses opérations commerciales de la société.

(3) Ils sont directement en relation avec les clients en compte (clients habituels) et gèrent au quotidien les problèmes existants.

(4) Il est chargé de la gestion des stocks et de l'accueil de la clientèle de proximité ou des clients occasionnels.

La société est informatisée, elle utilise un PGI avec autorisations d'accès et droits d'utilisateur différents selon les services.

Les comptes de tiers client sont créés de la façon suivante : 0 + les 5 premières lettres du nom du client.

En cas de réclamation d'un client, la procédure suivante est mise en place :

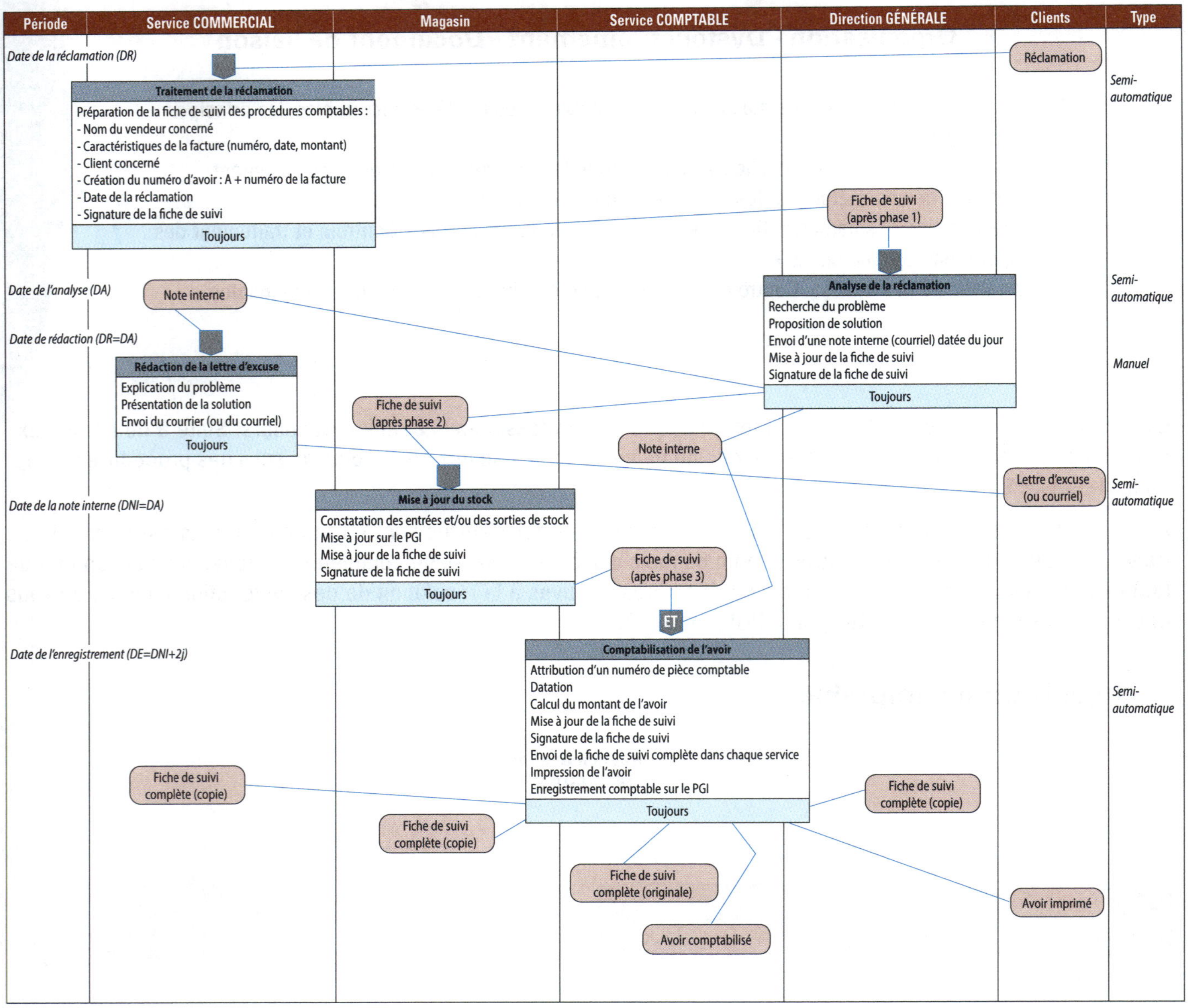

Missions

1 - Analysez les dysfonctionnements présentés en annexe 2 et complétez les 2 fiches de suivi fournies en annexe 3.

2 - Comptabilisez dans le bordereau d'imputation comptable de l'entreprise, toutes les écritures relatives à la résolution des 5 dysfonctionnements rencontrés au cours du mois d'avril N.

version BiMédia « Roucourt_Eleve.xls »

version BiMédia « Bordereau.pdf »

Annexe 1 - Fiches de suivi des procédures comptables (déjà complétées)

SUIVI DES PROCÉDURES COMPTABLES					N° 04/N/01
Services	**Éléments**				**VISA**
Commercial	Nom du vendeur	Alex			*Alex*
	Facture n° - date - montant	427	06/04	2 894,32 €	
	Client concerné	M. Leroux			
	Avoir n° et date	A427	13/04		
Direction	Problème	Article défectueux			*Hugues*
	Solution	Faire un échange standard de l'article			
	Date	15/04			
Magasin	Évolution stock (case à cocher)	Entrée ☐	Sortie ☑	Aucune ☐	*Yves*
Comptabilité	Pièce n° - date - montant	VT 04-22 VT 04-23(1)	17/04 17/04	- 150,00 € 150,00 €	*Marie*

(1) *L'échange standard engendre un avoir pour l'annulation de la 1re vente et une facture* ***(facture n° 427 B)*** *pour la comptabilisation de la 2nde vente. Ce double enregistrement entraîne donc une opération nulle pour le client.*

SUIVI DES PROCÉDURES COMPTABLES					N° 04/N/02
Services	**Éléments**				**VISA**
Commercial	Nom du vendeur	Blandin			*Blandin*
	Facture n° - date - montant	431	09/04	8 880,00 €	
	Client concerné	M. Coupin			
	Avoir n° et date	A431	15/04		
Direction	Problème	Quantité soumise à remise contractuelle			*Hugues*
	Solution	Accorder la remise contractuelle de 5 %			
	Date	17/04			
Magasin	Évolution stock (case à cocher)	Entrée ☐	Sortie ☐	Aucune ☑	*Yves*
Comptabilité	Pièce n° - date - montant	VT 04-24	19/04	- 252,00 €	*Marie*

SUIVI DES PROCÉDURES COMPTABLES					N° 04/N/03
Services	**Éléments**				**VISA**
Commercial	Nom du vendeur	François			*François*
	Facture n° - date - montant	437	16/04	432,00 €	
	Client concerné	M. Perus			
	Avoir n° et date	A437	19/04		
Direction	Problème	Erreur sur le prix de l'article commandé			*Hugues*
	Solution	Diminuer le montant de la vente			
	Date	21/04			
Magasin	Évolution stock (case à cocher)	Entrée ☐	Sortie ☐	Aucune ☑	*Yves*
Comptabilité	Pièce n° - date - montant	VT 04-28	23/04	- 60,00 €	*Marie*

Annexe 2 - Dysfonctionnements non résolus (fin avril N)

4e problème relatif au mois d'avril N :

Le 21/04, M. Blandin a reçu l'e-mail suivant du client Jenny relatif à la facture 442.

À : Blandin_Roucourt@sfr.fr
Objet : Problème relatif à la facture 442

Je suis étonné de voir que vous m'avez facturé le transport alors que les quantités livrées dépassent la limite contractuelle de 10 000 € HT permettant d'obtenir des conditions « franco de port ». Pouvez-vous remédier au problème.

Jenny

Note interne

Émetteur : Direction — **Destinataires** : Blandin - Marie
Date : 23/04/N — **Objet** : Réclamation Jenny

Accorder les conditions contractuelles relatives au transport et envoyer un mail d'excuse au client Jenny.

La facture d'origine (n° 442) comportait les informations suivantes :

Société ROUCOURT
27 rue Roger Salengro
BP 124
59505 DOUAI Cedex 05

15 avril N

SARL JENNY
8 rue du Maréchal Leclerc
59000 LILLE

Facture n° 442

Réf.	Désignation		Qté	Conditionnement	Prix unitaire	Remise	Montant HT
ORD124	Micro-ordinateur ASUS		10	Carton	846,50	5 %	8 041,75
IMP742	Imprimante CANON		5	Carton	412,00		2 060,00
PORT	Port forfaitaire		1	Aucun	150,00		150,00
Escompte	TVA			Total TTC	Acomptes	Total HT	10 251,75
	Base	Taux	Montant				Net à payer
0,00	10 251,75	TN	2 050,35	12 302,10	400,00		11 902,10

Escompte de 2 % en cas de règlement au comptant
En votre aimable règlement à 30 jours fin de mois

5e problème relatif au mois d'avril N :

Le 26/04, M. Alex a reçu l'e-mail suivant du client Vaisière relatif à la facture 421.

À : Alex_Roucourt@sfr.fr
Objet : Problème relatif à la facture 421

J'ai reçu une lettre de relance pour le reliquat relatif à la facture 421 datée du 30/03. Étant donné que j'avais réglé au comptant par virement bancaire, j'avais appliqué l'escompte conditionnel de 2 % que vous m'accordez habituellement.
J'ai donc détruit votre lettre de relance et attends de votre part des explications complémentaires.

Vaisière

Note interne

Émetteur : Direction — **Destinataires** : Alex - Marie
Date : 28/04/N — **Objet** : Réclamation Vaisière

Annuler directement cette relance, appeler M. Vaisière pour présenter les excuses de l'entreprise et confirmer cette annulation par écrit.

Annexe 2 (suite) - Dysfonctionnements non résolus (fin avril N)

La facture d'origine (n° 421) comportait les informations suivantes :

Société ROUCOURT
27 rue Roger Salengro
BP 124
59505 DOUAI Cedex 05

30 mars N

ETS VAISIÈRE
4 bd Louis Breguet
59300 VALENCIENNES

Facture n° 421

Réf.	Désignation	Qté	Conditionnement	Prix unitaire	Remise	Montant HT
ORD327	Micro-ordinateur HP	10	Carton	755,00	10 %	6 795,00
IMP633	Imprimante HP	2	Carton	285,00		570,00
PORT	Port forfaitaire	1	Aucun	100,00		100,00

Escompte	TVA			Total TTC	Acomptes	Total HT	7 465,00
	Base	Taux	Montant				Net à payer
0,00	7 465,00	TN	1 493,00	8 958,00	800,00		8 158,00

Escompte de 2 % en cas de règlement au comptant - Règlement à 30 jours fin de mois

Avis de crédit de la BPN reçu le 2/04 :

BANQUE POPULAIRE DU NORD

AVIS DE CRÉDIT

Règlement du client Vaisière par virement

7 981,24 €

Date : 30 mars N

N° 142

Annexe 3 - Fiches de suivi de procédures comptables (à compléter)

SUIVI DES PROCÉDURES COMPTABLES					N° 04/N/04
Services	**Éléments**				**VISA**
Commercial	Nom du vendeur				
	Facture n° - date - montant				
	Client concerné				
	Avoir n° et date				
Direction	Problème				
	Solution				
	Date				
Magasin	Évolution stock (case à cocher)	Entrée ❐	Sortie ❐	Aucune ❐	
Comptabilité	Pièce n° - date - montant	VT 04-33			

SUIVI DES PROCÉDURES COMPTABLES					N° 04/N/05
Services	**Éléments**				**VISA**
Commercial	Nom du vendeur				
	Facture n° - date - montant				
	Client concerné				
	Avoir n° et date				
Direction	Problème				
	Solution				
	Date				
Magasin	Évolution stock (case à cocher)	Entrée ❐	Sortie ❐	Aucune ❐	
Comptabilité	Pièce n° - date - montant	VT 04-38			

Annexe 4 - Écritures de vente générées par le PGI

Ligne	Date	Journal	N° compte général	N° compte de tiers	Intitulés des comptes/ Libellés des opérations	Débit	Crédit
1	30-mars	VT	411000	0VAISI	Clients	8 158,00	
2			419100		Clients, avances et acomptes reçus	800,00	
3			707000		Ventes de marchandises		7 365,00
4			708500		Ports et frais accessoires facturés		100,00
5			445710		État, TVA collectée		1 493,00
6					*Facture 421*		
7	06-avr	VT	411000	0LEROU	Clients	2 894,32	
8			707000		Ventes de marchandises		2 411,93
9			445710		État, TVA collectée		482,39
10					*Facture 427*		
11	09-avr	VT	411000	0COUPI	Clients	8 880,00	
12			707000		Ventes de marchandises		7 400,00
13			445710		État, TVA collectée		1 480,00
14					*Facture 431*		
15	16-avr	VT	411000	0PERUS	Clients	432,00	
16			707000		Ventes de marchandises		360,00
17			445710		État, TVA collectée		72,00
18					*Facture 437*		
19	17-avr	VT	411000	0JENNY	Clients	11 902,10	
20			419100		Clients, avances et acomptes reçus	400,00	
21			707000		Ventes de marchandises		10 101,75
22			708500		Ports et frais accessoires facturés		150,00
23			445710		État, TVA collectée		2 050,35
24					*Facture 442*		
					Totaux	**33 466,42**	**33 466,42**

Scénario 5 L'enregistrement des ventes

1.3.1 Enregistrement, contrôle et validation des opérations relatives aux clients (y compris celles générées par le PGI)
1.7.1 Présentation des caractéristiques de l'organisation du processus « Contrôle et traitement des opérations commerciales »
1.7.2 Analyse du processus « Contrôle et traitement comptable des opérations commerciales »

Contexte général DUVIVIER :

Salarié dans le service comptable de la société Duvivier, vous devez comptabiliser les différentes opérations relatives aux ventes.

Mission de veille :

Mettre à jour votre veille comptable et fiscale sur les thèmes suivants :
- Transport sur vente
- Consignation et cession d'emballages
- Factures d'avoir
- Exigibilité de la TVA sur les prestations de services
- Livraison intracommunautaire

→ Facturation simple

Mission 1

Comptabilisez dans le journal de vente de la société Duvivier les différentes opérations suivantes.

- **11/01/N : envoi de la facture 120 à la société Clauzel : 500,00 € HT de matériels électriques (TVA au taux normal).**
- **12/01/N : envoi de la facture 121 à la société Armand : 2 100,00 € HT de travaux de réparations de leur installation électrique (TVA au taux normal - option pour les débits).**
- **13/01/N : envoi de la facture 122 à M. Brumin (particulier) : mise aux normes électriques de l'installation électrique de sa résidence principale pour 1 200,00 € HT (TVA au taux intermédiaire).**

Ligne	Date	Journal	N° compte général	N° compte de tiers	Intitulés des comptes/ Libellés des opérations	Débit	Crédit
1	11/01/N	VTE				❶	
2							
3							❷
4					*Facture 120 à la société Clauzel*		
5	12/01/N	VTE				❸	
6							
7							❹
8					*Facture 121 à la société Armand*		
9	13/01/N	VTE				❺	
10							
11							❻
12					*Facture 122 à M. Brumin*		
					Totaux		

❶	❷	❸
❹	❺	❻

Mission 2 Comptabilisez dans les journaux adéquats de la société Duvivier les différentes opérations suivantes.

➢ 14/01/N : Ventes de matériels électriques au comptant de la journée : espèces reçues 504,00 € et chèques encaissés 2 880,00 € (TVA au taux normal).

Ligne	Date	Journal	N° compte général	N° compte de tiers	Intitulés des comptes/ Libellés des opérations	Débit	Crédit
1	14/01/N	VTE				❶	
2							❷
3							❸
4					*Ventes au comptant de la journée du 14/01/N*		
5	14/01/N	BQ1					
6							
7					*Règlements par chèques*		
8	14/01/N	CAIS					
9							
10					*Pièces de caisse*		
					Totaux		

❶ ❷ ❸

→ Réductions relatives à la facturation

Mission 3 Comptabilisez dans les journaux adéquats de la société Duvivier le document suivant.

➢ 01/02/N : Envoi de la facture 255 à Gilbert.

SA DUVIVIER
10, rue Doumergue
59500 DOUAI
Tél. : 03-27-97-XX-XX - Fax : 03-27-89-XX-XX
E-mail : Duvivier@orange.fr
FR 94 758 501 001

FACTURE N° 255 **Date** : 01/02/N

Société GILBERT
13, Boulevard Alfred Musset
62000 ARRAS **France**
FR 81 164 602 427

Réf	Quantité	Désignation	PU HT	Montant
EL814	4 000	Lampes à led	2,00	8 000,00
REM10	1	Remise 10 % (8 000) x 10 %		- 800,00
REM05	1	Remise 5 % (8 000 – 800) x 5 %		- 360,00
RAB04	1	Rabais 4 % (8 000 – 800 – 360) x 4 %		- 273,60
Conditions de paiement :			Montant net commercial	6 566,40
Au comptant par chèque bancaire n° CM 342333			Escompte : 2,50 %	- 164,16
Date : 01/02/N			Montant HT	6 402,24
			TVA (TN)	1 280,45
			Net à payer	**7 682,69 €**

Ligne	Date	Journal	N° compte général	N° compte de tiers	Intitulés des comptes/ Libellés des opérations	Débit	Crédit
1	01/02/N	VTE					
2							
3							
4							
5					*Facture 255 à Gilbert*		
6	01/02/N	BQ1					
7							
8					*Chèque n° CM 342333*		
					Totaux		

Mission 4 Paramétrage du PGI : Créer les 5 « articles » nécessaires dans la base de données de la société Duvivier.

Code article	Dénomination de l'article	Familles d'article	Code TVA rattaché	Comptes rattachés N°	Comptes rattachés Intitulés
EL814		ME : Matériels électriques	TN		
REM10		RD2 : Réductions diverses (TN)	TN		
REM05		RD2 : Réductions diverses (TN)	TN		
RAB04		RD2 : Réductions diverses (TN)	TN		
ESC02		RD2 : Réductions diverses (TN)	TN		

→ Majorations relatives à la facturation

◆ Transport

Mission 5 Comptabilisez dans les journaux adéquats de la société Duvivier le document suivant.

➢ 01/03/N : Envoi de la facture 321 à M. Étienne.

SA DUVIVIER
10, rue Doumergue
59500 DOUAI
Tél. : 03-27-97-XX-XX - Fax : 03-27-89-XX-XX
E-mail : Duvivier@orange.fr
FR 94 758 501 001

FACTURE N° 321 — **Date** : 01/03/N

M. Michel ÉTIENNE
147, Avenue du Général de Gaulle
59600 MAUBEUGE
France

Réf	Quantité	Désignation	PU HT	Montant
PR625	1	Travaux de rénovation énergétique	600,00	600,00

Conditions de paiement :	Montant net commercial	600,00
À 30 jours fin de mois par chèque bancaire	Escompte : 0 %	0,00
Date : 31/03/N	Transport forfaitaire HT (condition « arrivée »)	50,00
	Montant HT	650,00
	TVA (TR)	35,75
TVA acquittée d'après les débits	**Net à payer**	**685,75 €**

NB : *le transporteur Sernam avait envoyé à la société Duvivier la facture T73 pour 48,00 € TTC le 28/02/N incluant la TVA au taux normal.*

Ligne	Date	Journal	N° compte général	N° compte de tiers	Intitulés des comptes/ Libellés des opérations	Débit	Crédit
1	28/02/N	ACH				❶	
2						❷	
3							
4					*Facture T73 du transporteur Sernam*		
5	01/03/N	VTE					
6							
7							
8							
9					*Facture 321 à Étienne*		
					Totaux		
❶					❷		

➢ **02/03/N : Envoi de la facture 322 à M. Steven.**

SA DUVIVIER
10, rue Doumergue
59500 DOUAI
Tél. : 03-27-97-XX-XX - Fax : 03-27-89-XX-XX
E-mail : Duvivier@orange.fr
FR 94 758 501 001

FACTURE N° 322 — **Date** : 02/03/N

M. André STEVEN
22, rue des combattants
59400 CAMBRAI
France

Réf	Quantité	Désignation	PU HT	Montant
PR625	1	Travaux de rénovation énergétique	450,00	450,00

Conditions de paiement :	Montant net commercial	450,00
Au comptant par chèque bancaire	Escompte : 2,50 %	11,25
Date : 02/03/N	Montant HT	438,75
	TVA (TR)	24,13
	Transport récupéré TTC - condition « départ » (TVA au taux normal)	36,00
TVA acquittée d'après les débits	**Net à payer**	**498,88 €**

NB *: le transporteur Sernam avait envoyé à la société Duvivier la facture T74 pour 36,00 € TTC le 28/02/N incluant la TVA au taux normal.*

Ligne	Date	Journal	N° compte général	N° compte de tiers	Intitulés des comptes/ Libellés des opérations	Débit	Crédit
1	28/02/N	ACH				❶	
2						❷	
3							
4					*Facture T74 du transporteur Sernam*		
5	02/03/N	VTE					
6							
7							
8							
9							
10							
11					*Facture 322 à Steven*		
					Totaux		
❶					❷		

Mission 6

Paramétrage du PGI : Créer les 3 « articles » nécessaires dans la base de données de la société Duvivier.

Code article	Dénomination de l'article	Familles d'article	Code TVA rattaché	Comptes rattachés	
				N°	Intitulés
PR625		TR1 : Travaux (TR)	TR		
TF1		MD1 : Majorations diverses (TR)	TR		
TR2		MD2 : Majorations diverses (TN)	TN		

→ Autres frais accessoires

Mission 7

Comptabilisez dans le journal vente de la société Duvivier le document suivant.

➢ **01/04/N : Envoi de la facture 467 à la société Régis.**

SA DUVIVIER
10, rue Doumergue
59500 DOUAI
Tél. : 03-27-97-XX-XX - Fax : 03-27-89-XX-XX
E-mail : Duvivier@orange.fr
FR 94 758 501 001

FACTURE N° 467 — **Date** : 01/04/N

Société REGIS
44, square des amoureux
59280 ARMENTIÈRES **France**
FR 92 321 452 336

Réf	Quantité	Désignation	PU HT	Montant
EL458	250	Matériels électriques (norme US)	8,00 €	2 000,00
REM04	1	Remise 4 % (2 000 x 4 %)		- 80,00
RABV	1	Rabais variable		- 150,00

Conditions de paiement :
À 30 jours fin de mois par chèque bancaire
Date : 31/05/N

Montant net commercial	1 770,00
Escompte : 0 %	0,00
Transport forfaitaire HT (condition « arrivée »)	100,00
Commissions récupérées HT	50,00
Montant total HT	1 920,00
TVA (TN)	384,00
Assurance récupérée	40,00
Net à payer	**2 344,00 €**

NB : *les charges ont été préalablement enregistrées lors de la facturation du transport, de l'assurance et du courtage au fournisseur.*

1re solution : Utilisation du compte « Ports et frais accessoires facturés »

Ligne	Date	Journal	N° compte général	N° compte de tiers	Intitulés des comptes/ Libellés des opérations	Débit	Crédit
1	01/04/N	VTE					
2							
3							❶
4							
5					*Facture 467 à Régis*		
					Totaux		

❶

2e solution : Annulation des comptes de charges

Ligne	Date	Journal	N° compte général	N° compte de tiers	Intitulés des comptes/ Libellés des opérations	Débit	Crédit
1	01/04/N	VTE					
2							
3							
4							❶
5							
6							
7							❷
8					*Facture 467 à Régis*		
					Totaux		
❶			❷				

Mission 8

Paramétrage du PGI : Créer les 6 « articles » nécessaires dans la base de données de la société Duvivier (hypothèse de la 2e solution).

Code article	Dénomination de l'article	Familles d'article	Code TVA rattaché	Comptes rattachés	
				N°	Intitulés
REM04		RD2 : Réductions diverses (TN)	TN		
EL458		ME : Matériels électriques	TN		
RABV		RD2 : Réductions diverses (TN)	TN		
TF2		MD2 : Majorations diverses (TN)	TN		
COMR		MD2 : Majorations diverses (TN)	TN		
ASSR		MD3 : Majorations diverses (exonérées)	aucun		

→ Emballages consignés

Mission 9 Comptabilisez dans le journal vente de la société Duvivier les opérations suivantes.

➢ 01/04/N : Envoi de la facture 467B à la société Régis. 5 palettes ont été consignées au prix unitaire de 25 €. La société Duvivier utilise le compte « Ports et frais accessoires facturés » pour la récupération des frais.

Ligne	Date	Journal	N° compte général	N° compte de tiers	Intitulés des comptes/ Libellés des opérations	Débit	Crédit
1	01/04/N	VTE				❶	
2							
3							
4							
5							❷
6					*Facture 467B c. Régis*		
					Totaux		
❶				❷			

➢ 09/04/N : Facture d'avoir AV 467B envoyé à Régis suite à la restitution par le client de 3 palettes consignées (prix de reprise = prix de consignation).

Ligne	Date	Journal	N° compte général	N° compte de tiers	Intitulés des comptes/ Libellés des opérations	Débit	Crédit
7	09/04/N	VTE				❶	
8							
9					*Facture d'avoir AV 467B c. Régis*		
					Totaux		
❶							

➢ 10/04/N : Suite à la conservation par le client Régis des 2 palettes consignées restantes, envoi de la facture 467B2 (prix de vente hors taxes = prix de consignation). TVA au taux normal.
Cette facture est accompagnée de la facture d'avoir AV 467B2 constatant la déconsignation.

Ligne	Date	Journal	N° compte général	N° compte de tiers	Intitulés des comptes/ Libellés des opérations	Débit	Crédit
10	10/04/N	VTE				❶	
11							
12					*Facture d'avoir AV 467B2 à Régis*		
13	10/04/N	VTE				❷	
14							
15							❸
16					*Facture 467B2 à Régis*		
					Totaux		
❶			❷		❸		

Mission 10 Paramétrage du PGI : créez les 2 « articles » nécessaires dans la base de données de la société DUVIVIER.

Code article	Dénomination de l'article	Familles d'article	Code TVA rattaché	Comptes rattachés	
				N°	Intitulés
PALC		PAL : Palettes	Aucun		
PALV		PAL : Palettes	TN		

→ Problèmes liés aux factures d'avoir

Mission 11 Comptabilisez dans le journal vente de la société Duvivier les opérations suivantes.

➢ 01/06/N : Envoi de la facture n° 642 à Louis :

- Matériels électriques : 2 000 lampes à led (EL814)
- Remise sur quantité commandée : 10 %
- Remise spécifique client : 5 %
- TVA : taux normal
- Emballages consignés : 18 palettes pour 450,00 €
- Port récupéré : 120,00 € HT (conditions « départ » - TVA au taux normal)

➢ 04/06/N : Envoi de la facture d'avoir n° AV-642A à Louis pour un retour d'une partie du matériel électrique non conforme à la commande : 200 lampes à led (EL814).

Ligne	Date	Journal	N° compte général	N° compte de tiers	Intitulés des comptes/ Libellés des opérations	Débit	Crédit
1	01/06/N	VTE				❶	
2							❷
3							
4							
5							❸
6					*Facture n° 642 à Louis*		
7	04/06/N	VTE				❹	
8						❺	
9							❻
10					*Facture d'avoir n° AV-642A à Louis*		
					Totaux		

❶ ❷ ❸

❹ ❺ ❻

➢ **06/06/N : Envoi de la facture d'avoir n° AV-642B à Louis : Rabais accordé hors facture 5 % du montant net commercial du matériel électrique conservé (facture n° 642 – facture d'avoir n° AV-642A) car une partie de ce matériel a été abimé lors du transport.**

Ligne	Date	Journal	N° compte général	N° compte de tiers	Intitulés des comptes/ Libellés des opérations	Débit	Crédit
11	06/06/N	VTE				❶	
12						❷	
13							❸
14					*Facture d'avoir n° AV-642B à Louis*		
					Totaux		

❶ ❷ ❸

Mission 12 **Paramétrage du PGI : Créer l'« article » nécessaire dans la base de données de la société Duvivier.**

Code article	Dénomination de l'article	Familles d'article	Code TVA rattaché	Comptes rattachés	
				N°	Intitulés
RRRS		RD2 : Réductions diverses (TN)	TN		

➢ 10/06/N : Envoi de la facture d'avoir n° AV-642C à Louis pour un escompte de règlement de 2,50 % suite à son paiement accéléré. Le calcul est effectué sur la facture initiale (facture n° 642).

Ligne	Date	Journal	N° compte général	N° compte de tiers	Intitulés des comptes/ Libellés des opérations	Débit	Crédit
15	10/06/N	VTE				❶	
16						❷	
17							❸
18					*Facture d'avoir n° AV-642C à Louis*		
					Totaux		

❶ ❷ ❸

Montant du chèque envoyé par le client LOUIS :
→

→ Problèmes liés à la facture d'acompte

Mission 13 Comptabilisez dans les journaux adéquats de la société Duvivier les opérations suivantes.

➢ 15/06/N : Envoi de la facture d'acompte n° 677 relative à la commande de la société Pierre. Celle-ci a versé un acompte de 240 € représentant 20 % de sa commande de matériels électriques (chèque n° LCL 25554).

➢ 30/06/N : Envoi de la facture 691 à la société Pierre : 500 lampes à led (EL814) - TVA au taux normal.

Ligne	Date	Journal	N° compte général	N° compte de tiers	Intitulés des comptes/ Libellés des opérations	Débit	Crédit
1	15/06/N	BQ1					
2							
3					*Facture d'acompte n° 677 et chèque n° LCL 25554*		
4	30/06/N	VTE				❸	
5							
6							❶
7							❷
8					*Facture n° 691 à la société Pierre*		
					Totaux		

❶ ❷ ❸

→ Factures de prestation de services

Mission 14 Comptabilisez dans les journaux adéquats de la société Duvivier les opérations suivantes.

➢ 15/06/N : Réception du chèque n° LCL 25555 relatif au devis demandé par la société Pierre (réparation de leur armoire électrique : référence PR589).
Celle-ci a versé un acompte de 240 € représentant 20 % de la prestation de service commandée.

Ligne	Date	Journal	N° compte général	N° compte de tiers	Intitulés des comptes/ Libellés des opérations	Débit	Crédit
1	15/06/N	BQ1					
2							
3					*Chèque n° LCL 25555 de la société Pierre*		
4	15/06/N	VTE				❶	
5							
6					*Exigibilité de la TVA*		
					Totaux		
❶							

➢ 30/06/N : Envoi de la facture n° 691B à la société Pierre : Montant net commercial de la prestation : 1 000 € (TVA au taux normal - règlement à 30 JFM par chèque bancaire).

➢ 31/07/N : Réception du chèque n° LCL 25579 de la société Pierre.

Cas n° 1 : Notre société n'a pas opté pour les « débits ».

Ligne	Date	Journal	N° compte général	N° compte de tiers	Intitulés des comptes/ Libellés des opérations	Débit	Crédit
7	30/06/N	VTE				❷	
8							
9							
10							❶
11					*Facture n° 691B à la société Pierre*		
12	31/07/N	BQ1					
13							
14					*Chèque n° LCL 25579 de la société Pierre*		
15	31/07/N	VTE				❸	
16							
17					*Exigibilité de la TVA*		
					Totaux		
❶			❷		❸		

Cas n° 2 : Notre société a opté pour les « débits ».

Ligne	Date	Journal	N° compte général	N° compte de tiers	Intitulés des comptes/ Libellés des opérations	Débit	Crédit
7	30/06/N	VTE				❷	
8							
9							
10							❶
11							
12					*Facture n° 691B à la société Pierre*		
13	31/07/N	BQ1					
14							
15					*Chèque n° LCL 25579 de la société Pierre*		
					Totaux		
❶					❷		

***NB1** : il est possible d'utiliser le compte 445740 « État, TVA collectée sur encaissement » à la place du compte 445800 « État, TVA à régulariser ».*

***NB2** : en cas d'option pour les débits, une autre variante d'enregistrement existe, elle consiste à ne pas utiliser le compte 445800 au moment de l'acompte en enregistrant le compte acompte en HT : 512100D pour 240,00 – 419100C pour 200,00 – 445712C pour 40,00.*

Lors de la facturation, il faudrait enregistrer : 411000D pour 960,00 – 419100D pour 200,00 – 706200C pour 1 000,00 – 445712C pour 160,00.

→ Factures réalisées avec l'étranger

Mission 15 Comptabilisez dans le journal vente de la société Duvivier les opérations suivantes.

➢ **15/08/N :** Envoi de la facture 736 au client James : vente de 1 200 € de matériels électriques aux États-Unis.

Ligne	Date	Journal	N° compte général	N° compte de tiers	Intitulés des comptes/ Libellés des opérations	Débit	Crédit
1	15/08/N	VTE					
2							
3					*Facture 736 à James*		
					Totaux		

➢ **25/08/N :** Envoi de la facture 747 au client Tondeur : vente de 1 500 € de matériels électriques en Belgique (N° Intracommunautaire du client belge : BE658569878).

Ligne	Date	Journal	N° compte général	N° compte de tiers	Intitulés des comptes/ Libellés des opérations	Débit	Crédit
1	25/08/N	VTE					
2							
3					*Facture 747 à Tondeur*		
					Totaux		

Qu'entraînerait la non divulgation du numéro d'identification intracommunautaire par le client belge ?

→

→ Créances en monnaies étrangères

Mission 16 **Comptabilisez dans les journaux adéquats de la société Duvivier les opérations suivantes.**

L'entreprise Duvivier travaille avec plusieurs clients américains. Pour simplifier les transactions, elle émet ses factures en dollars :

- le 05/11/N, elle a vendu pour 2 000 $ de matériels électriques au client Jones (facture 834) ;
- le 07/12/N, elle a vendu pour 1 500 $ de matériels électriques au client Smith (facture 942).

Les conditions de règlement sont de 15 jours nets.

Les clients ont viré leur règlement le 20/11/N (*virement n° 4562*) et le 22/12/N (*virement n° 4921*).

Les cours boursiers quotidiens étaient les suivants :

05/11/N : 1 € = 1,35847 $	20/11/N : 1 € = 1,32625 $	07/12/N : 1 € = 1,29874 $	22/12/N : 1 € = 1,33563 $

Ligne	Date	Journal	N° compte général	N° compte de tiers	Intitulés des comptes/ Libellés des opérations	Débit	Crédit
1	05/11/N	VTE				❶	
2							
3					*Facture 834 à Jones*		
4	20/11/N	BQ1				❷	
5							❸
6							
7					*Virement bancaire n°4562*		
8	07/12/N	VTE				❹	
9							
10					*Facture 942 à Smith*		
11	22/12/N	BQ1				❺	
12						❻	
13							
14					*Virement bancaire n° 4921*		
					Totaux		

❶	❷	❸
❹	❺	❻

Fiche ressources

- 1.3.1 Enregistrement, contrôle et validation des opérations relatives aux clients (y compris celles générées par le PGI)
- 1.7.1 Présentation des caractéristiques de l'organisation du processus « Contrôle et traitement des opérations commerciales »
- 1.7.2 Analyse du processus « Contrôle et traitement comptable des opérations commerciales »

Facturation simple

La facture (établie par le fournisseur) indique le détail des marchandises vendues, des travaux réalisés ou de la prestation effectuée et le décompte du montant « Net à payer » par l'acheteur.

Cette facture constitue le document de base de l'enregistrement comptable et doit être enregistrée au jour de sa réalisation chez le fournisseur.

Le fournisseur va créditer un compte de produit, de TVA collectée et débiter un compte client.

	411000 - Clients		707000 - Ventes de marchandises		445710 - État TVA collectée	
1. Facturation	TTC			HT		TVA

Les ventes au comptant peuvent s'enregistrer en une seule écriture au journal général. Par contre, dans le système des journaux auxiliaires, il est nécessaire d'enregistrer une écriture dans le journal de vente et une écriture dans le journal de trésorerie concerné.

Factures comprenant des réductions

Les réductions commerciales (Rabais, Remises, Ristournes) sur facture initiale (facture de DOIT) ne s'enregistrent pas. Le montant de la vente à enregistrer est le « montant net commercial ».

Le montant calculé après les réductions financières (montant net financier) n'apparaît pas dans les écritures comptables.

L'escompte s'enregistre directement au débit du compte « 665000 - Escompte accordé » chez le fournisseur.

	411000 - Clients		665000 - Escomptes accordés		707000 - Ventes de marchandises		445710 - État TVA collectée	
1. Facturation	Net à payer		Escompte			Net commercial		TVA

<u>Paramétrage du PGI</u> : Afin d'automatiser les écritures de vente suite à l'établissement des factures, il est possible d'utiliser des codes « articles » eux-mêmes liés à des « familles d'articles ».
L'intérêt consiste à rattacher les comptes correspondants à l'opération et à la TVA correspondante. Ainsi, la création de la facture de vente dans le module de gestion commerciale pourra engendrer directement l'écriture de vente correspondante dans le module comptable.

Majorations relatives à la facturation

Transport

Lors de la facturation du transport par le transporteur au fournisseur, le fournisseur débitera un compte de charge « 624200 - Transport sur ventes ».

Lors de la refacturation au client, il créditera un compte de produit « 708500 - Ports et frais accessoires facturés ».

	624200 - Transport/vente		445660 - État, TVA déductible/ABS		401000 - Fournisseur (transporteur)	
1. Facture du transporteur au fournisseur	Port HT		TVA/port			Port TTC

	707000 - Ventes de marchandises		708500 - Ports et frais accessoires facturés		445710 - État TVA collectée		411000 - Clients	
2. Refacturation du transport au client		Net commercial		Port HT		Total TVA	Net à payer	

Paramétrage du PGI : L'automatisation concerne également les majorations.

Autres frais accessoires

La refacturation des frais accessoires peut être incluse dans le prix de la marchandise (condition « franco ») mais peut également venir augmenter le net à payer. Dans ce cas, soit :

- les montants de ces charges sont intégrés dans le compte « 708500 – Ports et frais accessoires facturés » ;
- les comptes de charge par nature respectifs (616000, 622200…) sont crédités pour annuler leur impact sur la comptabilité du fournisseur.

	616000 - Primes d'assurances		622200 - Commissions sur vente		445660 - État, TVA déductible/ABS		401000 - Fournisseurs	
1. Facturation des tiers au fournisseur			Comm. HT		TVA/ comm.			Comm. TTC
	Assurances							Assurances

	708500 - Ports et frais accessoires facturés		445710 - État, TVA collectée		411000 - Clients	
2. Refacturation globale au client		Comm. HT		TVA/ comm.	Comm. TTC	
		Assurances			Assurances	

	616000 - Primes d'assurances		622200 - Commissions sur vente		445660 - État, TVA déductible/ABS		411000 Clients	
3. Refacturation détaillée au client				Comm. HT		TVA comm.	Comm. TTC	
		Assurances					Assurances	

Paramétrage du PGI : L'automatisation intègre tous les frais accessoires.

Emballages consignés

Pour le fournisseur, l'opération de consignation représente à la fois une augmentation de sa créance vis-à-vis du client et la création d'une dette relative aux emballages « prêtés » que devra restituer le client.

Le fournisseur va donc enregistrer la consignation au débit du compte « 411000 clients » pour constater sa créance et au crédit du compte « 419600 clients, dettes pour emballages consignés » pour constater la somme qu'il devra lui rembourser lors de la déconsignation.

NB : à titre de simplification, la consignation se fait sans TVA.

Lors de la restitution des emballages (déconsignation), si le prix de reprise est égal au prix de consignation, il suffit d'enregistrer une simple « contrepassation » de l'écriture de consignation.

En cas de non-restitution des emballages consignés par le client, l'opération se traduit chez le fournisseur par une vente d'emballages (compte 708800 Cessions d'approvisionnements) imposable à la TVA.

	707000 - Ventes de marchandises		419600 - Clients, dettes/ emballages consignés		445710 - État, TVA collectée		411000 - Clients	
1. Facturation de la vente et de la consignation au client		Net commercial		Emballages consignés		TVA/marchandises	Net à payer	

	708860 - Ventes d'emballages		419600 - Clients, dettes/ emballages consignés		445710 - État, TVA collectée		411000 - Clients	
2. Déconsignation des emballages conservés		Emballages consignés conservés	Emballages consignés conservés			TVA/ emballages conservés	TVA/ emballages conservés	

Paramétrage du PGI : L'automatisation concerne également les emballages.

Problèmes liés aux factures d'avoir

Une facture d'avoir correspond à une réduction de la créance de notre client. Elle peut concerner soit :

- un retour de marchandises (marchandises défectueuses ou non conformes) ;
- une réduction commerciale supplémentaire (fidélisation de la clientèle) ;
- un escompte de règlement (pour paiement rapide) ;
- un retour d'emballages (vu précédemment).

En cas de retour de marchandises, la facture d'avoir doit être établie en tenant compte des réductions commerciales de la facture initiale. Les conditions de « l'aller » doivent être les mêmes que celles du « retour ». L'écriture est donc une simple « contrepassation ».

En cas de RRR supplémentaires (non comprise dans la facture initiale de DOIT), ceux-ci se calculent sur le montant net commercial de la facture initiale avec récupération de la TVA correspondante.

Le fournisseur débitera le compte « 709000 RRR accordés sur ventes » pour constater cette nouvelle réduction.

	665000 - Escomptes accordés		707000 - Ventes de marchandises		709700 - RRR accordés/ventes de marchandises		445710 - État, TVA collectée		411000 - Clients	
1. Avoirs	Escompte HT		Retour		RRR suppl.		TVA annulées			Net à déduire

Paramétrage du PGI : L'automatisation des enregistrements liés aux factures d'avoir est tout à fait envisageable.

***Remarque** : Autorisation est donnée aux entreprises d'effectuer des réductions commerciales ou financières sans récupération de la TVA. Il suffit pour cela que le fournisseur ne remette pas en cause la TVA initialement collectée et qu'il fasse indiquer sur la facture d'avoir la mention « NET DE TAXE ».*

En principe, l'escompte de règlement se calcule sur le montant net commercial de la facture initiale mais le fournisseur peut également décompter les diverses réductions déjà réalisées sur les avoirs précédents. Cette réduction financière engendre la récupération de la TVA collectée correspondante (sauf en cas de mention « Net de taxe »).

Problèmes liés à la facture d'acompte

Lorsqu'une avance ou un acompte est versée lors de la commande, il est nécessaire d'établir une facture d'acompte qui reprend les mêmes caractéristiques que la facture de DOIT avec le détail de l'acompte et de la TVA correspondante.

***Remarque** : L'indication de la TVA sur la facture d'acompte est obligatoire afin que les opérations de prestations de services fassent clairement apparaître la TVA exigible au moment de l'encaissement de l'acompte.*

	419100 - Clients, avances et acomptes		445710 - État, TVA collectée		445800 - État, TVA à régulariser		512000 - Banques	
1. Acompte/ vente		Acompte TTC					Acompte TTC	
2. Acompte/ prestations		Acompte TTC		TVA / acompte	TVA / acompte		Acompte TTC	

Factures de prestation de services

L'exigibilité de la TVA (= date de déclaration de la TVA collectée) diffère selon qu'il s'agisse d'une prestation de services ou d'une opération de vente classique.

Fiscalement, l'exigibilité de la TVA lors d'une opération de vente correspond à la date de livraison (pour simplifier la comptabilisation, il est communément utilisé la date de facturation).

Par contre, lors de la réalisation d'une prestation de services ou de travaux, cette date d'exigibilité correspond au moment du ou des encaissements (acomptes, paiement du solde).

Toutefois, une option pour les « débits » (= inscription du compte 411000 client au débit de l'opération de facturation) est possible pour le prestataire. Elle lui permet de collecter la TVA lors de la facturation sans attendre le règlement du client. Néanmoins, si un acompte a été versé, l'exigibilité restera effective au moment de l'encaissement de cet acompte (par hypothèse sur la TVA comprise dans l'acompte).

Régime des opérations de vente

15/06	**30/06**	**31/07**
Acompte 20 % **240 €**	Facturation **1 200 €**	Règlement (solde) **960 €**
<u>Exigibilité TVA</u> : aucune **0,00 €**	<u>Exigibilité TVA</u> : (1 200 / 1,20 x 0,20) **200,00 €**	<u>Exigibilité TVA</u> : aucune **0,00 €**

	707000 - Ventes de marchandises		**419100 - Clients, avances et acomptes**		**445710 - État, TVA collectée**		**411000 - Clients**	
1. Vente avec acompte		Net commercial	Acompte TTC			TVA/ marchandises	Net à payer	

Régime des prestations de services (ou travaux) – Régime normal

15/06	**30/06**	**31/07**
Acompte 20 % **240 €**	Facturation **1 200 €**	Règlement (solde) **960 €**
<u>Exigibilité TVA</u> : 240/1,20 x 0,20 **40,00 €**	<u>Exigibilité TVA</u> : aucune (aucun paiement) **0,00 €**	<u>Exigibilité TVA</u> : 960/1,20 x 0,20 **160,00 €**

	706000 - Prestations de services		**419100 - Clients, avances et acomptes**		**445800 - État TVA à régulariser**		**411000 - Clients**	
2. Prestation avec acompte (régime normal)		Prestation HT	Acompte TTC			TVA/ prestation	Net à payer	

Régime des prestations de services (ou travaux) – Option pour les « débits »

15/06	**30/06**	**31/07**
Acompte 20 % **240 €**	Facturation **1 200 €**	Règlement (solde) **960 €**
<u>Exigibilité TVA</u> : 240/1,20 x 0,20 **40,00 €**	<u>Exigibilité TVA</u> : (1 200/1,20 x 0,20) – 40,00 **160,00 €**	<u>Exigibilité TVA</u> : aucune **0,00 €**

	706000 - Prestations de services		419100 - Clients, avances et acomptes		445800 - État, TVA à régulariser		445710 - État, TVA collectée		411000 - Clients	
3. Prestation avec acompte (option pour les débits)		Prestation HT	Acompte TTC			TVA/ acompte		TVA/ prestation – TVA/ acompte	Net à payer	

NB : *cette distinction est importante, car dans l'hypothèse de la réalisation de déclaration mensuelle de TVA (CA3), l'option décale (dans cet exemple) la déclaration de 160,00 € de TVA du mois de juillet au mois de juin. Cette option n'est donc pas toujours intéressante financièrement.*
En cas de règlement par effet, l'exigibilité correspond à la date d'échéance de l'effet (même si celui-ci est remis auparavant à l'encaissement ou à l'escompte).

Factures réalisées avec l'étranger

Selon le pays du client étranger, l'appellation de l'opération réalisée sera différente.

Vente Hors Union européenne	Vente à l'intérieur de l'Union européenne
Exportation	Livraison intracommunautaire
Exonération de la TVA	Exonération de la TVA (avec obligation pour le client d'avoir un numéro d'identification intracom)

NB : *l'absence de présentation du N° d'identification intracommunautaire équivaut à l'enregistrement d'une vente soumise à la TVA comme si l'acquéreur était un client français.*
D'où un inconvénient majeur pour l'acquéreur étranger qui doit régler le bien TTC.

	707120 - Ventes de marchandises (UE)		707130 - Ventes de marchandises (hors UE)		411120 - Clients (UE)		411130 - Clients (hors UE)	
1. Vente UE et hors UE		HT1		HT2	HT1		HT2	

Créances en monnaies étrangères

Il est possible que les factures adressées à des clients étrangers soient libellées en monnaies étrangères.

Dans ce cas, celles-ci doivent être évaluées :
- à la date de la facturation, converties et comptabilisées en euros sur la base des derniers cours de change ;
- à la clôture de l'exercice selon les mêmes techniques ;
- au moment de l'encaissement selon les mêmes techniques.

Au moment de l'encaissement, une moins-value ou une plus-value va être constatée d'où l'utilisation soit du compte « 656000 – Pertes de change sur créances et dettes commerciales » soit du compte « 756000 – Gains de change sur créances et dettes commerciales » (Article 932-1 du PCG).

	656000 - Pertes de change sur créances et dettes commerciales		756000 - Gains de change sur créances et dettes commerciales		411120 - Clients (UE)		512000 - Banques	
2. Règlement de ventes libellées en monnaie étrangère	Si (HT1 > V1)			Si (V1 > HT1)		HT1	Virement (V1)	

NB : *l'évaluation à l'inventaire sera étudiée dans le Processus 2 (Production de l'information financière).*

OISY 2

Création des factures et des avoirs clients (PGI)

1.2.1 Tenue et suivi des dossiers clients : du contrôle du devis au contrôle de l'encaissement
1.3.1 Enregistrement, contrôle et validation des opérations relatives aux clients (y compris celles générées par le PGI)
1.7.1 Présentation des caractéristiques de l'organisation du processus « Contrôle et traitement des opérations commerciales »
1.7.2 Analyse du processus « Contrôle et traitement comptable des opérations commerciales »
7.3.2 Participation à l'évolution du système d'information

Missions

➜ **À l'aide du progiciel de gestion intégré, du fichier relatif à la société « OISY_XX » et des annexes suivantes :**

Dans le module de gestion commerciale :

- **Créez les différentes factures de vente et avoirs correspondants (annexe) en pensant à ajouter vos initiales à chaque numéro de facture.**
- **Imprimez les factures de vente et les avoirs des clients dont le nom commence par « S » à l'aide des modèles fournis (ne pas oublier de transformer tous les bons de retour et d'avoir financier en factures d'avoir à comptabiliser – Attention aux numéros des documents et aux dates).**
- **Faites la mise à jour directe de la comptabilité (à partir du module de gestion commerciale) sans oublier ensuite d'ajuster (dans le module comptable) les comptes d'escomptes accordés (66510000 ou 66520000).**

Dans le module comptable :

- **Imprimez le brouillard « VTE » de septembre.**

version biMédia

« Oisy_MOP_Compta_Sage »
« Oisy_MOP_Compta_SagePGI »
« Oisy_MOP_Gescom_Sage »
« Oisy_MOP_Gescom_SagePGI »
« Oisy_Procedures compta_Cegid.pdf »
« Oisy_Procedures gescom_Cegid.pdf »
« Oisy_Procedures compta_Ebp.pdf »
« Oisy_Procedures gescom_Ebp.pdf »

Annexe - Opérations de vente et avoirs accordés par l'entreprise « OISY »

Dates	Documents	Clients	Détails
16/09	Facture V160901	Ets BOUCHEZ Daniel	➢ Quatre coffrets N° 1 (REF20) ➢ Dix boîtes de cacao en poudre (REF40) ➢ Douze tablettes lait nature - grosse plaque (REF54) ➢ Deux tablettes chocolat blanc - grosse plaque (REF64)
17/09	Facture V170901	SARL « Les Gourmandises » (1)	➢ Trois coffrets N° 2 (REF21) ➢ Deux coffrets N° 3 (REF22) ➢ Dix boîtes de cacao maigre (REF43) ➢ Un sachet « découverte » (REF30) ***NB : escompte de 1 % pour paiement au comptant par chèque bancaire***
17/09	Facture V170902	Ets DEDEYSTERE Stéphane	➢ Cinq coffrets N° 2 (REF21) ➢ Deux coffrets N° 4 (REF23) ➢ Quatre coffrets N° 5 (REF24) ➢ Trois palets aux éclats d'amandes - lait (REF31) ***NB : remise globale de 3 % pour toute commande de + de 150 € HT***
18/09	Commande C180901	Ets DELVART François	➢ Voir facture V250901 du 25/09. Paiement d'un acompte de 100,00 € (virement direct sur le compte bancaire de l'entreprise)
19/09	Facture V190901	Ets STYRNA Stanislas	➢ Quatre palets aux éclats d'amandes - noir (REF32) ➢ Six tablettes de chocolat blanc - petite plaque (REF60) ➢ Sept tablettes lait aux flocons d'avoine (REF52) ➢ Dix boîtes de cacao en poudre (REF40) ➢ Quatre tablettes chocolatées à la taza (+farine) (REF62)
20/09	Facture V200901	Ets BEGHIN Benjamin	➢ Trois tablettes lait aux flocons d'avoine (REF52) ➢ Un sachet « découverte » (REF30) ➢ Deux tablettes chocolat blanc - moyenne plaque (REF63)
20/09	Facture V200902	SNC « Aux plaisirs des yeux » (1)	➢ Quatre muscadines (REF33) ➢ Deux tablettes de chocolat à la crème (REF41) ➢ Cinq tablettes de chocolat au lait écrémé (REF42) ➢ Deux boîtes de chocolat en poudre (REF44) ***NB : escompte de 1 % en cas de paiement sous huit jours***
20/09	Facture V200903	Ets SARTEAUX Antoine	➢ Quarante coffrets N° 2 (REF21) ***NB : frais de transport soumis à TVA : 20,00 € HT***
21/09	Facture V210901	Ets SZYMANSKI Thierry	➢ Trente boîtes de chocolat en poudre (REF44) ➢ Dix tablettes de chocolat à la crème de marrons (REF45) ***NB : remise de 5 %, frais de transport soumis à TVA : 20,00 € HT***
23/09	Facture V230901	Ets BIENVENU Aimé	➢ Vingt-cinq tablettes de chocolat à la crème de whisky (REF46) ➢ Vingt-trois tablettes lait nature - petite plaque (REF50) ➢ Douze tablettes lait aux vermicelles (REF51) ***NB : frais de transport : 15,00 € HT*** ***Consignation d'une palette : 20 €***
23/09	Facture V230902	SARL « Les Gourmandises »	➢ Six palets aux éclats d'amandes - noir (REF32) ➢ Quatre tablettes chocolat blanc - petite plaque (REF60) ➢ Trois tablettes lait aux flocons d'avoine (REF52)
24/09	Facture V240901	Ets SARTEAUX Antoine	➢ Trois coffrets N° 2 (REF21) ➢ Dix tablettes lait nature - moyenne plaque (REF53) ➢ Cinq boîtes de cacao en poudre (REF40) ➢ Dix boîtes de cacao maigre (REF43) ***NB : remise spéciale : 3 %. Consignation d'un petit container : 30 €.***
25/09	Transformation de la commande C180901 en une facture	Ets DELVART François	➢ Voir commande C180901 du 18/09 : ➢ Vingt boîtes de cacao maigre (REF43) ➢ Cinq sachets « découverte » (REF30) ➢ Quinze boîtes de chocolat en poudre (REF44) ➢ Douze boîtes de cacao en poudre (REF40) ➢ Quatre tablettes de chocolat blanc - grosse plaque (REF64) ***NB : déduction de l'avance de 100 € versée le 18/09 à la commande***
26/09	Facture V260901	Ets CUNTH Hervé	➢ Vingt boîtes de cacao en poudre (REF40) ***NB : escompte de 1 % pour paiement immédiat***
28/09	Facture V280901	Ets FILEX Chocolaterie	➢ Dix muscadines (REF33) ➢ Vingt boîtes de cacao en poudre (REF40) ➢ Quarante boîtes de chocolat en poudre (REF44) ***NB : déduction de l'acompte sur commande de 100 € reçu le 15/09***

(1) Nouveau client (voir coordonnées ci-après)

SARL « Les Gourmandises »

63, Bd de La Boétie, 75010 PARIS

Tél. : 01-42-78-XX-XX

N° de compte : 0GOU11FR

En-cours autorisé : 1 000 €

Domiciliation bancaire : BNP La Boétie, RIB 01245/47852 /001258965

Catégorie : Revendeur

Mode de règlement : Traite 30 JFM avec possibilité de régler par chèque au comptant sous escompte de 1 %

SNC « Aux plaisirs des yeux »

44, route de Verdun, 78100 Mantes la Jolie

Tél. : 01-45-82-XX-XX

N° de compte : 0PLA12FR

En-cours autorisé : 2 000 €

Domiciliation bancaire : Crédit Lyonnais, RIB 00562/07852/00124587954

Catégorie : Revendeur

Mode de règlement : Traite 30 JFM avec possibilité de régler par chèque au comptant sous escompte de 1 %

Avoirs à établir aux clients :

Dates	Documents	Clients	Détails
23/09	Bon de retour A230901 et Facture V230903	Ets STYRNA Stanislas	➢ Les tablettes lait aux flocons d'avoine (REF52) ne conviennent pas au client (*facture V190901* du 19/09). Elles sont remplacées par des tablettes de chocolat à la crème de marrons (REF45).
25/09	Bon de retour A250901	SNC « Aux plaisirs des yeux »	➢ Retour d'une boîte de chocolat en poudre (REF44) impropre à la consommation, facturée le 20/09 (*facture V200902*), avec escompte de 1 % sur la facture. Le paiement était prévu sous huit jours.
29/09	Bon d'avoir financier A290901	Ets SARTEAUX Antoine	➢ Remise accordée de 3 % selon accords commerciaux sur les coffrets, oubliée sur *facture V200903* du 20/09 : quarante coffrets N° 2 (REF21) vendus.
29/09	Bon de retour A290902	Ets DEDEYSTERE Stéphane	➢ Retour d'un coffret N° 5 (REF24) (*facture V170902* du 17/09) qui n'est pas totalement rempli. Une remise de 3 % avait été accordée à la vente.
29/09	Bon de retour A290903	Ets BIENVENU Aimé	➢ Déconsignation de la palette consignée 20 € sur livraison du 23/09 (*facture V230901*).
30/09	Bon de retour A300901 et Facture V300901	Ets SZYMANSKI Thierry	➢ Erreur de facturation (cf. *facture V210901* du 21/09) : trente boîtes de chocolat en poudre (REF44) ont été livrées (conformément à la commande du client), mais dix tablettes de chocolat à la crème de marrons (REF45) ont été facturées par erreur. La facture faisait l'objet d'une remise de 5 %. Constater la reprise des dix tablettes de chocolat à la crème de marrons (REF45) facturées par erreur (retour) et la facturation des dix tablettes lait nature - grosse plaque (REF54) en remplacement (facture, avec application de la remise de 5 %).
30/09	Bon d'avoir financier A300902	Ets FILEX Chocolaterie	➢ Les quarante boîtes de chocolat en poudre (REF44) (*facture V280901* du 28/09) ont été reçues éventrées. Le client les conserve tout de même mais demande un rabais de 20 % sur cette référence. Il lui est accordé.

GOEULZIN

Factures à compléter - Procédure comptable - Enregistrement des ventes

1.3.1 **Enregistrement, contrôle et validation des opérations relatives aux clients (y compris celles générées par le PGI)**
1.7.2 **Analyse du processus « Contrôle et traitement comptable des opérations commerciales »**

La société **GOEULZIN** a fait sa réputation dans la région valenciennoise grâce à ses prestations de traiteur dans les différentes cérémonies et fêtes familiales concernant des particuliers, des administrations, des entreprises, des associations, etc.

Son activité se compose à la fois :
- de prestations de services (service à la table, animation, préparation de salles, location de couverts, de tables, de chaises, etc.) ;
- de ventes de marchandises (boissons diverses alcoolisées ou non, pains, assiettes en papier, gobelets plastiques, etc.) ;
- de ventes de produits finis (gâteaux spécifiques liés à l'événement, buffets préparés, mets particuliers, plats régionaux, spécialités, etc.).

Dans le tableau suivant sont recensées les opérations relatives au mois de mai N :

Dates	Opérations
2 mai	*Facture n° 784 aux établissements Vallourec.* Marchandises (brut) : livraison de champagne : 1 456,00 € HT, TVA TN. Paiement sous trois jours.
5 mai	*Facture n° 785 à la société Carpentier située à Namur (Belgique).* Produits finis : buffet froid pour 120 personnes à 20 € HT. Remise 2 %. TVA TI. Paiement à 40 jours. La société Carpentier a fourni son numéro d'identification intracommunautaire.
7 mai	*Facture n° 786 à la société Renault.* - produits finis : 2 000 chouquettes « maison » à 175,00 € HT le mille, - marchandises : 480 litres de boissons non alcoolisées à 0,87 € HT le litre. Remises 1 % et 2 %. TVA TI. Paiement sous 60 jours.
9 mai	*Facture n° 787 à l'association « Les Papillons Blancs ».* Locations de salles et prestations diverses. Montant brut : 3 540 € HT. TVA TN. La société GOEULZIN a opté pour les débits. Paiement comptant sous escompte de 2 %.
10 mai	*Facture n° 788 à la société Albert.* Produits finis (brut) : livraison de plats préparés : 1 245,60 € HT. TVA TI. Transport forfaitaire (conditions « arrivée ») : 40,00 € HT. Paiement en fin de mois.
12 mai	*Facture n° 789 au client Bertrand.* - marchandises (brut) : boissons diverses : 865 € HT (TVA TI) et 650 € HT (TVA TN). Remises 2 % et 3 %. - produits finis : plats régionaux (Filet mignon aux Maroilles) : 450 € HT (TVA TI). Transport récupéré (conditions « départ ») : 150,00 € HT. Paiement à 30 jours.
15 mai	*Facture n° 790 au client Claudin.* Pièces montées fabriquées par la société GOEULZIN : 675,40 € HT (brut). TVA TI. Conditions « franco » de port. Paiement comptant sous escompte de 1 %.
21 mai	*Facture n° 791 à la société Decaud.* Animation d'une soirée en faveur du personnel : total TTC : 1 431,60 €. TVA TN. La société GOEULZIN a opté pour les débits. Transport des tables et chaises louées pris en charge par le client : 250,00 € HT (TVA TN). Paiement à 30 jours.
25 mai	*Facture n° 792 au client Ahmed pour l'association sociale de quartier de Maubeuge.* Produits finis (brut) : couscous géant : 300 € HT. Déduction d'une remise. Transport récupéré : 20,00 € HT (conditions « départ »). TVA TI. Montant « Net à payer » : 337,50 €. Paiement en fin de mois.

Remarques :

- Ces opérations sont soumises à la TVA (TI : Taux intermédiaire ; TN : Taux normal).
- L'entreprise utilise deux comptes de TVA pour différencier les deux taux utilisés : 445711 TVA collectée au taux intermédiaire ; 445712 TVA collectée au taux normal.
- Les comptes de tiers sont créés de la façon suivante : 0 + les 5 premières lettres du nom du client.
- Le plan comptable est composé de comptes à 6 chiffres.
- L'entreprise a opté pour les débits sur ses activités de prestation de services.

Organisation comptable :

Le chef d'entreprise a pris la décision d'archiver sur supports informatiques les informations relatives au processus « vente ».

Ancienne organisation : auparavant l'entreprise conservait deux exemplaires pour l'archivage. L'original était envoyé au client, un premier double (bleu) était conservé dans le dossier client, un second double (rose) était classé dans l'ordre d'édition des documents dans un classeur mensuel.

Nouvelle organisation : toutes les factures de vente sont sauvegardées dans le module de gestion commerciale d'un PGI, envoyées par EDI aux clients dotés du matériel adéquat ou envoyées sous forme papier aux clients non équipés du système.

La base de données est périodiquement dupliquée afin d'obtenir une sauvegarde sécurisée.

Missions

1 - Complétez le corps des factures suivantes fournies en annexe.

2 - Enregistrez dans le bordereau centralisateur des ventes de l'entreprise GOEULZIN toutes les écritures relatives à ces factures.

3 - Quels sont les avantages de l'organisation comptable mise en place ? Pour quelles raisons l'ancienne organisation avait-elle été établie ?

version BiMédia « Goeulzin_Eleve.xls »

version BiMédia « Bordereau.pdf »

Annexe - Factures à compléter de l'entreprise GOEULZIN

Facture 784	
Brut HT	
+ TVA (TN)	
Net à payer	

Facture 785	
Brut HT	
- Remise 2 %	
Net commercial	
+ TVA (TI)	
Net à payer	

Facture 786	
Chouquettes	
Boissons	
Brut HT	
- Remise 1 %	
Sous-total	
- Remise 2 %	
Net commercial	
+ TVA (TI)	
Net à payer	

Facture 787	
Brut HT	
- Escompte 2 %	
Net financier	
+ TVA (TN)	
Net à payer	

NB : option pour les débits

Facture 788	
Brut HT	
+ Port forfaitaire	
Total HT	
+ TVA (TI)	
Net à payer	

Taux de la remise	

Facture 792	
Brut HT	
- Remise	
Net commercial	
+ TVA (TI)	
+ Port récupéré	
+ TVA/Port (TN)	
Net à payer	

Facture 789			
Marchandises TI (brut)			
Marchandises TN (brut)			
Produits finis (brut)			
Brut HT			
- Remise 2 %			
Sous-total			
- Remise 3 %			
Net commercial			
+ TVA (TI)			
+ TVA (TN)			
Total TTC			
+ Port récupéré			
+ TVA/Port (TN)			
Net à payer			

Facture 790	
Brut HT	
- Escompte 1 %	
Net financier	
+ TVA (TI)	
Franco de port	
Net à payer	

Facture 791	
Brut HT	
+ TVA (TN)	
Net à payer	

NB : option pour les débits

BORDEREAU CENTRALISATEUR DES VENTES **MOIS** [ ] **ANNÉE** [ ] **VT** **FOLIO** 1/1

N° ligne	Jour	Comptes à débiter	Montants	N° de pièce	Libellés des opérations	Comptes à débiter							
						TVA coll. (TI)	TVA coll. (TN)	Ventes de produit finis	Prestations de services	Ventes de marchandises	Transports	Divers	
												Montants	N° de compte
1													
2													
3													
4													
5													
6													
7													
8													
9													
10													
Totaux à reporter ou du mois					Totaux à reporter ou du mois								
			DÉBIT		NUMÉROS DE COMPTES	445711	445712	701000	706000	707000	708500		CRÉDIT

BELLONNE

Exigibilité de la TVA - Ventes - Prestations de services - Option pour les débits

- 1.3.1 Enregistrement, contrôle et validation des opérations relatives aux clients (y compris celles générées par le PGI)
- 1.7.2 Analyse du processus « Contrôle et traitement comptable des opérations commerciales »
- 3.2.1 Préparation de la déclaration de TVA
- 3.2.4 Conseil en matière de régime et d'options de TVA

L'entreprise **BELLONNE** fabrique du mobilier de bureau en bois qu'elle revend à des entreprises ou à des particuliers. Son activité est principalement industrielle et commerciale mais elle réalise quelques activités accessoires de prestations de services (réparation de mobiliers endommagés).

Pour son activité de prestations de services, elle n'a, pour le moment, pas opté pour les débits. L'ensemble de ses activités est soumis au taux normal de TVA.
Plusieurs missions vous sont confiées :

- enregistrement dans le bordereau de saisie (avant intégration sur le module comptable du PGI) des opérations de septembre N liées aux achats, ventes et prestations de la période ;
- calcul de la TVA due pour le mois de septembre N.

Opérations relatives au mois de septembre N

Dates	Pièces	Détails
03/09/N	Chèque 625258	Acompte versé par l'entreprise Martin pour l'acquisition de mobilier destiné à la rénovation des bureaux : 2 460,00 €.
05/09/N	Facture 1256	Achat de matières premières (bois) destinées à la fabrication du mobilier au fournisseur Forrest : 9 650,00 € HT (TVA au taux intermédiaire).
08/09/N	Chèque 785632	Acompte versé par l'entreprise Duquesne pour la réparation de ses étagères commerciales en bois : 294,00 €.
12/09/N	Facture 09-003	Vente au client Martin du mobilier commandé le 03/09. Montant HT : 8 200,00 € HT (TVA au taux normal).
15/09/N	Facture ELECT09N	Réception et comptabilisation de la facture d'électricité. Montant : 1 680,00 € HT (TVA au taux normal – Notre fournisseur d'électricité a opté pour les débits).
18/09/N	Facture 09-008	Facturation de la réparation effectuée chez le client Duquesne : 980,00 € HT (TVA au taux normal).
22/09/N	Facture 624	Acquisition d'un ordinateur portable pour le service comptable au fournisseur Toutinfo : 640,00 € HT (TVA au taux normal).
27/09/N	Chèque 625282	Règlement de la facture 09-003.
30/09/N	Chèque 785651	Règlement de la facture 09-008.

L'entreprise Bellonne utilise les journaux suivants :

HA	Journal des achats et frais généraux	**CA**	Journal de caisse
BQ	Journal de banque (Société Générale)	**VT**	Journal des ventes et réparations
OD	Journal des opérations diverses (ex. : acquisition d'immobilisations)		

✎ Un extrait du plan tiers de l'entreprise « Bellonne » vous est également confié :

N° compte	Libellés	N° compte	Libellés
9ELECT	Fournisseur d'électricité	0DUQUE	Client Duquesne
9FORRE	Fournisseur Forrest	0MARTI	Client Martin
9TOUTI	Fournisseur Toutinfo		

Annexe fiscale

TVA - Base d'imposition - Fait générateur et exigibilité - Modification de l'exigibilité de la TVA à la suite d'une option - Les différents cas d'option

1 - Pour les prestations de services, le fait générateur de la TVA se produit au moment où la prestation de services est effectuée, la taxe étant exigible en principe lors de l'encaissement des acomptes, du prix ou de la rémunération (article 269 du Code général des impôts - CGI).

10 - Toutefois, en ce qui concerne l'exigibilité, le premier alinéa de l'article 269-2-c du CGI prévoit en faveur des prestataires de services, la faculté d'opter pour le paiement de la taxe d'après les débits. [...]

I. Option pour le paiement de la taxe d'après les débits

20 - Aux termes de l'article 269-2-c, al. 1 du CGI, les personnes qui effectuent des prestations de services, opérations pour lesquelles la taxe est en principe exigible lors de l'encaissement, peuvent être autorisées à acquitter la taxe d'après leurs débits (c'est-à-dire lors de l'inscription des sommes correspondantes au débit des comptes clients). [...]

http://bofip.impots.gouv.fr

Effectuer l'enregistrement comptable d'une prestation de service

[...]

Enregistrement d'une facture

Les factures sont à comptabiliser à leur date de création. Pour l'enregistrement d'une facture de vente de service, il faut débiter le compte client (411) en utilisant le montant net à payer pour le client. Ensuite, il faut créditer le compte de prestation de services (706), ou le cas échéant de travaux (704), du montant net hors taxes.

Enfin, pour terminer l'enregistrement de cette opération, on crédite le compte 4458 – TVA en attente. L'opération n'est pas terminée et elle sera régularisée au moment de l'encaissement de la facture.

Facture d'acompte

Lorsqu'un client a payé en avance pour une prestation, vous devez enregistrer une facture d'acompte.

Il faut d'abord enregistrer l'acompte dans le journal de banque : pour cela on débite le compte 512 – Banque, et on crédite le compte 4191 – Clients Avances et acomptes reçus sur commandes.

Il ne faut pas oublier de régulariser la TVA car on enregistre la TVA à la date où la facture est encaissée. Ainsi, on crédite le compte 44571 – TVA collectée par le débit du compte 4458 – TVA en attente.

À quel moment le Trésor Public peut-il exiger la TVA lorsqu'il s'agit d'une prestation de services ?

L'entreprise doit appliquer la TVA sur l'opération au moment de la réalisation des travaux ou du service.

Elle devra ensuite déclarer le montant de cette TVA et le payer au Trésor Public durant le mois de l'encaissement de la créance. Comme la TVA facturée est exigible seulement au moment de l'encaissement, si une facture est réalisée et payable sous 30 jours, la TVA sera portée au crédit du compte 4458 – TVA à régulariser ou en attente. Le compte 44571 – TVA collectée – ne sera crédité qu'à partir de la date d'encaissement, c'est-à-dire au moment où le client aura payé la facture pour le service rendu.

https://www.legalplace.fr

Missions

1 - Enregistrez dans le bordereau d'imputation comptable de l'entreprise « Bellonne » les écritures relatives au mois de septembre N.

2 - Calculez le montant de la TVA de septembre N.

3 - Quelles conséquences comptables aurait l'option pour les débits pour cette entreprise ? Présentez les enregistrements subissant une modification.

version BiMédia « Bellonne_Eleve.xls »

version BiMédia « Bordereau.pdf »

ÉPINOY

Conversion - Gain de change - Perte de change

1.3.1 Enregistrement, contrôle et validation des opérations relatives aux clients (y compris celles générées par le PGI)
1.7.1 Présentation des caractéristiques de l'organisation du processus « Contrôle et traitement des opérations commerciales »
1.7.2 Analyse du processus « Contrôle et traitement comptable des opérations commerciales »

La **SA ÉPINOY** fabrique et vend du linge de maison de grande qualité. Sa réputation a franchi les frontières et une grande partie de son chiffre d'affaires est réalisée à l'étranger.
Elle a l'habitude de facturer ses clients dans la devise de leur pays et elle demande, en général, un acompte à la commande (converti au cours du jour).
Les factures en devises sont comptabilisées au taux de change moyen du mois (taux mensuel douanier).
Les règlements sont convertis au cours du jour.
L'exercice comptable de la société **ÉPINOY** coïncide avec l'année civile.

Les opérations relatives au mois de novembre et décembre N vous sont fournies en **annexe 1**.

Vous disposez également :
- d'un extrait du plan comptable de l'entreprise (**annexe 2**) ;
- d'un extrait du plan tiers de l'entreprise (**annexe 3**) ;
- d'un extrait de l'évolution journalière du cours des devises (**annexe 4**) ;
- de l'évolution du taux mensuel douanier (**annexe 5**).

Mission

→ **Enregistrez dans le bordereau d'imputation comptable de la SA ÉPINOY toutes les écritures nécessaires pour la période 05/11/N - 25/12/N.**

version e-Média « Epinoy_Eleve.xls »

version e-Média « Bordereau.pdf »

Annexe 1 - Opérations de novembre et décembre N

Dates	Opérations
5 novembre	Commande n° 11/05/14 de 100 draps pur lin, modèle « Tulipes » par le client américain Johnston au prix unitaire de 200 $ USD. Un virement de 2 000 $ USD accompagne la commande pour acompte.
15 novembre	Livraison et facturation au client américain Johnston de la commande n° 11/05/14 (facture n° 11/05/14). Le paiement du solde est prévu au 30 novembre.
25 novembre	Commande n° 11/25/28 de 150 nappes douze couverts avec broderie traditionnelle au prix unitaire de 1 750 SEK (couronnes suédoises) par le client suédois Winston. Un virement de 25 000 SEK accompagne la commande pour acompte (Winston nous a fourni son numéro d'identification intracommunautaire).
30 novembre	Commande n° 11/30/37 de 200 peignoirs de bain brodés au logo du client suisse Sweater au prix de 110 F CHF. Un virement de 2 000 F CHF accompagne la commande.
30 novembre	Réception de l'avis de crédit n° 447 de la banque Scalbert Dupont concernant le virement du client Johnston.
5 décembre	Livraison et facturation au client suédois Winston de la commande n° 11/25/28 (facture n° 11/25/28). Le paiement du solde est prévu le 20 décembre.
10 décembre	Livraison et facturation au client suisse Sweater de la commande n° 11/30/37 (facture n° 11/30/37). Le paiement du solde est prévu le 25 décembre.
20 décembre	Réception de l'avis de crédit n° 499 de la banque Scalbert Dupont concernant le virement du client Winston.
25 décembre	Réception de l'avis de crédit n° 518 de la banque Scalbert Dupont concernant le virement du client Sweater.

Annexe 2 - Extrait du plan comptable de l'entreprise

411110	Clients (France)	701110	Vente de draps (France)
411120	Clients (UE)	701120	Vente de draps (UE)
411130	Clients (hors UE)	701130	Vente de draps (hors UE)
419110	Acomptes reçus sur commandes (France)	701210	Vente de nappes (France)
419120	Acomptes reçus sur commandes (UE)	701220	Vente de nappes (UE)
419130	Acomptes reçus sur commandes (hors UE)	701230	Vente de nappes (hors UE)
512100	Banque Scalbert Dupont	701310	Vente de peignoirs (France)
		701320	Vente de peignoirs (UE)
		701330	Vente de peignoirs (hors UE)

Annexe 3 - Extrait du plan tiers de l'entreprise

0JOHNS	Client JOHNSTON
0SWEAT	Client SWEATER
0WINST	Client WINSTON

Annexe 4 - Extrait du tableau d'évolution du cours journalier des devises (cotation : 1 € =)

Dates	$ USD	SEK	F CHF
5 novembre	1,0890	10,5425	1,1009
10 novembre	1,0955	10,5430	1,0495
15 novembre	1,1056	10,5438	1,0825
20 novembre	1,1050	10,5422	1,1050
25 novembre	1,1125	10,5475	1,1075
30 novembre	1,1075	10,5465	1,1025
5 décembre	1,1060	10,5450	1,0925
10 décembre	1,1575	10,5325	1,0975
20 décembre	1,1625	10,5350	1,0965
25 décembre	1,1680	10,5225	1,0935

Annexe 5 - Tableau d'évolution du taux mensuel douanier (cotation : 1 € =)

Dates	$ USD	SEK	F CHF
Novembre	1,1065	10,5450	1,1005
Décembre	1,1675	10,5370	1,0945

Scénario 6 Le suivi des effets de commerce

1.3.3 Enregistrement, suivi des effets de commerce créés

Contexte général DUVIVIER :

Salarié dans le service comptable de la société Duvivier, vous devez gérer le portefeuille des effets de commerce.

Mission de veille :

Mettre à jour votre veille comptable sur les thèmes suivants :

- Lettre de change Relevé
- Traitement des impayés
- Crédit de mobilisation des créances commerciales
- Bordereau Dailly
- Affacturage

➤ Documents comptables de la société Duvivier :

SA DUVIVIER
10 rue Doumergue
59500 DOUAI

Contre cette LETTRE DE CHANGE
stipulée SANS FRAIS
veuillez payer la somme indiquée en euros
ci-dessous à l'ordre de : nous-mêmes

À Douai LE

€

MONTANT POUR CONTRÔLE	DATE DE CRÉATION	ÉCHÉANCE	RÉF. TIRÉ	LCR seulement	MONTANT
2 000,00	02/09/N	31/10/N	OLATOU		2 000,00

RIB du TIRÉ

Code établ.	Code guichet	N° de compte	Clé RIB
14589	98652	458525665	33

NOM et ADRESSE DU TIRÉ : Société LATOUR, 5 rue de l'Arsenal, 59300 VALENCIENNES

DOMICILIATION : Banque Populaire du Nord, 37, Bd Coubertin Valenciennes

Valeur en marchandises N° 121

ACCEPTATION OU AVAL 03/09/N

Duvivier

ne rien inscrire au-dessous de cette ligne

SA DUVIVIER
10 rue Doumergue
59500 DOUAI

Contre cette LETTRE DE CHANGE
stipulée SANS FRAIS
veuillez payer la somme indiquée en euros
ci-dessous à l'ordre de : nous-mêmes

À Douai LE

€

MONTANT POUR CONTRÔLE	DATE DE CRÉATION	ÉCHÉANCE	RÉF. TIRÉ	LCR seulement	MONTANT
3 000,00	02/09/N	15/11/N	OLATOU		3 000,00

RIB du TIRÉ

Code établ.	Code guichet	N° de compte	Clé RIB
14589	98652	458525665	33

NOM et ADRESSE DU TIRÉ : Société LATOUR, 5 rue de l'Arsenal, 59300 VALENCIENNES

DOMICILIATION : Banque Populaire du Nord, 37, Bd Coubertin Valenciennes

Valeur en marchandises N° 122

ACCEPTATION OU AVAL 03/09/N

Duvivier

ne rien inscrire au-dessous de cette ligne

SOCIETE GENERALE

Agence de Douai - 66, rue Saint-Jacques 59500 DOUAI

AVIS DE CRÉDIT POUR NÉGOCIATION

Taux d'escompte : 7,50 %
Commission d'endos : 0,50 %
Taux : 8,00 %
Commission fixe : 20,00 €
Minimum de jours : 10

Compte n° : 17304/04158/00032589550/93

Client : Société DUVIVIER

Remise reçue le : 07-sept

N°	Coordonnées du tiré	Montant	Échéance	Commission	Jours	Intérêts
121	Société LATOUR (BPN)	2 000,00	31/10/N	20,00	54	24,00

Montant brut sous réserve d'encaissement	Total commissions	TVA sur commissions	Total des intérêts	Valeur au	Montant au crédit de votre compte
2 000,00	20,00	4,00	24,00	09-sept	**1 952,00**

SOCIETE GENERALE

Agence de Douai
66, rue Saint-Jacques
59500 DOUAI

SA DUVIVIER
10, rue Doumergue
59500 DOUAI

Compte n° 17304/04158/00032589550/93

AVIS DE CRÉDIT n° 332				
Date	**Nature des opérations**	**Valeur**	**Débit**	**Crédit**
09/09/N	Négociation LCR 121	09-sept		2 000,00
09/09/N	Intérêts bancaires à 8 %	09-sept	24,00	
09/09/N	Commissions TTC (TN)	09-sept	24,00	
	NET PORTÉ À VOTRE COMPTE			1 952,00

SOCIETE GENERALE

Agence de Douai
66, rue Saint-Jacques
59500 DOUAI

SA DUVIVIER
10, rue Doumergue
59500 DOUAI

Compte n° 17304/04158/00032589550/93

AVIS DE CRÉDIT n° 481				
Date	**Nature des opérations**	**Valeur**	**Débit**	**Crédit**
16/11/N	Encaissement LCR 122	16-nov		3 000,00
16/11/N	COMMISSIONS TTC (TN)	16-nov	12,00	
	NET PORTÉ À VOTRE COMPTE			2 988,00

Mission 1 Comptabilisez dans les journaux adéquats de la société Duvivier les documents présentés ci-avant.

Ligne	Date	Journal	N° compte général	N° compte de tiers	Intitulés des comptes/ Libellés des opérations	Débit	Crédit
1	03/09/N	OD					
2							
3					*LCR 121 et 122 acceptées par Latour*		
4	07/09/N	OD					
5							
6					*Négociation LCR n° 121*		
7	09/09/N	BQ1				❸	
8							
9						❶	
10						❷	
11							
12					*Avis de crédit n° 332*		
13	13/11/N	OD					
14							
15					*Remise à l'encaissement de la LCR n° 122*		
16	16/11/N	BQ1				❺	
17						❹	
18							
19							
20					*Avis de crédit n° 481*		
					Totaux		

❶
❷
❸
❹
❺

→ La LCR magnétique

Mission 2 Comptabilisez dans les journaux adéquats de la société Duvivier toutes les opérations suivantes.

➢ 03/09/N : Notre société a vendu à la société Dupuis, pour 4 000 € HT de matériels électriques (TVA au taux normal). Le règlement par chèque est prévu pour le 31/10/N selon les conditions de la facture n° 875.

➢ 15/09/N : Nous décidons d'émettre une lettre de change relevé (LCR magnétique 612), dont l'échéance est fixée au 31/10/N. Elle sera remise aussitôt à l'escompte auprès de la Société Générale (par télétransmission).

SOCIETE GENERALE

Agence de Douai - 66, rue Saint-Jacques 59500 DOUAI

AVIS DE CRÉDIT POUR NÉGOCIATION

Taux d'escompte : 5,50 %
Commission d'endos : 0,50 %
Taux : 6,00 %
Commission fixe : 30,00 €
Minimum de jours : 15

Compte n° : 17304/04158/00032589550/93

Client : Société DUVIVIER

Remise reçue le : 15-sept

N°	Coordonnées du tiré	Montant	Échéance	Commission	Jours	Intérêts
612	Société DUPUIS (CM)	4 800,00	31/10/N	30,00	46	36,80

Montant brut sous réserve d'encaissement	Total commissions	TVA sur commissions	Total des intérêts	Valeur au	Montant au crédit de votre compte
4 800,00	30,00	6,00	36,80	15-sept	**4 727,20**

➢ 31/10/N : La société Dupuis règle la facture n° 875 par chèque bancaire n° CM 512607.

SOCIETE GENERALE

Agence de Douai
66, rue Saint-Jacques
59500 DOUAI

SA DUVIVIER
10, rue Doumergue
59500 DOUAI

Compte n° 17304/04158/00032589550/93

AVIS DE DÉBIT n° 127				
Date	**Nature des opérations**	**Valeur**	**Débit**	**Crédit**
31/10/N	Remboursement LCR magnétique n° 612	31-oct	4 800,00	
	NET DÉDUIT DE VOTRE COMPTE		4 800,00	

Ligne	Date	Journal	N° compte général	N° compte de tiers	Intitulés des comptes/ Libellés des opérations	Débit	Crédit
1	03/09/N	VTE				❶	
2							
3							❷
4					*Facture n° 875*		
5	15/09/N	BQ1				❹	
6							
7							
8						❸	
9							
10					*LCR magnétique n° 612 négociée*		
11	31/10/N	BQ1					
12							
13					*Chèque n° CM 512607*		
14	31/10/N	BQ1					
15							
16					*Avis de débit n° 127*		
					Totaux		

❶
❷
❸
❹

Justifiez le taux d'intérêt utilisé lors de la négociation de la LCR magnétique n° 612.

→

→ Le tableau des engagements hors bilan

Mission 3 Complétez le tableau des engagements hors bilan de l'entreprise Duvivier au 30/09/N suite à la négociation de la LCR magnétique n° 612 de la société Dupuis.

Extrait du tableau 2058-C de la liasse fiscale (Entreprise Duvivier - 30/09/N)

RENSEIGNEMENTS DIVERS			Exercice N	Exercice N-1
ENGAGEMENTS	- Engagement de crédit-bail mobilier	YQ		
	- Engagement de crédit-bail immobilier	YR		
	- Effets portés à l'escompte et non échus	YS		

→ Les incidents de paiement liés aux effets de commerce

Mission 4 Comptabilisez dans les journaux adéquats de la société Duvivier toutes les opérations suivantes.

- Le 20/09/N, le gérant de la SARL Camus nous a prévenus qu'il ne pourrait régler sa LCR papier (LCR 124) de 2 400 € à échéance du 30/09/N.
- Le 21/09/N, nous annulons cet effet (LCR 124) et lui adressons une nouvelle LCR papier (LCR 131) à échéance du 31/10/N dont le nominal est augmenté des frais postaux (5 €) et des intérêts de retard au taux de 15 %.

Ligne	Date	Journal	N° compte général	N° compte de tiers	Intitulés des comptes/ Libellés des opérations	Débit	Crédit
1	21/09/N	OD					
2							
3					*Annulation LCR 124*		
4	21/09/N	OD					
5							
6							❶
7							
8					*Création LCR 131*		
					Totaux		

❶

Mission 5 Comptabilisez dans les journaux adéquats de la société Duvivier les opérations précédentes en supposant que la LCR soit magnétique.

Ligne	Date	Journal	N° compte général	N° compte de tiers	Intitulés des comptes/ Libellés des opérations	Débit	Crédit
1	21/09/N	OD				❶	
2							
3							
4					*Imputation des frais relatifs à la LCR 131*		
					Totaux		

❶

→ Les problèmes liés aux impayés

Mission 6 Comptabilisez dans les journaux adéquats de la société Duvivier toutes les opérations suivantes.

- **02/10/N :** Facture n° 965 - Vente de matériels électriques à la société Leloup pour 2 000 € HT (TVA : TN).
- **05/10/N :** Acceptation du client Leloup d'une LCR papier pour le montant de la facture 965, échéance 30JFM (LCR n° 154).
- **10/10/N :** Remise à l'escompte de la LCR 154 (bordereau de remise n° 647).
- **12/10/N :** Bordereau d'escompte n° 879 : escompte 12 %, commissions : 30 € HT (TVA au taux normal).
- **03/12/N :** La banque prélève le montant de la LCR n° 154 après constatation de l'impayé de la société Leloup, plus des frais bancaires d'impayé de 22 € HT, TVA au taux normal (avis de débit n° 555).
- **06/12/N :** Après accord, le P.-D.G. de la société Leloup accepte la création d'une nouvelle LCR papier comprenant le nominal de la LCR n° 154 plus les frais bancaires plus les intérêts de retard à 16 %. Nouvelle échéance : le 31/12/N (LCR n° 172).

Ligne	Date	Journal	N° compte général	N° compte de tiers	Intitulés des comptes/ Libellés des opérations	Débit	Crédit
1	02/10/N	VTE				❶	
2							
3							❷
4					*Facture n° 965*		
5	05/10/N	OD					
6							
7					*LCR n° 154*		
8	10/10/N	OD					
9							
10					*Bordereau de remise n° 647*		
11	12/10/N	BQ1				❺	
12							
13						❸	
14						❹	
15							
16					*Bordereau d'escompte n° 879*		
17	03/12/N	BQ1				❻	
18							
19					*Avis de débit n° 555*		
20	06/12/N	OD				❽	
21							
22							❼
23					*LCR n° 172*		
					Totaux		

❶	❷	❸
❹		
❺	❻	
❼		❽

Mission 7 Comptabilisez dans les journaux adéquats de la société Duvivier les opérations précédentes en supposant que les LCR n° 154 et n° 172 sont magnétiques.

Ligne	Date	Journal	N° compte général	N° compte de tiers	Intitulés des comptes/ Libellés des opérations	Débit	Crédit
1	02/10/N	VTE					
2							
3							
4					*Facture n° 965*		
5	12/10/N	BQ1					
6							
7							
8							
9							
10					*Négociation de la LCR magnétique n° 154*		
11	03/12/N	BQ1					
12							
13							
14					*Avis de débit n° 555*		
15	06/12/N	OD					
16							
17					*Imputation sur la LCR magnétique n° 172*		
					Totaux		

Vérification de la créance sur la société Leloup au 06/12/N (compte 411000) :

➜

➜ La mobilisation des créances

◆ Le CMCC

Mission 8 Comptabilisez dans les journaux adéquats de la société Duvivier toutes les opérations suivantes.

Début novembre N, notre société a enregistré 6 factures différentes d'un montant total de 17 940,00 € TTC, dont les échéances sont prévues au 31/12/N.

➢ Le 08/11/N, nous décidons, après accord avec la société générale, de souscrire un billet à ordre n° 11-08 pour 12 000,00 € correspondant au montant maximum accordé par la banque.

Agence de Douai
66, rue Saint-Jacques
59500 DOUAI

SA DUVIVIER
10, rue Doumergue
59500 DOUAI

Compte n° 17304/04158/00032589550/93

AVIS DE CRÉDIT n° 426				
Date	Nature des opérations	Valeur	Débit	Crédit
08/11/N	Négociation CMCC	08-nov		12 000,00
08/11/N	Intérêts bancaires à 12 %	08-nov	212,00	
08/11/N	Commissions TTC (TN)	08-nov	54,00	
	NET PORTÉ À VOTRE COMPTE			11 734,00

➢ Le 31/12/N, les clients de notre société règlent normalement leurs factures par chèques bancaires.

Agence de Douai
66, rue Saint-Jacques
59500 DOUAI

SA DUVIVIER
10, rue Doumergue
59500 DOUAI

Compte n° 17304/04158/00032589550/93

AVIS DE DÉBIT n° 217				
Date	Nature des opérations	Valeur	Débit	Crédit
31/12/N	Remboursement du CMCC accordé le 8/11	31-déc	12 000,00	
	NET DÉDUIT DE VOTRE COMPTE		12 000,00	

Ligne	Date	Journal	N° compte général	N° compte de tiers	Intitulés des comptes/ Libellés des opérations	Débit	Crédit
1	08/11/N	BQ1					
2						❶	
3						❷	
4						❸	
5							
6					*Avis de crédit n° 426*		
7	31/12/N	BQ1					
8							
9					*Chèques bancaires (règlement des clients divers)*		
10	31/12/N	BQ1					
11							
12					*Avis de débit n° 217*		
					Totaux		

❶
❷
❸

→ Le bordereau Dailly

Mission 9 Comptabilisez dans les journaux adéquats de la société Duvivier tous les documents suivants, sachant que les quatre clients concernés par la cession « Dailly » ont bien été informé, ont respecté leurs échéances et ont réglé directement la Société Générale.

Société DUVIVIER
10, rue Doumergue
59500 DOUAI

Bordereau n° 54
Douai le 10/11/N

ACTE DE CESSION DE CRÉANCES PROFESSIONNELLES
soumis à la Loi n° 81 - 1 du 2 janvier 1981 modifiée et aux conventions passées entre le client et la banque
Établissement bancaire bénéficiaire : SOCIÉTÉ GÉNÉRALE

N°	Nom du débiteur	Adresse du débiteur	Montant	Échéance	N° Facture
1	Ets Vallourec	25, rue du parc Bertin 62000 Arras	7 250,00 €	30/11/N	1027
2	SARL Clément	4, Bd des Fusillés 59000 Lille	2 750,00 €	30/11/N	1028
3	SAS Gregoire	17, avenue P. Legrand 62100 Lens	3 250,00 €	31/12/N	1041
4	SA Frantissimo	34, rue Kleber 75001 Paris	1 750,00 €	31/12/N	1043
5					
		Totaux	15 000,00 €		

Signature du cédant :
Duvivier

SOCIETE GENERALE

Agence de Douai
66, rue Saint-Jacques
59500 DOUAI

SA DUVIVIER
10, rue Doumergue
59500 DOUAI

Compte n° 17304/04158/00032589550/93

AVIS DE CRÉDIT n° 432				
Date	Nature des opérations	Valeur	Débit	Crédit
10/11/N	Avance relative au Dailly n° 54	10-nov		15 000,00
	NET PORTÉ À VOTRE COMPTE			15 000,00

SOCIETE GENERALE

Agence de Douai
66, rue Saint-Jacques
59500 DOUAI

SA DUVIVIER
10, rue Doumergue
59500 DOUAI

Compte n° 17304/04158/00032589550/93

AVIS DE DÉBIT n° 176				
Date	Nature des opérations	Valeur	Débit	Crédit
30/11/N	Commissions TTC relatives au Dailly n° 54	30-nov	18,00	
30/11/N	Intérêts sur Dailly n° 54 (taux : 12 %)	30-nov	100,00	
	NET DÉDUIT DE VOTRE COMPTE		118,00	

SOCIETE GENERALE

Agence de Douai
66, rue Saint-Jacques
59500 DOUAI

SA DUVIVIER
10, rue Doumergue
59500 DOUAI

Compte n° 17304/04158/00032589550/93

AVIS DE DÉBIT n° 219				
Date	Nature des opérations	Valeur	Débit	Crédit
31/12/N	Commissions TTC relatives au Dailly n° 54	31-déc	18,00	
31/12/N	Intérêts sur Dailly n° 54 (taux : 12 %)	31-déc	51,67	
	NET DÉDUIT DE VOTRE COMPTE		69,67	

Ligne	Date	Journal	N° compte général	N° compte de tiers	Intitulés des comptes/ Libellés des opérations	Débit	Crédit
1	10/11/N	OD					
2							
3					*Bordereau Daily n° 54*		
4	10/11/N	BQ1					
5							
6					*Avis de crédit n° 432*		
7	30/11/N	BQ1				❶	
8						❷	
9						❸	
10							
11					*Avis de débit n° 176*		
12	30/11/N	OD				❹	
13							
14					*Règlement des factures n° 1027 et 1028*		
15	31/12/N	BQ1				❶	
16						❷	
17						❺	
18							
19					*Avis de débit n° 219*		
20	31/12/N	OD				❻	
21							
22					*Règlement des factures n° 1041 et 1043*		
					Totaux		

❶ ❷ ❸
❹ ❺ ❻

→ L'affacturage

Mission 10 Comptabilisez dans les journaux adéquats de la société Duvivier les documents suivants.

Société DUVIVIER **Bordereau d'affacturage n° 789**
10, rue Doumergue Paris, le 20/12/N
59500 DOUAI

À FACTORING BANK (filiale de la Société Générale)
278, boulevard Saint-Germain 75015 PARIS

Objet : Cession de créances commerciales
Mode : Virement au compte Société Générale n° 17304/04158/00032589550/93

DÉTAIL DES FACTURES				Montants
Numéro	Date	Échéance	Débiteur	
1024	12/12/N	31/01/N+1	Société Verres Hatti	6 525,80 €
1028	16/12/N	31/01/N+1	Société Cires Igou	3 265,80 €
1032	16/12/N	31/01/N+1	Société Les Caves Annie	2 756,30 €
1034	18/12/N	31/01/N+1	Société Ibrahim Movie	7 428,50 €
			Totaux	**19 976,40 €**

FACTORING BANK (filiale de la Société Générale)
278, boulevard Saint-Germain 75015 PARIS

Facture N° 1254
Le 23/12/N

Société DUVIVIER
10, rue Doumergue
59500 DOUAI

Objet : Achat factures 1024, 1028, 1032 et 1034
Nombre de jours : 42

Montant brut de la remise :				19 976,40 €
À déduire :	Commission de financement	15 %	349,59 €	
	Commission d'affacturage	2 %	399,53 €	
	TVA/commission d'affacturage	TN	79,90 €	
			829,02 €	
			Net à votre compte	**19 147,38 €**

Agence de Douai
66, rue Saint-Jacques
59500 DOUAI

SA DUVIVIER
10, rue Doumergue
59500 DOUAI

Compte n° 17304/04158/00032589550/93

AVIS DE CRÉDIT n° 576

Date	Nature des opérations	Valeur	Débit	Crédit
23/12/N	Affacturage sur 4 créances cédées	23-déc		19 976,40
23/12/N	Commission de financement 15 %	23-déc	349,59	
23/12/N	Commission affacturage 2 % TTC (TN)	23-déc	479,43	
	NET PORTÉ À VOTRE COMPTE			19 147,38

Ligne	Date	Journal	N° compte général	N° compte de tiers	Intitulés des comptes/ Libellés des opérations	Débit	Crédit
1	20/12/N	OD					
2							
3					*Bordereau d'affacturage n° 789*		
4	23/12/N	BQ1				❹	
5						❶	
6						❷	
7						❸	
8							
9					*Avis de crédit n° 576*		
					Totaux		

❶
❷
❸
❹

1.3.3 Enregistrement, suivi des effets de commerce créés

Les LCC (Lettres de Change Circulantes) ont pratiquement disparues. Seules les LCR papier (Lettres de Change Relevé) restent parfois utilisées. Mais de plus en plus, les LCR magnétiques sont utilisées pour éviter de multiples manipulations.

Présentation de la LCR papier

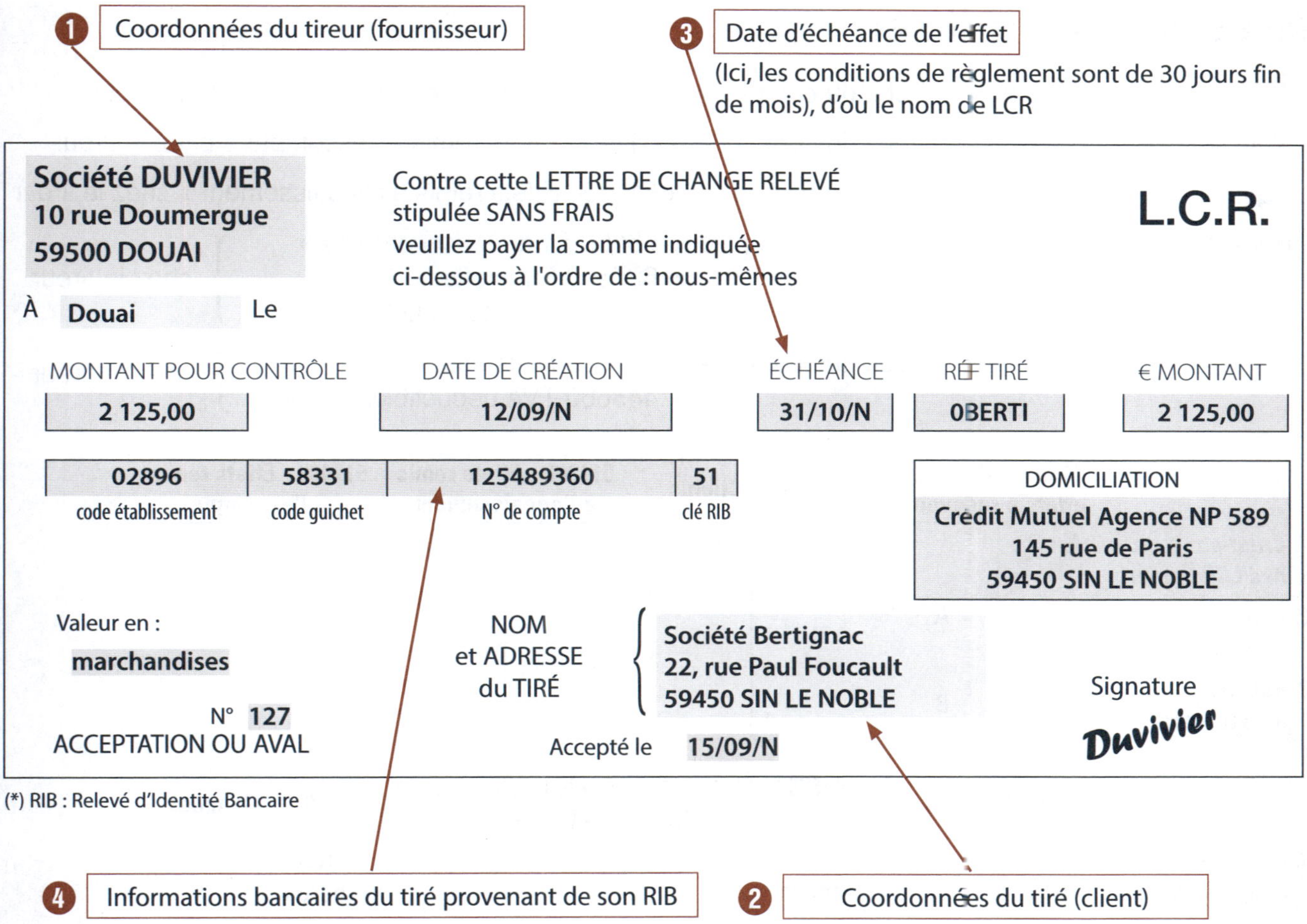
❶ Coordonnées du tireur (fournisseur)

❸ Date d'échéance de l'effet
(Ici, les conditions de règlement sont de 30 jours fin de mois), d'où le nom de LCR

Société DUVIVIER
10 rue Doumergue
59500 DOUAI

Contre cette LETTRE DE CHANGE RELEVÉ
stipulée SANS FRAIS
veuillez payer la somme indiquée
ci-dessous à l'ordre de : nous-mêmes

L.C.R.

À Douai Le

MONTANT POUR CONTRÔLE	DATE DE CRÉATION	ÉCHÉANCE	RÉF TIRÉ	€ MONTANT
2 125,00	12/09/N	31/10/N	OBERTI	2 125,00

code établissement	code guichet	N° de compte	clé RIB
02896	58331	125489360	51

DOMICILIATION
Crédit Mutuel Agence NP 589
145 rue de Paris
59450 SIN LE NOBLE

Valeur en :
marchandises

NOM et ADRESSE du TIRÉ
Société Bertignac
22, rue Paul Foucault
59450 SIN LE NOBLE

Signature
Duvivier

N° 127
ACCEPTATION OU AVAL

Accepté le 15/09/N

(*) RIB : Relevé d'Identité Bancaire

❹ Informations bancaires du tiré provenant de son RIB

❷ Coordonnées du tiré (client)

Circulation de la LCR papier

- *Étape 1 :* Le client (tiré) fournit son RIB au fournisseur (tireur) ce qui traduit son acceptation de payer par LCR papier.
- *Étape 2 :* Facturation de la vente.
- *Étape 3 :* Remise des LCR par le fournisseur à sa banque.
- *Étape 4 :* Envoi à sa banque par le client de l'autorisation de payer.
- *Étape 5 :* Compensation entre banque (par ordinateur).
- *Étape 6 :* Envoi par la banque du client des LCR qu'il doit payer.

Utilisation de la LCR papier

Deux possibilités sont offertes au tireur, soit :

- il attend l'échéance et charge sa banque d'encaisser la LCR papier, on parle « d'effets à l'encaissement » avec perception d'une « commission » par la banque ;
- il désire obtenir l'argent le plus tôt possible auprès de sa banque (donc avant l'échéance), on parle « d'effets à l'escompte » ou de « négociation d'effets » avec perception « d'intérêts » et de « commissions » par la banque (les commissions sont soumises à la TVA mais pas les intérêts).

NB : *l'ensemble des sommes perçues par la banque s'appelle les agios.*

Comptes à utiliser

- *Création d'une LCR papier :* Débit du compte « 413000 Client, effet à recevoir » chez le tireur
- *Remise à l'escompte :* Débit du compte « 511400 Effets remis à l'escompte » chez le tireur
- *Remise à l'encaissement :* Débit du compte « 511300 Effets remis à l'encaissement » chez le tireur
- *Bordereau d'escompte :* Débit des comptes « 661600 Intérêts/escomptes » « 627500 Frais/effets » « 445660 TVA déductible/ABS » } chez le tireur
- *Bordereau d'encaissement :* Débit des comptes « 627500 Frais/effets » « 445660 TVA déductible/ABS » } chez le tireur

	413000 - Clients, effets à recevoir		411000 - Clients		511300 - Effets remis à l'encaissement		511400 - Effets remis à l'escompte	
1. Création des LCR papier	A + B			A + B				
2. Remise à l'encaissement		A			A			
3. Remise à l'escompte		B					B	

	627500 - Frais/effets		445660 - État, TVA déductible/ABS		511300 - Effets remis à l'encaissement		512000 - Banques	
4. Bordereau d'encaissement	Comm. HT		TVA/ comm.			A	Net perçu	

	627500 - Frais/ effets		445660 - État, TVA déductible/ABS		661600 - Intérêts sur escompte		511400 - Effets remis à l'escompte		512000 - Banques	
5. Bordereau d'escompte	Comm. HT		TVA/ comm.		Intérêts			B	Net perçu	

NB : *pour le calcul de l'escompte, il faut retenir le nombre de jours exact séparant la date de remise à l'escompte de la date d'échéance. La division est réalisée sur 360 jours (année commerciale) sauf s'il est précisé un calcul en intérêt civil (365 jours ou 366 en cas d'année bissextile).*

LCR magnétique

La LCR magnétique évite le transfert matériel de la LCR papier grâce à un enregistrement « magnétique » codifié de la traite, effectué dès son entrée dans le circuit bancaire.

Le tireur saisit sur la LCR magnétique toutes les coordonnées codées du tiré. Celles-ci ayant été transmises une fois pour toutes par le tiré sous forme d'un RIB (Relevé d'Identité Bancaire). Il n'existe donc plus d'acceptation préalable, donc plus d'utilisation du compte 413000.

Le tireur peut directement remettre la LCR magnétique à l'escompte ou à l'encaissement à sa banque.

La LCR magnétique reprend généralement un ensemble de créances d'où un gain de temps et de paperasserie (seules les bandes magnétiques circulent entre les banques).

Comptablement, la LCR magnétique est assimilée à un concours bancaire courant (compte 519200), ce compte n'apparaissant qu'au moment de l'escompte ou de l'encaissement.

	627500 - Frais/effets		445660 - État, TVA déductible/ABS		661600 - Intérêts sur escompte		519200 - LCR magnétique		512000 - Banques	
5. Bordereau d'escompte	Comm. HT		TVA/ comm.		Intérêts			C	Net perçu	

	519200 - LCR magnétique		411000 - Clients	
6. Règlement du client à l'échéance de la LCR magnétique	C			C

Tableau des engagements hors bilan

La négociation d'une LCR entraîne sa disparition comptable du bilan (compte 413000 soldé en cas de LCR papier ou compte 411000 compensé par le compte 519200 en cas de LCR magnétique).

Toutefois, tant que l'échéance n'est pas passée et que le client n'a pas réglé sa LCR, il continue à coexister une créance au profit de l'entreprise et une dette envers la banque qui a avancé l'argent.

Par respect du principe de l'image fidèle, l'article 832-1 du PCG prévoit donc de faire apparaître dans l'Annexe les engagements financiers hors bilan et notamment les EENE.

Tableau des engagements financiers

Nature de l'engagement	Montant de l'engagement restant à la clôture de l'exercice
Contrat(s) de crédit-bail	
Retraites et indemnités assimilées	
Sûretés reçues	
Sûretés données	
Effets de commerce escomptés non échus, cessions de créances Dailly, affacturage	EENE

Incidents de paiement liés aux LCR

Des difficultés de trésorerie passagère de la part du tiré peuvent engendrer un non-respect de l'échéance de la LCR. Deux cas peuvent être envisagés :

- soit le tiré demande un renouvellement d'échéance (c'est-à-dire la création d'une nouvelle LCR à échéance plus lointaine) ;
- soit le tiré refuse de régler la LCR, on parle d'impayés.

Renouvellement des LCR papier

Étapes de travail :

- Annulation de la première LCR papier,
- Création d'une nouvelle LCR papier reprenant : le nominal de la 1re LCR papier, les intérêts de retard (calculés sur la durée séparant la date d'échéance de l'ancienne LCR papier et la date d'échéance de la nouvelle LCR papier) et éventuellement d'autres frais récupérés (frais postaux,...).

	411000 - Clients		413000 - Clients, effets à recevoir	
	Débit	Crédit	Débit	Crédit
1. Annulation de la 1re LCR papier	X			X

	413000 - Clients, effets à recevoir		411000 - Clients		763100 - Revenus des créances commerciales		626000 - Frais postaux et de télécom.	
	Débit	Crédit	Débit	Crédit	Débit	Crédit	Débit	Crédit
2. Création d'une nouvelle LCR papier	X + Y + Z			X		Y		Z

NB : *si la LCR papier n'est plus en possession du tireur (négociation), le tireur doit d'abord rembourser sa banque qui se retournera directement vers lui. Cette technique correspond aux enregistrements des impayés.*

Remarque : *si la LCR est magnétique, l'enregistrement est plus simple car l'annulation du 413000 n'est plus requise.*

Traitement des impayés

Plusieurs situations sont possibles :

1re hypothèse : La LCR est toujours dans le portefeuille du tireur.

La LCR doit être annulée et un accord à l'amiable doit être trouvé entre le tireur et le tiré (création d'une nouvelle LCR papier). Sinon, une poursuite judiciaire peut être envisagée.

2e hypothèse : La LCR n'est plus en possession du tireur (négociation).

La LCR doit être remboursée au nouveau bénéficiaire (généralement la banque prélève directement la somme sur le compte du tireur). Le tireur devra ensuite imputer cette somme plus les éventuels frais bancaires au tiré.

NB : *sauf précision contraire, les frais d'impayés sont imputés directement dans le compte client concerné.*

Remarque : *si la LCR est magnétique, l'enregistrement est plus simple car l'annulation du 413000 n'est plus requise.*

Mobilisation des créances

Pour pallier à la fréquence des incidents de paiement, les entreprises ont parfois recours à la mobilisation de leurs créances soit pour :

- obtenir une avance de trésorerie garantie par un ensemble de créances (CMCC),
- céder une partie des créances à une banque, à un établissement de crédit (bordereau Dailly) ou à une société d'affacturage (factoring).

CMCC

Le **C**rédit de **M**obilisation des **C**réances **C**ommerciales consiste à réunir sur un seul document un ensemble de créances ayant des échéances identiques ou voisines. Ce document remis à la banque du tireur détaille l'importance du chiffre d'affaires et les délais de paiement ces clients (tirés).

Au vu de ce dossier, la banque consent un encours de crédit (montant limité) au tireur. Celui-ci souscrit ensuite un billet à l'ordre de la banque à concurrence du crédit accordé.

Ce crédit accordé par la banque s'enregistre au crédit du compte « 519100 CMCC ». Le compte étant soldé lors du règlement du client (à l'échéance).

NB : la banque prélève une commission et des intérêts sur le crédit accordé. Ces intérêts étant calculés sur la durée séparant la date d'obtention du crédit et la date d'échéance.

	627000 - Services bancaires		445660 - État, TVA déductible/ABS		661000 - Charges d'intérêts		519100 - CMCC		512000 - Banques	
1. Avance de trésorerie	Comm. HT		TVA/ comm.		Intérêts			Crédit accordé	Net perçu	

Bordereau DAILLY

Le tireur détermine les créances qu'il désire « céder » en les inscrivant sur un « bordereau de cession de créances professionnelles » (encore appelé « bordereau Dailly »). Celui-ci correspond à un bordereau d'escompte mais pour plusieurs créances de même échéance.

À la réception de ce bordereau, la banque devient la nouvelle bénéficiaire de ces créances et en contrepartie elle verse directement au tireur la somme correspondant à la totalité des créances en déduisant chaque fin de mois une partie d'agios.

Les clients doivent alors régler directement la banque et non plus le tireur qui a cédé la créance.

Comptablement, la cession des créances entraîne l'utilisation d'un sous-compte client « 411600 clients, créances cédées » qui sera soldé lors du règlement des clients à l'échéance.

L'avance faite par la banque doit apparaître au crédit du compte « 519000 Concours bancaires courants ».

	411000 - Clients		411600 - Clients, créances cédées	
1. Créances cédées		X	X	

	627000 - Services bancaires		445660 - État, TVA déductible/ABS		661000 - Charges d'intérêts		519000 - Concours bancaires courants		512000 - Banques	
2. Avance de trésorerie	Comm. HT		TVA/ comm.		Intérêts			Crédit accordé	Net perçu	

	519000 - Concours bancaires courants		411600 - Clients, créances cédées	
3. Règlement des clients à l'échéance	X			X

Affacturage

Cette technique consiste à céder un ensemble de créances de même échéance à une société d'affacturage (factor : compte « 467100 Société d'affacturage »). Plusieurs contrats sont possibles :

- soit le factor se charge en lieu et place du fournisseur du recouvrement des créances en supportant lui-même les risques d'impayés. Les clients devront alors régler directement la société d'affacturage,
- soit le factor se contente de faire une avance de trésorerie en correspondance avec les créances cédées mais le recouvrement et les risques d'impayés restent à la charge de l'entreprise,
- soit le factor réalise de l'assurance-crédit en délégation du contrat d'affacturage.

Cette technique permet aux entreprises d'obtenir rapidement le paiement des clients mais avec l'inconvénient de frais d'affacturage très importants.

Comptablement, cette opération ressemble à une négociation d'effet mais avec l'utilisation de commissions d'affacturage (compte 622500) au lieu des services bancaires.

	411000 - Clients (débit)	411000 - Clients (crédit)	467100 - Société d'affacturage (débit)	467100 - Société d'affacturage (crédit)
1. Créances cédées au factor		X	X	

	622500 - Commission d'affacturage (débit)	622500 (crédit)	445660 - État, TVA déductible/ABS (débit)	445660 (crédit)	661000 - Charges d'intérêts (débit)	661000 (crédit)	467100 - Société d'affacturage (débit)	467100 (crédit)	512000 - Banques (débit)	512000 (crédit)
2. Virement du factor	Comm. HT		TVA/ comm.		Intérêts			X	Net perçu	

NB : en principe, les charges financières correspondent au financement de l'avance de trésorerie effectuée par le factor alors que les commissions d'affacturage correspondent aux frais occasionnés par le recouvrement des créances et à la prise en charge des risques d'impayés.

WAZIERS

Établissement d'une LCR

1.3.3 Enregistrement, suivi des effets de commerce créés

Comptable dans les établissements **WAZIERS**, situé au 24 bd Albert Camus à Denain (59220), il vous est demandé de compléter la LCR présentée ci-dessous.

Mission

→ **Complétez la lettre de change relevé suivante (annexe), sachant que :**

- **le tireur est M. Waziers ;**
- **le tiré est M. Bonnet, son client, n° 411.2348, dont l'adresse est 54, avenue d'Arras, 59300 Valenciennes ;**
- **le relevé d'identité bancaire de M. Bonnet indique : 28513 (LCL) ; 03613 (agence N24 à Valenciennes) ; 23658748 (n° de compte) 22 (clé RIB) ;**
- **la lettre de change relevé n° 127 est tirée en règlement d'un relevé de factures d'un total de 6 330 € TTC établi à la date du 15 mars N ;**
- **les factures sont payables à trente jours fin de mois ; la LCR est établie par M. Waziers le 16 mars N.**

Annexe - Lettre de change relevé

Contre cette LETTRE DE CHANGE RELEVÉ
stipulée SANS FRAIS
veuillez payer la somme indiquée
ci-dessous à l'ordre de : nous-mêmes

L.C.R.

À Le

MONTANT POUR CONTRÔLE	DATE DE CRÉATION	ÉCHÉANCE	RÉF TIRÉ	€ MONTANT

code établissement	code guichet	N° de compte	clé RIB

DOMICILIATION

Valeur en :

NOM
et ADRESSE
du TIRÉ

Signature
Waziers

N°
ACCEPTATION OU AVAL

Accepté le

version eMédia « Waziers_Eleve.xls »

LAUWIN-PLANQUE

Création et négociation d'effets chez le tireur et le tiré

- 1.3.1 Enregistrement, contrôle et validation des opérations relatives aux clients (y compris celles générées par le PGI)
- 1.3.3 Enregistrement, suivi des effets de commerce créés
- 1.5.4 Enregistrement des factures d'achat de bien, de service et/ou d'acquisition d'immobilisation
- 1.5.5 Gestion des échéances relatives aux règlements des fournisseurs

Vous êtes stagiaire dans un cabinet comptable et on vous charge de la comptabilisation de certaines écritures concernant les relations commerciales et financières entre un client et un fournisseur. Chacun d'eux est client du cabinet.

M. Planque (0PLANQ) a réalisé les opérations suivantes avec son fournisseur **Lauwin** (9LAUWI):

4 mai : Achat de marchandises à Lauwin (TVA au taux normal) : 1 210 € bruts, remise de 2 %, TVA au taux normal. Conditions de règlement : 30 jours fin de mois par LCR papier acceptée (Facture n° 1325).

8 mai : Retour d'une partie des marchandises non conformes à la commande initiale à Lauwin : 180 € bruts. Pour fidéliser son client Planque, Lauwin lui accorde une remise supplémentaire de 5 % sur le solde dû (Avoir n° 1325A).

10 mai : Planque accepte la LCR papier n° 213 à échéance du 30 juin, tirée par Lauwin, pour paiement intégral de sa dette.

16 mai : Lauwin négocie sa LCR papier n° 213 à la Banque Populaire du Nord.
Conditions d'escompte : taux d'intérêt : 6 % ; commissions HT : 12,50 €.

19 mai : La Banque Populaire du Nord crédite le compte de Lauwin du montant net escompté et envoie le bordereau d'escompte relatif à la négociation du 16 mai (avis de crédit n° 112).

30 juin : Le Crédit Mutuel Nord Europe, banque de Planque, débite son compte du nominal de la LCR papier n° 213 (avis de débit n° 447).

Missions

1 - **Enregistrez ces opérations dans le bordereau d'imputation de Lauwin.**

2 - **Enregistrez ces opérations dans le bordereau d'imputation de Planque.**

3 - **Comment peut-on qualifier les comptes « Fournisseur Lauwin » et « Client Planque » ?**

version BiMédia « LauwinPlanque_Eleve.xls »

version BiMédia « Bordereau.pdf »

HAMEL

Prorogation d'échéance - Renouvellement d'effet et enregistrements

1.3.1 Enregistrement, contrôle et validation des opérations relatives aux clients (y compris celles générées par le PGI)
1.3.3 Enregistrement, suivi des effets de commerce créés

La SARL **HAMEL** est une société d'édition. Elle vend des livres à destination des étudiants principalement à des librairies et à des particuliers.

Au cours du 2e trimestre N, différentes opérations réalisées avec la librairie « Gomez et Navarro » (compte 0GOMEZ) restent en suspend. Il vous est demandé d'enregistrer ces opérations.

Missions

1 - **Justifiez les montants suivants apparaissant dans la facture d'avoir n° 04/813A : 10,93 € ; 13,78 € ; 50,00 €.**

2 - **Comptabilisez dans le bordereau d'imputation comptable de la SARL Hamel, les opérations relatives à l'annexe 1.**

3 - **Complétez la LCR papier n° 144 (annexe A) à l'aide des informations fournies en annexes 2 et 3 puis comptabilisez l'opération correspondante.**

4 - **Comptabilisez les opérations relatives à l'annexe 3 et complétez la LCR papier n° 147 (annexe A).**

version BiMédia « Hamel_Eleve.xls »

version BiMédia « Bordereau.pdf »

Annexe 1 - Documents commerciaux

SARL HAMEL
28 rue Roger Salengro
59450 SIN LE NOBLE
FR 82 627 442 163

Reçu le 17/04/N

DOIT : Ets Gomez et Navarro
27 bd Pasteur
62000 ARRAS

Le 15/04/N — FACTURE N° 04/813

Réf.	Libellé	Qté	Prix HT	Total
30	Livre de comptabilité	32	11,50	368,00
35	Livre de fiscalité	30	12,80	384,00
37	Livre de gestion	32	10,90	348,80
39	Livre d'informatique	24	14,50	348,00
Total brut				1 448,80
Remise de 5 %				- 72,44
Montant Net commercial HT				1 376,36
TVA (TR)				75,70
Port forfaitaire TTC (dont TVA : 4,51 €)				86,51
Net à payer pour le 30 avril N				1 538,57

SARL HAMEL
28 rue Roger Salengro
59450 SIN LE NOBLE
FR 82 627 442 163

Reçu le 24/04/N

AVOIR : Ets Gomez et Navarro
27 bd Pasteur
62000 ARRAS

Le 22/04/N — AVOIR N° 04/813A

Réf.	Libellé	Qté	Prix HT	Total
30	Retour livre de comptabilité	4	10,93	43,70
39	Retour livre d'informatique	6	13,78	82,65
RRR	Rabais supplémentaire 4 % du net	1	50,00	50,00
Total de l'avoir HT				176,35
TVA (TR)				9,70
Net à déduire				186,05

Annexe 2 - Coordonnées bancaires des tiers

Informations	SARL Hamel	Ets Gomez et Navarro
Banque	Société Générale – DOUAI	Banque Populaire – ARRAS
Code établissement	18420	22154
Code guichet	54865	32584
N° de compte	001 898 447 22	003 810 363 69
Clé RIB	12	87

Annexe 3 - Opérations financières

- La LCR papier n° 144 accompagnait l'avoir n° 04/813A. Elle a été acceptée le jour de sa réception. L'échéance a été fixée au 31/05/N, le nominal correspond au solde de la créance des Ets Gomez et Navarro.
- Le 27/04/N, la SARL Hamel a négocié la LCR papier n° 144 auprès de la Société Générale aux conditions suivantes : Taux d'intérêt annuel : 6,75 %, Commissions diverses : 15 € HT (TVA au taux normal).
- Le 30/04/N, le compte de la SARL Hamel a été crédité par la Société Générale du net de la négociation.
- Le 02/06/N, la Société Générale a débité le compte de la SARL Hamel pour constater l'impayé des Ets Gomez et Navarro à l'échéance. La banque a récupéré le montant de la LCR papier n° 144 plus 18 € TTC de frais d'impayés. Cet impayé a été aussitôt imputé au client.
- Le 04/06/N, après accord avec les établissements Gomez et Navarro, une nouvelle LCR papier (n° 147) a été créée et acceptée à échéance du 30/06/N. Elle comprenait le nominal du 1er effet, les frais d'impayés et les intérêts de retard au taux de 9,60 %.

Annexe A (à compléter) - Lettres de change relevé n° 144 et n° 147

Contre cette LETTRE DE CHANGE RELEVÉ
stipulée SANS FRAIS
veuillez payer la somme indiquée
ci-dessous à l'ordre de : nous-mêmes

L.C.R.

À Le

MONTANT POUR CONTRÔLE	DATE DE CRÉATION	ÉCHÉANCE	RÉF TIRÉ	€ MONTANT

code établ	code guichet	N° de compte	clé RIB

DOMICILIATION

Valeur en :

NOM et ADRESSE du TIRE

N°

ACCEPTATION OU AVAL

Accepté le

Signature

Hamel

Ne rien inscrire au-dessous de cette ligne

Contre cette LETTRE DE CHANGE RELEVÉ
stipulée SANS FRAIS
veuillez payer la somme indiquée
ci-dessous à l'ordre de : nous-mêmes

L.C.R.

À Le

MONTANT POUR CONTRÔLE	DATE DE CRÉATION	ÉCHÉANCE	RÉF TIRÉ	€ MONTANT

code établ	code guichet	N° de compte	clé RIB

DOMICILIATION

Valeur en :

NOM et ADRESSE du TIRE

N°

ACCEPTATION OU AVAL

Accepté le

Signature

Hamel

Ne rien inscrire au-dessous de cette ligne

VITRY

Enregistrement d'impayés sur chèque et sur LCR

1.3.1 Enregistrement, contrôle et validation des opérations relatives aux clients (y compris celles générées par le PGI)
1.3.3 Enregistrement, suivi des effets de commerce créés

La société **VITRY** est une entreprise commerciale spécialisée dans l'alimentation du bétail.

Elle vend à divers éleveurs des marchandises à des conditions particulières liées au type de client, à la marchandise vendue, au lieu de livraison, etc.

Des conditions de remise, de transport, d'emballages, de mode de règlement (chèque ou LCR papier) sont donc appliquées lors de la vente.

Certaines opérations (**annexe 1**) ont entraîné des difficultés de paiement. Vous êtes chargé de leur enregistrement en utilisant les comptes spéciaux choisis par la société (**annexe 2**).

Mission

→ **Comptabilisez dans le bordereau d'imputation comptable de la société VITRY les opérations décrites dans le tableau suivant (annexe 1) en utilisant leurs comptes spécifiques (annexe 2).**

version BiMédia « Vitry_Eleve.xls »

version BiMédia « Bordereau.pdf »

Annexe 1 - Opérations à enregistrer

01/07/N	Facture V111 au client Tahri : 40 sacs d'avoine à 90 € ; remise sur quantité de 5 % ; escompte de 2 % pour paiement au comptant par chèque bancaire ; TVA au taux intermédiaire ; consignation de 2 palettes au prix unitaire de 25 €. Mise en caisse du chèque n° 251456 du client Tahri.
02/07/N	Dépôt du chèque n° 251456 au Crédit Mutuel d'Arras.
05/07/N	Avis de débit n° 317 du Crédit Mutuel d'Arras après constatation de chèque non provisionné (chèque n° 251456) : Frais d'impayé de 8,50 € HT (TVA au taux normal).
06/07/N	Facture V112 au client Lesueur : 20 sacs de blé à 85 € ; remise client habituel de 2 % ; port forfaitaire de 54 € HT (condition « arrivée ») ; TVA au taux intermédiaire ; LCR papier n° 25 jointe pour acceptation (échéance : 31/08).
08/07/N	Acceptation par le client Lesueur de la LCR papier n° 25.
10/07/N	Négociation de la LCR papier n° 25 auprès du crédit Mutuel d'Arras. Conditions bancaires : commissions de 5,25 € HT (TVA au taux normal) ; intérêts au taux de 5,10 %.
13/07/N	Avis de crédit n° 731 du Crédit Mutuel d'Arras relatif au net perçu après négociation de la LCR papier n° 25.
17/07/N	Avis de débit n° 334 du Crédit Mutuel d'Arras après constatation de l'impayé de la LCR papier n° 22 sur le client Lemaître à échéance du 15/07. Cette LCR d'un nominal de 1 320 € avait été négociée auprès de la banque début juin. La banque retient des frais d'impayés de 13 € HT (TVA au taux normal) que nous prenons à notre charge suite à l'accord pris par mail avec le client Lemaître d'un paiement immédiat par chèque bancaire.
19/07/N	Réception et mise en caisse du chèque n° 313215 du client Lemaître.
20/07/N	Dépôt du chèque n° 313215 au Crédit Mutuel d'Arras.
22/07/N	Avis de crédit n° 757 du Crédit Mutuel d'Arras relatif à l'encaissement du chèque n° 313215.
03/09/N	Avis de débit n° 352 du Crédit Mutuel d'Arras après constatation de l'impayé de la LCR papier n° 25 sur le client Lesueur à échéance du 31/08. La banque retient des frais d'impayés de 15 € HT (TVA au taux normal) imputés directement au client Lesueur.
05/09/N	Après accord, acceptation de la LCR papier n° 29 par le client Lesueur pour un nominal comprenant le montant de la LCR papier n° 25 impayée plus les frais d'impayés plus les intérêts de retard au taux de 12,05 % (nouvelle échéance : le 30/09).

Annexe 2 - Comptes spéciaux

L'entreprise utilise les comptes de valeurs à l'encaissement :

« 511210 Chèques en caisse »

« 511250 Chèques à encaisser »

« 511400 Effets remis à l'escompte »

Compte bancaire :

« 512100 Crédit Mutuel d'Arras »

BIACHE

Négociation des effets de commerce (LCR papier et LCR magnétique)

1.3.1 Enregistrement, contrôle et validation des opérations relatives aux clients (y compris celles générées par le PGI)
1.3.3 Enregistrement, suivi des effets de commerce créés

La société **BIACHE** utilise principalement les lettres de change (papier et magnétique) pour mode de règlement : les LCR papier pour les factures comprises entre 1 000 € et 3 000 € TTC et les LCR magnétiques pour les factures excédant 3 000 € TTC.

Les dates d'échéance sont calculées à l'aide des conditions de règlement qui dépendent uniquement des relations avec le client (ancienneté et fidélité). Les deux conditions suivantes sont mises en œuvre :

- 45 jours fin de mois (45JFM) pour les clients anciens et fidèles ;
- 30 jours fin de mois (30JFM) pour les autres clients.

Les LCR sont ensuite automatiquement négociées auprès de la Société Générale (banque principale de la société BIACHE : compte 512500).

Cet accord prévoit les clauses suivantes :

- commissions de manipulation HT : 1,20 € par LCR papier et 0,30 € HT par LCR magnétique ;
- intérêts calculés de la date de remise à l'escompte des LCR à la date d'échéance plus 1 jour de banque au taux de 8,50 % ;
- frais de bordereau de 9 € HT par bordereau ;
- TVA au taux normal.

Les ventes sont enregistrées de manière hebdomadaire le vendredi en fin d'après-midi par une centralisation des ventes de la semaine écoulée.
De la même façon, une seule écriture de création des LCR papier est faite aussitôt.

Les comptes clients ne sont pas identifiés, un seul compte « client divers » a été créé (0DIVER).

Les clients donnent leur acceptation tacite de payer par LCR dès la remise de leur RIB (Relevé d'Identité Bancaire). Ils sont également prévenus de la négociation automatique des traites afin de régler directement la banque (nouvelle bénéficiaire) au jour de l'échéance.

Les dates d'acceptation des LCR correspondent donc aux dates des factures.

Les opérations de la 3e semaine de septembre N vous sont fournies dans le tableau suivant (**annexe**).
Toutes les opérations soumises à la TVA le sont au taux normal.

Missions

1 - Calculez les différents paramètres permettant de compléter le bordereau de négociation de la Société Générale (annexe A à compléter),

2 - Comptabilisez dans le bordereau d'imputation comptable de la société BIACHE les opérations décrites dans le tableau suivant (annexe).

version BiMédia « Biache_Eleve.xls »

version BiMédia « Bordereau.pdf »

Annexe - Opérations de la 3e semaine de septembre N

Lundi 15/09/N	LCR 122 de 2 112 € (nouveau client) LCR 123 de 1 860 € (client occasionnel)
Mardi 16/09/N	LCR 124 de 3 276 € (client occasionnel)
Mercredi 17/09/N	LCR 125 de 1 680 € (client habituel) LCR 126 de 2 448 € (nouveau client)
Jeudi 18/09/N	LCR 127 de 3 636 € (client habituel) LCR 128 de 3 132 € (client occasionnel)
Vendredi 19/09/N	LCR 129 de 1 812 € (client habituel)

NB *: la remise à l'escompte a eu lieu le lundi suivant (lundi 22/09/N) et l'avis de crédit n° 312 correspondant au bordereau de négociation des LCR a été reçu le 24/09/N.*

Tous les clients ont respecté leurs échéances.

Annexe A (à compléter) - Bordereau de négociation de la Société Générale (daté du 24/09/N)

Date de remise à l'escompte :								
Numéro des LCR :								
Nominal des LCR :								
Type de client (N ; O ; H)								
Type de LCR (P ou M) :								
Date d'acceptation de la LCR :								
Conditions de règlement (en JFM) :								
Date d'échéance de la LCR :								
Taux Durée :								
[ ] Intérêts calculés :								
Commission de manipulation HT :								
[ ] TVA / commission :								
Frais de bordereau HT :								
TVA / frais de bordereau :								
Net de la négociation :								

ÉTAING

Crédit de mobilisation des créances commerciales (CMCC)

1.3.1 Enregistrement, contrôle et validation des opérations relatives aux clients (y compris celles générées par le PGI)
1.3.3 Enregistrement, suivi des effets de commerce créés

L'entreprise **ÉTAING** est confrontée à un problème de disponibilité immédiate.

Son principal fournisseur de marchandises (société FORTIN – compte 9FORTI) lui propose une transaction importante avec obtention d'une remise exceptionnelle de 10 % et possibilité d'un règlement par virement bancaire à 30 jours nets.

Le dirigeant de l'entreprise **ÉTAING** est fortement intéressé par cette proposition mais vous le prévenez que la trésorerie ne sera pas suffisante pour assurer le règlement de la facture à l'échéance

En prévision des encaissements importants attendus en fin d'année (31/12), vous lui proposez de vous rapprocher de la Banque Populaire du Nord (compte 512200 : BPN) : celle-ci accorde des CMCC (Crédit de Mobilisation de Créances Commerciales) à des taux relativement intéressants après étude détaillée des créances détenues par l'entreprise. Son acceptation de nous faire une avance substantielle pourrait ainsi nous permettre de respecter l'échéance de notre dette envers Fortin.

Votre dirigeant vous laisse « carte blanche » et vous négociez avec la BPN.

Vous êtes chargé du traitement des documents suivants :
- Facture n° 3365 du fournisseur FORTIN (**annexe 1**) ;
- Avis de crédit n° 447 de la BPN (**annexe 2**).

Missions

1 - **Justifiez le montant du CMCC accordé par la BPN (4 500 €) et le montant des intérêts retenus (87,50 €).**

2 - **Comptabilisez dans le bordereau d'imputation comptable de la société ÉTAING toutes les opérations relatives aux annexes 1 et 2.**

version BiMédia « Etaing_Eleve.xls »

version BiMédia « Bordereau.pdf »

Annexe 1 - *Facture n° 3365 reçue le 08/10/N du fournisseur FORTIN*

- Montant brut des marchandises : 4 400 € HT
- Remise : 10 %
- Port forfaitaire : 200 €
- TVA au taux normal
- Acompte : 500 € versés le 1er octobre
- Règlement à 30 jours nets par virement bancaire

NB *: le règlement a bien eu lieu 30 jours nets après réception de la facture (virement n° 4589 du 08/11).*
Tous les clients ont réglé à l'échéance prévue.

Annexe 2 - *Avis de crédit n° 447 de la Banque Populaire du Nord (CMCC remboursable le 31/12/N)*

	Date :	05/11/N							
	Numéro des factures :	258	261	263	264	268	272	275	278
	Montant net à payer :	1 500,00	2 160,00	960,00	540,00	744,00	1 056,00	1 152,00	756,00
Taux	Facture acceptée (O / N) :	O	N	O	O	O	N	N	O
12,5 %	Date d'échéance :	31/12/N	31/12/N	31/12/N	31/12/N	31/12/N	31/12/N	31/12/N	31/12/N
	Intérêts calculés :	87,50							
	Commission de manipulation HT :	17,50							
	TVA / commission :	3,50							
		4 391,50	**Montant net porté au crédit de votre compte**						

HAMBLAIN

Affacturage et cession « Dailly »

1.3.3 Enregistrement, suivi des effets de commerce créés

La société **HAMBLAIN** fabrique des générateurs de vapeur chaude pour centrale nucléaire. Elle travaille en majorité avec des clients étrangers situés dans toute l'Europe.

Quelques déconvenues avec des clients de l'Europe de l'Est l'ont amené à utiliser la technique de l'affacturage pour assurer le règlement de ces créances.

Les dirigeants de la société **HAMBLAIN** ont donc signé une convention d'affacturage avec la société Factorland aux conditions suivantes :

- cession des créances avec un fonds de garantie de 10 % (compte « 467200 - Affacturage : FDG ») ;
- prise en charge du recouvrement des créances, des éventuelles relances et gestion des contentieux ;
- versement d'une avance nette de commission ;
- commission de financement de 8,25 % sur la durée et le montant réels du crédit ;
- commission d'affacturage hors taxes de 3,50 % du montant brut des créances cédées ;
- versement du fonds de garantie à l'échéance des créances (sauf contentieux).

La société Factorland (compte « 467100 - Affacturage : compte courant ») verse le montant net de la cession de créance directement sur le compte bancaire de la société HAMBAIN (compte « 512100 - Crédit Agricole »).

Vous disposez des documents suivants :

- bordereau d'affacturage n° 8825 du 06/05/N (**annexe 1**) ;
- avis de crédit n° 05/1254 du Crédit Agricole (**annexe 2**).

Missions

1 - Justifiez le montant du virement effectué le 09/05/N par la société Factorland au Crédit Agricole (annexe A à compléter).

2 - Comptabilisez dans le bordereau d'imputation comptable de la société HAMBLAIN toutes les opérations relatives aux annexes 1 et 2.

version BiMédia « Hamblain_Eleve.xls »

version BiMédia « Bordereau.pdf »

Le Crédit Agricole avait fait une proposition de cession « Dailly » (**annexe 3**).

Missions

3 - Comptabilisez dans le bordereau d'imputation comptable de la société HAMBLAIN toutes les opérations relatives à l'annexe 3.

4 - Concluez sur les avantages et inconvénients de l'affacturage par rapport à la cession « Dailly ».

Annexe 1 - Bordereau d'affacturage n° 8825 du 06/05/N

FACTORLAND Société d'affacturage 11, quai d'Alma 75007 PARIS	Date : 06/05/N N° : 8 825 Cédant : Société HAMBLAIN			
Factures cédées	**Date de la facture**	**Conditions de règlement**	**Date d'échéance**	**Montant de la facture**
Facture n° 22 (Balakovo – RUSSIE)	24/04/N	45 JFM	30/06/N	74 580 €
Facture n° 25 (Smolensk – RUSSIE)	27/04/N	30 JFM	31/05/N	89 650 €
Facture n° 29 (Kozloduy – BULGARIE)	30/04/N	60 J (nets)	30/06/N	125 450 €
Facture n° 31 (Dukovny – SLOVAQUIE)	02/05/N	30 JFM	30/06/N	84 980 €

***NB** : toutes les créances cédées ont été directement réglées à la société d'affacturage à l'échéance.*

Annexe 2 - Avis de crédit n° 05/1254 du Crédit Agricole

<u>Date</u> : 09/05/N — <u>Objet</u> : Opération d'affacturage du 06/05 (Virement Factorland)

<u>Numéro</u> : Avis de crédit 05/1254 — <u>Montant net porté à votre crédit</u> : 317 762,94 €

Annexe 3 - Conditions relatives à la cession « Dailly » envoyées par le Crédit Agricole

- Cession des créances le 06/05/N (bordereau Dailly n° 427), dépôt des fonds correspondant sur le compte du cédant le 09/05/N (avis de crédit 05/1254).
- Commissions mensuelles hors taxes de 0,10 % des créances cédées non échues et intérêts au taux de 12,50 % sur la durée du crédit accordé.
- Prélèvement des agios (commissions mensuelles TTC + intérêts mensuels) à chaque fin de mois (avis de débit 05/1291 et avis de débit 06/1313).
- Remboursement de l'avance consentie (crédit accordé) par le règlement direct des créances cédées à leurs échéances respectives.
- Le cédant reste responsable du recouvrement des créances cédées. Le Crédit Agricole débitera le compte du cédant en cas d'impayé et des frais annexes correspondants.

Annexe A (à compléter) - Détails du calcul du montant net porté au débit du compte bancaire de la société Hamblain

Taux						
	Numéro des factures cédées				
	Date de cession des factures :				
	Date d'échéance :				
	Durée :				
	Montant brut de la cession :				
	Fonds de garantie (FDG) :				
	Commission de financement :				
	Commission d'affacturage HT :				
	TVA/commission d'affacturage :				
	Net de la cession :				

Scénario 7 Le suivi des créances et l'analyse du portefeuille client

1.3.2 Suivi des créances, contrôle et lettrage
1.4.1 Analyse de la composition du portefeuille client et de son évolution.
1.4.2 Alerte, conseil pour réduire le risque client.
1.4.3 Relance des clients.

Contexte général DUVIVIER :

Salarié dans le service comptable de la société Duvivier, vous devez suivre le portefeuille client afin d'optimiser la procédure de suivi des créances. Puis, vous devez analyser le portefeuille client pour la branche d'activité relative à la vente de matériels électriques.

Mission de veille :

Mettre à jour votre veille comptable sur le thème suivant :
- Lettrage des comptes clients
- Besoin en fonds de roulement
- Ratios de rotation des tiers
- Risque client

➢ Document extrait du PGI de la société Duvivier :

SA DUVIVIER Ventes et réparations (électricité) 10, rue Doumergue 59500 DOUAI			Grand-livre des tiers Clients			Période du : 01/10/N au : 30/10/N Tenue de compte : EURO	
PGI module comptable			Date de tirage : 02/11/N		à 07:57		Page : 1
Date	**J^al^**	**N° pièce**	**Libellé écriture**	**Lett.**	**Mouvement débit**	**Mouvement crédit**	**Solde progressif**
0RAY00		**Société Arlette RAY**					
0110N	RAN		Solde initial		3 099,59		3 099,59
0410N	BQ1		Chèque n° SG 11142 sur facture 733			1 229,63	1 869,96
0610N	VTE	842	Vente de matériels électriques (30JFM)		1 612,81		3 482,77
0810N	BQ1		Chèque n° SG 11157 sur facture 794			1 869,96	1 612,81
0910N	VTE	852	Vente de matériels électriques (30JFM)		1 058,93		2 671,74
1210N	VTE	887	Vente de matériels électriques (30JFM)		3 035,86		5 707,60
1410N	VTE	913	Vente de matériels électriques (30JFM)		1 125,06		6 832,66
1510N	OD		LCR au 30-11			3 796,80	3 035,86
1910N	VTE	A887	Avoir sur facture 887			137,15	2 898,71
2010N	BQ1		Chèque n° SG 11163 sur facture 887			2 898,71	0,00
2210N	VTE	932	Vente de matériels électriques (30JFM)		1 849,45		1 849,45
2410N	VTE	938	Vente de matériels électriques (30JFM)		378,00		2 227,45
2610N	VTE	943	Vente de matériels électriques (30JFM)		3 117,60		5 345,05
2610N	BQ1		Chèque n° SG 11171 sur facture 943			3 171,60	2 173,45
2810N	VTE	947	Ventes de matériels électriques (30JFM)		1 860,00		4 033,45
2810N	BQ1		Chèque n° SG 11173 sur facture 947			1 813,50	2 219,95
2910N	BQ1		Chèque n° SG 11175 sur facture 954			1 000,00	1 219,95
3010N	VTE	949	Vente de matériels électriques (30JFM)		306,55		1 526,50
3010N	VTE	953	Vente de matériels électriques (30JFM)		5 289,55		6 816,05
TOTAL COMPTE 0RAY00			**Du 0110N au 3010N**			**6 816,05**	**6 816,05**
			Totaux		**22 733,40**	**22 733,40**	

***NB** : toutes les opérations réalisées avec le client Arlette Ray sont taxées au taux normal.*

➢ E-mail envoyé par le service commercial :

De... ServiceCommercial_Duvivier@orange.fr
À... ServiceComptable_Duvivier@orange.fr
Date : 25/10/N
Objet : Contestation de la société Arlette Ray
Attaché : Facture n° 938 et bon de commande n° 992

Bonjour,
Le client Ray a contesté la facture 938 du 24/10/N car il considère que ce qui a été livré ne correspond pas à ce qu'il avait commandé.
Nous essayons de trouver une solution au plus vite.
Cordialement.

➢ Extrait des conditions de règlement offertes à la clientèle :

➡ Un escompte de 2,50 % est automatiquement appliqué en cas de règlement au comptant.

➜ Le pointage et le lettrage des comptes clients

Mission 1 Vous êtes chargé de procéder au lettrage du compte client « société Arlette RAY ».

➜ L'analyse des écarts constatés lors du lettrage

Mission 2 Complétez les tableaux suivants permettant d'analyser les écarts liés au lettrage et les décisions à prendre.

Tableau récapitulatif de l'analyse des écarts

Documents	Dates	Montants	Règlements	Écarts
Fact. 932	22/10/N			
Fact. 938	24/10/N			
Fact. 943	26/10/N			
Fact. 947	28/10/N			
Fact. 949	30/10/N			
Fact. 953	30/10/N			

Liste des décisions à prendre

Documents	Analyse de l'écart	Décisions à prendre
Fact. 932		
Fact. 938		
Fact. 943		
Fact. 947		
Fact. 949		
Fact. 953		
SG11175		

De... ServiceCommercial_Duvivier@orange.fr
À... ServiceComptable_Duvivier@orange.fr
Date : 31/10/N
Objet : Contestation du client Arlette Ray
Attaché : Facture n° 938 et bon de commande n° 992

Bonjour,
Le matériel électrique envoyé à notre client Ray le 24/10 ne correspondait pas à sa commande. Nous lui avons proposé de nous le renvoyer.
Ce matériel nous a été retourné ce matin et réintégré dans les stocks. Nous pouvons donc lui faire un avoir global dans l'attente de sa nouvelle commande (avoir A938).
Cordialement.

SA DUVIVIER

10, rue Doumergue
59500 DOUAI
Tél. : 03-27-97-XX-XX - Fax : 03-27-89-XX-XX
E-mail : Duvivier@orange.fr
SA au capital de 250 000 € - 758 501 001 RCS LILLE
N° Intracom : FR 94 758 501 001

FACTURE N° 943

Le : 26/10/N

Société Arlette RAY
4, avenue Vaugirard
62000 ARRAS

Réf.	Désignation	Qtés	PU	Remise	PU net	Montant
EL228	Disjoncteur basse fréquence	110	7,00	2 %	6,86	754,60
EL365	Ampoules économie énergie 25 W	347	5,00	4 %	4,80	1 665,60
EL814	Lampes à led	15	2,00	4 %	1,92	28,80
					Net commercial	2 449,00
					Port forfaitaire HT	149,00
					Montant net HT	2 598,00
					TVA au taux normal	519,60
Paiement à 30 jours fin de mois par traite					Net à payer TTC en euros	3 117,60

SOCIÉTÉ GÉNÉRALE

Date : 26/10N

Bénéficiaire :
Société DUVIVIER

Solde précédent :

Montant : 3 171,60

Nouveau solde :

Chèque n° 11171

SOCIETE GENERALE

€ 3 171,60

PAYEZ CONTRE CE CHÈQUE NON ENDOSSABLE
sauf au profit d'une banque ou d'un organisme visé par la loi
Trois mille cent soixante et onze euros et soixante centimes

À Société DUVIVIER

PAYABLE À
SOCIÉTÉ GÉNÉRALE
Agence d'Arras
14, rue Schumann 62000 ARRAS
22116/31487/00058988554/42

À Arras Le 26/10/N

000 60 4571568 54

Société Arlette RAY
4 avenue de Vaugirard
62000 ARRAS

Ray A.

Chèque N° 11171

Sans titre - Message (HTML)

De... : DirectionGénérale_Duvivier@orange.fr
À... : ServiceComptable_Duvivier@orange.fr
Date : 31/10/N
Objet : Décisions relatives au lettrage du compte client « Société Arlette Ray »
Attaché : Facture n° 947 et chèque n° SG 11173

Bonjour,
Le chèque n° SG 11173 de la société Arlette Ray a été réalisé en tenant compte de nos conditions de réductions financières. Nous avons validé ce règlement et vous pouvez donc enregistrer l'avoir correspondant (avoir A947).
De plus, j'aimerais que vous envoyiez au plus vite le relevé de facture de cette société pour le mois d'octobre.
Cordialement.

Mission 3 Suite à l'analyse des documents présentés ci-avant, enregistrez les opérations nécessaires, mettez à jour le Grand-livre des tiers pour le compte « Société Arlette Ray » et complétez le relevé de factures.

Relevé de factures			
Société Arlette RAY (compte 0RAY00)			
Date	**Pièce**	**Libellé**	**Montant dû**
		Total dû en fin de mois	
Règlement :			

Ligne	Date	Journal	N° compte général	N° compte de tiers	Intitulés des comptes/ Libellés des opérations	Débit	Crédit
1	31/10/N	VTE				❶	
2						❷	
3							
4					*Avoir A938 à la société Arlette Ray*		
5	31/10/N	BQ1					
6							
7					*Remboursement erreur/Chèque n °SG 11171*		
8	31/10/N	VTE				❸	
9						❹	
10							
11					*Avoir A947 à la société Arlette Ray*		
					Totaux		

❶ ❷

❸ ❹

SA DUVIVIER Ventes et réparations (électricité) 10, rue Doumergue 59500 DOUAI	**Grand-livre des tiers** Clients	Période du : 01/10/N au : 31/10/N Tenue de compte : EURO
PGI module comptable	Date de tirage : 02/11/N	à 09:12 — Page : 1

Date	J^al	N° pièce	Libellé écriture	Lett.	Mouvement débit	Mouvement crédit	Solde progressif
0RAY00		**Société Arlette RAY**					
0110N	RAN		Solde initial		3 099,59		3 099,59
0410N	BQ1		Chèque n° SG 11142 sur facture 733			1 229,63	1 869,96
0610N	VTE	842	Vente de matériels électriques (30JFM)		1 612,81		3 482,77
0810N	BQ1		Chèque n° SG 11157 sur facture 794			1 869,96	1 612,81
0910N	VTE	852	Vente de matériels électriques (30JFM)		1 058,93		2 671,74
1210N	VTE	887	Vente de matériels électriques (30JFM)		3 035,86		5 707,60
1410N	VTE	913	Vente de matériels électriques (30JFM)		1 125,06		6 832,66
1510N	OD		LCR au 30-11			3 796,80	3 035,86
1910N	VTE	A887	Avoir sur facture 887			137,15	2 898,71
2010N	BQ1		Chèque n° SG 11163 sur facture 887			2 898,71	0,00
2210N	VTE	932	Vente de matériels électriques (30JFM)		1 849,45		1 849,45
2410N	VTE	938	Vente de matériels électriques (30JFM)		378,00		2 227,45
2610N	VTE	943	Vente de matériels électriques (30JFM)		3 117,60		5 345,05
2610N	BQ1		Chèque n° SG 11171 sur facture 943			3 171,60	2 173,45
2810N	VTE	947	Ventes de matériels électriques (30JFM)		1 860,00		4 033,45
2810N	BQ1		Chèque n° SG 11173 sur facture 947			1 813,50	2 219,95
2910N	BQ1		Chèque n° SG 11175 sur facture 954			1 000,00	1 219,95
3010N	VTE	949	Vente de matériels électriques (30JFM)		306,55		1 526,50
3110N	VTE	953	Vente de matériels électriques (30JFM)		5 289,55		6 816,05
TOTAL COMPTE ORAY00			**Du 0110N au 3110N**				
			Totaux				

Mission 4 Complétez l'e-mail ci-dessous, à destination d'Arlette RAY, en lui expliquant la régularisation de l'erreur liée à la facture 943 et au chèque SG 11171 puis en indiquant ce que vous envisagez de lui envoyer début novembre.

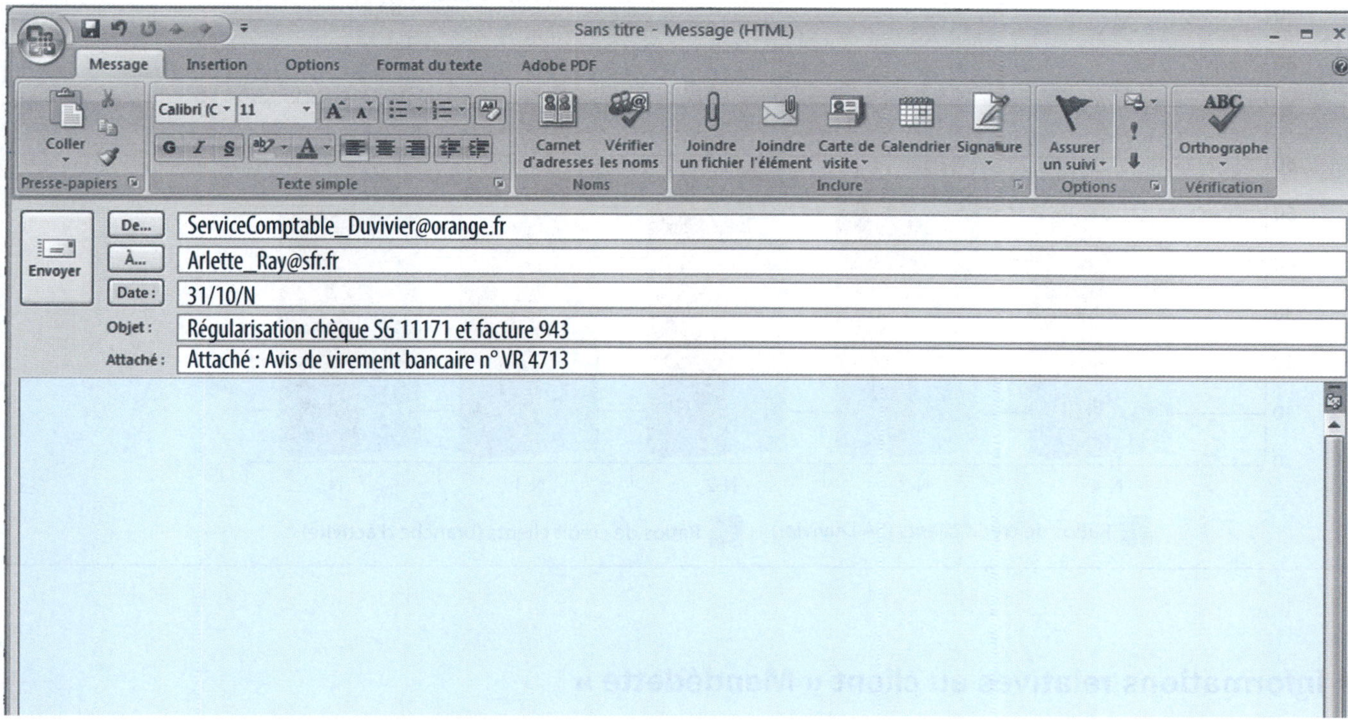

→ Informations comptables relatives à la branche d'activité « Vente de matériels électriques » de la société Duvivier (au 15/12/N)

Comptes de la comptabilité générale		
411000 : 21 607,65 €	413000 : 1 800,00 €	416000 : 420 00 €
419100 : 2 500,00 €	707100 : 82 279,60 €	
Service Trésorerie		
Effets escomptés non échus : 1 500,00 €		

→ Documents issus du tableur de la société Duvivier (au 15/12/N)

Ratios de l'entreprise pour la branche d'activité « Vente de matériels électriques » (en jours)

Années	N-4	N-3	N-2	N-1	N
Ratios de crédit clients (SA Duvivier)	42,9	54,2	63,8	71,7	83,2

Ratios des entreprises du secteur pour la branche d'activité « Vente de matériels électriques » (en jours)

Années	N-4	N-3	N-2	N-1	N
Ratios de crédit clients (branche d'activité)	51,5	52,4	50,7	46,9	48,1

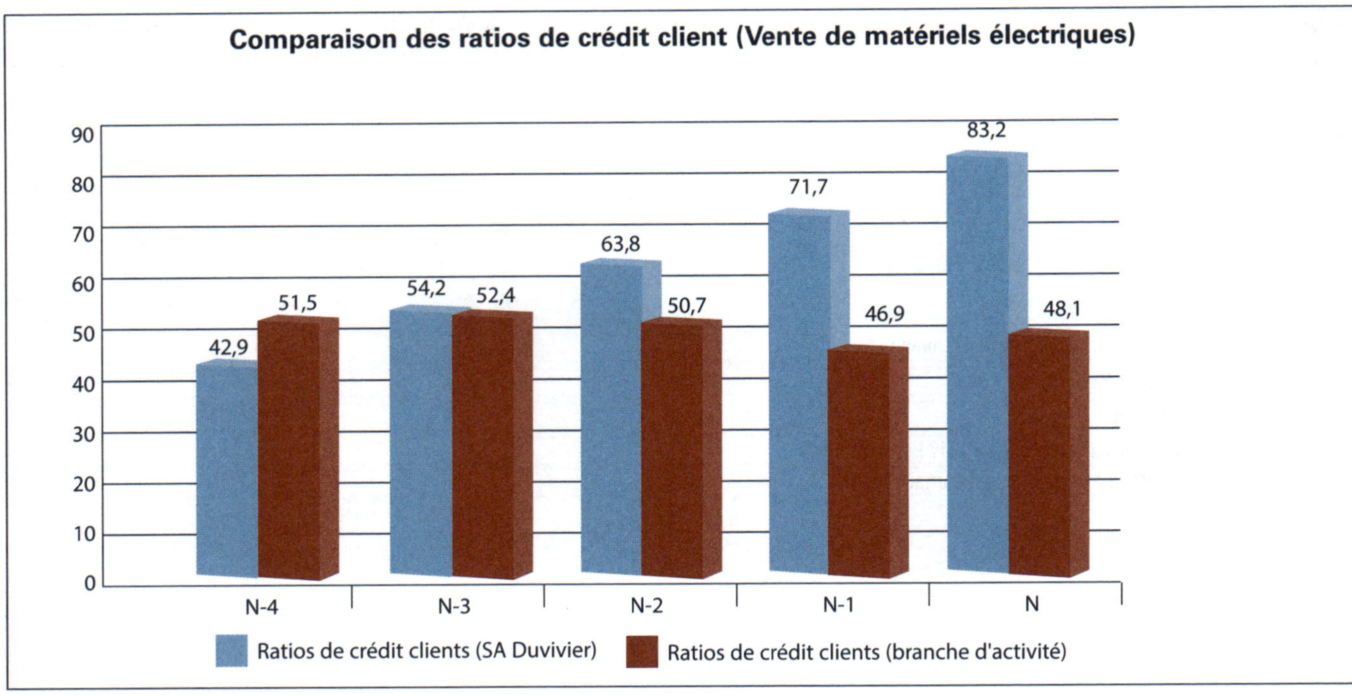

→ Informations relatives au client « Mendédette »

Le client « Gérard Mendédette » (compte 0MENDE) est un ancien client avec lequel l'entreprise réalise de nombreuses ventes de matériels électriques et avec lequel elle n'a jamais eu de gros problèmes.
Pour ces raisons, sa ligne de crédit a été fixée à 8 000 €.

Après étude, on a retiré les éléments suivants concernant ce client :

Service comptable			
411000 (0MENDE)		413000 (0MENDE)	
1 680,00		2 640,00	

Service trésorerie		Service commercial
EENE		Une commande de matériels électriques de 960,00 € TTC a été faite il y a quelques jours, la facture et la livraison seront réalisées dans le courant de la semaine.
1 320,00		

→ Extrait du tableau des lignes de crédit accordés par la société Duvivier

ALBINONI	3 000,00 €	DESSOUSSY	5 000,00 €	MENDEDETTE	8 000,00 €
CORENTOIS	4 000,00 €	FABRO	1 000,00 €	RAY	9 000,00 €

→ Document comptable extrait du PGI de la société Duvivier

Société DUVIVIER 10, rue Doumergue 59500 DOUAI	**Balance âgée** D'après date d'échéance Sur la date la plus lointaine	Période du : au : Situation au : Tenue de compte :	01/01/N 31/12/N 15/12/N EURO
PGI module comptable	Date de tirage : 16/12/N à 8:12:48		Page 1

N° de compte	Intitulés des comptes	Solde du compte	Solde non échu	De 1 à 30 jours	De 31 à 60 jours	De 61 à 90 jours	Plus de 90 jours
411000	**Clients**						
0ALBIN	Client Frédéric ALBINONI	2 812,20		2 812,20			
0COREN	Client Étienne CORENTOIS	1 216,40			1 216,40		
0DESSO	Client Ella DESSOUSSY	5 430,50			5 430,50		
0FABRO	Client Pierre FABRO	875,80	875,80				
0MENDE	Client Gérard MENDÉDETTE	1 680,00		1 680,00			
0RAY00	Client Arlette RAY	9 592,75	2 147,20	7 445,55			
Total C. général	**411000**	**21 607,65**	**3 023,00**	**11 937,75**	**6 646,90**	**0,00**	**0,00**
	Totaux	**21 607,65**	**3 023,00**	**11 937,75**	**6 646,90**	**0,00**	**0,00**
	% Période		**13,99 %**	**55,25 %**	**30,76 %**	**0,00 %**	**0,00 %**

Mission 5 Calculez, pour la branche d'activité « Vente de matériels électriques » de la société Duvivier, le ratio de durée de crédit client au 15/12/N.

Ratio de durée crédit client →

=

(en jours) →

Mission 6 À l'aide des ratios de crédit client des années précédentes et de ceux relatifs aux entreprises du même secteur d'activité, commentez l'évolution des résultats.

Commentaire :

Mission 7 Déterminez si nous devons accepter la nouvelle commande du client « Mendédette » de 1 000 € HT (TVA au taux normal) arrivée ce jour.

En-cours client « Mendédette » : =

=

Conclusion :

Mission 8

Sachant que les clients de la société Duvivier sont automatiquement relancés par lettre recommandée dès que leur ligne de crédit est atteinte <u>et</u> que leur échéance est dépassée de plus d'un mois.

Déterminez pour quel(s) client(s) une relance est nécessaire ?

Conclusion :

Mission 9

La procédure de relance vous semble-t-elle adaptée ?

Que pouvez-vous conseiller aux dirigeants de la SA Duvivier ?

➜

- 1.3.2 Suivi des créances, contrôle et lettrage
- 1.4.1 Analyse de la composition du portefeuille client et de son évolution
- 1.4.2 Alerte, conseil pour réduire le risque client
- 1.4.3 Relance des clients

Pointage et lettrage des comptes clients

Le lettrage individuel des comptes clients permet de rapprocher le ou les règlements d'une ou plusieurs factures (ou avoirs) d'un client afin d'analyser le solde à payer et les échéances correspondantes.

La technique consiste à indiquer une lettre identique (ou un chiffre) sur chaque ligne correspondant à une opération liée (facturation-règlement). Ainsi les opérations non lettrées concernent soit des montants non encore réglés soit des erreurs.

Ce traitement est intégré dans tous les PGI. Toutefois, un « lettrage automatique » ne donne pas toujours un résultat satisfaisant car :

- les règlements ne mentionnent pas obligatoirement les factures correspondantes ;
- les clients appliquent parfois directement un escompte conditionnel lors du règlement ;
- les clients effectuent des versements périodiques de sommes quasiment identiques sans tenir compte du véritable montant de leur dette.

De ce fait, il est parfois obligatoire de réaliser un « lettrage manuel » pour améliorer la précision.

Analyse des écarts constatés lors du lettrage

Il est important d'analyser la cause des écarts afin de régulariser la situation au plus vite. L'analyse consiste à rapprocher les pièces justificatives afin de les comparer et de faire ressortir l'écart (comparaisons : bon de commande – bon de livraison – facture – mode de paiement…).

Il est également possible d'interroger le client concerné afin qu'il transmette un double de son compte fournisseur pour contrôle.

Lorsque le solde du compte client correspond à un ensemble de factures non encore réglées, il est possible de lui envoyer un « relevé de facture » reprenant tous les montants et références des factures à payer avec les échéances correspondantes.

Calcul des ratios de rotation des tiers

Il est intéressant de connaître le décalage existant entre la sortie de trésorerie liée à l'achat (décaissement) et sa récupération au moment de la vente (encaissement).

Il est donc très important pour l'entreprise de minimiser le délai de recouvrement de ses créances.

Le décalage de trésorerie (encore appelé BFRE : Besoin en Fonds de Roulement d'Exploitation) est constitué principalement du délai de crédit client, du délai de rotation des stocks et du délai de crédit fournisseur. Il peut être schématisé de la façon suivante :

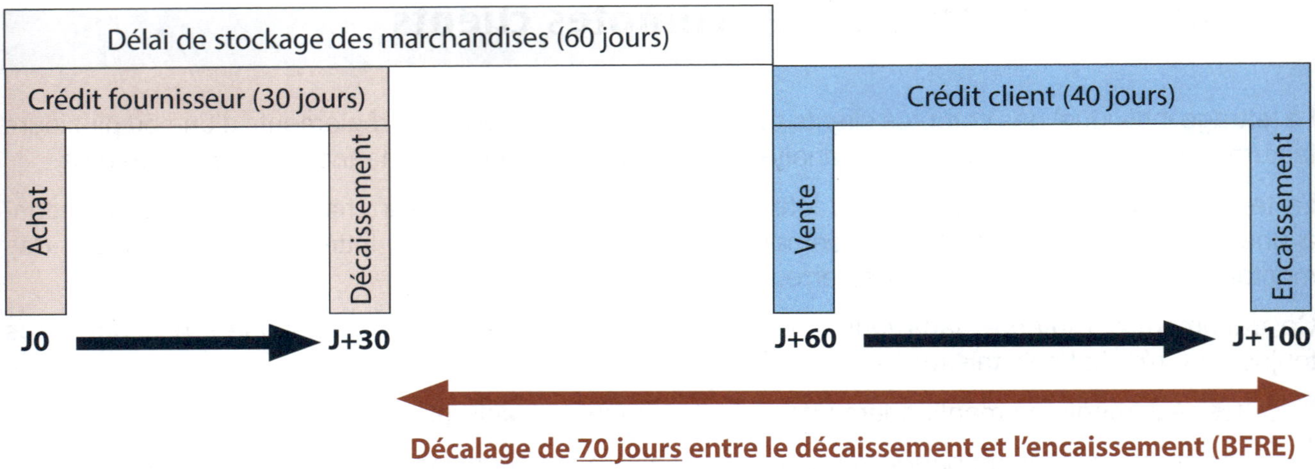

Ratio de durée	Numérateur	Dénominateur
→ du crédit client	+ Solde des comptes clients (411000 + 413000 + 416000) - Avances clients (419100) + Effets escomptés non échus (service trésorerie)	Chiffre d'affaires TTC

***NB** : le résultat est multiplié par 360 pour l'avoir en jours.*

Représentations graphiques

À l'aide d'un tableur grapheur, il est intéressant de représenter graphiquement l'évolution de certains indicateurs importants tels : le chiffre d'affaires, sa ventilation par famille d'articles, par type de clients, l'évolution des ratios (dans le temps pour l'entreprise ou par rapport à la branche d'activité)… afin de visualiser les tendances et aider les dirigeants à une prise de décision optimale.

Analyse des indicateurs du risque client

Plusieurs indicateurs peuvent être utilisés pour analyser le « risque client ». Il s'agit principalement de :

➢ La ligne de crédit : elle correspond au montant maximal de la créance client que l'entreprise est prête à accepter. Elle se base sur le chiffre d'affaires réalisé les périodes précédentes, le nombre d'années de relation commerciale, le type de client (client normal, douteux, litigieux, irrécouvrable) et des informations diverses (problèmes judiciaires, analyse de son bilan, réputation…).

➢ L'en-cours client : il correspond au total des créances non lettrées et des créances en cours de traitement (par comparaison avec la ligne de crédit offerte au client) :

En-cours client = Solde du compte du client concerné (compte 411000) + effets de commerce acceptés concernant le même client (compte 413000) + effets escomptés non échus (service trésorerie) + commandes acceptées mais non encore facturées (service commercial).

L'objectif est de veiller à ce que l'en-cours client n'excède pas la ligne de crédit accordée.

➢ Le délai de paiement : il correspond à la durée accordée au client pour qu'il effectue ses règlements. Il est généralement fixé en même temps que la ligne de crédit et il est contrôlé à l'aide de la « balance âgée ». Celle-ci compare la date de tirage du document des différentes échéances de paiement accordées aux clients et permet de déterminer :

- les retards de paiement (de 30 – 60 – 90 jours) ;
- les relances à effectuer ;
- les clients devenant douteux.

Remarque : *La gestion du processus client doit être faite en « temps réel » et avec un maximum de rigueur afin d'éviter tout risque de non-paiement. Par exemple :*

→ Facturation (date F)	Facture	**Opérations à envisager :**
→ Quelques jours après la facturation (F + 3/4 jours)		Pré-relance téléphonique ou par e-mail avec proposition d'un escompte pour règlement anticipé.
→ Échéance de la facture dépassée d'1 à 3 jours (E + 3)		Relance téléphonique amicale.
→ Échéance de la facture dépassée de + d'une semaine (E + 7)		Relance écrite plus contraignante.
→ Échéance de la facture dépassée de + d'un mois (E + 30)		Mise en demeure par lettre recommandée (LR) avec accusé de réception (AR).
→ Aucune réponse dans les 15 jours suivant la mise en demeure		Dossier remis au service juridique pour un recours en contentieux.

Situations professionnelles

OISY 3

Saisie des encaissements - Lettrage des clients (PGI)

- **1.2.1** Tenue et suivi des dossiers clients : du contrôle du devis au contrôle de l'encaissement
- **1.3.1** Enregistrement, contrôle et validation des opérations relatives aux clients (y compris celles générées par le PGI)
- **1.3.2** Suivi des créances, contrôle et lettrage
- **1.4.2** Alerte, conseil pour réduire le risque client
- **1.4.3** Relance des clients
- **1.7.1** Présentation des caractéristiques de l'organisation du processus « Contrôle et traitement des opérations commerciales »
- **1.7.2** Analyse du processus « Contrôle et traitement comptable des opérations commerciales »
- **7.3.2** Participation à l'évolution du système d'information

Missions

→ **À l'aide du progiciel de gestion intégré, du fichier relatif à la société « OISY_XX » et de l'annexe :**

Dans le module comptable :

- **Ouvrez la société « OISY XX » (avec XX pour vos initiales) et saisissez les écritures des règlements reçus des clients (annexe).**
- **Imprimez le brouillard de banque (BQ1) pour septembre N.**

Afin d'optimiser le suivi des créances, il vous est demandé de réaliser les tâches suivantes :

- **Effectuez le lettrage automatique des comptes clients pour la période : 1er septembre N – 30 septembre N.**
- **Imprimez la balance des clients au 30 septembre N.**
- **Imprimez la balance âgée : situation au 30 septembre N, d'après la date d'échéance avec des délais de 15, 30 et 45 jours.**
- **À partir des fiches clients (en-cours autorisé et solde du compte), imprimez la ou les lettres de rappel nécessaires en cas du dépassement à la fois du délai de paiement de plus de 15 jours (balance âgée) et du dépassement de l'en-cours client accordé en utilisant le fichier modèle de la lettre de rappel ou en créant, sur votre logiciel de traitement de texte, une lettre de relance.**

version BiMédia « Oisy_Procedures liees au lettrage_SagePGI.pdf »

Annexe - Règlements reçus des clients (encaissés au CIC)

Dates	Modes	Montants	Client	Références
16/09	Chèque 856 957	253,11	Ets BOUCHEZ Daniel	Facture V160901
17/09	Chèque 115 696	120,90	SARL « Les Gourmandises »	Facture V170901
25/09	Chèque 224 877	45,32	SNC « Aux plaisirs des yeux »	Facture V200902 - avoir
25/09	Chèque 676 259	282,02	Ets DELVART François	Facture V250901 (Cde C180901)
26/09	Chèque 365 981	464,12	Ets CUNTH Hervé	Facture V260901 + À nouveau
28/09	Chèque 458 854	35,84	SARL « Les Gourmandises »	Facture V230902
30/09	Chèque 973 624	301,94	Ets FILEX Chocolaterie	Facture V280901 - avoir
30/09	Virement 711 602	665,29	Ets SARTEAUX Antoine	Fact V200903/V240901 - avoir
30/09	Chèque 512 512	172,13	Ets DEDEYSTERE Stéphane	Facture V170902 - avoir
30/09	LCR 24	80,00	Ets DEDEYSTERE Stéphane	À nouveau

Scénario 7 Le suivi des créances et l'analyse du portefeuille client

GUESNAIN

Enregistrement d'un règlement et lettrage d'un compte client

| 1.3.2 Suivi des créances, contrôle et lettrage

L'entreprise **GUESNAIN** vous a embauché dans son service comptable dans un souci d'optimisation de sa politique de suivi des créances. Votre première mission consiste à compléter le relevé de facture à envoyer au client Coupin.

Les relevés de factures sont établis le 25 de chaque mois et reprennent les factures restant à régler pour la fin du mois concerné. Le relevé ne prend en compte que les factures antérieures au 20 du mois courant.

Afin de vous faciliter la tâche, il vous est demandé au préalable de réaliser le lettrage du compte client.

Missions

1 - Réalisez le lettrage du compte 0COUPI « Client COUPIN » au 24 novembre N (annexe 1).

2 - Remplissez le relevé de facture n° 11/N établi le 25/11 pour le client COUPIN (annexe 2).

3 - Mettez à jour le compte client COUPIN suite au règlement de 1 809,10 € effectué par chèque n° CMNE 12469 en date du 30/11 (annexe 1).

4 - Lettrez de nouveau le compte client COUPIN après ce règlement (annexe 1).

version biMédia « Guesnain_Eleve.xls »

Annexe 1 - Extrait du compte 0COUPI: client COUPIN

Date	Libellé	Débit	L[1]	Crédit
01/11	Solde initial	865,47		
03/11	Règlement facture n° 627 - Chèque CMNE 12427			454,12
04/11	Facture n° 637	1 256,95		
05/11	Facture n° 642	1 025,89		
08/11	Règlement facture n° 631 - Chèque CMNE 12441			411,35
10/11	Avoir n° A642 sur facture n° 642			102,59
14/11	Facture n° 651	885,80		
16/11	Facture n° 654	916,50		
18/11	Règlement facture n° 637 - Chèque CMNE 12458			1 256,95
21/11	Facture n° 662	562,75		
24/11	Facture n° 667	810,25		

[1] L = Lettrage

Annexe 2 - Relevé de factures

Entreprise GUESNAIN			
CLIENT COUPIN		Relevé n° Date	
Date	**Pièce**	**Libellé**	**Montant dû**
		Total dû en fin de mois	
Règlement :			

Scénario 7 Le suivi des créances et l'analyse du portefeuille client

VRED

Lettrage - Analyse - Enregistrements

1.3.1 Enregistrement, contrôle et validation des opérations relatives aux clients (y compris celles générées par le PGI)
1.3.2 Suivi des créances, contrôle et lettrage

La **SCOP VRED** est une coopérative laitière qui travaille quasi exclusivement avec la société Lactalis.

Ce client revêt une importance capitale dans la survie de la SCOP, un suivi régulier des opérations commerciales a donc été mis en place afin d'éviter tout litige qui pourrait mettre en difficulté la société.

Vous disposez du Grand-livre des tiers - client Lactalis (**annexe 1**) et d'informations complémentaires (**annexe 2**). Votre mission consiste à lettrer le compte client, l'analyser et à compléter le relevé de factures mensuel (**annexe 3**).

Toutes les ventes sont soumises au taux réduit de TVA (TR).

Missions

1 - **Analysez le Grand-livre des tiers.**

2 - **Listez les décisions à prendre.**

3 - **Enregistrez dans le bordereau d'imputation comptable de la SCOP VRED, toutes les écritures nécessaires.**

4 - **Mettez à jour le Grand-livre des tiers.**

5 - **Complétez le relevé de factures mensuel.**

version biMédia « Vred_Eleve.xls »

version biMédia « Bordereau.pdf »

Annexe 2 - Informations complémentaires

- **Courriel envoyé par la direction générale le 30/01/N**

Sans titre - Message (HTML)

De... : Direction Générale
À... : Sercice commercial - Service comptable
Date : 30/01/N
Objet : Litige sur facture n° 341 avec le client Lactalis
Attaché :

Bonjour, je viens d'avoir au téléphone, M. Grimbert, directeur général de la société Lactalis qui m'a exprimé son mécontentement après la constatation d'un taux de bactérie important dans sa livraison du 25/01.
Attendu que nous sommes en faute et qu'il faut satisfaire au mieux notre meilleur client, j'aimerais que vous lui envoyez une lettre d'excuse accompagnée d'un avoir correspondant à la reprise de cette livraison.
Vous chargerez, par mail, notre ingénieur qualité d'effectuer des tests sur ce lot défectueux et les services techniques de la destruction de cette cargaison.
Cordialement.

***Remarques*:** la facture 343 du 2701N tient compte de l'escompte de 1,50 % accordé en cas de règlement au comptant (chèque n° CA 4140 établi le jour même).

- **Vérification de pièces :**

Après vérification, il s'avère que la facture n° 343 du 27/01/N s'élève bien à 1 951,75 €. Il s'agit sans doute d'une erreur de saisie comptable.

- **Conditions de paiement appliquées :**

Les conditions de paiement sont diverses, soit à 15 jours nets, soit au comptant, soit avec un escompte de 1,50 % si le client règle au comptant alors qu'il disposait de conditions de règlement plus avantageuses.

Un acompte est exigé lorsque la commande est largement supérieure à celles réalisées habituellement.

Annexe 1 - Grand-livre des tiers (client LACTALIS)

SCOP VRED Coopérative laitière 6, rue des champs 59295 PAILLENCOURT				**Grand-livre des tiers** **Clients**		Période du : 01/01/N au : 31/01/N Tenue de compte : EURO		
PGI module comptable			Date de tirage : 02/02/N		à 08:18		Page : 1	
Date	**J^al^**	**N° pièce**	**Libellé écriture**	**Lett.**	**Mouvement débit**	**Mouvement crédit**	**Solde progressif**	
0LACTA		**Société LACTALIS**						
0101N	RAN		Solde initial		1 951,75		1 951,75	
0301N	BQ		Chèque n° CA 4124 (facture 321)			907,30	1 044,45	
0401N	VT	329	Vente de lait (15 jours nets)		1 392,60		2 437,05	
0601N	BQ		Chèque n° CA 4128 (facture 324)			643,55	1 793,50	
1001N	BQ		Chèque n° CA 4130 (facture 326)			400,90	1 392,60	
1101N	VT	331	Vente de lait (15 jours nets)		1 318,75		2 711,35	
1601N	VT	333	Vente de lait (15 jours nets)		1 033,90		3 745,25	
1701N	BQ		Chèque n° CA 4134			426,50	3 318,75	
1801N	OD		LCR n° 4457 (échéance au 28/02)			2 000,00	1 318,75	
1901N	VT	335	Avoir sur facture 331			65,94	1 252,81	
2001N	VT	338	Vente de lait (15 jours nets)		1 382,05		2 634,86	
2301N	BQ		Chèque n° CA 4136 (facture 331)			1 252,81	1 382,05	
2501N	VT	341	Vente de lait (15 jours nets)		865,10		2 247,15	
2701N	VT	343	Vente de lait (règlement comptant)		1 915,75		4 162,90	
2701N	BQ		Chèque n° CA 4140 (facture 343)			1 951,75	2 211,15	
2901N	VT	346	Vente de lait (15 jours nets)		1 160,50		3 371,65	
2901N	BQ		Chèque n° CA 4142 (facture 346)			1 143,09	2 228,56	
3001N	BQ		Chèque n° CA 4144 (acompte/facture 350)			500,00	1 728,56	
3001N	VT	348	Vente de lait (15 jours nets)		886,20		2 614,76	
3101N	VT	349	Vente de lait (15 jours nets)		3 608,10		6 222,86	
		Total compte 0LACTA	**Du 0101N au 3101N**					
			Totaux					

Annexe 3 - Relevé de factures mensuel

Relevé de factures de janvier N

CLIENT LACTALIS (compte 0LACTA)			
Date	**Pièce**	**Libellé**	**Montant dû**
		Total dû en fin de mois	
Conditions de règlement :			

LÉCLUSE

Lettrage - Anomalies - Vérification d'un en-cours de crédit (PGI)

- **1.3.1** Enregistrement, contrôle et validation des opérations relatives aux clients (y compris celles générées par le PGI)
- **1.3.2** Suivi des créances, contrôle et lettrage
- **1.4.2** Alerte, conseil pour réduire le risque client
- **1.7.1** Présentation des caractéristiques de l'organisation du processus « Contrôle et traitement des opérations commerciales »
- **1.7.2** Analyse du processus « Contrôle et traitement comptable des opérations commerciales »
- **7.3.2** Participation à l'évolution du système d'information

La société **LÉCLUSE** est une entreprise commerciale de vente de meubles. Elle se fournit en gros (principalement à l'étranger) et revend à des magasins de mobilier spécialisé.

Dans ce secteur, le suivi des créances est très important car beaucoup de magasins ont tendance à dépasser leur délai de paiement ou leur ligne de crédit. Pour éviter les impayés, vous êtes chargé de suivre plusieurs comptes clients jugés « douteux ».

À la fin du 1er semestre, vous étudiez plus principalement le compte du client « Meubles Dubuisson » (411DUB) pour lequel des problèmes ont été constatés.

Les annexes suivantes vous permettent de traiter ce dossier :
- **annexe 1** : Fiche de présentation du client « Meubles Dubuisson » (411DUB) ;
- **annexe 2** : Compte client « Meubles Dubuisson » pour le 2e trimestre N ;
- **annexe 3** : Mail reçu le 29/06/N de la part du client « Meubles Dubuisson » ;
- **annexe 4** : Note interne à l'attention du service commercial et de la direction de la société Lécluse ;
- **annexe 5** : Fiche de présentation du client « Dubois Mobilier ».

Missions

Ce travail peut être effectué soit à l'aide d'un PGI, soit de manière manuelle.

1 - Réalisez le lettrage du compte 411DUB et enregistrez au 30/06/N toutes les écritures que vous jugerez nécessaires.

2 - Pourquoi le service commercial de la société Lécluse a-t-il pris contact avec le client « Meubles Dubuisson » ?

3 - Quel devrait être le montant du prochain règlement par traite du client « Meubles Dubuisson » en date du 31/07/N, et quelle démarche doit être faite auprès du client « Dubois Mobilier » ?

version BiMédia PGI

« Lecluse_Eleve_Sage.zip »
« Lecluse_Eleve_Ebp.zip »
« Lecluse_Eleve_Cegid.zip »

Annexe 1 - Fiche de présentation du client « Meubles DUBUISSON » (411DUB)

Informations	Société « Meubles Dubuisson »
Adresse :	51 rue des Capucines 59500 DOUAI (France)
Téléphone/Fax :	03-27-89-XX-XX/03-27-89-XX-XX
Mail/Site :	Dubuisson-Mobilier@sfr.fr/www.lemeubledubuisson.com
Mode de règlement	Traite à 30 jours fin de mois
Encours maximum autorisé :	19 000 €

Annexe 2 - Compte client « Meubles DUBUISSON » pour le 2e trimestre N

Société LÉCLUSE Ventes de meubles 27 avenue du Général de Gaulle 59000 LILLE			**Grand-livre des tiers** **Clients**		Période du : 01/04/N au : 30/06/N Tenue de compte : EURO		
PGI module comptable			Date de tirage : 30/06/N		à 14:37		Page : 1
Date	**Jal**	**N° pièce**	**Libellé écriture**	**Lett.**	**Mouvement débit**	**Mouvement crédit**	**Solde progressif**
411DUB		**Meubles Dubuisson**					
0804N	VT	1	Facture n° 187		1 760,00		1 760,00
1104N	VT	1	Facture n° 193		1 950,00		3 710,00
1804N	VT	1	Facture n° 199		2 340,00		6 050,00
2104N	VT	1	Avoir n° 201 (retour de marchand.)			144,00	5 906,00
2304N	VT	1	Facture n° 204		2 870,00		8 776,00
2904N	VT	1	Facture n° 211		1 892,00		10 668,00
0405N	VT	2	Facture n° 217		2 120,00		12 788,00
1005N	VT	2	Facture n° 223		1 810,00		14 598,00
1805N	VT	2	Avoir n° 227 (rabais supplément.)			108,00	14 490,00
2105N	VT	2	Facture n° 229		2 160,00		16 650,00
2605N	VT	2	Facture n° 235		2 130,00		18 780,00
3105N	BQ	4	Traite n° 334 au 31/05/N			7 942,00	10 838,00
0506N	VT	3	Facture n° 239		3 300,00		14 138,00
0806N	VT	3	Avoir n° 242 (retour de marchand.)			280,00	13 858,00
1306N	VT	3	Facture n° 244		1 850,00		15 708,00
2406N	VT	3	Facture n° 247		1 760,00		17 468,00
2606N	VT	3	Facture n° 254		1 770,00		19 238,00
3006N	BQ	5	Traite n° 347 au 30/06/N			5 838,00	13 400,00
3006N							
3006N							
			Total du tiers : 411DUB				
			Totaux				

Annexe A (à compléter) - Bordereau d'imputation comptable de la société LÉCLUSE

Ligne	Date	Journal	N° compte général	N° compte de tiers	Libellés des opérations	Débit	Crédit
1							
2							
3							
4							
5							

Annexe 3 - E-mail reçu le 29/06/N de la part du client « Meubles DUBUISSON »

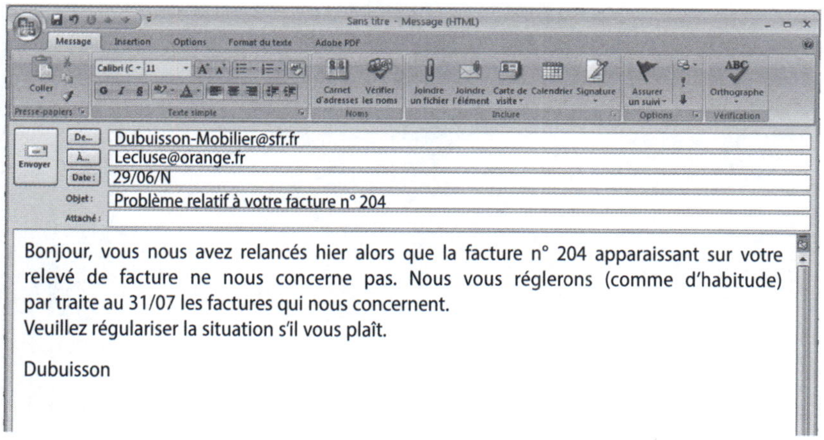

De : Dubuisson-Mobilier@sfr.fr
À : Lecluse@orange.fr
Date : 29/06/N
Objet : Problème relatif à votre facture n° 204
Attaché :

Bonjour, vous nous avez relancés hier alors que la facture n° 204 apparaissant sur votre relevé de facture ne nous concerne pas. Nous vous réglerons (comme d'habitude) par traite au 31/07 les factures qui nous concernent.
Veuillez régulariser la situation s'il vous plaît.

Dubuisson

Annexe 4 - Note interne

Note interne

SOCIÉTÉ LÉCLUSE

De : service comptable
PJ : nouveau plan tiers
Objet : Réorganisation du plan tiers (fichiers clients et fournisseurs)

À : Service commercial et direction générale
Date : 30/06/N

Suite au mail du client « Meubles Dubuisson » daté du 29/06, nous avons constaté une anomalie dans notre organisation comptable : les clients « Meubles Dubuisson » et « Dubois Mobilier » ont été affectés du même numéro de compte.

Nous allons rectifier dès aujourd'hui l'enregistrement comptable correspondant et, à partir de maintenant, les comptes de tiers (clients et fournisseurs) seront créés de la façon suivante :

- 401 pour les fournisseurs, 411 pour les clients ;
- la 1re lettre du tiers concerné ;
- un numéro entre 01 et 99 selon l'ordre d'arrivée du tiers dans notre entreprise.

Vous trouverez ci-joint un fichier reprenant l'intégralité des nouveaux numéros de compte de nos tiers.

Je reste à votre disposition pour toutes informations complémentaires.

NB : *le compte « 411DUB » a été remplacé par le compte « 411D04 ». Le client « Dubois Mobilier » est le 18e client commençant par un « D ».*

Annexe 5 - Fiche de présentation du client « DUBOIS MOBILIER »

Informations	Société « Dubois Mobilier »
Adresse :	11 square Bertin 59300 VALENCIENNES (France)
Téléphone/Fax :	03-28-65-XX-XX/03-28-65-XX-XX
Mail/Site :	Dubois@orange.fr/www.Dubois-Mobilier.fr
Mode de règlement	Virement à 30 jours nets
Encours maximum autorisé :	5 000 €

ABANCOURT

Analyse graphique du portefeuille client à partir d'informations extraites du tableur

1.4.1 Analyse de la composition du portefeuille client et de son évolution
7.2.1 Contrôle de la fiabilité des informations

La société **ABANCOURT** s'est spécialisée dans la commercialisation des articles de table (assiettes, plats, couverts, verres, tasses, nappes, serviettes…) à destination de divers clients (restaurateur, hôtelier, cafetier, revendeur).

Elle dispose d'informations saisies sur tableur reprenant les principales caractéristiques de sa clientèle et des commerciaux chargés du suivi de celle-ci.

Votre mission concerne l'analyse de ce portefeuille client après filtrage, tri et extraction des informations les plus significatives.

version BiMédia « Abancourt_Eleve.xlsx »

Missions

1 - Utilisez les filtres du tableur pour obtenir les informations suivantes :

- **Clients restaurateurs dont le CA annuel TTC dépasse 5 000 €.**
- **CA TTC des clients revendeurs sous la responsabilité de M. ARTHUS Bertrand.**
- **Clients dunkerquois confiés à Mme EZEQUIEL Sandra répartis par catégorie et triés par CA TTC décroissant.**
- **CA TTC des clients ne disposant pas de commerciaux (regroupés par catégorie).**
- **CA TTC des clients habitant à Lille regroupés par catégorie.**
- **CA TTC total par catégorie de clients.**
- **CA TTC moyen par commerciaux.**

2 - Concevez un graphique adapté à chaque extraction et copiez collez les résultats (tableaux + graphiques) dans un logiciel de traitement de texte.

Situations professionnelles

Scénario 7 Le suivi des créances et l'analyse du portefeuille client

ESWARS

Analyse de la balance âgée - Dépassement de ligne de crédit - Relance (PGI)

- 1.4.2 Alerte, conseil pour réduire le risque client
- 1.4.3 Relance des clients
- 7.3.2 Participation à l'évolution du système d'information

La société **ESWARS** vend du matériel de chauffage, l'installe et effectue des réparations et de la maintenance industrielle.

Toute sa comptabilité est effectuée à l'aide d'un PGI.

Votre mission consiste à extraire du PGI les données nécessaires pour mettre en place la procédure de relance des clients.

La politique de suivi des créances est basée sur une relance automatique des clients dont l'échéance est dépassée depuis plus d'un mois et pour lesquels la ligne de crédit (en-cours maximum autorisé) est également dépassée.

Mission

→ **À l'aide des informations de l'annexe, faites une extraction de toutes les informations nécessaires à l'édition des lettres de relance automatisées.**

version BiMédia

PGI

Eswars_SAGE.zip
Eswars_EBP.zip
Eswars_CEGID.zip

Annexe - Procédure de traitement et d'extraction des données nécessaires aux relances clients

Étape 1 - Édition de la balance âgée au 30/11/N

Étape 2 : Exportation de l'encours maximum autorisé par client

- Dans le module comptable du PGI, exporter vers le tableur les informations en créant un modèle intégrant le fichier « Comptes tiers » et les champs « Numéro », « Intitulé » et « Encours maximum » sous un format de fichier « .xls »,
- Supprimer les informations inutiles afin de conserver uniquement le numéro, l'intitulé et l'encours maximum pour chaque client,
- Améliorer la présentation du tableau et imprimer.

Étape 3 : Confrontation de la balance âgée et du tableau des encours maximum

La confrontation des deux éditions doit vous amener à identifier les clients à relancer et à imprimer les lettres de relance grâce aux modèles de lettres de rappel incluses dans le PGI.

JOLIMETZ

Suivi de créances - Relance

1.4.2 Alerte, conseil pour réduire le risque client
1.4.3 Relance des clients

La société **JOLIMETZ** fabrique et commercialise des jouets en bois à destination des grandes surfaces ou des magasins spécialisés dans les jouets.

Son activité saisonnière est florissante et lui permet depuis plusieurs années de réaliser des bénéfices.

Toutefois, quelques problèmes de trésorerie dus à la fois à la saisonnalité de son chiffre d'affaires et à un suivi des créances peu rigoureux ont amené la direction à vous confier la mission de sécuriser le risque client.

Pour ce faire, une procédure de relance a été mise en place (**annexe 1**) afin de remplacer l'ancienne organisation qui consistait à envoyer une lettre simple dès que l'on constatait un dépassement relativement long.

Vous êtes chargé(e) de la mettre en application dès le mois de décembre N en vous basant sur la balance âgée extraite du PGI (**annexe 2**), sur le tableau récapitulatif des lignes de crédit (**annexe 3**) et sur les informations complémentaires relatives aux clients de la société Jolimetz (**annexe 4**).

Mission

➜ **Pour chaque client, précisez quel est le traitement approprié à mettre en œuvre.**

version biMédia « Jolimetz_Eleve.xls »

Annexe 1 - Procédure de sécurisation du risque client de la société JOLIMETZ

Étape 1 - Fixation d'une ligne de crédit

La ligne de crédit devra être recalculée à chaque début d'année en se basant sur la formule suivante prenant en compte le chiffre d'affaires annuel hors taxes (CA), les conditions de règlement (C), l'ancienneté en mois de nos relations avec le client (A) et le nombre de litiges relatifs au non-respect des échéances sur les 3 dernières années (L) :

Ligne de crédit = CA x (C/360) x (A/60) x [(10 – L)/ 10] *(résultat arrondi au millier d'€ supérieur)*

***NB** : cette ligne de crédit devra être vérifiée mensuellement afin de tenir compte d'éventuelles modifications importantes.*

Étape 2 - Surveillance de l'en-cours client

Une balance âgée devra être éditée chaque début de mois en prenant en compte les dates d'échéance et faisant apparaître le montant total de la créance, sa partie non échue, sa partie excédant l'échéance de 0 à 15 jours, de 16 jours à 30 jours, de 31 jours à 45 jours et de plus de 45 jours.

Étape 3 - Mise en place de la relance adaptée (de manière graduelle)

- Pour les créances non échues : aucune relance, seul un relevé de facture devra être envoyé avec éventuellement une proposition d'escompte pour règlement anticipé.
- Pour les créances dont le dépassement est inférieur à 15 jours : envoi d'un courriel de rappel de l'échéance.
- Pour les créances dont le dépassement est compris entre 16 jours et 30 jours : envoi d'un courrier simple précisant que l'échéance n'a pas été respectée.
- Pour les créances dont le dépassement est compris entre 31 jours et 45 jours (et en cas de dépassement de la ligne de crédit) : envoi d'une lettre recommandée avec accusé de réception précisant que l'échéance est largement dépassée et les risques d'un recours en contentieux.
- Pour les créances dont le dépassement est supérieur à 45 jours (et en cas de dépassement de la ligne de crédit) : transfert du dossier client au service juridique pour un recours en contentieux.

Annexe 2 - Balance âgée de la société JOLIMETZ au 30/11/N

Société JOLIMETZ 44, avenue de Cherbourg 66000 PERPIGNAN	**Balance âgée** D'après date d'échéance Sur la date la plus lointaine	Période du : au : Situation au : Tenue de compte :	01/01/N 30/11/N 30/11/N EURO

PGI module comptable — Date de tirage : 01/12/N à 7:56:12 — Page 1

N° de compte	Intitulés des comptes	Solde du compte	Solde non échu	De 1 à 15 jours	De 16 à 30 jours	De 31 à 45 jours	Plus de 45 jours
411000	**Clients**						
0AUCHA	AUCHAN	38 620,00	28 590,00	10 030,00			
0CARRE	CARREFOUR	29 580,00	22 600,00		6 980,00		
0INTER	INTERMARCHE	16 570,00	7 890,00		4 250,00	4 430,00	
0JOUEC	JOUECLUB	4 240,00	2 860,00				1 380,00
0KINGJ	KINGJOUET	6 140,00	3 080,00		1 250,00	1 810,00	
0LAGRA	LA GRANDE RECRE	2 690,00	1 980,00				710,00
0LECLE	LECLERC	19 670,00	7 450,00			12 220,00	
0TOYSR	TOYSRUS	7 430,00	5 180,00	2 250,00			
Total C. général	**411000**	**124 940,00**	**79 630,00**	**12 280,00**	**12 480,00**	**18 460,00**	**2 090,00**
	Totaux	**124 940,00**	**79 630,00**	**12 280,00**	**12 480,00**	**18 460,00**	**2 090,00**
	% Période		**63,73 %**	**9,83 %**	**9,99 %**	**14,78 %**	**1,67 %**

Annexe 3 - Tableau des lignes de crédit des clients de la société JOLIMETZ déterminées en janvier N

Auchan	59 000,00 €	Carrefour	69 000,00 €
Intermarché	9 000,00 €	Jouéclub	1 000,00 €
King Jouet	5 000,00 €	La Grande Récré	1 000,00 €
Leclerc	12 000,00 €	Toysrus	8 000,00 €

Annexe 4 - Informations complémentaires sur les clients de la société JOLIMETZ au 30/11/N

Clients	Chiffre d'affaires annuel HT (1)	Conditions de règlement (2)	Ancienneté (3)	Nombre de litiges (4)
Auchan	325 500,00 €	Virement 30 JFM	96	1
Carrefour	258 650,00 €	Virement 45 JFM	120	2
Intermarché	165 890,00 €	Virement 30 jours nets	75	5
Jouéclub	36 580,00 €	Virement en fin de mois	36	1
King Jouet	258 960,00 €	Virement 30 jours nets	28	3
La Grande Récré	25 450,00 €	Virement en fin de mois	4	0
Leclerc	178 980,00 €	Virement 45 JFM	62	5
Toysrus	68 950,00 €	Virement 30 JFM	58	1

(1) du 01/12/N-1 au 30/11/N
(2) en moyenne : 30 JFM = 45 jours ; 45 JFM = 60 jours : fin de mois = 15 jours
(3) en mois au 30/11/N
(4) litiges relatifs à un non-respect des échéances et ayant occasionné une relance écrite (sur les 3 dernières années)

ORSINVAL

Calculs de ratios liés aux créances - Graphiques

1.4.1 Analyse de la composition du portefeuille client et de son évolution

La SARL **ORSINVAL** est une entreprise de rénovation de toiture. Elle réalise des prestations de services auprès d'entreprises ou de particuliers sur des immeubles neufs ou usagés.

Elle réalise également quelques ventes de marchandises (tuiles, gouttières, chéneaux, ardoises, tôles ondulées, etc.).

Elle est soumise à la TVA au taux intermédiaire (TI) et au taux normal (TN).

Elle a décidé d'opter pour les débits.

Son suivi client est satisfaisant mais elle voudrait connaître l'évolution de sa durée moyenne de crédit client par catégorie de client, par année et par rapport aux entreprises du même secteur.

À l'aide des trois annexes suivantes, réalisez les missions qui vous sont dévolues :
- **Annexe 1** - Extrait de la balance âgée de la société ORSINVAL,
- **Annexe 2** - Ratios de la SARL ORSINVAL calculés les années précédentes,
- **Annexe 3** - Ratios de la branche d'activité.

version biMédia « Orsinval_Eleve.xls »

Missions

1 - **Calculez les ratios de crédit client (particuliers et professionnels) pour l'année N.**

2 - **Réalisez un graphique d'évolution des ratios de la société depuis N-4 à N.**

3 - **Réalisez deux graphiques de comparaison des ratios de la société avec ceux de la branche d'activité pour les années N-4 à N (par catégorie de clients).**

4 - **Faites un commentaire circonstancié à l'aide de ces deux graphiques.**

Annexe 1 - Extrait de la balance âgée de la société ORSINVAL

SARL ORSINVAL	**Balance des comptes** Complète		Période du : 01/01/N au : 31/12/N Tenue de compte : EURO		
PGI module comptable	Date de tirage : 04/01/N+1 à 11:22				Page 1

N° de compte	Intitulés des comptes	Mouvement débit	Mouvement crédit	Solde débit	Solde crédit
411100	Clients particuliers	46 825,50	41 985,40	4 840,10	
411200	Clients professionnels	189 650,25	175 780,30	13 869,95	
413200	Clients professionnels – effets à recevoir	25 000,00	20 000,00	5 000,00	
416100	Clients douteux (particuliers)	6 525,40	3 890,20	2 635,20	
416200	Clients douteux (professionnels)	11 860,80	2 580,40	9 280,40	
419110	Clients particuliers, avances sur commandes	11 540,00	13 620,00		2 080,00
419120	Clients professionnels, avances sur commandes	51 470,30	56 780,60		5 310,30
706110	Prestations particuliers (TI)		34 500,00		34 500,00
706120	Prestations particuliers (TN)		11 860,00		11 860,00
706210	Prestations professionnels (TI)		16 658,90		16 658,90
706220	Prestations professionnels (TN)		175 680,60		175 680,60
707120	Ventes de marchandises aux particuliers (TN)	1 845,40	11 520,50		9 675,10
707220	Ventes de marchandises aux professionnels (TN)	3 956,50	22 470,50		18 514,00
	Totaux comptes de bilan	**493 725,40**	**478 690,50**	**15 034,90**	
	Totaux comptes de gestion	**275 680,25**	**290 715,15**		**15 034,90**
	Totaux de la balance	**769 405,65**	**769 405,65**		

Annexe 2 - Ratios de la SARL ORSINVAL calculés les années précédentes

Tableau des ratios de la SARL ORSINVAL (années N-4 à N-1)				
(en jours)	**N-4**	**N-3**	**N-2**	**N-1**
Clients particuliers	15	25	25	28
Clients professionnels	20	21	22	26

Annexe 3 - Ratios de la branche d'activité

Tableau des ratios de la branche d'activité (années N-4 à N)					
(en jours)	**N-4**	**N-3**	**N-2**	**N-1**	**N**
Clients particuliers	17	22	20	18	22
Clients professionnels	25	28	36	39	32

Scénario 8 Tenue et suivi des dossiers fournisseurs

1.2.2 Tenue et suivi des dossiers fournisseurs : du contrôle de la commande au contrôle du règlement
1.2.3 Contrôle des opérations et des traitements dématérialisés
1.7.1 Présentation des caractéristiques de l'organisation du processus « Contrôle et traitement des opérations commerciales »
1.7.2 Analyse du processus « Contrôle et traitement comptable des opérations commerciales »

Contexte général DUVIVIER :

Salarié dans le service comptable de la société Duvivier, vous travaillez en liaison avec le service réception des marchandises et la Direction Générale afin d'optimiser la gestion du processus fournisseur.

Mission de veille :

Mettre à jour votre veille comptable sur les thèmes suivants :
- Circulation des documents comptables liés aux achats
- Séparation des tâches et contrôle interne dans le processus achat
- Sécurisation du processus achat

→ De la commande au règlement

Informations comptables relatives à la société DUVIVIER :

La société anonyme DUVIVIER a plusieurs activités :
- la vente de matériels électriques ;
- la prestation de services (installation, réparations, maintenance) dans le domaine de l'électricité.

La SA DUVIVIER est assujettie au taux normal ou au taux intermédiaire sur ses prestations et au taux normal pour la vente de matériels. Quelques prestations très spécifiques bénéficient du taux réduit de TVA.

Organisation comptable de la SA DUVIVIER

1. Journaux auxiliaires les plus utilisés

- Journal des achats (ACH)
- Journal des ventes (VTE)
- Journal de caisse (CAIS)
- Journal de banque – Société Générale (BQ1)
- Journal des opérations diverses (OD)

2. Procédures comptables

- Tous les travaux comptables sont effectués à l'aide d'un Progiciel de Gestion Intégrée fonctionnant en réseau sécurisé par attribution de droits aux utilisateurs.
  Mme Charrue, responsable du service comptable, dispose des droits relatifs au paramétrage de l'ensemble des fonctions du PGI.
- Le traitement des achats suit une procédure que le responsable du service « réception des marchandises » est tenu d'appliquer lors de l'enregistrement des factures.
- L'entreprise crée les numéros de compte de ses tiers en utilisant la classe C pour les clients et la classe 9 pour les fournisseurs auquel elle rajoute les 5 premières lettres du nom du tiers.

Exemple : le fournisseur Duchemin a pour compte tiers « 9DUCHE ».

3. Extrait du plan de comptes

445620	TVA déductible sur immobilisations	445713	TVA collectée (TI)
445661	TVA déductible sur autres biens et services (TR)	606400	Fournitures administratives
445662	TVA déductible sur autres biens et services (TN)	607100	Achats de materiels électriques
445663	TVA déductible sur autres biens et services (TI)	607200	Achats de produits d'entretien
445711	TVA collectée (TR)	607300	Achats de quincaillerie
445712	TVA collectée (TN)	624100	Transports sur achats

Procédure de traitement des achats

SA Duvivier - Livre des procédures (achat) - Service réception des marchandises - Page 8

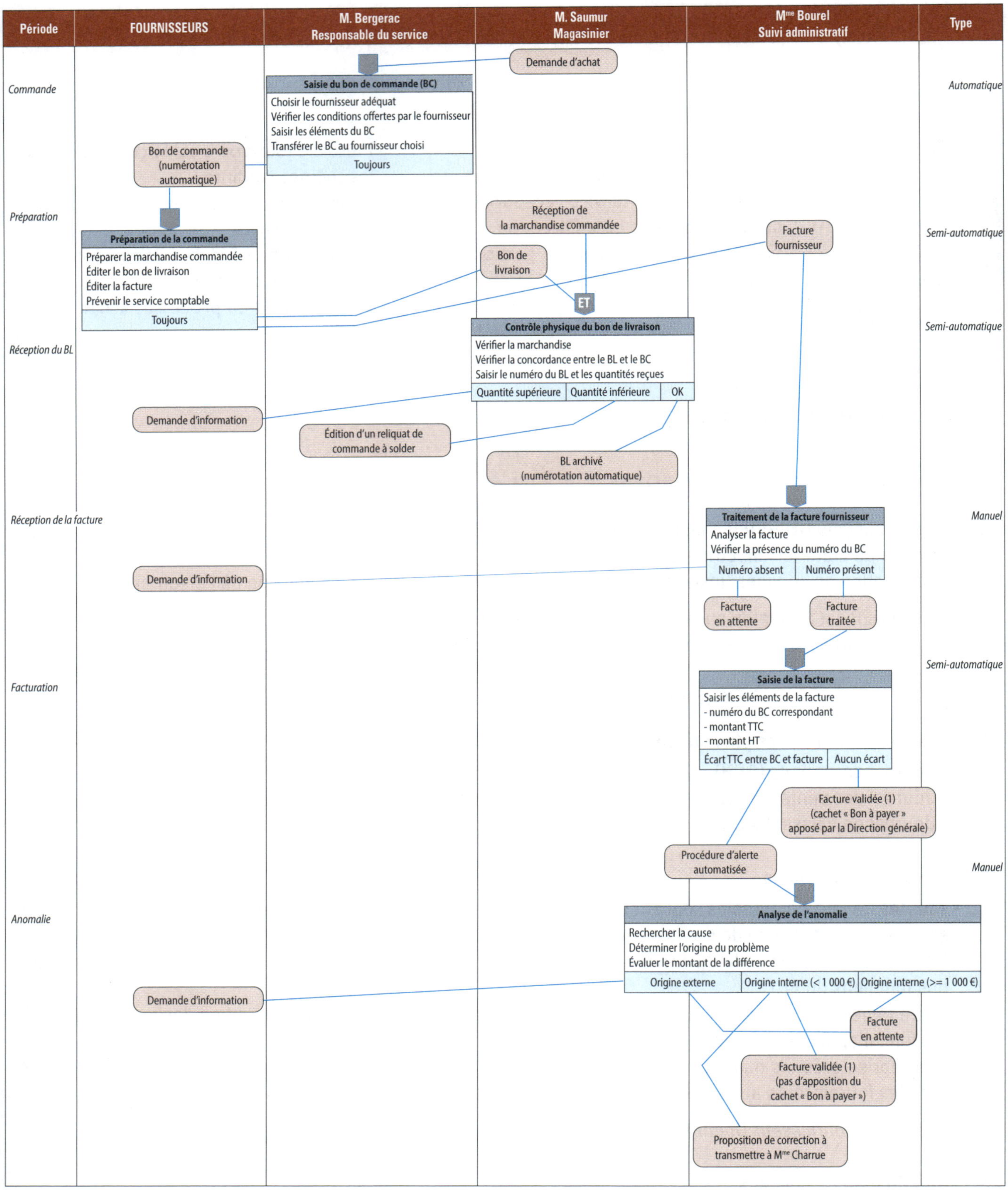

(1) Le PGI a été paramétré de telle sorte qu'au moment de la validation, un enregistrement comptable automatisé est effectué à partir des éléments du bon de commande.

Cet enregistrement peut éventuellement être corrigé en cas d'anomalie.

◆ Bon de commande, bon de livraison et facture du fournisseur « LEGRAND »

SA DUVIVIER
10, rue Doumergue
59500 DOUAI

N° intracommunautaire :
FR94758501001

Ets LEGRAND
265, rue Louise Michel
66100 PERPIGNAN

N° intracommunautaire :
FR95247896558

Bon de commande n° 524 Date : 10/06/N Code fournisseur : 9LEGRA

Réf. articles	Désignation	Quantité	Prix unitaire	Total
GA1258	Gaine multifonctions verticale	200	46,20	9 240,00 €
AM2695	Ampèremètre analogique 30A	30	155,00	4 650,00 €

Délai de livraison : Fin de semaine
Condition de livraison : Port facturé
Règlement : Par virement bancaire (30 JFM)

Total HT	13 890,00 €
TVA TN	2 778,00 €
Total TTC	16 668,00 €

Établissements LEGRAND
265, rue Louise Michel
66100 PERPIGNAN

N° intracommunautaire :
FR95247896558

SA DUVIVIER
10, rue Doumergue
59500 DOUAI

N° intracommunautaire :
FR94758501001

Bon de livraison n° 489 Date : 14/06/N
Votre commande n° 524

Réf. articles	Désignation	Quantité
GA1258	Gaine multifonctions verticale	200
AM2695	Ampèremètre analogique 30A	30

Établissements LEGRAND
265, rue Louise Michel
66100 PERPIGNAN

N° intracommunautaire :
FR95247896558

DOIT

SA DUVIVIER
10, rue Doumergue
59500 DOUAI

N° intracommunautaire :
FR94758501001

Facture n° 398 Date : 15/06/N
Votre commande n° 524

Réf. articles	Désignation	Quantité	Prix unitaire	Total
GA1258	Gaine multifonctions verticale	200	46,20	9 240,00 €
AM2695	Ampèremètre analogique 30A	30	155,00	4 650,00 €
	Port	1	200,00	200,00 €

Total HT	14 090,00 €
TVA TN	2 818,00 €
Net à payer	16 908,00 €

Règlement : Par virement bancaire (30 JFM)

◆ Bon de commande, bon de livraison et facture du fournisseur « Les Toitures CHTIS »

SA DUVIVIER
10, rue Doumergue
59500 DOUAI

N° intracommunautaire :
FR94758501001

Les Toitures CHTIS
27, route de Lens
62112 CORBEHEM

N° intracommunautaire :
FR39285541140

Bon de commande n° TR89 Date : 02/06/N Code fournisseur : 9CHTIS

Référence	Désignation	Quantité	Prix unitaire	Prix total
INT65	Réfection de la toiture de la société (*)	1	8 400,00	8 400,00 €

Délai d'intervention Sous quinzaine
Condition de livraison : Franco de port
Règlement : Par chèque à la fin des travaux

Total HT	8 400,00 €
TVA TI	840,00 €
Total TTC	9 240,00 €

(*) Comprenant les pièces (tuiles, gouttières, chéneaux, outillages divers) et la main-d'œuvre.

Les Toitures CHTIS
27, route de Lens
62112 CORBEHEM

N° intracommunautaire :
FR39285541140

SA DUVIVIER
10, rue Doumergue
59500 DOUAI

N° intracommunautaire :
FR94758501001

Bon d'intervention n° TR77 Date : 27/06/N
Votre commande n° TR89

Réf articles	Désignation	Quantité	Prix unitaire
INT65	Réfection de la toiture Fin des travaux (devis respecté)	1	8 400,00 €

Les Toitures CHTIS
27, route de Lens
62112 CORBEHEM

N° intracommunautaire :
FR39285541140

DOIT

SA DUVIVIER
10, rue Doumergue
59500 DOUAI

N° intracommunautaire :
FR94758501001

Facture n° TR77 Date : 28/06/N
Votre commande n° TR89

Réf articles	Désignation	Quantité	PU	Total
INT65	Réfection de la toiture	1	8 400,00 €	8 400,00 €

Total HT	8 400,00 €
TVA TN	1 680,00 €
Net à payer	10 080,00 €

Règlement : Par chèque au 30 juin N

TVA acquittée d'après les débits

◆ Extrait du fichier articles

Référence	Désignation	Prix d'achat unitaire hors taxes	Code TVA (*)	Numéro de compte
EL130	Cache borne 4 modules	7,00 €	2	607100
EL191	Gaine multifonctions verticale	46,20 €	2	607100
EL422	Câbles électriques 100 mètres	9,90 €	2	607100
EL460	Ampèremètre analogique 30A	155,00 €	2	607100
FO024	Ramette papier imprimante	4,10 €	2	606400
TR003	Réfection toiture	8 400,00 €	3	615000

(*) Code TVA 1 : Taux réduit (TR)
Code TVA 2 : Taux normal (TN)
Code TVA 3 : Taux intermédiaire (TI)

◆ Information fiscale (taux de TVA applicable aux travaux de rénovation)

Site : https://service-public.fr/professionnels-entreprises/vosdroits/F23568

Taux de TVA pour les travaux de rénovation d'un logement

Les travaux de rénovation réalisés par une entreprise dans un logement ancien bénéficient de taux de TVA réduits, sous certaines conditions. La TVA au taux réduit de 5,5 % ou au taux intermédiaire de 10 %, au lieu du taux normal à 20 %, est réservée aux travaux d'amélioration, de transformation, d'aménagement et d'entretien sur les logements d'habitation (résidence principale ou secondaire) achevés depuis plus de 2 ans.

Travaux et locaux concernés

Les locaux doivent être :

- achevés **depuis plus de 2 ans** au début des travaux ;
- affectés à l'habitation, que ce soit une résidence principale ou secondaire (sont également concernés des locaux auparavant affectés à un autre usage et transformés à l'usage d'habitation à l'issue des travaux).

Si le logement ne remplit pas ces conditions, les travaux sont soumis au taux normal de 20 %. [...]
Le client peut en être propriétaire bailleur ou occupant (y compris le syndicat de copropriétaires), société civile immobilière, locataire ou simple occupant.
Une agence immobilière qui fait procéder à des travaux sur une habitation qu'elle met en location ou un marchand de biens qui destine ces locaux à la revente, peut également en bénéficier, en qualité de représentant dûment mandaté du propriétaire.

Taux de TVA applicables selon la nature des travaux		
Taux	**Nature des travaux**	**Exemples**
Intermédiaire à 10 %	Travaux d'amélioration, de transformation, d'aménagement ou d'entretien.	
Réduit à 5,5 %	Travaux de rénovation ou amélioration énergétique.	Pose, installation et entretien de matériaux et équipements d'économie d'énergie, respectant des caractéristiques techniques et des critères de performances minimales : chaudière à condensation, pompe à chaleur, isolation thermique, appareil de régulation de chauffage ou de production d'énergie renouvelable, etc.
Réduit à 5,5 %	Travaux induits, indissociablement liés aux travaux d'efficacité énergétique.	Déplacement de radiateurs ou dépose de sols. En sont exclus les autres travaux de rénovation ou d'ordre esthétique (habillage d'un insert, pose de papier peint...)

Travaux ou achats exclus

La TVA au taux intermédiaire ou réduit ne peut pas être appliquée :

- aux travaux de rénovation effectués dans les locaux à usage autre que d'habitation, par exemple locaux à usage professionnel, bureaux, bâtiments à usage agricole (grange, écurie, serre...), hébergement touristique commercial (hôtel) ;
- aux travaux d'aménagement, de nettoyage et d'entretien des espaces verts (prestation de paysagiste notamment),
- à la fourniture d'équipements ménagers ou mobiliers ;
- à l'acquisition de gros équipements dans le cadre de travaux d'installation ou de remplacement du système de chauffage (sauf s'il s'agit de travaux d'économie d'énergie), de l'installation sanitaire ou de climatisation ;
- à l'installation ou l'entretien des ascenseurs.

Dans tous ces cas, c'est le taux normal de 20 % qui doit s'appliquer.

Le taux intermédiaire ou réduit est également exclu pour les travaux importants qui constituent plus qu'une simple rénovation :

- surélévation du bâtiment ou addition de construction ;
- remise à l'état neuf de plus de la moitié du gros œuvre (fondations, charpentes, murs porteurs, façades hors ravalement) ;
- remise à l'état neuf à plus des 2/3 des éléments de second œuvre : planchers non porteurs, huisseries extérieures, cloisons, installations sanitaires, plomberie, installations électriques et chauffage ;
- augmentation de la surface de plancher des locaux existants de plus de 10 %.

<u>Attention</u> : Seuls les travaux et équipements facturés par une entreprise sont concernés. Les équipements achetés directement par le particulier pour les faire installer par une entreprise sont soumis au taux normal de 20 %. Dans ce cas, seule la prestation de pose bénéficie du taux intermédiaire ou réduit.

Mission 1 Mettez en œuvre la procédure de contrôle des factures fournisseur et comptabilisez les opérations nécessaires.

◆ Procédure de contrôle des factures

Contrôle de la facture n° 398 des Établissements LEGRAND	
N° de commande : 524	FOURNISSEUR : 9LEGRA
N° de réception : 06/27	Date de livraison : 14/06/N
Alerte !!!	
Différence TTC Commande - Facture :	**240,00 €**
Cause de l'anomalie, justification du montant de l'erreur et calcul de l'écart :	
Suite à donner au traitement de la facture :	
☐ Facture validée sans « BON à PAYER »	☐ Facture mise en attente
En cas d'erreur interne, proposition de correction :	

Contrôle de la facture n° TR77 des Toitures CHTIS	
N° de commande : TR89	FOURNISSEUR : 9CHTIS
N° de réception : 06/53	Date de livraison : 27/06/N
Alerte !!!	
Différence TTC Commande - Facture :	**840,00 €**
Cause de l'anomalie, justification du montant de l'erreur et calcul de l'écart :	
Suite à donner au traitement de la facture :	
☐ Facture validée sans « BON à PAYER »	☐ Facture mise en attente
En cas d'erreur interne, proposition de correction :	

◆ Enregistrements comptables nécessaires

Ligne	Date	Journal	N° compte général	N° compte de tiers	Intitulés des comptes/ Libellés des opérations	Débit	Crédit
1	15/06/N	ACH	607100		Achats de matériels électriques	13 890,00	
2			445662		État, TVA déductible/ABS (TN)	2 778,00	
3			401000	9LEGRA	Fournisseur Legrand		16 668,00
4					*Facture 398 automatisée par le PGI*		
5	28/06/N	ACH	615000		Entretiens et réparations	8 400,00	
6			445663		État, TVA déductible/ABS (TI)	840,00	
7			401000	9CHTIS	Fournisseur Toitures Chtis		9 240,00
8					*Facture TR77 automatisée par le PGI*		
9	30/06/N	ACH					
10							
11							
12					*Rectification facture 398*		
13	30/06/N	ACH					
14							
15							
16					*Rectification facture TR77*		
					Totaux		

→ Séparation des tâches et contrôle interne

Mission 2

Dans la société Duvivier, le contrôle interne a été mis en place pour mettre fin aux erreurs, oublis, abus ou fraudes découverts les mois précédents. Vous devez compléter le tableau de séparation des fonctions pour éviter toutes erreurs futures.

◆ Processus ACHAT

Problèmes rencontrés	Fonctions à séparer	
- Facture réglée alors que la commande n'a pas été validée. - Facture réglée alors que la livraison n'a pas été vérifiée.		
- Livraison non vérifiée par rapport à la commande effectuée. - Non rapprochement de la commande et de la facturation. - Non rapprochement de la livraison et de la facturation. - Facture fictive ou fausse facture comptabilisée sans réception de marchandises. - Marchandises renvoyées sans avoir comptabilisé l'avoir correspondant.		
- Règlement de « complaisance » ne correspondant pas à un véritable achat comptabilisé. - Facture réglée alors qu'elle n'a pas été comptabilisée. - Règlement global effectué sans tenir compte des avoirs à comptabiliser.		

Dans le PGI, la mise en place d'autorisation d'accès et de limitation des pouvoirs de chacun des intervenants permet d'éviter certains dysfonctionnements.

Mission 3

Complétez le tableau de procédure suivant afin d'optimiser le processus fournisseur.

Procédures	Service concerné
Procédure de saisie du bon de commande créé	
Procédure de vérification : bon de commande / bon de livraison	
Procédure de saisie de la facture	
Procédure de contrôle de cohérence : bon de commande / bon de livraison / facture	
Procédure de validation : facture / comptabilisation	
Procédure d'autorisation d'enregistrement du paiement	
Procédure de saisie du paiement	
Procédure de vérification : comptabilisation / paiement	

→ Phases de paramétrage du module de facturation

Le paramétrage du module de facturation d'un PGI n'est pas obligatoire pour le processus « Achat ». Une simple saisie des factures fournisseur dans le journal des achats peut être suffisante.
Toutefois, si l'entreprise souhaite mettre en place une procédure de suivi des stocks efficace, elle a tout intérêt à intégrer les factures « achat » dans son module de gestion commerciale.

Mission 4 **Précisez dans le tableau suivant, les différents paramétrages à mettre en œuvre pour optimiser la gestion des achats.**

◆ Processus ACHAT

Tables	Plan comptable : Compte achats Compte TVA (TR) Compte TVA (TI) Compte TVA (TN)	 → → → → →
	Code Taxes : TVA déductible (TR) TVA déductible (TI) TVA déductible (TN)	 → → →
	Modes de règlement	Exemples : chèques, espèces, cartes bancaires, virement, traite, LCR
	Conditions de règlement	Exemples : Au comptant, à 30 jours nets, à 30 jours fin de mois, etc.
	Plan tiers (fournisseurs)	
	Familles d'articles	Exemples : matériels électriques (ME), quincaillerie (QUINC), outillages (OUTI), etc.
	Articles	

1.2.2 Tenue et suivi des dossiers fournisseurs : du contrôle de la commande au contrôle du règlement
1.2.3 Contrôle des opérations et des traitements dématérialisés
1.7.1 Présentation des caractéristiques de l'organisation du processus « Contrôle et traitement des opérations commerciales »
1.7.2 Analyse du processus « Contrôle et traitement comptable des opérations commerciales »

Schéma du processus d'achat

Le processus de gestion administrative et comptable des opérations d'achat peut être résumé de la façon suivante :

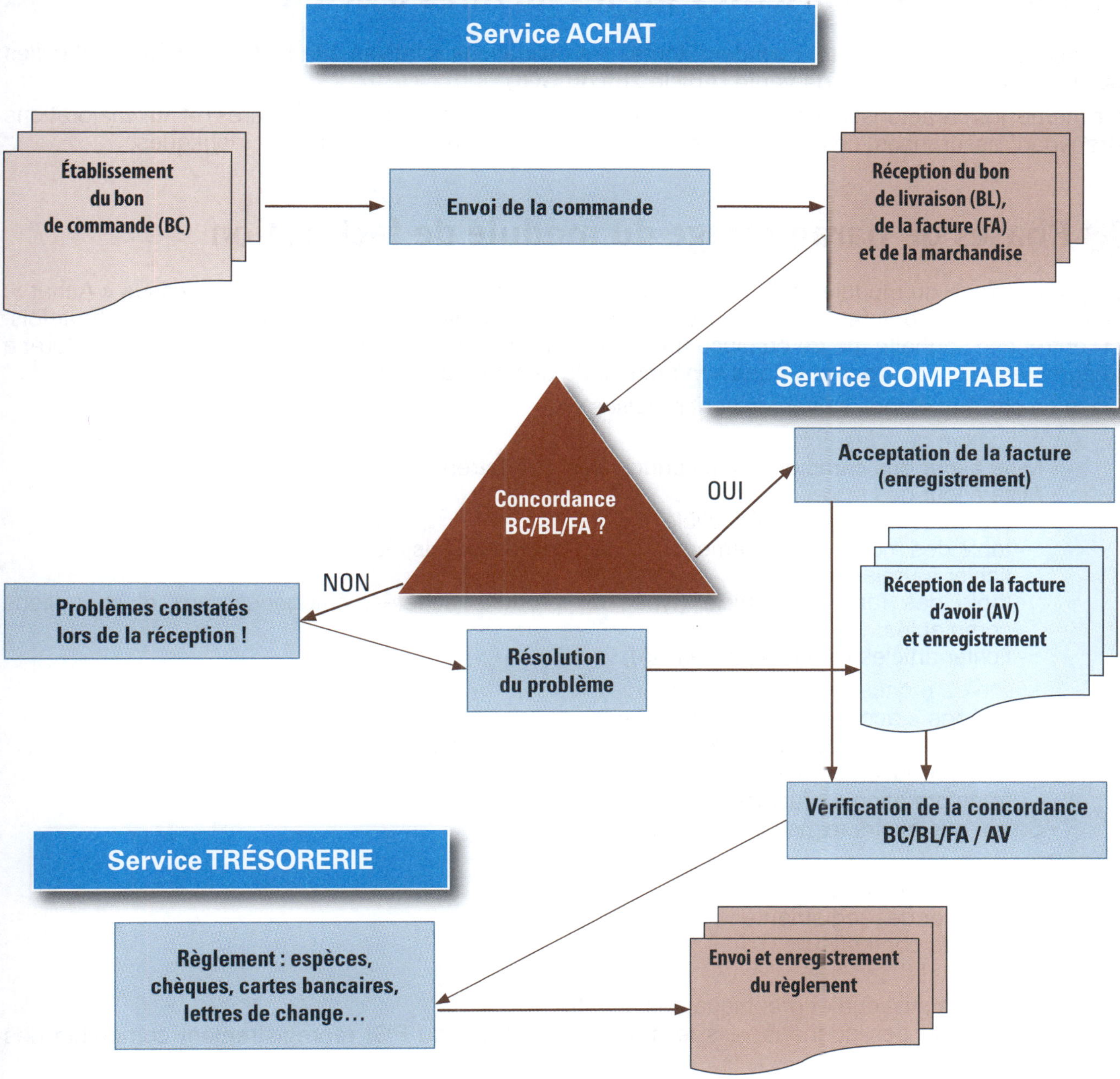

NB : *préalablement à la réalisation de la commande, il est possible que le fournisseur ait envoyé un catalogue ou calculer le prix de son intervention (devis). Ces documents permettent ainsi au client d'optimiser sa prise de décision de commander.*

Séparation des tâches et contrôle interne

Le processus « Achat » est également soumis à une obligation de contrôle interne afin d'éviter tout dysfonctionnement pouvant engendrer des risques de survie pour l'entreprise. Une véritable séparation des tâches doit donc être mise en place.
Tout PGI digne de ce nom prévoit un paramétrage des autorisations d'accès permettant d'éviter la redondance des tâches et leur incompatibilité.

Les principales séparations de fonctions sont les suivantes :

- Séparation réception de la commande/comptabilisation de la facture.
- Séparation comptabilisation des factures et avoirs/établissement des règlements.
- Séparation concordance bon de commande avec bon de livraison/concordance bon de livraison avec facture.

Informations inscrites sur les factures d'achat

La facture étant établie par le vendeur, toutes les obligations relatives à la facture d'achat sont celles requises pour les factures de vente (Article 289 du CGI).

De même, les caractéristiques relatives aux réductions (commerciales et financières) et aux majorations (transport, assurances, commissions, emballages consignés) sont exactement identiques.

Phases de paramétrage du module de facturation

Le paramétrage du module de facturation d'un PGI n'est pas obligatoire pour le processus « Achat ». Une simple saisie des factures fournisseur dans le journal des achats peut être suffisante. Toutefois, si l'entreprise souhaite mettre en place une procédure de suivi des stocks efficace, elle a tout intérêt à intégrer les factures « achat » dans son module de gestion commerciale.

Dans ce cas, les étapes suivantes sont requises :

- Vérification des bases comptables :
  - Mise à jour des caractéristiques principales de l'entreprise.
  - Mise à jour des tables :
    - table des taxes (TVA déductible) ;
    - table des modes de règlement imposés par les fournisseurs ;
    - fichier fournisseurs ;
    - table des familles d'article (types de produits achetés, catégories, prix d'achat, liens comptables…) ;
    - fichier articles (répartis par famille).
- Gestion du processus « fournisseurs » :
  - Saisie des « accusés » de commandes :
    - enregistrement des commandes faites au fournisseur ;
    - transformation en bons de livraison après concordance ;
    - transformation en factures après concordance ;
  - Saisie des avoirs reçus des fournisseurs.
- Suivi des dettes :
  - lettrage des factures ;
  - échéancier des règlements ;
  - gestion du contentieux.
- Divers :
  - analyse statistique et graphique des achats ;
  - exportation des données vers le module comptable du PGI (enregistrement comptable des achats).

La dématérialisation des factures (EDI) continue à se développer. Des outils informatiques (ex. : scannage des factures reçues) permettent d'intégrer les factures fournisseurs (dématérialisées ou pas) directement sur le module de gestion commerciale du PGI.
Les entreprises désirant mettre en place un suivi des achats performant et pérenne ont tout intérêt à mettre à jour leur PGI afin d'archiver au mieux toutes les données du processus « achat ».
Toutefois, une sécurisation de la saisie des factures fournisseurs doit être mise en place afin que des erreurs de saisie ne viennent générer des dysfonctionnements dans le suivi des dettes fournisseurs (contrôle de cohérence, concordance facture dématérialisée/facture saisie).

OISY 4

Paramétrages relatifs aux achats (PGI)

- 1.1.1 Identification des caractéristiques du SIC dans l'entreprise et ses acteurs
- 1.1.2 Repérage de l'organisation comptable : la hiérarchie des travaux comptables
- 1.2.2 Tenue et suivi des dossiers fournisseurs : du contrôle de la commande au contrôle du règlement
- 1.2.3 Contrôle des opérations et des traitements dématérialisés
- 1.7.1 Présentation des caractéristiques de l'organisation du processus « Contrôle et traitement des opérations commerciales »
- 1.7.2 Analyse du processus « Contrôle et traitement comptable des opérations commerciales »
- 7.3.2 Participation à l'évolution du système d'information

Missions

➜ **À l'aide du progiciel de gestion intégré, du fichier relatif à la société « OISY_XX » et des annexes suivantes :**

Dans le module comptable :

- **Mettez à jour le plan comptable de l'entreprise (annexe 1), les taux de taxes (annexe 2) et le plan tiers fournisseurs (annexe 3).**
- **Mettez à jour la balance d'ouverture au 15 septembre N directement dans le journal des « Report à nouveau » (RAN) (annexe 4).**

Dans le module de gestion commerciale :

- **Créez la catégorie comptable : *Achats de chocolat* (achat).**
- **Mettez à jour les familles d'articles (annexe 5).**

version Média

« Oisy_MOP_Compta_Sage »
« Oisy_MOP_Compta_SagePGI »
« Oisy_MOP_Gescom_Sage »
« Oisy_MOP_Gescom_SagePGI »
« Oisy_Procedures compta_Cegid.pdf »
« Oisy_Procedures gescom_Cegid.pdf »
« Oisy_Procedures compta_Ebp.pdf »
« Oisy_Procedures gescom_Ebp.pdf »

Annexe 1 - Extrait du plan comptable de l'entreprise « OISY » (achats)

Familles de produit	Comptes d'achat	Familles de produit	Comptes d'achat
Cacao **(1)**	60710000	Tablettes de chocolat blanc **(2)**	60740000
Tablettes de chocolat à la crème **(2)**	60720000	Coffrets **(3)**	60750000
Tablettes de chocolat au lait **(2)**	60730000	Spécialités **(3)**	60760000

(1) Taxé au taux réduit (TR)
(2) Taxé au taux normal (TN)
(3) Les coffrets et spécialités sont composés de bonbons au chocolat dont la composition détient moins de 25 % de chocolat pur. D'où sa taxation au taux normal (TN)

Autres comptes spécifiques utilisés par l'entreprise Oisy :

60971000	RRR Obtenus sur achats (TR)	76510000	Escomptes obtenus sur achats (TR)
60972000	RRR Obtenus sur achats (TN)	76520000	Escomptes obtenus sur achats (TN)
62410000	Transports sur achats		

Annexe 2 - *Taux de taxes utilisés par l'entreprise « OISY »*

Codes taxes	Intitulés des comptes	Comptes taxes	Comptes rattachés
A05	TVA déd. Achats (TR)	44566100	60710000 – 60971000 – 76510000
A20	TVA déd. Achats (TN)	44566200	60720000 – 60730000 – 60740000 – 60750000 – 60760000 – 60972000 – 62410000 – 76520000

Annexe 3 - *Extrait du plan tiers (fournisseurs) de l'entreprise « OISY »*

Code	Raison sociale	Adresse	CP	Ville	Téléphone	Fax
9TOU01FR	Toutchoco	165, route de Tournai	59500	DOUAI	03/27/85/XX/XX	03/27/85/XX/XX
9CHO02FR	Chocolat de France	125, avenue du Peuple Belge	59300	VALENCIENNES	03/27/95/XX/XX	03/27/95/XX/XX
9CHO03FR	Chocoplus	137, bd Poincarré	59610	FOURMIES	03/27/85/XX/XX	03/27/85/XX/XX
9EXO04FR	Exotic Choco	7, rue d'Aboukir	59005	WAZEMMES	03/20/78/XX/XX	03/20/78/XX/XX
9ABC05FR	ABC Chocolat	147, rue Van Gogh	62000	ARRAS	03/21/15/XX/XX	03/21/15/XX/XX
9CON06FR	Confiserie SA	127, rue de la Gendarmerie	59600	MAUBEUGE	03/27/60/XX/XX	03/27/60/XX/XX
9DEL07FR	Délices SARL	667, bd Pasteur	75017	PARIS	01/40/65/XX/XX	01/40/65/XX/XX
9SUP08FR	Super Gouter	3 ter, rue des Ternes	59500	DOUAI	03/27/40/XX/XX	03/27/40/XX/XX
9LEO09FR	Léonidas Distribution	418, avenue du Gal de Gaulle	59000	LILLE	03/20/95/XX/XX	03/20/95/XX/XX
9PRO10FR	Pro Chocolat	8, rue de l'Industrie	62000	ARRAS	03/21/69/XX/XX	03/21/69/XX/XX

Code	Raison sociale	E-mail	Contact	Mode de Paiement
9TOU01FR	Toutchoco	toutchoco@wanadoo.fr	M. REBIEUX	Traite à 30 jours fin de mois
9CHO02FR	Chocolat de France	chocolatdefrance@aol.com	M. DESTOIS	Chèque sous huitaine
9CHO03FR	Chocoplus	chocoplus@free.fr	Mme SAUBRY	Traite à 45 jours
9EXO04FR	Exotic Choco	exotic_choco@libertysurf.fr	M. SAID	Traite à 30 jours
9ABC05FR	ABC Chocolat	abc_chocolat@wanadoo.fr	M. VAIRELLES	Virement fin de mois
9CON06FR	Confiserie SA	confiserie_SA@free.fr	M. SERVEN	Chèque sous huitaine
9DEL07FR	Délices SARL	delices@aol.com	M. LEROY	Traite à 30 jours fin de mois
9SUP08FR	Super Gouter	super_gouter@wanadoo.fr	M. DHORASOO	Traite à 30 jours fin de mois
9LEO09FR	Léonidas Distribution	leondistrib@aol.com	Mme SEVIGNE	Traite à 30 jours
9PRO10FR	Pro Chocolat	prochocolat@libertysurf.fr	M. ANDERSON	Chèque sous huitaine

Rattachement des tiers

Les fournisseurs français sont à rattacher au compte 40100000 : Fournisseurs.

Annexe 4 - *Détail du compte fournisseur dans la balance d'ouverture de l'entreprise « OISY » au 15 septembre N*

N° compte	Nom du compte	Solde débiteur	Solde créditeur
9ABC05FR	ABC-CHOCOLAT *(échéance 18/09)*		373,75
9CHO03FR	CHOCOPLUS *(échéance 15/10)*		8 073,00
9ZZZ99FR	Fournisseurs divers	0,00	0,00
40300000	Effets à payer « DÉLICES SARL » *(échéance 30/09)*		7 415,20

Remarque :

Les comptes de tiers fournisseurs doivent avoir les mêmes caractéristiques : 40100000 – 40300000 – 40910000 : saisie de l'échéance – lettrage automatique – saisie compte tiers.

Annexe 5 - Informations concernant les stocks de l'entreprise « OISY »

Famille de produits

Code famille	Libellé	Compte d'achat	TVA
FA001	Cacao	60710000	TR
FA002	Tablettes de chocolat à la crème	60720000	TN
FA003	Tablettes de chocolat au lait	60730000	TN
FA004	Tablettes de chocolat blanc	60740000	TN
FA005	Coffrets	60750000	TN
FA006	Spécialités	60760000	TN
FA010	Consignation	40960000	aucune
FA011	Port	62410000	TN
FA012	Escompte (taux réduit - TR)	76510000	TR
FA013	Escompte (taux normal - TN)	76520000	TN
FA014	RRR supplémentaire (TR)	60971000	TR
FA015	RRR supplémentaire (TN)	60972000	TN

Note interne

Objet : Création d'articles pour les consignations réalisées par nos fournisseurs.

- Code article REF95, « palette fournisseur », famille FA010, stock réel au 15/09/N : 0 unité, prix d'achat : 25 €,
- Code article REF96, « container fournisseur », famille FA010, stock réel au 15/09/N : 0 unité, prix d'achat : 35 €.

CANTIN

Vérification d'un avoir - Pré-comptabilisation et enregistrement de factures (PGI)

- 1.1.4 Analyse et description des mécanismes comptables : les modèles comptables, les principes d'enregistrement
- 1.2.2 Tenue et suivi des dossiers fournisseurs : du contrôle de la commande au contrôle du règlement
- 1.2.3 Contrôle des opérations et des traitements dématérialisés
- 1.2.4 Conception des procédures d'archivage des documents commerciaux dans le respect des procédures comptables
- 1.5.2 Vérification et validation des factures d'achat de bien et de service
- 1.5.4 Enregistrement des factures d'achat de bien et de service
- 1.7.1 Présentation des caractéristiques de l'organisation du processus « Contrôle et traitement des opérations commerciales »
- 1.7.2 Analyse du processus « Contrôle et traitement comptable des opérations commerciales »
- 7.3.2 Participation à l'évolution du système d'information

L'entreprise **CANTIN** vend des produits chocolatés dans tout le nord de la France. Elle est livrée par divers fournisseurs de chocolat de la région en grande quantité (sur palette), elle voit donc ses achats soumis à une consignation.

La gestion de l'entreprise est organisée en quatre services distincts mais liés afin d'optimiser le suivi comptable des pièces justificatives. L'enregistrement comptable suppose une procédure de validation par l'apposition d'un tampon « validé » réalisée par le responsable de chaque service concerné (voir **annexe 1**).

Services de l'entreprise CANTIN :

Service	Opération concernée	Responsable	N° d'enregistrement au 21/01
Commercial	Suivi des ventes	M. VENTOUX Gérard (VG)	112
Achat	Suivi des achats	M. GALIBIER Étienne (GE)	47
Trésorerie	Suivi des règlements	M. TOURMALET Stéphane (TS)	28
Administratif	Suivi administratif	Mme BESSE Liliane (BL)	35

Remarque *:*

- *L'entreprise utilise un PGI lui permettant d'automatiser la création et l'enregistrement de ses factures de ventes, l'intégration de ses opérations d'achat, la gestion de ses stocks, le suivi des créances et des dettes, l'imputation comptable des règlements.*
- *Ces opérations sont soumises soit à la TVA au taux réduit (cacao, chocolat brut sans traitement) dans le compte 445661 TVA déductible (TR), soit à la TVA au taux normal (produits chocolatés travaillés et produits dérivés du chocolat) dans le compte 445662 TVA déductible (TN).*
- *Les comptes de tiers fournisseurs sont créés de la façon suivante : 9 + les 5 premières lettres du nom du fournisseur.*
- *Le plan comptable est composé de comptes à 6 chiffres (les comptes d'achat sont distingués par 1 pour la TVA au taux réduit et 2 pour la TVA au taux normal) : 607100 Achats de produits chocolatés (TR) – 607200 Achats de produits chocolatés (TN) – 609710 RRR Obtenus sur achats (TR) – 609720 RRR Obtenus sur achats (TN).*

Missions

1 - **Vérifiez l'avoir A612 du fournisseur Pro Chocolat daté du 31/01/N fourni en annexe 2 et correspondant à la facture 612 datée du 22/01/N (annexe 3). Quel devrait être le montant de l'avoir accordé ?**

2 - **Rédigez un courrier au fournisseur Pro Chocolat suite aux constatations réalisées.**

3 - **Complétez les tampons de validation sur chaque pièce comptable fournie en annexe 3.**

4 - **Complétez le bordereau d'imputation comptable fourni en annexe 4 pour préparer la saisie sur le module comptable du PGI.**

5 - **Ouvrez la société CANTIN sur le module comptable du PGI et saisissez les écritures pré-comptabilisées sur le bordereau d'imputation comptable.**

6 - **Reportez sur les pièces justificatives le numéro de pièce attribué par le PGI.**

7 - **Quel est l'intérêt d'une recopie manuelle du numéro de pièce informatique sur les pièces justificatives ?**

NB : *le cas peut être réalisé sans recours à l'outil informatique (questions 1 à 4 + questions 6 et 7).*

version ebMédia

« Cantin_XX_Sage.zip »
« Cantin_XX_Ebp.zip »
« Cantin_XX_Cegid.zip »

Annexe 1 - Tampon de validation utilisé par l'entreprise CANTIN

Validé	
Initiales du responsable :	
N° d'enregistrement :	

Annexe 2 - Avoir A 612 du fournisseur PRO CHOCOLAT

PRO CHOCOLAT
Fabricant et revendeur de chocolat
SA au capital de 50 000 € - RCS 428 744 965 Arras
8 rue du Parc - 62000 ARRAS
Tél. : 03 21 62 XX XX - Fax : 03 21 62 XX XX

Validé	
Initiales du responsable :	
N° d'enregistrement :	

Ets CANTIN
7 rue Paul Foucaut
59450 SIN LE NOBLE

AVOIR n° : A 612
Date : 31/01/N

Commande n° : BC 612 du 17/01
Livraison n° : BL 612 du 22/01

Conditions de livraison - par route, port récupéré
Facture n° : 612 du 22/01

Désignation	Qtés	PU bruts	Remise	PU nets	Montants
Retour relatif à la facture 612 du 22/01 : 50 coffrets N° 4 incomplets	50	12,00	10 %	10,80	540,00
					540,00
				TVA (TN)	108,00
				Net à déduire	**648,00 €**

Annexe 3 - Pièces justificatives reçues au cours de la dernière quinzaine du mois de janvier N

PRO CHOCOLAT
Fabricant et revendeur de chocolat
SA au capital de 50 000 € - RCS 428 744 965 Arras
8, rue du Parc - 62000 ARRAS
Tél. : 03 21 62 XX XX - Fax : 03 21 62 XX XX

Ets CANTIN
7 rue Paul Foucaut
59450 SIN LE NOBLE

Facture n° 612 Date : 22/01/N

Commande n° : BC 612 du 17/01
Livraison n° : BL 612 du 22/01

Conditions de livraison : par route, port récupéré
Conditions de paiement : par traite à 30 jours fin de mois

Réf.	Désignation	Cond.	Qtés	PU bruts	Remise	PU nets	Montants
MUSC	Muscadines	Unité	5	3,80		3,80	19,00
COF2	Coffrets n° 2	Unité	10	6,85		6,85	68,50
COF3	Coffrets n° 3	Unité	20	7,85	5 %	7,46	149,15
COF4	Coffrets n° 4	Unité	100	12,00	5 %	11,40	1 140,00
COF5	Coffrets n° 5	Unité	50	13,65	10 %	12,29	614,25

Sous-total	1 990,90
Frais de transport	50,00
Net HT	2 040,90
TVA (TN)	408,18
Palettes consignées	160,00
Montant TTC	2 609,08
Déduction de votre acompte du 17/01	- 200,00
Net à payer	2 409,08 €

Validé	
Initiales du responsable :	GE
N° d'enregistrement :	48

Pièce n° 55

Par lettre de change au 28/02

Annexe 3 (suite) - Pièces justificatives reçues au cours de la dernière quinzaine du mois de janvier N

EXOTIC CHOCO
22 place de Wazemmes
59005 WAZEMMES
SARL au capital de 10 000 €
RCS 227 642 113 Lille
Tél. 03 20 32 XX XX

AVOIR n° : A 116
Le : 23/01/N

Validé	
Initiales du responsable :	
N° d'enregistrement :	

Ets CANTIN
7 rue Paul Foucaut
59450 SIN LE NOBLE

Désignation	Quantités	PU	Montants
Retour d'un coffret N° 3 incomplet, sur notre livraison du 11/01 correspondant à la facture n° 116 du 11/01 :			
Coffret N° 3	1	7,85	7,85
		TVA (TN)	1,57
		Net à déduire	**9,42 €**

TOUTCHOCO
11 route de Tournai
59500 DOUAI
Tél. 03 27 97 XX XX

Le 24/01/N
AVOIR n° : A 897

Validé	
Initiales du responsable :	
N° d'enregistrement :	

SARL au capital de 7 500 € - RCS 513 254 896 Douai

Ets CANTIN
7 rue Paul Foucaut
59450 SIN LE NOBLE

Quantités	Désignation	PU	Montants
5	Retour de boîtes de chocolat en poudre, impropre à la consommation correspondant à la facture n° 897 du 16/01 :	8,60	43,00
		TVA (TR)	2,37
	Retour également de la palette consignée sur la facture 897 (déconsignation)		70,00
	À déduire de votre règlement prévu le 31/01	**Net à déduire**	**115,37 €**

DÉLICES SARL
12 avenue Kléber - 59300 VALENCIENNES
Tél. : 03 28 38 XX XX - Fax : 03 28 38 XX XX
SARL Capital 5 000 € - RCS 461 102 501 Valenciennes

AVOIR n° : A 01-88
Date : 25/01/N

Validé	
Initiales du responsable :	
N° d'enregistrement :	

Ets CANTIN
7 rue Paul Foucaut
59450 SIN LE NOBLE

Livraison n° : BL 01-88 du 18/01
Facture n° : 01-88 du 18/01

Désignation	Montant
Suite à notre livraison du 18/01 de 130 tablettes de chocolat à la crème. 30 sont arrivées ouvertes et blanchies par l'humidité. Rabais de 50 % accordé pour conserver ces 30 tablettes. Calcul du rabais : 1,24 x 50 % x 30 = 18,60 €	18,60
TVA (TN)	3,72
Net à déduire	**22,32 €**

LÉONIDAS Chocolat de tradition
16 rue du Gal de Gaulle
59000 LILLE
Tél. : 03 20 52 XX XX - Fax : 03 20 52 XX XX
SA au capital de 150 000 € - RCS 871 127 312 Lille

Ets CANTIN
7 rue Paul Foucaut
59450 SIN LE NOBLE

AVOIR n° : A 6514
Date : 26/01/N

Validé	
Initiales du responsable :	
N° d'enregistrement :	

Désignation	Montant
Restitution de 4 palettes consignées le 15/01 (facture 6514)	
Conservation d'une palette	
Déconsignation des 5 palettes : 50 € x 5	250,00
Vente d'une palette : 50 € x 1	- 50,00
TVA sur la vente d'une palette : 50 € x 20 %	- 10,00
Net à déduire	**190,00 €**
À déduire de votre règlement prévu le 31/01	

CHOCOPLUS
137 boulevard Poincarré
59610 FOURMIES
Tél. 03 27 60 XX XX
SARL au capital de 5 000 €
RCS 244 310 785 Avesnes

AVOIR n° : A 45
Date : 27/01/N

Validé	
Initiales du responsable :	
N° d'enregistrement :	

Ets CANTIN
7 rue Paul Foucaut
59450 SIN LE NOBLE

Désignation	Montant
Remise contractuelle de 5 % omise sur achat de palets aux éclats d'amandes (noir) Document concerné : Facture n° 45 du 19/01 Montant de la remise : 25 x 2,60 € x 5 % = 3,25 €	3,25
TVA (TN)	0,65
Net à déduire	**3,90 €**

Annexe 3 (fin) - *Pièces justificatives reçues au cours de la dernière quinzaine du mois de janvier N*

GOÛTERS ENCHANTÉS
Spécialiste en produits chocolatés
SARL au capital de 20 000 € - RCS 901 154 898 Douai
31 bd du Parc Bertin - 59500 DOUAI
Tél.: 03 27 95 XX XX - Fax: 03 27 95 XX XX

AVOIR n°: A 41
Le: 28/01/N

Ets CANTIN
7 rue Paul Foucaut
59450 SIN LE NOBLE

Désignation			Montant
Ristourne annuelle sur vos achats de l'année N-1:			
facture 47 du 26/01:	1 021,38 €		
facture 135 du 11/03:	413,82 €		
avoir A627 du 22/10:	- 149,50 €		
facture 742 du 30/11:	1 138,88 €		
Total de vos achats nets annuels pour l'année N-1:		2 424,58 €	
Calcul de la ristourne: (1 000 x 0 %) + (1 000 x 2 %) + (424,58 € x 5 %) = 41,23 €			41,23
		TVA (TN)	8,25
		Net à déduire	**49,48 €**

Validé	
Initiales du responsable:	
N° d'enregistrement:	

TRADITION CHOCOLAT
125 avenue du peuple Belge
59300 VALENCIENNES
Tél.: 03 27 57 XX XX

RCS 632 161 410 Lille
SA au capital de 30 000 €

Validé	
Initiales du responsable:	
N° d'enregistrement:	

Le 29/01/N
AVOIR n°: A 157

Ets CANTIN
7, rue Paul Foucault
59450 SIN LE NOBLE

Quantités	Désignation	PU	Montants
	Erreur facture n° 157 du 20/01:		
	Livraison de 25 tablettes lait nature - petite plaque		
	Facturation de 52 tablettes lait nature - petite plaque		
27	Tablettes lait nature - petite plaque	1,12	30,24
		Escompte 2 %	- 0,60
		Net HT	29,64
		TVA (TN)	5,93
	À déduire du règlement prévu le 28/02	**Net à déduire**	**35,57 €**

ANTOINE TRANSPORTS
54 avenue Roger Salengro
59450 SIN LE NOBLE
Tél.: 03 27 37 XX XX
Fax: 03 27 37 XX XX

AVOIR n°: A 821
Le: 30/01/N

Validé	
Initiales du responsable:	
N° d'enregistrement:	

Ets CANTIN
7 rue Paul Foucaut
59450 SIN LE NOBLE

Désignation	Quantités	PU	Montants
Remise exceptionnelle sur transports sur ventes de janvier N	1	90,00	90,00
		TVA (TN)	18,00
		Net à déduire	**108,00 €**

TVA acquittée d'après les débits

FIDUREX EXPERT COMPTABLE
24 rue des Glaces - 59000 LILLE
Tél.: 03 20 21 XX XX - Fax: 03 20 21 XX XX

AVOIR n°: A 1104

Date: 30/01/N

Validé	
Initiales du responsable:	
N° d'enregistrement:	

Ets CANTIN
7 rue Paul Foucaut
59450 SIN LE NOBLE

Désignation		Montant
Remise sur tenue de comptabilité		120,00
	TVA (TN)	24,00
	Net à déduire	**144,00 €**

TVA acquittée d'après les débits

Annexe 4 - Bordereau d'imputation comptable

Ligne	Date	Journal	N° compte général	N° compte de tiers	Intitulés des comptes/ Libellés des opérations	Débit	Crédit
1	22-janv	ACH	607200		Achats de marchandises (TN)	1 990,90	
2			624100		Transports sur achats	50,00	
3			445662		État, TVA déductible/ABS (TN)	408,18	
4			409600		Fournisseurs, créances sur emballages à rendre	160,00	
5			409100		Fournisseurs, avances et acomptes versés		200,00
6			401000	9PROCH	Fournisseurs		2 409,08
7					*Facture 612 - Pièce n° 55*		
8	23-janv	ACH					
9							
10							
11					*Avoir A 116 - Pièce n° 56*		
12	24-janv	ACH					
13							
14							
15							
16					*Avoir A 897 - Pièce n° 57*		
17	25-janv	ACH					
18							
19							
20					*Avoir A 01-88 - Pièce n° 58*		
21	26-janv	ACH					
22							
23							
24							
25					*Avoir A 6514 - Pièce n° 59*		
26	27-janv	ACH					
27							
28							
29					*Avoir A 45 - Pièce n° 60*		
30	28-janv	ACH					
31							
32							
33					*Avoir A 41 - Pièce n° 61*		

Annexe 4 (suite) - Bordereau d'imputation comptable

Ligne	Date	Journal	N° compte général	N° compte de tiers	Intitulés des comptes/ Libellés des opérations	Débit	Crédit
34	29-janv	ACH					
35							
36							
27							
38					*Avoir A 157 - Pièce n° 62*		
39	30-janv	ACH					
40							
41							
42					*Avoir A 821 - Pièce n° 63*		
43	30-janv	ACH					
44							
45							
46					*Avoir A 1104 - Pièce n° 64*		
47	31-janv	ACH					
48							
49							
50					*Avoir A 612 - Pièce n° 65*		
					Totaux		

Scénario 9 L'analyse des factures fournisseurs

1.5.1 Recherche des informations, y compris techniques, relatives aux factures fournisseurs
1.5.3 Mise en évidence et traitement des anomalies dans le processus achat
1.7.1 Présentation des caractéristiques de l'organisation du processus « Contrôle et traitement des opérations commerciales »
1.7.2 Analyse du processus « Contrôle et traitement comptable des opérations commerciales »

Contexte général DUVIVIER :

À la demande de ses nombreux clients, la société Duvivier a décidé de se lancer dans le commercialisation de composants informatiques.
Salarié dans le service comptable de la société Duvivier, vous devez analyser les factures envoyées par les fournisseurs et l'organisation comptable du service « réception des marchandises ».

Mission de veille :

Mettre à jour votre veille comptable sur les thèmes suivants :
- Fonction achat et approvisionnement
- Coût d'acquisition d'une immobilisation

→ Procédure d'organisation comptable du processus « achat » de la société Duvivier

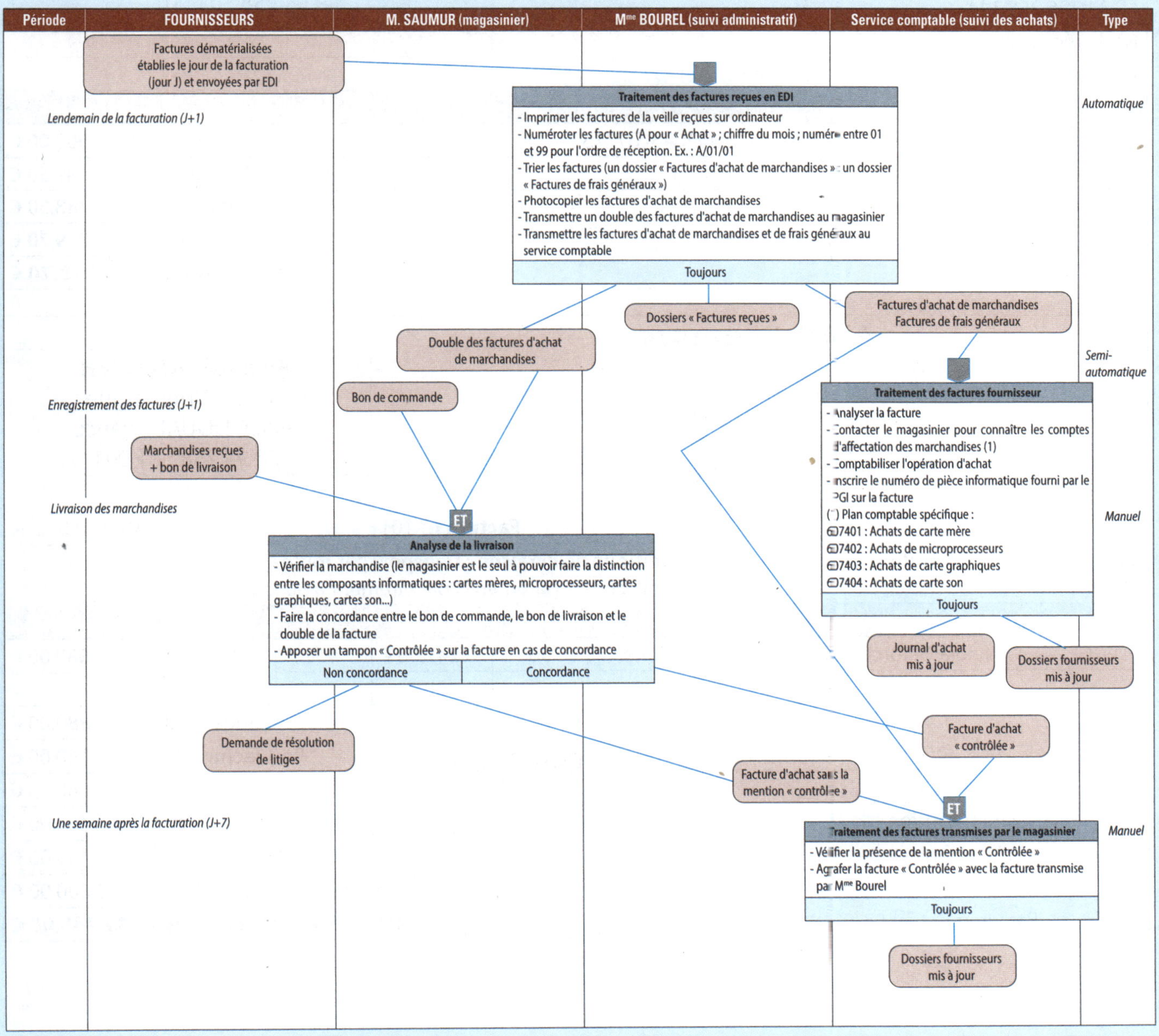

→ Plan tiers utilisé par la société Duvivier

N° de compte	Intitulé du compte	N° de compte	Intitulé du compte
9AMDPR	AMD Produits	9LOCAT	LOCATOUT
9AVAGO	AVAGO Technologies	9MAAFO	MAAF assurances
9EXPER	Cabinet Expert plus	9RAPID	RAPIDO Transports
9FUJIT	FUJITSU France		

→ Factures reçues lors de la première quinzaine de décembre N par la société Duvivier

➢ Les factures ont été imprimées le lendemain de leur date d'émission (envoi par EDI).

AVAGO Technologies
16, rue Prosper Mérimée
75000 PARIS

FACTURE N° 458

Date : 30/11/N

CONTRÔLÉE

Tél. : 01-45-28-XX-XX - Fax : 01-45-28-XX-XX
E-mail : Avago@hotmail.com
FR 34 296 255 144

Société DUVIVIER
10, rue Doumergue
59500 DOUAI - France
FR 94 758 501 001

N° de réception			
Date réception		N° pièce	

Réf	Quantité	Désignation	PUHT	Montant
IN/G43	10	Intel MB BLKDG43GT/775	50,90 €	509,00 €
AS/31	5	Asus AT31ONT-I	127,90 €	639,50 €
			Total HT	1 148,50 €
			TVA (TN)	229,70 €
			Net à payer	**1 378,20 €**

Conditions de paiement :
30 jours fin de mois
Date : 31/12/N

AMD Produits
Vente de composants informatiques
SA au capital de 100 000 € - RCS 722 255 544 Lyon
14, quai Branly 69005 LYON
Tél : 04 52 25 XX XX - Fax : 04 52 25 XX XX
FR 44 722 255 544

Société DUVIVIER
10, rue Doumergue
59500 DOUAI - France
FR 94 758 501 001

Facture n° 101 **Date :** 03/12/N

Commande n° : BC 101 du 28/11
Livraison n° : BL 101 du 03/12
Conditions de livraison : transport par route
Conditions de paiement : par virement à 30 jours

Réf.	Désignation	Cond.	Qtés	PU bruts	Remise	PU nets	Montants
NV/GE	Nvidia Geforce GTX 560 TI	Unité	50	247,50 €	4 %	237,60 €	11 880,00 €

CONTRÔLÉE

N° de réception	
Date réception	
N° pièce	

Sous-total	11 880,00 €
Port facturé HT	160,00 €
Net HT	12 040,00 €
TVA (TN)	2 408,00 €
Montant TTC	14 448,00 €
Acompte versé le 28/11	- 2 000,00 €
Net à payer TTC en euros	**12 448,00 €**

Par virement au 03/01/N+1

FUJITSU France
15, rue de Port-Barcarès
34000 MONTPELLIER
Tél. : 04-42-33-XX-XX
FR 60 856 985 122

CONTRÔLÉE

Société DUVIVIER
10, rue Doumergue
59500 DOUAI - France
FR 94 758 501 001

N° de réception	
Date réception	

FACTURE : 4785 **Date :** 04/12/N

N° pièce	

Désignation	Réf.	Quantité	PUHT	Montant
AMD Athlon 2 X3 445	AM/A2X3	20	78,50 €	1 570,00 €
Intel Celeron Dual Core	IN/CDC	15	41,90 €	628,60 €
			Total hors taxes	2 198,50 €
			TVA (TN)	439,70 €
			Net à payer TTC	**2 638,20 €**

Date du règlement : 04/01/N+1
Banque : Crédit Mutuel
N° de compte : 127 2596535915

AMD PRODUITS
Vente de composants informatiques
SA au capital de 100 000 € - RCS 722 255 544 Lyon
14, quai Branly 69005 LYON
Tél. : 04 52 25 XX XX - Fax : 04 52 25 XX XX
FR 44 722 255 544

Société DUVIVIER
10, rue Doumergue
59500 DOUAI - France
FR 94 758 501 001

Facture n° 125 **Date :** 06/12/N

Commande n° : BC 125 du 01/12
Livraison n° : BL 125 du 06/12
Conditions de livraison : transport par route
Conditions de paiement : par virement à 30 jours

Réf.	Désignation	Cond.	Qtés	PU bruts	Remise	PU nets	Montants
CR/SB	Creative Sound Blaster X - FI	Unité	20	128,50 €	2 %	125,93 €	2 518,60 €
AS/XO	Asus Xonar HDAV 1.3	Unité	10	199,90 €		199,90 €	1 999,00 €
						Sous-total	4 517,60 €
						Port facturé HT	120,00 €
						Net HT	4 637,60 €
						TVA (TN)	927,52 €
						Montant TTC	5 565,12 €
						Acompte versé le 01/12	- 1 500,00 €
						Net à payer TTC en euros	**4 065,12 €**

N° de réception	
Date réception	
N° pièce	

CONTRÔLÉE

Par virement au 06/01/N+1

LOCATOUT
17, rue de Grande-Synthe
59140 DUNKERQUE
Tél. : 03-22-25-XX-XX - Fax : 03-22-25-XX-XX
France
Option pour les débits

Société DUVIVIER
10 rue Doumergue
59500 DOUAI - France
FR 94 758 501 001

FACTURE : 1 617 **Date :** 07/12/N

Réf.	Désignation	Qté	PUHT	Montant
IMP562	Location imprimante laser couleur (décembre N)	1	84,00 €	84,00 €
PHO112	Location photocopieur (01/10/N au 31/12/N)	3	41,00 €	123,00 €
			Total HT	207,00 €
			TVA (TN)	41,40 €
			Net à payer TTC	**248,40 €**

Échéance : 31/01/N+1
Banque : Crédit Agricole du Nord-Pas-de-Calais
N° de compte : 565 4521002105

N° de réception		Date réception		N° pièce	

RAPIDO Transports 22, Boulevard du général Leclerc 59000 LILLE Cedex 22 Tél. : 03-20-50-XX-XX FR 58 944 556 398 Option pour les débits			Société DUVIVIER 10, rue Doumergue 59500 DOUAI - France FR 94 758 501 001
FACTURE : 242			**Date :** 09/12/N
Désignation	PUHT	Quantité	Montant
Transport du 27/11/N : Douai – Colmar : 517 Km	25,00 €	5,17	129,25 €
Transport du 05/12/N : Douai – Vichy : 550 Km	25,00 €	5,50	137,50 €
		Total HT	266,75 €
Conditions de règlement : au comptant par chèque bancaire		TVA (TN)	53,35 €
		Net à payer TTC	**320,10 €**

	N° de réception		Date réception		N° pièce	

AMD Produits Vente de composants informatiques SA au capital de 100 000 € - RCS 722 255 544 Lyon 14, quai Branly 69005 LYON Tél. : 04 52 25 XX XX - Fax : 04 52 25 XX XX **FR 44 722 255 544**	Société DUVIVIER 10, rue Doumergue 59500 DOUAI - France FR 94 758 501 001
Facture n° 142	**Date :** 11/12/N
Commande n° : BC 142 du 06/12 **Livraison n° :** BL 142 du 11/12	**Conditions de livraison :** transport par route **Conditions de paiement :** par virement à 30 jours

Réf.	Désignation	Cond.	Qtés	PU bruts	Remise	PU nets	Montants
AT/RA	ATI Radeon HD 6990	Unité	10	579,90 €	2 %	568,30 €	5 683,02 €
						Sous-total	5 683,02 €
						Port facturé HT	100,00 €
						Net HT	5 783,02 €
						TVA (TN)	1 156,60 €
						Montant TTC	6 939,62 €
						Acompte versé le 06/12	- 1 000,00 €
						Net à payer TTC en euros	**5 939,62 €**

N° de réception	
Date réception	
N° pièce	

Par virement au 11/01/N+1

Cabinet Expert Plus	17, parc des Expositions 59140 DUNKERQUE Tél. : 03-22-33-XX-XX	Fax : 03-22-33-XX-XX
Société DUVIVIER 10, rue Doumergue 59500 DOUAI - France FR 94 758 501 001	**FACTURE** : 325	**DATE** : 12/12/N
	Conditions de paiement : Fin de mois	Banque : Société Générale Agence de Dunkerque
Option pour les débits		

Désignation	Quantité	PUHT	Montant
Honoraires relatifs au 4e trimestre N	1	840,00 €	840,00 €
		TVA (TN)	168,00 €
		Net à payer	**1 008,00 €**

	N° de réception		Date réception		N° pièce	

MAAF Assurances Région Nord Pas de calais 37, rue nationale 59002 LILLE Cedex Tél. : 03 20 36 XX XX - Fax : 03 20 36 XX XX Option pour les débits	**Quittance N° :** 447 **Le :** 14/12/N **Société DUVIVIER** 10, rue Doumergue 59500 DOUAI - France FR 94 758 501 001
Période : 01/12/N – 30/11/N+1	**Client** n° : 22456

Désignation	Montants soumis	Montants exonérés
- Cotisation annuelle : incendie		527,50 €
- Cotisation annuelle : dégâts des eaux		312,50 €
- Cotisation annuelle : responsabilité civile		255,00 €
- Taxes exonérées		87,00 €
- Frais téléphoniques (récupération de frais)	25,00 €	

Taxes exonérées	Frais taxables	% TVA	TVA s/frais	Cotisation totale	Total à payer
87,00 €	25,00 €	TN	5,00 €	1 095,00 €	1 212,00 €

	N° de réception		Date réception		N° pièce	

→ Courriel envoyé par la direction générale au service comptable

Sans titre - Message (HTML)

De... DirectionGénérale_Duvivier@orange.fr
À... ServiceComptable_Duvivier@orange.fr
Date : 01/12/N
Objet : Mise en place d'une procédure de suivi des achats de matériel informatique
Attaché :

Bonjour,

Certains dysfonctionnements ont été constatés sur les périodes précédentes :

- Des factures d'achat de matériel informatique ont été enregistrées et payées alors que les quantités livrées ne correspondaient pas aux quantités facturées.
- Des factures d'achat de matériel informatique ont été enregistrées et payées alors que les références livrées et facturées ne correspondaient pas aux références commandées.
- Des factures d'achat de matériel informatique ont été enregistrées deux fois pour les mêmes montants.

J'aimerais que vous amélioriez la procédure de suivi des achats afin que ce type d'erreur ne se reproduise pas.

Cordialement.

→ Courriel envoyé par le service réception des marchandises au service comptable

Sans titre - Message (HTML)

De... ServiceReception_Duvivier@orange.fr
À... ServiceComptable_Duvivier@orange.fr
Date : 15/12/N
Objet : Matériels informatiques acquis auprès des fournisseurs
Attaché : Factures n° 458-101-4785-125-142

Bonjour,

Je vous confirme que :

- Le fournisseur AVAGO Technologies est un vendeur de carte mère,
- Le fournisseur FUJITSU est un vendeur de microprocesseur,
- Le fournisseur AMD Produits vend à la fois des cartes graphiques mais également des cartes son :
  - Facture 101 : carte graphique,
  - Facture 125 : carte son,
  - Facture 142 : carte graphique.

Cordialement.

→ Organisation comptable

Mission 1

La société Duvivier a décidé de se diversifier en commercialisant également du matériel informatique (cartes mères, microprocesseurs, cartes graphiques, cartes son…).

Vous disposez de l'ensemble des factures d'achat de matériel informatique reçues au cours de la 1re quinzaine du mois de décembre N et d'informations complémentaires.

Notez sur les factures reçues les numéros de codification interne et répondez aux questions suivantes :

1 - Quel est l'intérêt de numéroter (à l'interne) les factures d'achat de matériel informatique ?

→

2 - Pourquoi les factures 1617, 242, 325 et 447 ne portent pas la mention « Contrôlée » ?

→

3 - À quoi sert cette mention « Contrôlée » ?

→

4 - La comptabilisation directe des factures d'achat de matériel informatique vous semble-t-elle judicieuse ?

→

5 - Quel document devrait être créé pour faciliter l'enregistrement comptable des achats de matériel informatique ?

→

6 - Sachant que les propositions ci-dessus ont été mises en place, inscrivez sur les factures le numéro de pièce comptable (le dernier numéro de pièce comptable fourni par le PGI au 30/11/N était le n° 161). Quel est l'intérêt de faire apparaître ce n° de pièce sur la facture ?

→

→

→ Facture d'acquisition d'immobilisation

Mission 2 La société Duvivier a réalisé deux acquisitions d'immobilisations. Analysez les deux opérations en complétant les tableaux ci-dessous.

➢ Acquisition le 15/06/N d'un hangar (facture 452) au constructeur BETOX :

- Prix d'achat : 32 000 €.
- Frais accessoires : 12 000 € (4 000 € de frais d'installation, 3 000 € d'honoraires de notaire, 4 000 € de frais d'architecte, 1 000 € de droits de mutation).
- TVA au taux normal sur les frais d'achat soumis.
- Paiement moitié au comptant par chèque bancaire n° 45896, un quart par traite n° 48 acceptée le 17/06/N.

Construction acquise le 15/06/N	Éléments entrant dans le coût d'acquisition	Éléments entrant dans le coût d'acquisition avec une option pour l'enregistrement en charges	Éléments comptabilisés en charges
Prix d'achat			
Frais d'installation			
Honoraires de notaire			
Frais d'architecte			
Droits de mutation			

➢ Acquisition d'un matériel industriel le 01/09/N (facture 5588) :

- La facture adressée par le fournisseur mentionne :

Prix d'achat HT :	30 000
Remise commerciale :	- 1 500
Montant net commercial :	**28 500**
Escompte de règlement :	- 500
Montant net financier :	**28 000**
Frais de livraison :	+ 1 600
Frais de formation du personnel :	+ 1 400
Total HT :	**31 000**
TVA au taux normal :	+ 6 200
Net à payer :	**37 200**

- La mise en service a eu lieu le 10/09/N. La comptabilité de gestion fait apparaître 2 000 € de charges indirectes liées à l'installation de ce matériel.

Matériel industriel acquis le 01/09/N	Éléments entrant dans le coût d'acquisition	Éléments entrant dans le coût d'acquisition avec une option pour l'enregistrement en charges	Éléments comptabilisés en charges
Prix d'achat			
Frais de livraison			
Frais de formation			
Charges indirectes			

Mission 3 Déterminez dans le tableau ci-après la valeur des deux immobilisations en envisageant deux hypothèses :

➢ Hypothèse 1 : la société Duvivier active les droits de mutation, honoraires, commissions et frais d'actes pour toutes ses immobilisations (méthode de référence) ;

➢ Hypothèse 2 : la société Duvivier enregistre en charges les droits de mutation, honoraires, commissions et frais d'actes (méthode optionnelle).

Immobilisations	Valeur d'acquisition de l'immobilisation	
	Hypothèse 1 Activation des droits de mutation, honoraires, commissions et frais d'acte	Hypothèse 2 Enregistrement en charges des droits de mutation, honoraires, commissions et frais d'acte
Construction		
Matériel industriel		

Mission 4 Dans l'hypothèse où 1 000 € de frais supplémentaires seraient facturés par le fournisseur pour des réglages divers, postérieurement à la mise en service, indiquez le traitement comptable approprié.

➜

- **1.5.1** **Recherche des informations, y compris techniques, relatives aux factures fournisseurs**
- **1.5.3** **Mise en évidence et traitement des anomalies dans le processus achat**
- **1.7.1** **Présentation des caractéristiques de l'organisation du processus « Contrôle et traitement des opérations commerciales »**
- **1.7.2** **Analyse du processus « Contrôle et traitement comptable des opérations commerciales »**

Organisation comptable

Les commandes étant effectuées par les services « techniques » de l'entreprise, il est très fréquent que les informations stipulées sur les factures fournisseurs comprennent des données spécifiques difficilement traduisibles en « compte » pour le service comptable.

L'organisation comptable doit donc prévoir :

- une analyse, par le service « technique » compétent, de la facture reçue afin de la comparer au bon de commande et au bon de livraison ;
- une codification de cette facture pour aider le service comptable à imputer les sommes inscrites dans les bons comptes.

Facture d'acquisition d'une immobilisation

Alors que la valeur d'entrée d'une marchandise est son prix d'achat, la valeur d'entrée dans le patrimoine d'une immobilisation est son coût d'acquisition.

Celui-ci peut comprendre :

- Le prix d'achat : prix hors taxes récupérables, net des réductions commerciales et financières (RRR et escompte déduits), stipulé entre l'acheteur et le vendeur à la date de l'achat.
- Les coûts directement attribuables à la mise en place et à la mise en état de fonctionner de l'immobilisation selon l'utilisation prévue par la direction : frais de transport, frais d'installation ou de montage, essai de bon fonctionnement, rémunérations de professionnels (architectes, géomètres, experts…), etc.
- Les droits de mutation, honoraires d'avocat ou de notaire, commissions et frais d'actes (1).
- Les coûts de démantèlement, d'enlèvement et de restauration du site sur lequel est implantée l'immobilisation (ces coûts non engagés et non décaissés, représentent la contrepartie de l'obligation de démantèlement, d'enlèvement et de restauration du site constatée au passif → provision pour charges liées aux immobilisations).
- Le coût des emprunts. Cette incorporation (non admise par l'administration des impôts) est soumise à certaines conditions. Le coût de l'emprunt doit :
  - concerner la période de construction ou de production de l'actif, jusqu'à la date d'acquisition ou de réception définitive ;
  - se rapporter à un actif éligible (c'est-à-dire un actif qui nécessite une longue période de préparation ou de construction) ;
  - être susceptible de générer des avantages économiques futurs ;
  - être évalué de manière fiable ;
  - être directement attribuable à l'acquisition ou la production de l'actif (l'emprunt aurait été évité si l'actif n'avait pas été acquis ou produit).

❶ Selon l'Article 213-8 du PCG, l'entreprise a la possibilité d'opter pour un enregistrement en charge de ces frais dans les comptes de charge par nature :

- Cette option est globale et définitive :
  - d'une part pour les immobilisations incorporelles et corporelles ;
  - d'autre part pour les immobilisations financières et les titres de placement.

Ainsi, par exemple, une entreprise peut utiliser la méthode de référence d'activation des frais d'acquisition des immobilisations corporelles et incorporelles et opter pour la comptabilisation en charges des frais d'acquisition des titres immobilisés et des titres de placement.

- « Les coûts cessent d'être activés lorsque l'immobilisation est en place et en état de fonctionner selon l'utilisation prévue par la direction » *(article 213 –12 du PCG)*.

CONSTRU ALU
27, rue des récollets anglais – 59 500 DOUAI
Tél. 03 27 97 XX XX - Fax : 03 27 89 XX XX
SA au capital de 300 000 € - 112 751 334 RCS LILLE
N° Intracom : FR 76 112 751 334

FACTURE N° : 12/524
Le : 17/12/N

Société VERBECKE
311, avenue Pasteur
59600 MAUBEUGE

Désignation	Qtés	Base	Taux	Montant
Terrain bâti	1	55 000		55 000
Frais de démolition HT	1	2 500		2 500
Hangar de stockage (Prix brut HT)	1	120 000		120 000
Remise sur hangar HT	1	120 000	5 %	- 6 000
Frais d'installation HT	1	5 500		5 500
Honoraires de notaire HT	1	3 000		3 000
TVA (TN)	1	125 000	20 %	25 000
Droits de mutation relatifs au terrain bâti	1	55 000	3 %	1 650
(TVA acquittée d'après les débits)		Acompte versé à la commande le 01/07/N		- 15 000
Solde à 30 jours fin de mois par virement bancaire		**Net à payer TTC en euros**		**191 650**

Comptabilisation en cas d'**activation** des droits de mutation, honoraires de notaire, commissions et frais d'actes *(méthode de référence)* :

211500 Terrain bâti	
59 150	

213100 Bâtiment	
122 500	

445620 État, TVA déductible/immob.	
25 000	

59 150 = 55 000 + 2 500 + 1 650
122 500 = 120 000 – 6 000 + 5 500 + 3 000

238000 Avances et acomptes versés/ immobilisations	
	15 000

404000 Fournisseur d'immobilisations	
	191 650

Comptabilisation en cas d'**option** pour un enregistrement en charge des droits de mutation, honoraires de notaire, commissions et frais d'actes *(méthode optionnelle)* :

211500 Terrain bâti	
57 500	

213100 Bâtiment	
119 500	

622600 Honoraires	
3 000	

635410 Droits de mutation	
1 650	

57 500 = 55 000 + 2 500
119 500 = 120 000 – 6 000 + 5 500
24 400 = 25 000 – (3 000 x 20 %)
600 = 3 000 x 20 %

445620 État, TVA déductible/immob.	
24 400	

445660 État, TVA déductible/ABS	
600	

238000 Avances et acomptes versés/ immobilisations	
	15 000

404000 Fournisseur d'immobilisations	
	191 650

RAMILLY

Factures d'achat à analyser

1.5.1 Recherche des informations, y compris techniques, relatives aux factures fournisseurs
1.5.3 Mise en évidence et traitement des anomalies dans le processus achat
1.7.1 Présentation des caractéristiques de l'organisation du processus « Contrôle et traitement des opérations commerciales »
1.7.2 Analyse du processus « Contrôle et traitement comptable des opérations commerciales »

La société **RAMILLY** est votre principal fournisseur. Vous avez reçu au cours des deux derniers mois quatre factures relatives aux dernières commandes effectuées.

L'activité de votre entreprise (Ets Lebracq matériaux) consiste en la revente au détail de matériels et fournitures auprès de professionnels (électricien, plombier, chauffagiste, chef de chantier, etc.) et de particuliers.

La gamme de produit proposée est très vaste et chaque responsable de rayon coordonne les commandes et les réceptions.

En tant que comptable, vous recevez directement les factures que vous devez comptabiliser (**annexe 2**).

L'organisation comptable mise en place permet de détailler les comptes d'achat de marchandises et de vente de marchandises pour obtenir des statistiques d'achat et de vente (**annexe 1**).

L'ancien comptable (M. Balmont) a passé toute sa carrière dans les établissements Lebracq et maîtrisait parfaitement les rouages de cette organisation.

Nouvellement embauché dans cette entreprise, votre mission consiste à enregistrer les factures d'achat reçues.

Missions

1 - **Analysez les factures afin de préparer la facturation.**

2 - **Quelle procédure pourriez-vous mettre en place pour faciliter votre mission ?**

3 - **Enregistrez dans le bordereau d'imputation comptable des établissements Lebracq matériaux toutes les écritures d'achat nécessaires.**

4 - **Faites un graphique de la ventilation des achats par compte à l'aide du tableur.**

version BiMédia « Ramilly_Eleve.xls »

version BiMédia « Bordereau.pdf »

Annexe 1 - Organisation comptable

• Comptes d'achat de marchandises

607001	Outillage des métiers	607004	Protection, hygiène, sécurité
607002	Matériels de chantiers et d'ateliers	607005	Fixation, supportage et visseries
607003	Consommables et petits équipements	607006	Robinetterie

• Comptes de ventes de marchandises

707001	Outillage des métiers	707004	Protection, hygiène, sécurité
707002	Matériels de chantiers et d'ateliers	707005	Fixation, supportage et visseries
707003	Consommables et petits équipements	707006	Robinetterie

Annexe 2 - Factures reçues du fournisseur RAMILLY

SA RAMILLY au capital de 250 000 € 185, avenue des Grès 92635 GENNEVILLIERS RCS Nanterre B 602017048 - SIRET 60201704800037 - NAF 4669B Téléphone : 014132XXXX Télécopieur : 014132XXXX N° intracommunautaire : FR08602017048	DOIT	Date : **25 avril N** ***Ets Lebracq matériaux*** ***33, Bd Gabriel Péri*** ***59220 DENAIN***

Facture n° 204028

Réf.	Désignation	Qté	PUHT	Rem.	PU net	Montant
	Votre BC n° 4458 du 20/04/N					
201701	Pince multiprise bi-matière isolée 1000 V	50	24,50	5 %	23,28	1 163,75 €
201881	Pince plate becs longs bi-matière isolée 1000 V	30	32,75	2 %	32,10	962,85 €
872271	Dégaineur multifonctions FACOM pour câble rond	10	28,00		28,00	280,00 €
001304	Coffret cache-bornes	20	13,81	2 %	13,53	270,68 €
406772	Disjoncteur DNX uni neutre 230 V courbe C	100	24,06	5 %	22,86	2 285,70 €
513310	Raccord coudé à 180° à joint plat compteur	50	41,76	5 %	39,67	1 983,60 €
513101	Robinet droit d'installation intérieure avec patte	20	13,67	2 %	13,40	267,93 €
	Votre BC n° 4462 du 23/04/N					
765120	Fixations pour chauffe-eau BO 120	50	5,33	5 %	5,06	253,18 €
126375	Kit de scellement chimique pour chauffe-eau	20	13,00	2 %	12,74	254,80 €
838620	Gant anti coupure 5 cuir Mapa Kromet	10	22,10		22,10	221,00 €
838021	Gant de manutention Mapa Ultrane 553	10	3,60		3,60	36,00 €
172857	Demi-masque filtrant Evamasque complet	10	135,80		135,80	1 358,00 €
PORT	Port forfaitaire	1	150,00		150,00	150,00 €
	Total hors taxes					**9 487,48 €**
	TVA (TN)			20 %		1 897,50 €
	Prix total TTC					**11 384,98 €**
PAL	Palettes consignées	2	40,00		40,00	80,00 €
					Net à payer	**11 464,98 €**

En votre aimable règlement par traite à 30 jours fin de mois (ci-jointe pour acceptation)

SA RAMILLY au capital de 250 000 € 185, avenue des Grès 92635 GENNEVILLIERS RCS Nanterre B 602017048 - SIRET 60201704800037 - NAF 4669B Téléphone : 014132XXXX Télécopieur : 014132XXXX N° intracommunautaire : FR08602017048	DOIT	Date : **30 avril N** ***Ets Lebracq matériaux*** ***33, Bd Gabriel Péri*** ***59220 DENAIN***

Facture n° 204044

Réf.	Désignation	Qté	PUHT	Rem.	PU net	Montant
	Votre BC n° 4481 du 26/04/N					
890001	Talkies-walkies Pro La paire	5	160,80		160,80	804,00 €
840307	Panneaux avertissements danger norme AFNOR	20	43,89	2 %	43,01	860,24 €
866320	Coffret assortiment de rivets avec pince	10	65,00		65,00	650,00 €
172010	Écrou aveugle acier tête réduite fraisée à 90°	10	51,20		51,20	512,00 €
360008	Coffret à douilles radio 1/4 R360NANO FACOM	20	130,50	2 %	127,89	2 557,80 €
205365	Coffret de douilles 1/2 standard	50	65,00	5 %	61,75	3 087,50 €
356004	Coffret DBOX douilles 1/2 standard FACOM	20	141,70	2 %	138,87	2 777,32 €
234000	Colle instantanée gel LOCTITE 454	50	40,77	5 %	38,73	1 936,58 €
983379	Colle rapide Ni clou Ni vis en cartouche à gâchette	100	14,95	5 %	14,20	1 420,25 €
630782	Pistolet squelette professionnel	10	28,66		28,66	286,60 €
	Votre BC n° 4494 du 28/04/N					
382015	Station de récupération portable 1 CV value	2	645,00		645,00	1 290,00 €
382020	Pompes à vide bi-étagée value	2	144,80		144,80	289,60 €
PORT	Port forfaitaire	1	200,00		200,00	200,00 €
	Total hors taxes					**16 671,89 €**
	TVA (TN)			20 %		3 334,38 €
	Prix total TTC					**20 006,27 €**
PAL	Palettes consignées	4	40,00		40,00	160,00 €
					Net à payer	**20 166,27 €**

En votre aimable règlement par traite à 30 jours fin de mois (ci-jointe pour acceptation)

SA RAMILLY au capital de 250 000 € 185, avenue des Grès 92635 GENNEVILLIERS RCS Nanterre B 602017048 - SIRET 60201704800037 - NAF 4669B Téléphone : 014132XXXX Télécopieur : 014132XXXX N° intracommunautaire : FR08602017048	Date : **11 mai N** DOIT *Ets Lebracq matériaux* *33, Bd Gabriel Péri* *59220 DENAIN*

Facture n° 204057

Réf.	Désignation	Qté	PUHT	Rem.	PU net	Montant
	Votre BC n° 4522 du 02/05/N					
668031	Tête thermostatique Senso	60	30,01	5 %	28,51	1 710,57 €
642112	Té de réglage SAR	20	12,35	2 %	12,10	242,06 €
690812	Corps thermostatique équerre inversé SAR	10	23,32		23,32	233,20 €
	Votre BC n° 4533 du 07/05/N					
686406	Lames de scies circulaires bois chantier Bosch	20	42,38	2 %	41,53	830,65 €
686616	Lame segment à concrétion diamant ACZ 85 RD Bosch	10	94,67		94,67	946,70 €
680004	Scie de poche avec lames scie sabre Bosch	20	41,22	2 %	40,40	807,91 €
686620	Lame plongeante à concrétion carbure AIZ 32 AT métal	10	45,23		45,23	452,30 €
151116	Cheville à frapper Suprafix	50	37,33	5 %	35,46	1 773,18 €
504040	Cheville Prima SPIT avec vis pré montée	50	90,29	5 %	85,78	4 288,78 €
778200	Cheville EPDM pour tous types de support	30	73,11	2 %	71,65	2 149,43 €
566410	Étaux parallèles tout acier Ridgid	5	160,68		160,68	803,40 €
864110	Pelle ronde sans manche	20	11,58	2 %	11,35	226,97 €
PORT	Port forfaitaire	1	150,00		150,00	150,00 €
	Total hors taxes					**14 615,14 €**
	TVA (TN)			20 %		2 923,03 €
	Prix total TTC					**17 538,17 €**
PAL	Palettes consignées	2	40,00		40,00	80,00 €
					Net à payer	**17 618,17 €**

En votre aimable règlement par traite à 30 jours fin de mois (ci-jointe pour acceptation)

SA RAMILLY au capital de 250 000 € 185, avenue des Grès 92635 GENNEVILLIERS RCS Nanterre B 602017048 - SIRET 60201704800037 - NAF 4669B Téléphone : 014132XXXX Télécopieur : 014132XXXX N° intracommunautaire : FR08602017048	Date : **20 mai N** DOIT *Ets Lebracq matériaux* *33, Bd Gabriel Péri* *59220 DENAIN*

Facture n° 204071

Réf.	Désignation	Qté	PUHT	Rem.	PU net	Montant
	Votre BC n° 4551 du 12/05/N					
814160	Casque de chantier type Baseball	20	22,30	2 %	21,85	437,08 €
814120	Casquette anti scalp visière courte	20	23,00	2 %	22,54	450,80 €
814110	Casque de sécurité avec écran facial intégré CATU	10	293,80		293,80	2 938,00 €
153115	Anti bélier pneumatique à piston	10	32,51		32,51	325,10 €
	Votre BC n° 4566 du 16/05/N					
206010	Composition de 6 tournevis Expert isolés 1000 V	50	20,00	5 %	19,00	950,00 €
216144	Pack 3 pinces et 4 tournevis isolés 1000 V FACOM	30	84,00	2 %	82,32	2 469,60 €
185201	Pince becs 1/2 ronds longs isolée 1000 V FACOM	20	30,15	2 %	29,55	590,94 €
306558	Pince universelle Inomic isolée 1000 V WIHA	20	30,00	2 %	29,40	588,00 €
986058	Pince à dénuder automatique latérale FACOM	10	72,49		72,49	724,90 €
863840	Peinture antirouille en pot	50	15,10	5 %	15,30	764,75 €
868925	Pinceau pour radiateur	100	1,80	5 %	1,71	171,00 €
878230	Rouleaux à peinture complets	100	3,00	5 %	7,60	760,00 €
PORT	Port forfaitaire	1	200,00		200,00	200,00 €
	Total hors taxes					**11 370,17 €**
	TVA (TN)			20 %		2 274,03 €
	Prix total TTC					**13 644,20 €**
PAL	Palettes consignées	3	40,00		40,00	120,00 €
					Net à payer	**13 764,20 €**

En votre aimable règlement par traite à 30 jours fin de mois (ci-jointe pour acceptation)

WAVRECHAIN

Acquisition d'immobilisation : traitement des frais d'intermédiaires

1.5.2 **Vérification et validation des factures d'achat de bien, de service et/ou d'acquisition d'immobilisation**

La société **WAVRECHAIN** spécialisée dans la cosmétique a fait l'acquisition d'un magasin du centre-ville d'Amiens afin d'y présenter les produits fabriqués dans son usine de Poulainville (banlieue am énoise).

Le 15/03/N, elle reçoit la facture n° 3258 de l'agence Immobilière Laforêt Amiens Sud :

Bâtiment commercial (127, rue du Général Leclerc – AMIENS)	320 000,00 €
Honoraires de l'agence (2,25 % de la transaction)	7 200,00 €
Total HT	327 200,00 €
TVA (TN)	65 440,00 €
Net à payer	392 640,00 €

***NB** : l'agence immobilière Laforêt Amiens Sud a opté pour les débits.*

Missions

1 - Déterminez le coût d'acquisition du magasin dans l'hypothèse où la société Wavrechain choisirait d'immobiliser les frais d'intermédiaires (méthode de référence).

2 - Déterminez le coût d'acquisition du magasin dans l'hypothèse où la société Wavrechain choisirait de ne pas activer les frais d'intermédiaires (méthode optionnelle).

3 - La seconde solution a été retenue. Précisez quels comptes seront concernés par cette opération.

N° de compte	Intitulés des comptes	Montant	Sens

Scénario 9 L'analyse des factures fournisseurs

IWUY

Coût d'acquisition des immobilisations

1.5.2 Vérification et validation des factures d'achat de bien, de service et/ou d'acquisition d'immobilisation

La société **IWUY** est une entreprise industrielle de taille importante dont l'activité repose sur la fabrication de charpente métallique.

La gestion performante de cette entreprise et sa politique d'investissement l'ont amené à faire les diverses acquisitions suivantes au cours de l'exercice comptable N.

En tant que comptable dans cette société, vous devez préciser aux dirigeants les différentes possibilités d'enregistrement de ces immobilisations.

Missions

1 - **Déterminez le coût d'acquisition de chacune des immobilisations suivantes (annexe) dans l'hypothèse où la société IWUY active les droits de mutation, honoraires, commissions et frais d'actes (méthode de référence). Précisez les comptes d'immobilisations concernés.**

2 - **Dans l'hypothèse où la société IWUY aurait opté pour l'enregistrement en charges de ces droits de mutation, honoraires, commissions et frais d'actes (méthode optionnelle), précisez quelles immobilisations verraient leur coût d'acquisition modifié et quels comptes il faudrait utiliser.**

***NB** : La TVA applicable est au taux normal.*

Annexe - Détails des acquisitions réalisées au cours de l'exercice N

Véhicule de tourisme Peugeot : Pack vision (phares xénon) : Carte grise ❶ : Gazole :	25 000 € HT 750 € HT 250 € 30 € HT	Presse hydraulique (Matériel industriel) : Frais d'installation : Assurance relative à l'installation :	45 000 € HT 2 500 € HT 300 €
Hangar de stockage (ancien) : Droits de mutation : Honoraires du notaire (HT) de 3 % du prix d'achat	320 000 € 3 200 €	Ordinateur portable : Mémoire supplémentaire : Forfait installation : Remise globale de 4 %	1 100 € HT 150 € HT 30 € HT
Compresseurs (Outillage industriel) : Frais de transport :	6 600 € HT 400 € HT	Fraiseuse (Matériel industriel) : Remise 5 % : Port forfaitaire : Escompte 2 % :	14 000 € HT 700 € HT 200 € HT 270 € HT
Photocopieur jet d'encre (en réseau) : Frais de mise en service : Cartouches d'impression : Frais de transport :	2 800 € HT 200 € HT 180 € HT 170 € HT	Réseau informatique : Logiciel d'exploitation du réseau : Escompte de 2,50 %	8 500 € HT 700 € HT

❶ *La carte grise est considérée comme un droit de mutation.*

SANCOURT

Analyse de factures d'acquisition d'immobilisation

1.5.2 **Vérification et validation des factures d'achat de bien, de service et/ou d'acquisition d'immobilisation**

L'imprimerie SANCOURT a fait l'acquisition pendant l'année N de plusieurs immobilisations pour satisfaire la demande croissante de sa clientèle (**annexe 2**).

En tant que stagiaire dans le service comptable de cette société, vous êtes amené à analyser les factures reçues afin de déterminer le coût d'acquisition et les comptes concernés par ces différentes opérations.

Pour vous y aider, le responsable du service vous a communiqué des extraits du PCG relatifs au calcul du coût d'acquisition (**annexe 1**).

NB *: l'imprimerie SANCOURT utilise toujours les méthodes de référence.*

Mission

→ **Calculez la valeur d'acquisition des immobilisations et précisez les comptes correspondants.**

Annexe 1 - Extraits du PCG relatifs au calcul du coût d'entrée des immobilisations corporelles

Art. 213-8 : Le coût d'acquisition d'une immobilisation corporelle est constitué :

- de son prix d'achat, y compris les droits de douane et taxes non récupérables, après déduction des remises, rabais commerciaux et escomptes de règlement ;
- de tous les coûts directement attribuables engagés pour mettre l'actif en place et en état de fonctionner selon l'utilisation prévue par la direction.
  Les frais externes afférents à des formations nécessaires à la mise en service de l'immobilisation peuvent, sur option, être rattachés au coût d'acquisition de l'immobilisation ou comptabilisés en charges.
  Dans les comptes individuels, les droits de mutation, honoraires ou commissions et frais d'actes, liés à l'acquisition, peuvent sur option, être rattachés au coût d'acquisition de l'immobilisation ou comptabilisés en charges. Ces deux options peuvent être exercées indépendamment l'une de l'autre.
- de l'estimation initiale des coûts de démantèlement, d'enlèvement et de restauration du site sur lequel elle est située, en contrepartie de l'obligation encourue, soit lors de l'acquisition, soit en cours d'utilisation de l'immobilisation pendant une période donnée à des fins autres que de produire des éléments de stocks. Dans les comptes individuels, ces coûts font l'objet d'un plan d'amortissement propre tant pour la durée que le mode. Les coûts d'emprunts peuvent être rattachés au coût d'acquisition selon les dispositions prévues à l'article 213-9.

Art. 213-11 : Tous les coûts qui ne font pas partie du prix d'acquisition de l'immobilisation et qui ne peuvent pas être rattachés directement aux coûts rendus nécessaires pour mettre l'actif en place et en état de fonctionner conformément à l'utilisation prévue par la direction, sont comptabilisés en charges.

Art. 213-12 : Les coûts cessent d'être activés lorsque l'immobilisation est en place et en état de fonctionner selon l'utilisation prévue par la direction. En conséquence, les coûts supportés lors de l'utilisation effective ou du redéploiement de l'actif sont exclus du coût de cet actif.

Art. 213-13 : Les opérations qui interviennent avant ou pendant la construction ou l'aménagement d'une immobilisation corporelle et qui ne sont pas nécessaires afin de mettre l'immobilisation en place et en état de fonctionner conformément à l'utilisation prévue par la direction, sont comptabilisées en charges.

Annexe 2 - Factures relatives aux acquisitions d'immobilisations

KBA Industries
425, parc des expositions
75007 PARIS
FR3813144896

Imprimerie SANCOURT
22, Quai Foch
59300 Valenciennes
FR03425854635

Le 06/06/N Facture n° 06/N/32

Désignation	Montants euros
Rotative KBA Rapida 105	47 000,00
8 couleurs à retiration (72 x 104 cm)	
Frais de montage	1 600,00
Frais de livraison (transporteur)	850,00
Total brut	**49 450,00**
Escompte négocié 1,50 %	- 741,75
Total net financier	**48 708,25**
Coût de la formation du personnel	600,00
Total HT	**49 308,25**
TVA (TN)	9 861,65
Total TTC	**59 169,90**
Net à payer sous huitaine (en €)	**59 169,90**

INFOPLUS Facture n° 447
27, place du stade Geoffroy Richard
42000 Saint-Étienne
FR28711454330

Imprimerie SANCOURT
22, Quai Foch
59300 Valenciennes
FR03425854635

Le 17/07/N

Désignation	Montants euros
Réseau informatique	6 850,00
Logiciels réseau	750,00
Montant brut	**7 600,00**
Logiciels applicatifs	400,00
Imprimante réseau laser noir et blanc	1 200,00
Connectique réseau (câbles, ports, prises)	300,00
Cartouches laser	200,00
Montant net HT	**9 700,00**
TVA (TN)	1 940,00
Montant net TTC	**11 640,00**
Avance versée le 28/06/N	- 1 500,00
Net à payer	**10 140,00**
Mode de règlement : virement au 31/07/N	

INFOPLUS Facture n° 553
27, place du stade Geoffroy Richard
42000 Saint-Étienne
FR28711454330

Imprimerie SANCOURT
22, Quai Foch
59300 Valenciennes
FR03425854635

Le 12/09/N

Désignation	Montants euros
Ordinateurs portables : 4 x 1 100 €	4 400,00
Logiciels applicatifs	300,00
Montant brut	**4 700,00**
Remise 4 %	- 188,00
Montant net commercial	**4 512,00**
Frais de port	150,00
Papier imprimante A4 : 20 ramettes x 8,20	164,00
Montant net HT	**4 826,00**
TVA (TN)	965,20
Montant net TTC	**5 791,20**
Emballages consignés (4 cartons x 20 €)	80,00
Net à payer	**5 871,20**
Mode de règlement : virement au 30/09/N	

KBA Industries
425, parc des expositions
75007 PARIS
FR33813144896

Imprimerie SANCOURT
22, Quai Foch
59300 Valenciennes
FR 03425854635

Le 14/10/N Facture n° 10/N/51

Désignation	Montants euros
Rotative KBA C818 – 4 groupes Laize 2 060 mm; Coupe 1 200 mm Collage au pli ou piqûre en ligne Tambours de coupe	
Total brut	**184 000,00**
Remise 5 %	- 9 200,00
Total net commercial	**174 800,00**
Coût d'installation	4 200,00
Transport par camion	1 800,00
	180 800,00
6 bobines de papier offset	3 300,00
Total HT	**184 100,00**
TVA (TN)	36 820,00
Total TTC	**220 920,00**
Acompte versé à la commande	- 55 200,00
Net à payer à 30 JFM par traite	**165 720,00**

Scénario 10 L'enregistrement des achats et des frais généraux

1.5.2 **Vérification et validation des factures d'achat de bien et de service**
1.5.4 **Enregistrement des factures d'achat de bien et de service**

Contexte général :

Confronté à diverses situations dans des sociétés différentes, vous devez comptabiliser les factures d'achats et de frais généraux envoyées par les fournisseurs.

Mission de veille :

Mettre à jour votre veille comptable et fiscale sur les thèmes suivants :

- Transport sur achat
- Consignation et acquisition d'emballages
- Factures d'avoir
- Exigibilité de la TVA sur les prestations de services
- Acquisition intracommunautaire

→ Factures comportant des réductions commerciales et financières

Mission 1 Comptabilisez dans les journaux adéquats de la société Gilbert, les documents suivants.

SA DUVIVIER
10, rue Doumergue
59500 DOUAI
Tél. : 03-27-97-XX-XX - Fax : 03-27-89-XX-XX
E-mail : Duvivier@orange.fr
FR 94 758 501 001

Reçue le 03/02
Réglée aussitôt

FACTURE N° 255 **Date : 01/02/N**

Société GILBERT
13, Boulevard Alfred Musset
62000 ARRAS France
FR 81 164 602 427

Réf	Quantité	Désignation	PU HT	Montant
EL814	4 000	Lampes à led	2,00	8 000,00
REM10	1	Remise 10 % (8 000) x 10 %		- 800,00
REM05	1	Remise 5 % (8 000 – 800) x 5 %		- 360,00
RAB04	1	Rabais 4 % (8 000 – 800 – 360) x 4 %		- 273,60
Conditions de paiement :			Montant net commercial	6 566,40
Au comptant par chèque bancaire n° CM 342333			Escompte : 2,50 %	- 164,16
Date : 01/02/N			Montant HT	6 402,24
			TVA (TN)	1 280,45
			Net à payer	**7 682,69 €**

Ligne	Date	Journal	N° compte général	N° compte de tiers	Intitulés des comptes/ Libellés des opérations	Débit	Crédit
1	03/02/N	ACH					
2							
3							
4							
5					*Facture 255 de Duvivier*		
6	03/02/N	BQ1					
7							
8					*Chèque n° CM 342333*		
					Totaux		

→ Factures comportant des frais accessoires d'achat

Mission 2 Comptabilisez dans le journal des achats de la société Regis, le document suivant.

SA DUVIVIER
10, rue Doumergue
59500 DOUAI
Tél. : 03-27-97-XX-XX - Fax : 03-27-89-XX-XX
E-mail : Duvivier@orange.fr
FR 94 758 501 001

Reçue le 03/04

FACTURE N° 467 — **Date** : 01/04/N

Société REGIS
44, square des amoureux
59280 ARMENTIÈRES **France**
FR 92 321 452 336

Réf.	Quantité	Désignation	PU HT	Montant
EL458	250	Matériels électriques (norme US)	8,00 €	2 000,00
REM04	1	Remise 4 % (2 000 x 4 %)		- 80,00
RABV	1	Rabais variable		- 150,00
Conditions de paiement :			Montant net commercial	1 770,00
À 30 jours fin de mois par chèque bancaire			Escompte : 0 %	0,00
Date : 31/05/N			Transport forfaitaire (condition « arrivée ») HT	100,00
			Commissions récupérées HT	50,00
			Montant total HT	1 920,00
			TVA (TN)	384,00
			Assurance récupérée	40,00
			Net à payer	**2 344,00 €**

◆ Procédures comptables

La société Régis utilise les comptes de charges par nature.

Ligne	Date	Journal	N° compte général	N° compte de tiers	Intitulés des comptes/ Libellés des opérations	Débit	Crédit
1	03/04/N	ACH					
2							
3							
4							
5							
6							
7					*Facture 467 de Duvivier*		
					Totaux		

Mission 3 Calculez le montant qui apparaîtrait dans le compte 608700 « Frais accessoires sur achats de marchandises » en cas de non utilisation des comptes de charge par nature :

COMPTE 608700 :

Mission 4 Calculez le montant qui apparaîtrait dans le compte 607000 en cas d'intégration globale des frais accessoires dans le compte d'achat :

COMPTE 607000 :

→ Factures comportant des achats d'emballages

Mission 5 Comptabilisez dans le journal des achats de la société Duvivier, l'opération suivante.

➢ 01/05/N : Réception de la facture n° 112 du fournisseur Roland. Achats d'emballages :

- perdus	800,00 €	- récupérables identifiables	1 200,00 €
- à usage mixte	250,00 €	- récupérables non identifiables	1 450,00 €

Tous les achats d'emballages sont soumis au taux normal de TVA.

Ligne	Date	Journal	N° compte général	N° compte de tiers	Intitulés des comptes/ Libellés des opérations	Débit	Crédit
1	01/05/N	ACH					
2							
3							
4						❶	
5							
6						❷	
7							❸
8					*Facture n° 112 de Roland*		
					Totaux		
❶			❷		❸		

→ Factures comportant des emballages consignés

Mission 6 Comptabilisez dans le journal des achats de la société Regis, les opérations suivantes (voir mission 2).

➢ 03/04/N : Réception de la facture n° 467B chez Régis. 5 palettes ont été consignées au prix unitaire de 25 €. La société Régis a décidé de globaliser les frais accessoires dans le compte d'achat correspondant.

Ligne	Date	Journal	N° compte général	N° compte de tiers	Intitulés des comptes/ Libellés des opérations	Débit	Crédit
1	03/04/N	ACH				❶	
2							
3						❷	
4							❸
5					*Facture n° 467B de Duvivier*		
					Totaux		
❶			❷		❸		

➢ 11/04/N : Réception de la facture d'avoir n° AV 467B chez Régis suite à la restitution de 3 palettes consignées (prix de reprise = prix de consignation).

Ligne	Date	Journal	N° compte général	N° compte de tiers	Intitulés des comptes/ Libellés des opérations	Débit	Crédit
1	11/04/N	ACH				❶	
2							
3					*Facture d'avoir n° AV 467B de Duvivier*		
					Totaux		
❶							

➢ 12/04/N : Suite à la conservation des 2 palettes consignées restantes, réception de la facture n° 467B2 (prix de vente hors taxes = prix de consignation). TVA au taux normal.
Cette facture est accompagnée de la facture d'avoir n° AV 467B2 constatant la déconsignation.
Les palettes sont considérées comme des emballages récupérables non identifiables.

Ligne	Date	Journal	N° compte général	N° compte de tiers	Intitulés des comptes/ Libellés des opérations	Débit	Crédit
1	12/04/N	ACH				❶	
2							
3					*Facture d'avoir n° AV 467B2 de Duvivier*		
4	12/04/N	ACH					
5						❷	
6							❸
7					*Facture n° 467B2 de Duvivier*		
					Totaux		
❶			❷		❸		

➜ Paramétrage du PGI

Mission 7 Créez les 13 « articles » nécessaires permettant d'optimiser l'utilisation du PGI.

Code article	Dénomination de l'article	Familles d'article	Code TVA rattaché	Comptes rattachés N°	Comptes rattachés Intitulés
EL814		ME : Matériels électriques	TN		
EL458					
REM10		RD2 : Réductions diverses (TN)	TN		
REM05					
REM04					
RAB04					
RABV					
ESC02					
TF2		MD2 : Majorations diverses (TN)	TN		
COMR					
ASSR		MD3 : Majorations diverses (exonérées)	aucun		
PALC		PAL : Palettes	aucun		
PALA		PAL : Palettes	TN		

→ Problèmes liés aux factures d'avoir

Mission 8 Comptabilisez dans le journal des achats de la société Louis toutes les opérations suivantes.

➢ **03/06/N : Réception de la facture n° 642 chez Louis :**

Matériels électriques : 2 000 lampes à led (EL814) au prix unitaire hors taxes de 2,00 €
Remise sur quantité commandée : 10 % Remise spécifique client : 5 %
TVA : taux normal Emballages consignés : 18 palettes pour 450,00 €
Port récupéré : 120,00 € HT (conditions « départ » - TVA au taux normal).

➢ **06/06/N : Réception de la facture d'avoir n° AV-642A chez Louis pour un retour d'une partie de la marchandise non conforme à la commande : 200 lampes à led (EL814).**

Ligne	Date	Journal	N° compte général	N° compte de tiers	Intitulés des comptes/ Libellés des opérations	Débit	Crédit
1	03/06/N	ACH				❶	
2							
3						❷	
4							
5							❸
6					*Facture n° 642 de Duvivier*		
7	06/06/N	ACH				❹	
8							❺
9							❻
10					*Facture d'avoir n° AV-642A de Duvivier*		
					Totaux		

❶ ❷ ❸
❹ ❺ ❻

➢ **08/06/N : Réception de la facture d'avoir n° AV-642B chez Louis : rabais accordé hors facture 5 % du montant net commercial de la marchandise conservée (facture n° 642 – facture d'avoir n° AV-642A) car une partie de cette marchandise a été abîmée lors du transport.**

Ligne	Date	Journal	N° compte général	N° compte de tiers	Intitulés des comptes/ Libellés des opérations	Débit	Crédit
11	08/06/N	ACH				❶	
12							❷
13							❸
14					*Facture d'avoir n° AV-642B de Duvivier*		
					Totaux		

❶ ❷ ❸

Mission 9 Comptabilisez dans le journal des achats de la société Louis l'opération précédente en supposant que la société Duvivier est inscrite sur la facture d'avoir la mention « NET DE TAXE ».

Ligne	Date	Journal	N° compte général	N° compte de tiers	Intitulés des comptes/ Libellés des opérations	Débit	Crédit
11	08/06/N	ACH					
12							
13					*Facture d'avoir n° AV-642B de Duvivier*		
					Totaux		

➢ 12/06/N : Réception de la facture d'avoir n° AV-642C chez Louis pour un escompte de règlement de 2,50 % suite à son paiement accéléré. Le calcul est effectué sur la facture initiale (facture n° 642).

Ligne	Date	Journal	N° compte général	N° compte de tiers	Intitulés des comptes/ Libellés des opérations	Débit	Crédit
15	12/06/N	ACH				❸	
16							❶
17							❷
18					*Facture d'avoir n° AV-642C de Duvivier*		
					Totaux		
❶			❷		❸		

→ Problèmes liés à la facture d'acompte

Mission 10 Comptabilisez dans le journal des achats de la société Pierre toutes les opérations suivantes.

➢ 17/06/N : Réception de la facture d'acompte n° 677 chez Pierre. Celui-ci a versé un acompte de 240 € représentant 20 % de sa commande de marchandises (chèque n° LCL 25554).

➢ 02/07/N : Réception de la facture n° 691 chez Pierre : montant net commercial de la marchandise : 500 lampes à led (EL814) - TVA au taux normal.

Ligne	Date	Journal	N° compte général	N° compte de tiers	Intitulés des comptes/ Libellés des opérations	Débit	Crédit
1	17/06/N	BQ1					
2							
3					*Facture d'acompte n° 677 et chèque n° LCL 25554*		
4	02/07/N	ACH				❶	
5						❷	
6							
7							❸
8					*Facture n° 691 de Duvivier*		
					Totaux		
❶			❷		❸		

→ Factures de prestation de services

Mission 11 Comptabilisez dans le journal des achats de la société Pierre tou-es les opérations suivantes.

➢ 13/06/N : Envoi par le client Pierre du chèque n° LCL 25555 relatif au devis réalisé par l'entreprise Duvivier (réparation de l'armoire électrique : référence PR589).
Pierre a versé un acompte de 240 € représentant 20 % de la prestation de service commandée.

Ligne	Date	Journal	N° compte général	N° compte de tiers	Intitulés des comptes/ Libellés des opérations	Débit	Crédit
1	13/06/N	BQ1					
2							
3					*Chèque n° LCL 25555*		
4	13/06/N	ACH				❶	
5							
6					*Exigibilité de la TVA*		
					Totaux		
❶							

➢ 02/07/N : Réception de la facture n° 691B chez Pierre : Montant net commercial de la prestation : 1 000 € (TVA au taux normal - règlement à 30 JFM par chèque bancaire).

➢ 29/07/N : Envoi du chèque n° LCL 25579 par Pierre.

Cas n° 1 : La société Duvivier n'a pas opté pour les « débits ».

Ligne	Date	Journal	N° compte général	N° compte de tiers	Intitulés des comptes/ Libellés des opérations	Débit	Crédit
7	02/07/N	ACH					
8						❶	
9							
10							❷
11					*Facture n° 691B de Duvivier*		
12	29/07/N	BQ1					
13							
14					*Chèque n° LCL 25579*		
15	29/07/N	ACH				❸	
16							
17					*Exigibilité de la TVA*		
					Totaux		
❶			❷		❸		

***Cas n° 2* : La société Duvivier a opté pour les « débits ».**

Ligne	Date	Journal	N° compte général	N° compte de tiers	Intitulés des comptes/ Libellés des opérations	Débit	Crédit
7	02/07/N	ACH					
8						❶	
9							
10							
11							❷
12					*Facture n° 691B de Duvivier*		
13	29/07/N	BQ1					
14							
15					*Chèque n° LCL 25579*		
					Totaux		
❶					❷		

NB1* : *il est possible d'utiliser le compte 445640 « État, TVA déductible sur encaissement » à la place du compte 445800 « État, TVA à régulariser ».

NB2* : *en cas d'option pour les débits, une autre variante d'enregistrement existe, elle consiste à ne pas utiliser le compte 445800 au moment de l'acompte en enregistrant le compte acompte en HT : 409100D pour 200,00 - 445662D pour 40,00 - 512000C pour 240,00.

Lors de la facturation, il faudrait enregistrer : 615000D pour 1 000,00 - 445662D pour 160,00 - 409100C pour 200,00 - 401000C pour 960,00.

➜ Factures réalisées avec l'étranger

Mission 12 Comptabilisez dans le journal des achats de la société Duvivier toutes les opérations suivantes.

➢ 01/08/N : Réception de la facture n° 192 du fournisseur Lewis (États-Unis) : 1 650 $ de fournitures électriques (marchandises).

➢ 05/08/N : Lors du passage de la marchandise en douane, des droits de douane sont facturés pour 200 € HT plus des commissions de transit pour 50 € HT et enfin une TVA totale de 300 € calculée au taux normal (facture du transitaire n° 673).
Cours au 01/08/N : 1 € = 1,320001 $

Ligne	Date	Journal	N° compte général	N° compte de tiers	Intitulés des comptes/ Libellés des opérations	Débit	Crédit
1	01/08/N	ACH				❶	
2							
3					*Facture n° 192 de Lewis*		
4	05/08/N	ACH					
5							
6						❷	
7							❸
8					*Facture n° 673 du transitaire*		
					Totaux		

❶ ❷ ❸

➢ 20/08/N : un acompte de 25 % de la facture n° 325 a été fait au fournisseur Larsson par virement bancaire (le cours au 20/08/N était de 1 € = 9,817297 couronnes suédoises - SEK).

➢ 10/09/N : Réception de la facture n° 325 du fournisseur Larsson (Suède) : 13 600 SEK de câbles électriques (marchandises), TVA au taux normal. Cours au 10/09/N : 1 € = 9,775803 SEK.

Ligne	Date	Journal	N° compte général	N° compte de tiers	Intitulés des comptes/ Libellés des opérations	Débit	Crédit
1	20/08/N	BQ1				❶	
2							
3					*Virement bancaire, acompte fournisseur Larsson*		
4	10/09/N	ACH				❷	
5						❸	
6							
7							❹
8							
9							❺
10					*Facture n° 325 de Larsson*		
					Totaux		

❶ ❷ ❸
❹ ❺

➢ **30/09/N : Règlement de la facture n° 192 du fournisseur Lewis (États-Unis) à son échéance en effectuant le virement bancaire n° 3265 de 1 650 $.**
Cours au 30/09/N : 1 € = 1,279069 $

Ligne	Date	Journal	N° compte général	N° compte de tiers	Intitulés des comptes/ Libellés des opérations	Débit	Crédit
1	30/09/N	BQ1					
2						❷	
3							❶
4					*Virement bancaire n° 3265*		
					Totaux		
❶					❷		

➢ **31/10/N : Règlement de la facture n° 325 du fournisseur Larsson (Suède) à son échéance en effectuant le virement bancaire n° 4115 du solde dû (10 200 SEK).**
Cours au 31/10/N : 1 € = 9,865746 SEK.

Ligne	Date	Journal	N° compte général	N° compte de tiers	Intitulés des comptes/ Libellés des opérations	Débit	Crédit
1	31/10/N	BQ1					
2							❶
3							❷
4					*Virement bancaire n° 4115*		
					Totaux		
❶					❷		

➢ ***Remarque* – Gain ou perte de change sur acompte : Il est tout à fait envisageable de comptabiliser le gain ou la perte relative à l'acompte en l'intégrant dans le compte d'achat.**

Ligne	Date	Journal	N° compte général	N° compte de tiers	Intitulés des comptes/ Libellés des opérations	Débit	Crédit
4	10/09/N	ACH				❶	
5						❷	
6							
7							
8							
9					*Facture n° 325 de Larsson*		
					Totaux		
❶					❷		

1.5.2 Vérification et validation des factures d'achat de bien et de service
1.5.4 Enregistrement des factures d'achat de bien et de service

Enregistrement d'achat classique

Comme vu précédemment, les calculs relatifs aux réductions (commerciales et financières), aux majorations (transport, assurances, commissions, emballages consignés) reposent sur les mêmes principes qu'il s'agisse d'une facture de vente ou d'une facture d'achat.

Les enregistrements sont dits « réciproques » car ils fonctionnent à l'inverse les uns des autres (l'achat et la TVA déductible sont débités alors que la vente et la TVA collectée étaient créditées ; le compte fournisseur est crédité alors que le compte client était débité).

	401000 - Fournisseurs (Débit)	401000 - Fournisseurs (Crédit)	765000 - Escomptes obtenus (Débit)	765000 - Escomptes obtenus (Crédit)	607000 - Achats de marchandises (Débit)	607000 - Achats de marchandises (Crédit)	445660 - État, TVA déductible/ABS (Débit)	445660 - État, TVA déductible/ABS (Crédit)
1. Facturation		Net à payer		Escompte	Net commercial		TVA	

Toutefois, la date d'enregistrement varie car la date d'achat correspondra à la date de réception de la facture (au lieu de la date de sa réalisation chez le fournisseur).

Factures comportant des frais de transport

- Si l'acheteur se charge du transport, il enregistrera deux écritures séparées (une concernant la charge de transport, l'autre concernant la facture d'achat).
- Si le fournisseur consent des conditions « franco de port », l'acheteur enregistrera une simple facture d'achat.
- Si le fournisseur refacture le transport au client, quelle que soit la forme de refacturation, la comptabilisation du transport sera identique chez le client (constatation d'une charge supplémentaire).

Pour rappel, le transport refacturé « euro pour euro » (transport récupéré) signifie l'utilisation d'un taux de TVA normal alors que le transport refacturé « forfaitairement » (transport forfaitaire) signifie qu'il faut utiliser le même taux de TVA pour le transport que celui du bien transporté.

Toutefois, le client a le choix entre trois types de comptabilisation (la 1re solution est la plus recommandée) :

- utilisation du compte de charge par nature : 624100 – Transports sur achats ;
- globalisation de la totalité des frais accessoires d'achat : 608000 – Frais accessoires sur achats ;
- intégration du coût du transport dans le compte d'achat (ex : 607000).

	607000 - Achats de marchandises (Débit)	607000 - Achats de marchandises (Crédit)	445660 - État, TVA déductible/ABS (Débit)	445660 - État, TVA déductible/ABS (Crédit)	401000 - Fournisseurs (Débit)	401000 - Fournisseurs (Crédit)
1. Inclusion des frais de port dans l'achat	Net commercial + Port HT		Total TVA			Net à payer

	607000 - Achats de marchandises (Débit)	607000 - Achats de marchandises (Crédit)	624100 - Transport/achat (Débit)	624100 - Transport/achat (Crédit)	445660 - État TVA déductible/ABS (Débit)	445660 - État TVA déductible/ABS (Crédit)	401000 - Fournisseurs (Débit)	401000 - Fournisseurs (Crédit)
2. Facturation du transport en charges externes	Net commercial		Port HT		Total TVA			Net à payer

	607000 - Achats de marchandises (Débit)	607000 - Achats de marchandises (Crédit)	608700 -Frais/achat (Débit)	608700 -Frais/achat (Crédit)	445660 - État, TVA déductible/ABS (Débit)	445660 - État, TVA déductible/ABS (Crédit)	401000 - Fournisseurs (Débit)	401000 - Fournisseurs (Crédit)
3. Facturation du transport en frais d'achat	Net commercial		Port HT		Total TVA			Net à payer

Factures comportant des frais accessoires d'achat

La refacturation des frais accessoires peut être incluse dans le prix de la marchandise (condition « franco ») mais peut également venir augmenter le net à payer. Dans ce cas, soit :

- les comptes de charge par nature respectifs sont utilisés (616000, 622100,...) ;
- les montants de ces charges sont globalisés dans le compte 608000 ;
- les montants de ces charges sont intégrés dans le compte d'achat (ex. : 607000).

NB1 : en cas d'utilisation du compte 608000, il suffirait de globaliser les comptes 624100, 622100 et 616000 dans le compte 608700 « Frais accessoires sur achats de marchandises ».
Cette différence aurait une incidence dans la présentation du compte de résultat car le 608700 vient s'ajouter au 607000 sur la ligne « Achat de marchandises » alors que les comptes 610000 et 620000 apparaissent sur la ligne « Autres achats et charges externes ».

NB2 : en cas d'intégration globale des frais accessoires dans le compte d'achat, on parle d'une comptabilisation au coût d'achat.

	616000 - Primes d'assurances		622100 - Commissions/ achats		607000 - Achats de marchandises		445660 - État, TVA déductible/ ABS		401000 - Fournisseurs	
1. Facturation détaillée	Assurances		Comm. HT		Net commercial		Total TVA			Net à payer

	607000 - Achats de marchandises		608700 - Frais/achat		445660 - État, TVA déductible/ABS		401000 - Fournisseurs	
2. Facturation des frais accessoires en frais d'achat	Net commercial		Comm. HT Assurances		Total TVA			Net à payer

	607000 - Achats de marchandises		445660 - État, TVA déductible/ ABS		401000 - Fournisseurs	
3. Inclusion des frais accessoires dans l'achat	Net commercial + Frais HT		Total TVA			Net à payer

Factures comportant des achats d'emballages

Il existe 4 types d'emballages :

- ➢ les emballages perdus (ex. : bouteilles en plastique), comptabilisés au compte « 602610 achats d'emballages perdus » et stockés dans le compte « 326100 stocks d'emballages perdus » ;
- ➢ les emballages récupérables non identifiables (ex. : bouteilles en verre, cubitainers...), comptabilisés au compte « 602650 achats d'emballages récupérables non identifiables » et stockés dans le compte « 326500 stocks d'emballages récupérables non identifiables » ;
- ➢ les emballages mixtes, comptabilisés au compte « 602670 achats d'emballages mixtes » et stockés dans le compte « 326700 stocks d'emballages mixtes » ;
- ➢ les emballages récupérables identifiables (ex. : tonneaux, palettes, containers), comptabilisés au compte « 218600 emballage récupérables identifiables ».

	602610 - Achats d'emballages perdus		602650 - Achats d'emballages récupérables non identifiables		602670 - Achats d'emballages mixtes		218600 - Emballages récupérables identifiables	
1. Achats d'emballages divers	Bouteilles plastiques HT (A)		Palettes HT (B)		Bouteilles en verre HT (C)		Fûts numérotés HT (D)	

	445660 - État, TVA déductible/ABS		445620 - État, TVA déductible/ Immobilisation		401000 - Fournisseurs		404000 - Fournisseurs d'immobilisations	
1. Achats d'emballages divers	(A+B+C) x 0,20		D x 0,20			(A+B+C) x 1,20		D x 1,20

Factures comportant des emballages consignés

La consignation d'un emballage correspond à un prêt contre une somme d'argent. Celle-ci étant remboursée après restitution des emballages.

Le client va débiter le compte « 409600 fournisseurs, créances pour emballages à rendre » pour constater la somme qu'il devra récupérer par le crédit du compte « 401000 fournisseurs » pour constater sa dette.

NB : à titre de simplification, la consignation se fait sans TVA.

Lors de la restitution des emballages (déconsignation), si le prix de reprise est égal au prix de consignation, il suffit d'enregistrer une simple « contrepassation » de l'écriture de consignation.

En cas de non-restitution des emballages consignés, l'opération se traduit chez le client par un achat d'emballages (compte 602650 ou 218600) imposable à la TVA.

	607000 - Achats de marchandises		**445660 - État, TVA déductible/ABS**		**409600 - Fournisseurs, créances/emballages à rendre**		**401000 - Fournisseurs**	
1. Facturation de l'achat et de la consignation	Net commercial		TVA/ marchandises		Emballages consignés			Net à payer

	602650 - Achats d'emballages récupérables non identifiables		**445660 - État, TVA déductible/ABS**		**409600 - Fournisseurs, créances/emballages à rendre**		**401000 - Fournisseurs**	
2. Déconsignation des emballages conservés	Emballages consignés conservés		TVA/ emballages conservés			Emballages consignés conservés		TVA/ emballages conservés

Paramétrage du PGI

Comme étudié précédemment, il est possible d'automatiser les écritures d'achat.

Toutefois cette tâche nécessite une intégration des factures d'achat reçues soit par une création de celles-ci dans le module de gestion commerciale, soit par leur intégration par scannage ou par traitement automatisé des factures reçues en EDI.

Cette manipulation permet ainsi de gérer au mieux les stocks.

Il est donc nécessaire d'utiliser les codes « articles » et les « familles d'articles » préalablement créés pour la gestion des ventes et d'effectuer le rattachement des comptes correspondants à l'opération et à la TVA correspondante.

Ainsi, la création de la facture d'achat dans le module de gestion commerciale pourra engendrer directement l'écriture d'achat correspondante dans le module comptable.

Problèmes liés aux factures d'avoir

Une facture d'avoir correspond à une réduction de la dette envers notre fournisseur. Elle peut concerner soit :

- un retour de marchandises (marchandises défectueuses ou non conformes) ;
- une réduction commerciale supplémentaire (fidélisation de la clientèle) ;
- un escompte de règlement (pour paiement rapide) ;
- un retour d'emballages (vu précédemment).

En cas de retour de marchandises, la facture d'avoir doit être établie en tenant compte des réductions commerciales de la facture initiale. Les conditions de « l'aller » doivent être les mêmes que celles du « retour ». L'écriture est donc une simple « contrepassation ».

En cas de RRR supplémentaires (non comprise dans la facture initiale de DOIT), ceux-ci se calculent sur le montant net commercial de la facture initiale avec récupération de la TVA correspondante.

Le client débitera le compte « 609000 RRR obtenus sur achats » pour constater cette nouvelle réduction.

	765000 - Escomptes obtenus		607000 - Achats de marchandises		609700 - RRR obtenus/achats de marchandises		445660 - État, TVA déductible/ABS		401000 - Fournisseurs	
1. Avoirs		Escompte HT		Retour		RRR suppl.		TVA annulées	Net à déduire	

Remarque *: autorisation est donnée aux entreprises d'effectuer des réductions commerciales ou financières sans récupération de la TVA. Il suffit pour cela que le fournisseur ne remette pas en cause la TVA initialement collectée et qu'il fasse indiquer sur la facture d'avoir la mention « NET DE TAXE ».*

En principe, l'escompte de règlement se calcule sur le montant net commercial de la facture initiale mais le fournisseur peut également décompter les diverses réductions déjà réalisées sur les avoirs précédents. Cette réduction financière engendre la récupération de la TVA collectée correspondante (sauf en cas de mention « Net de taxe »).

Problèmes liés à la facture d'acompte

Lorsqu'une avance ou un acompte est versée lors de la commande, le fournisseur doit établir une facture d'acompte qui reprend les mêmes caractéristiques que la facture de DOIT avec le détail de l'acompte et de la TVA correspondante.

Remarque *: l'indication de la TVA sur la facture d'acompte est obligatoire afin que les opérations de prestations de services fassent clairement apparaître la TVA exigible au moment de l'encaissement de l'acompte.*

	409100 - Fournisseurs, avances et acomptes		445660- État, TVA déductible/ABS		445800 - État, TVA à régulariser		512000 - Banques	
1. Acompte/ achat	Acompte TTC							Acompte TTC
2. Acompte/ prestations	Acompte TTC		TVA / acompte			TVA / acompte		Acompte TTC

Factures de prestation de services

Les règles d'exigibilité de la TVA sont les mêmes chez le client et chez le fournisseur.
En cas de prestation de services, le choix d'opter ou non pour les débits est réservé au fournisseur et « subi » par le client qui adaptera sa comptabilisation selon le choix du fournisseur (régime des encaissements ou option pour les débits).

	607000 - Achats de marchandises		409100 - Fournisseurs, avances et acomptes		445660 - État, TVA déductible/ABS		401000 - Fournisseurs	
1. Achat avec acompte	Net commercial			Acompte TTC	TVA/ marchandises			Net à payer

	610000/620000 - Services		409100 - Fournisseurs, avances et acomptes		445800 - État, TVA à régulariser		401000 - Fournisseurs	
2. Prestation avec acompte (régime normal)	Services HT			Acompte TTC	TVA/ services			Net à payer

	610000/620000 - Services		409100 - Fournisseurs, avances et acomptes		445660 - État, TVA déductible/ABS		401000 - Fournisseurs	
3. Prestation avec acompte (option pour les débits)	Services HT			Acompte TTC	TVA/ services - TVA/acompte			Net à payer

	445800 - État, TVA à régulariser	
3. Prestation avec acompte (option pour les débits)	TVA/ acompte	

Factures réalisées avec l'étranger

Selon le pays du fournisseur étranger, l'appellation de l'opération réalisée sera différente.

Achat hors Union européenne	Achat à l'intérieur de l'Union européenne
Importation	Acquisition intracommunautaire
TVA exigible au moment du passage en douane	TVA déduite et collectée par l'acquéreur

NB : *les droits de douane viennent augmenter la valeur hors taxes de la marchandise achetée.*

NB : *le compte 445200 « TVA intracommunautaire due » est assimilé à un compte de TVA collectée, d'où une opération blanche pour l'acquéreur.*
Concernant les factures libellées en monnaies étrangères, celles-ci doivent être évaluées :
- *à la date de la facturation, converties et comptabilisées en euros sur la base des derniers cours de change ;*
- *à la clôture de l'exercice selon les mêmes techniques ;*
- *au moment du paiement selon les mêmes techniques.*

Au moment du paiement, une moins-value ou une plus-value va être constatée d'où l'utilisation soit du compte « 656000 - Pertes de change sur créances et dettes commerciales » soit du compte « 756000 - Gains de change sur créances et dettes commerciales » (Article 932-1 du PCG).

NB : *l'évaluation à l'inventaire sera étudiée dans le Processus 2 (Production de l'information financière).*

	607120 - Achats de marchandises (UE)		445660 - État, TVA déductible/ABS		401120 - Fournisseurs (UE)		445200 - État, TVA intracommunautaire due	
	D	C	D	C	D	C	D	C
1. Achat UE (acquisition intracommunautaire)	HT		TVA			HT		TVA

	607130 - Achats de marchandises (hors UE)		622400 - Commissions de transitaire		445660 - État, TVA déductible/ABS		401130 - Fournisseurs (hors UE)	
	D	C	D	C	D	C	D	C
2. Achat hors UE (importation)	HT							HT
3. Passage en douane	Droits de douane		Comm. HT		Total TVA/ (HT + Comm. + Droits)			TVA/HT + Comm. TTC + Droits TTC

	656000 - Pertes de change sur créances et dettes commerciales		756000 - Gains de change sur créances et dettes commerciales		401120 - Fournisseurs (UE)		512000 - Banques	
	D	C	D	C	D	C	D	C
4. Règlement des achats libellés en monnaie étrangère	Si (V > HT)			Si (HT > V)	HT			Virement (V)

Situations professionnelles

OISY 5

Enregistrements des achats (PGI)

1.2.2 Tenue et suivi des dossiers fournisseurs : du contrôle de la commande au contrôle du règlement
1.5.2 Vérification et validation des factures d'achat de bien et de service
1.5.4 Enregistrement des factures d'achat de bien et de service
1.5.5 Gestion des échéances relatives aux règlements des fournisseurs
1.7.1 Présentation des caractéristiques de l'organisation du processus « Contrôle et traitement des opérations commerciales »
1.7.2 Analyse du processus « Contrôle et traitement comptable des opérations commerciales »
7.3.2 Participation à l'évolution du système d'information

Missions

→ **À l'aide du progiciel de gestion intégré, du fichier relatif à la société « OISY_XX » et de l'annexe :**

Dans le module comptable :

- **comptabilisez les différentes factures d'achat et avoirs correspondants directement dans le journal des achats (ACH) à l'aide du bordereau des achats de septembre donné en annexe ;**
- **imprimez le brouillard « ACH » pour septembre N.**

version BiMédia

« Oisy_MOP_Compta_Sage »
« Oisy_MOP_Compta_SagePGI »
« Oisy_MOP_Gescom_Sage »
« Oisy_MOP_Gescom_SagePGI »
« Oisy_Procedures compta_Cegid.pdf »
« Oisy_Procedures gescom_Cegid.pdf »
« Oisy_Procedures compta_Ebp.pdf »
« Oisy_Procedures gescom_Ebp.pdf »

Annexe - Bordereau des achats de la seconde quinzaine du mois de septembre N de l'entreprise « OISY »

MOIS DE		SEPTEMBRE		JOURNAL DES ACHATS									TOTAUX
Jour		22	23	24	25	26	26	27	27	28	28	28	
N° de pièce		1	2	3	4	5	6	7	8	9	10	11	
Libellés		Fact 09-105	Fact 254	Fact 1425	Fact 09097	Fact F425	Fact 09-324	Fact 9-225	Fact 315	Fact 215	Avoir A243	Avoir A432	
Comptes à débiter	**6071 0000**		172,00						301,00				**473,00**
	6072 0000	317,20	36,64										**353,84**
	6073 0000			692,00					32,00	44,80	- 5,60		**763,20**
	6074 0000				1 138,88			19,84					**1 158,72**
	6075 0000					187,70	518,45					- 7,85	**698,30**
	6076 0000						38,00	65,00					**103,00**
	6241 0000		20,00		100,00	20,00	50,00	10,00		10,00			**210,00**
	4456 6100		**9,46**						**16,56**				**26,02**
	4456 6200	**63,44**	**11,33**	**138,40**	**247,78**	**41,54**	**121,29**	**18,97**	**6,40**	**10,85**	**- 1,11**	**- 1,57**	**657,32**
	4096 0000	25,00		70,00					70,00				**165,00**
Comptes à créditer	**4010 0000**	**255,64**	**149,43**	**900,40**	**1 486,66**	**249,24**	**527,74**	**113,81**	**425,96**	**65,10**	**- 6,65**	**- 9,42**	**4 157,91**
	4091 0000	150,00	100,00				200,00						**450,00**
	7651 0000												
	7652 0000									0,55	- 0,06		**0,49**
	6 097 1000												
	6097 2000												
										Sommes des comptes débités			**4 608,40**
										Sommes des comptes crédités			**4 608,40**

Facture 09-105 : Délices SARL
Facture 254 : Confiserie SA
Facture 1425 : Léonidas Distribution
Facture 09097 : Super Gouter
Facture F425 : Exotic Choco
Facture 09-324 : Pro Chocolat
Facture 9-225 : Chocoplus
Facture 315 : Toutchoco
Facture 215 : Chocolat de France

Avoir A243 : Chocolat de France
Avoir A432 : Exotic Choco

DECHY

Enregistrement de factures d'achats

1.5.2 Vérification et validation des factures d'achat de bien et de service
1.5.4 Enregistrement des factures d'achat de bien et de service

L'entreprise **DECHY** commercialise des produits tels que des engrais, des graines, de la semence, des composés chimiques... auprès des agriculteurs de sa région. Le comptable, vous fournit les pièces justificatives suivantes reçues au cours du mois de mars N :

Dates	N° du document	Opérations
4 mars	Facture 104	Fournisseur Villain : achats d'emballages non identifiables : 170 € HT (TN). Port (condition « arrivée ») : 18 € HT.
8 mars	Facture 217	Fournisseur Drabent : achat de grains de blé (20 sacs) : 1 000 € HT (TI). Remise : 3 %, escompte : 1,50 %, port récupéré (condition « départ ») : 100 € HT.
11 mars	Facture 413	Fournisseur Mevel : achat de produits pesticides : 800 € HT (TI) Assurance spécifique (non soumise à la TVA) : 40 €.
18 mars	Facture 89	Courtier en grains de blé Aubert : courtage sur achat du 8 mars : 3,5 % HT du montant brut de l'achat (TN).
22 mars	Facture 887	Transporteur Piette : transport des produits pesticides achetés à Mevel : 120 € HT (condition « départ »).
25 mars	Facture 126	Commissionnaire Daras : achat d'engrais pour notre compte : 1 400 € HT (TI). Commission : 3 % HT (TN), port récupéré (condition « départ ») : 150 € HT. Assurance (non soumise à la TVA) : 20 €.
27 mars	Facture 424	Fournisseur Bigot : achat d'une étagère présentoir pour le hall d'accueil : 850 € HT, coût de l'installation facturée par le fournisseur : 150 € HT, coût du transport : 80 € HT.

Remarques :

- Ces opérations sont soumises soit à la TVA au taux normal (TN), soit à la TVA au taux intermédiaire (TI). Elles s'enregistrent dans les comptes 445661 TVA déductible sur ABS (TI) et 445662 TVA déductible sur ABS (TN).
- Les comptes de tiers fournisseurs sont créés de la façon suivante : 9 + les 5 premières lettres du nom du fournisseur.
- Le plan comptable est composé de comptes à 6 chiffres.
- Les frais accessoires d'achat sont enregistrés dans les comptes de charges externes appropriés.
- Les fournisseurs prestataires de services ont tous opté pour les débits.

Mission

→ **Enregistrez dans le bordereau d'enregistrement comptable de l'entreprise DECHY toutes les écritures relatives à ces pièces justificatives.**

version BiMédia « Dechy_Eleve.xls »

version BiMédia « Bordereau.pdf »

Scénario 10 L'enregistrement des achats et des frais généraux

ROOST

Enregistrement de factures au coût d'achat

- 1.5.2 Vérification et validation des factures d'achat de bien et de service
- 1.5.4 Enregistrement des factures d'achat de bien et de service
- 5.2.2 Mise en œuvre d'un système de calcul de coûts

L'entreprise **ROOST** a reçu les factures suivantes au cours du mois d'octobre N :

Dates	N° du document Tiers concerné	Opérations
1er octobre	Facture 21 SARL Lemiche	Marchandises brutes : 850 € HT (100 kg à 8,50 €). Remises 6 % et 2 %, commission 1,50 % du brut.
4 octobre	Facture 113 IVECO	Transport des marchandises achetées le 01/10 : 150 € HT.
5 octobre	Facture 458 SA Cluzy	Marchandises brutes : 1 386 € HT (165 kg à 8,40 €). Escompte 1,50 % du prix des marchandises. Port forfaitaire : 210 € HT.
12 octobre	Facture 785 MAAF	Prime d'assurance pour le transport des marchandises achetées le 05/10 : 40 €.
17 octobre	Facture 797 MAAF	Prime d'assurance incendie de l'entrepôt où sont stockées les marchandises en instance de livraison aux clients : 120 €.
19 octobre	Facture 101 SARL Vaillant	Marchandises brutes : 929,50 € HT (110 kg à 8,45 €). Remise 5 %, escompte 2 % et assurance spécifique : 30 €.
20 octobre	Facture 411 Cabinet SIX	Courtage sur l'achat de marchandises du 19/10 : 10 % du montant brut des marchandises.
25 octobre	Facture 138 IVECO	Transport relatif à la livraison des marchandises vendues aux clients : 110 € HT.
31 octobre	Avoir AV113 SARL Lemiche	Rabais supplémentaire de 5 % sur le montant net commercial de la facture 21.

Remarques :

- L'entreprise ROOST désire connaître directement à l'aide de sa comptabilité générale le coût d'achat global de sa marchandise. Pour ce faire, elle enregistre directement les frais accessoires d'achat dans le compte « 607000 Achats de marchandises ».
- Toutes les marchandises et les frais accessoires sont soumis à la TVA au taux normal, à l'exception des primes d'assurance qui ne supportent pas la TVA. Le transport est facturé de manière forfaitaire.
- Les comptes de tiers fournisseurs sont créés de la façon suivante : 9 + les 5 premières lettres du nom du fournisseur.
- Le plan comptable est composé de comptes à 6 chiffres.
- Les prestataires de services ont tous opté pour les débits.

Missions

1 - Enregistrez dans le bordereau d'enregistrement comptable de l'entreprise ROOST toutes les écritures relatives à ces pièces justificatives.

2 - Calculez le coût d'achat unitaire des marchandises achetées au cours du mois d'octobre (annexe).

version BiMédia « Roost_Eleve.xls »   version BiMédia « Bordereau.pdf »

Annexe - Coût d'achat unitaire (au Kg) des marchandises achetées en novembre N

Factures d'achat	Détails du calcul	Coût d'achat
Facture 21 - SARL LEMICHE		
Facture 458 - SA CLUZY		
Facture 101 - SARL VAILLANT		

PALLUEL

Enregistrements liés au transport sur achats et sur ventes

- 1.3.1 Enregistrement, contrôle et validation des opérations relatives aux clients (y compris celles générées par le PGI)
- 1.5.2 Vérification et validation des factures d'achat de bien et de service
- 1.5.4 Enregistrement des factures d'achat de bien et de service
- 1.7.2 Analyse du processus « Contrôle et traitement comptable des opérations commerciales »

La société **PALLUEL** est une entreprise de production sucrière à base de betteraves. Installée dans le nord de la France, elle s'approvisionne en betteraves auprès de divers fournisseurs (souvent des agriculteurs), transforme les betteraves en sucre dans son usine et commercialise le sucre brut auprès de grossistes.

Ne disposant pas suffisamment de camion ou tracteur, elle fait appel soit à un transporteur spécialisé (Transports Norbert), soit directement aux agriculteurs qui transportent leurs betteraves à l'aide de leurs propres tracteurs. Les conditions relatives à la facturation du transport sont donc différentes selon les fournisseurs et clients (voir **annexe 1**).

Remarques :

- La société utilise un PGI lui permettant l'enregistrement de ses factures de ventes, l'intégration de ses opérations d'achat, la gestion de ses stocks, le suivi des créances et des dettes, l'imputation comptable des règlements.
- Ses opérations d'achat et de ventes sont soumises à la TVA au taux intermédiaire (betteraves et sucre) dans les comptes 445661 TVA déductible – TI et 445711 TVA collectée – TI.
- Le transport lui est facturé au taux normal dans le compte 445662 TVA déductible (TN) mais peut être refacturé au client soit « euro pour euro » avec une TVA au taux normal (445712 TVA collectée – TN), soit forfaitairement avec une TVA au taux intermédiaire (445711 TVA collectée – TI).
- Les comptes de tiers sont créés de la façon suivante : 9 (pour les fournisseurs) ou 0 (pour les clients) + les 5 premières lettres du nom du tiers.
- Le plan comptable est composé de comptes à 6 chiffres (les comptes de charges et produits sont distingués par le chiffre 1 pour la TVA au taux intermédiaire et par le chiffre 2 pour la TVA au taux normal) :
  - 601100 : Achats de betteraves (TI) ;
  - 624120 : Transports/achats (TN) ;
  - 624220 : Transports/ventes (TN) ;
  - 701100 : Ventes de sucre (TI) ;
  - 708510 : Ports et frais accessoires facturés (TI) ;
  - 708520 : Ports et frais accessoires facturés (TN).

Mission

→ **À l'aide des factures de vente (annexe 2), d'achat et de transport (annexe 3), complétez le bordereau d'imputation comptable pour préparer la saisie sur le module comptable du PGI.**

version Média

« Palluel_Eleve.xls »
« Bordereau.pdf »

Annexe 1 - Conditions liées au transport

La société Palluel refacture le transport à ses clients de deux façons différentes :
- port récupéré « euro pour euro » avec respect des conditions « départ » ;
- port « forfaitaire » avec respect des conditions « arrivée ».

Le choix est effectué au moment de la signature du contrat de vente entre le client et la société Palluel.

Annexe 2 - Factures de vente de sucre du mois de septembre N

Société PALLUEL
Spécialiste en betteraves sucrières
SA au capital de 10 000 € - RCS 104 322 441 Douai
22 rue des Marais - 59295 PAILLENCOURT
Tél. : 03 27 33 XX XX - Fax : 03 27 33 XX XX

Ets VALEN-SUCRE
16 boulevard Harpignies
59300 VALENCIENNES

FACTURE n° : 09/001
Date : 16/09/N

Commande n° : BC 08/004 du 28/08
Livraison n° : BL 09/001 du 16/09

Conditions de livraison : par route port récupéré
Transport effectué par la société NORBERT

Désignation	Qtés	PU bruts	Remise	PU nets	Montants
Sucre brut (provenant de betteraves) à la tonne	35	554,00	4 %	531,84	18 614,40 €
Transport récupéré (conditions « Départ »)	1	1 890,00		1 890,00	1 890,00 €
				TVA (TI)	1 861,44 €
				TVA (TN)	378,00 €
Règlement par traite à 30 JFM				**Net à payer**	**22 743,84 €**

Société PALLUEL
Spécialiste en betteraves sucrières
SA au capital de 10 000 € - RCS 104 322 441 Douai
22 rue des Marais - 59295 PAILLENCOURT
Tél. : 03 27 33 XX XX - Fax : 03 27 33 XX XX

SARL « Sucre du Nord»
313 rue du Général de Gaulle
59000 LILLE

FACTURE n° : 09/002
Date : 22/09/N

Commande n° : BC 09/001 du 06/09
Livraison n° : BL 09/002 du 22/09

Conditions de livraison : par route port forfaitaire
Transport effectué par la société NORBERT

Désignation	Qtés	PU bruts	Remise	PU nets	Montants
Sucre brut (provenant de betteraves) à la tonne	53	552,00	5 %	524,40	27 793,20 €
Transport forfaitaire (conditions « Arrivée »)	53	50,00		50,00	2 650,00 €
				Montant HT	30 443,20 €
				TVA (TI)	3 044,32 €
Règlement par traite à 30 JFM				**Net à payer**	**33 487,52 €**

Annexe 3 - Factures d'achat de betteraves et facture de transport du mois de septembre N

EARL VACHON
8 rue des Champs Fleuris
59247 FÉCHAIN
EARL au capital de 5 000 €
RCS 702 132 625 Cambrai
Tél. 03 28 95 XX XX

FACTURE n° : 37

Le : 04/09/N

Société PALLUEL
22 rue des Marais
59295 PAILLENCOURT

Désignation	Quantité	PU	Montants
Betteraves sucrières (en tonne)	120	44,50	5 340,00 €
Remise sur tonnage (supérieur à 100 tonnes)	5 340	5 %	- 267,00 €
Transport effectué par la société Norbert (facture séparée)			0,00 €
		TVA (TI)	507,30 €
Règlement à 30 jours nets par chèque bancaire		**Net à payer**	**5 580,30 €**

Coopératives betteravières du Cambrésis
22 place des Résistants
59234 FRESSAIN
Tél. 03 28 72 XX XX

Le 08/09/N

FACTURE n° : 49

SCOP au capital de 5 000 € - RCS 702 327 115 Cambrai

Société PALLUEL
22 rue des Marais
59295 PAILLENCOURT

Quantité	Désignation	PU	Montants
80	Tonnes de betteraves sucrières	42,00	3 360,00 €
		TVA (TI)	336,00 €
	Transport pris en charge par la société Norbert		0,00 €
	Conditions de règlement : 30 jours fin de mois (virement)	**Net à payer**	**3 696,00 €**

Eugène LEFEBVRE
1 impasse du canal de la Sensée
59252 WASNES AU BAC
Tél. : 03 28 87 XX XX

FACTURE n° : 12

Date : 19/09/N

Société PALLUEL
22 rue des Marais
59295 PAILLENCOURT

Livraison prévue : 19/09/N par les transports Norbert

Commande du 28/08/N

Désignation	Quantités	PU nets	Montants
Parcelle n° 124 : tonnes de betteraves sucrières	12	44,20	530,40 €
Parcelle n° 127 : tonnes de betteraves sucrières	22	44,00	968,00 €
Parcelle n° 129 : tonnes de betteraves sucrières	16	45,60	729,60 €
		TVA (TI)	222,80 €
Règlement au comptant par chèque		**Net à payer**	**2 450,80 €**

Annexe 3 (suite) - Factures d'achat de betteraves et facture de transport du mois de septembre N

Exploitation agricole Pierrot et Fils
34 rue du stade
59265 AUBIGNY
Tél. : 03 27 42 XX XX - Fax : 03 27 42 XX XX
SNC au capital de 10 000 € - RCS 232 316 885 Cambrai

Société PALLUEL
22 rue des Marais
59295 PAILLENCOURT

Date : 27/09/N **FACTURE n° :** 57

Transport pris en charge par la société Norbert

Désignation	Montants
150 tonnes de betteraves sucrières (PU brut : 45 € la tonne)	6 750,00 €
Remise contractuelle : 4 %	- 270,00 €
TVA au taux intermédiaire	648,00 €
Net à payer	**7 128,00 €**

Règlement : 30 jours nets par chèque bancaire

Coopératives betteravières du Cambrésis
22 place des résistants
59234 FRESSAIN
Tél. 03 28 72 XX XX

Le 28/09/N

FACTURE n° : 66

SCOP au capital de 5 000 € - RCS 702 327 115 Cambrai

Société PALLUEL
22 rue des Marais
59295 PAILLENCOURT

Quantité	Désignation	PU	Montants
20	Tonnes de betteraves sucrières	46,00	920,00 €
	Transport par nos soins (tracteur de la coopérative) - conditions « Départ »		120,00 €
		TVA sur marchandises (TI)	92,00 €
		TVA sur transport (TN)	24,00 €
Conditions de règlement : 30 jours fin de mois (virement)		**Net à payer**	**1 156,00 €**

TRANSPORTS NORBERT
Transporteur spécialisé de betteraves et de sucre
SA au capital de 75 000 € - RCS 325 413 607 Cambrai
11 avenue St Martin - 59400 CAMBRAI
Tél. : 03 27 37 XX XX - Fax : 03 27 37 XX XX

FACTURE n° : 2875
Le 30/09/N

Société PALLUEL
22 rue des Marais
59295 PAILLENCOURT

Désignation		Montants
Liste des transports effectués pour votre compte (septembre N) :		
04/09/N : Féchain – Paillencourt (betteraves sucrières) :	823,20 €	
08/09/N : Fressain – Paillencourt (betteraves sucrières) :	545,60 €	
16/09/N : Paillencourt – Valenciennes (sucre) :	1 890,00 €	
19/09/N : Wasnes au bac – Paillencourt (betteraves sucrières) :	344,00 €	
22/09/N : Paillencourt – Lille (sucre) :	2 544,00 €	
27/09/N : Aubigny – Paillencourt (betteraves sucrières) :	1 026,00 €	
Total de vos transports pour septembre N :		7 172,80 €
TVA acquittée d'après les débits	TVA (TN)	1 434,56 €
Règlement au 31/10/N par virement bancaire	**Net à payer**	**8 607,36 €**

AUBY

Enregistrement des avoirs sur ventes et sur achats

1.3.1 Enregistrement, contrôle et validation des opérations relatives aux clients (y compris celles générées par le PGI)
1.5.2 Vérification et validation des factures d'achat de bien et de service
1.5.4 Enregistrement des factures d'achat de bien et de service

Le chef comptable de l'entreprise **AUBY** (spécialisée dans la fabrication et la vente de produits de cycles : vélos, motos, scooters, pièces détachées, vêtements spécialisés, casques, etc.), vous fournit les factures d'avoirs suivantes réalisées ou reçues au cours du mois de février N :

Dates	N° du document Tiers concerné	Opérations
2 février	Avoir N/02/01 Magasin Lillecyclo	Remise de 5 % du montant HT accordée sur une vente de VTT à un commerçant. La première facture s'élevait à 2 784 € HT. La facture d'avoir comporte la mention « Net de taxe ».
4 février	Avoir 173 SA « Tout pour la moto »	Ristourne de 5 % sur les achats réalisés au cours du mois de janvier. Montant mensuel des achats HT de combinaisons pour motard : 5 324 €.
5 février	Avoir N/02/02 M. Turpin	Escompte de 2 % du net à payer accordé à un particulier pour paiement au comptant. Le montant HT de la facture était de 4 500 € et concerne une moto. La facture d'avoir ne comporte pas la mention « Net de taxe ».
11 février	Avoir 673 SARL Ferrex	Remises obtenues sur un achat de 4 578,60 € HT de pièces détachées destinées à la fabrication de vélos. Taux 3 % et 2 %.
12 février	Avoir 127 SA Vittoz	Escompte obtenu de 2,5 % du total facturé, obtenu pour paiement au comptant. Montant TTC de la facture : 3 336 €. La facture d'avoir reçue comporte la mention « Net de taxe ».
17 février	Avoir N/02/03 Magasin Berckmoto	Lots de roues de scooter retournés par un client pour non-conformité. Ces lots avaient été facturés au client 5 500 € brut avec une remise de 4 %.
21 février	Avoir N/02/04 Magasin Pentathlon Amiens	Ristourne de 3 %, nette de taxe, accordée à un client sur le montant HT des achats de cycles effectués par ce client au cours de l'année précédente (8 267,80 €).
25 février	Avoir 488 SNC Casques et Fournitures	Lots de casques (650 € brut) réexpédiés à un fournisseur pour non-conformité. L'entreprise AUBY avait profité d'une remise exceptionnelle de 10 % lors de l'achat de ces casques.
27 février	Avoir N/02/05 M. Goulet	Rabais de 10 % accordé à un particulier car le scooter que l'entreprise AUBY avait livré est d'une qualité inférieure à ce qui lui avait été promis. La première facture qui avait été adressée à ce client avait un montant TTC de 1 680 €. La facture d'avoir ne comporte pas la mention « Net de taxe ».
28 février	Avoir 810 SARL Freinatest	Lots de câbles de freins retournés à un fournisseur pour 540 € HT. Ces câbles figuraient sur une facture dont le total TTC s'élevait à 18 648 €. Le fournisseur accorde une remise de 4 % sur le prix des marchandises conservées.

Remarques :

- Ces opérations sont soumises à la TVA au taux normal (445712 TVA collectée au taux normal et 445660 TVA déductible sur ABS).
- Les comptes de tiers sont créés de la façon suivante : 9 (pour les fournisseurs) ou 0 (pour les clients) + les 5 premières lettres du nom du tiers. Si le client est un particulier un compte « 0DIVER Clients divers » est utilisé.
- Le plan comptable est composé de comptes à 6 chiffres.

Missions

1 - Complétez le corps des factures d'avoirs suivantes fournies en **annexe**.

2 - Enregistrez dans le bordereau d'enregistrement comptable de l'entreprise AUBY toutes les écritures relatives à ces factures d'avoir.

version eMédia « Auby_Eleve.xls »

version eMédia « Bordereau.pdf »

Annexe - Factures d'avoir à compléter concernant l'entreprise AUBY

Avoir N/02/01	
Remise	
+ TVA (TN)	
Net à déduire	

Avoir 173	
Ristourne	
+ TVA (TN)	
Net à déduire	

Avoir N/02/02	
Escompte	
+ TVA (TN)	
Net à déduire	

Avoir 673	
Remise 1	
Remise 2	
Total des remises	
+ TVA (TN)	
Net à déduire	

Avoir N/02/03	
Retour	
+ TVA (TN)	
Net à déduire	

Avoir 127	
Escompte	
+ TVA (TN)	
Net à déduire	

Avoir N/02/04	
Ristourne	
+ TVA (TN)	
Net à déduire	

Avoir 488	
Retour	
+ TVA (TN)	
Net à déduire	

Avoir N/02/05	
Rabais	
+ TVA (TN)	
Net à déduire	

Avoir 810	
Retour	
Remise	
Total des avoirs	
+ TVA (TN)	
Net à déduire	

Situations professionnelles

FLINES

Enregistrement d'achats et de ventes à l'étranger

- 1.3.1 Enregistrement, contrôle et validation des opérations relatives aux clients (y compris celles générées par le PGI)
- 1.5.2 Vérification et validation des factures d'achat de bien et de service
- 1.5.4 Enregistrement des factures d'achat de bien et de service

La société **FLINES** a pour activité l'achat de mobilier en France et à l'étranger puis sa revente à des magasins spécialisés. Au cours du mois de janvier N, elle a reçu plusieurs factures provenant de l'étranger et elle a également facturé la vente de certains de ses articles à des clients étrangers (**annexe**).

Mission

→ **Enregistrez dans le bordereau d'enregistrement comptable de l'entreprise FLINES toutes les écritures relatives à ces factures de janvier N.**

version BiMédia « Flines_Eleve.xls »

version BiMédia « Bordereau.pdf »

Remarques :

- Les opérations sont soumises à la TVA au taux normal lorsque celle-ci s'applique.
- Le plan comptable est composé de comptes à 6 chiffres.

Extrait du plan comptable

401120	Fournisseur (UE)	607120	Achats (UE)	707120	Ventes (UE)
401130	Fournisseurs (Hors UE)	607130	Achats (Hors UE)	707130	Ventes (Hors UE)
411120	Client (UE)			708520	Ports (UE)
411130	Clients (Hors UE)			708530	Ports (Hors UE)

- Les taux de conversion des monnaies étrangères sont les suivants :

Cours du Lev bulgare en euro :	Janv. N	1 €	0,5111 Lv
Cours de la couronne suédoise en euro :	Déc. N-1	1 €	9,9348 kr
	Janv. N	1 €	9,8589 kr
Cours du dollar américain en euro :	Janv. N	1 €	$ 1,3674

- Les comptes de tiers sont créés de la façon suivante :

400401	Deutsche Möbel	400901	Ikea of Sweden	410201	Belgique Mobilier
400501	Exclusive Bed Detroit	401401	Nederland Meubilair	410202	Bayern Lagern
400601	Borissov Mebeli	402001	Transit douanier	410301	Firmini Mobilio

NEDERLAND Meubilair
Kruisstraat 58
2909 ROTTERDAM (NEDERLAND)
Tél.: 0813/589445 - Fax: 0813/589446
E-mail: Ned-Meubelair@neposta.nl
NL 485 652 231

REKENING N° 124813 **Faktuurdatum:** 06/01/N

Société FLINES
6 rue de la Gare
59610 FOURMIES
France
FR 15 276 546 322

Ref	Hoe	Aanwijzing	Eenheidsprijs	Totaal
12454	10	Lederen Rolstoel (fauteuils cuir)	89,00 €	890,00 €
23658	5	Kasten kind (armoires enfant)	299,00 €	1 495,00 €
			Prijzen exclusief BTW	2 385,00 €
			19 % BTW	
			Bedrag van alle belastingen (EUR)	**2 385,00 €**

Betaalwijze: 30 dagen einde van de maand
Datuum: 28/02/N
Bank: Nederland Bank Rotterdam, vs 12 58 66 399

SOCIÉTÉ FLINES
Vente de mobilier et d'ameublement
SA au capital de 50 000 € - RCS 276 546 322 Avesnes
6 rue de la Gare 59610 FOURMIES
Tél.: 03 27 60 XX XX - Fax: 03 27 60 XX XX
FR 15 276 546 322

FIRMINI Mobilio
Via Villapizzone, 24
20156 Milano (ITALIA)
IT 45 362 669 774

Facture n° 01-024 **Date:** 07/01/N

Commande n°: BC 12-548 du 27/12
Livraison n°: BL 12-548 du 07/01
Conditions de livraison: transport ferroviaire
Conditions de paiement: par virement à 30 jours

Réf.	Désignation	Cond.	Qtés	PU bruts	Remise	PU nets	Montants
ET251	Étagères Martine	Unité	5	55,00 €		55,00 €	275,00 €
CA898	Canapés Sophie	Unité	3	450,00 €		450,00 €	1 350,00 €
CA915	Canapés Nathalie	Unité	10	520,00 €	5 %	494,00 €	4 940,00 €
AR112	Armoires enfant Victor	Unité	10	145,00 €	5 %	137,75 €	1 377,50 €
TV236	Meubles TV Patrick	Unité	15	89,00 €	10 %	80,10 €	1 201,50 €
						Net commercial	9 144,00 €
						Port forfaitaire HT (condition « arrivée »)	250,00 €
						Net HT	9 394,00 €
						TVA (TN)	
						Montant TTC	9 394,00 €
						Acompte versé le 27/12/N-1	- 1 500,00 €
Par virement au 06/02						**Net à payer TTC en euros**	7 894,00 €

BORISSOV Mebeli
6, Stara Planina Str
1 000 SOFIA (BULGARIYA)
BG 362636548

Société FLINES
6 rue de la Gare
59610 FOURMIES
France
FR 15 276 546 322

ZAKONOPROEKT: 312 **Data:** 08/01/N

PREDNAZNACHENIE	PREP.	KOLICHESTVO	TSENA (Lv)	SUMI (Lv)
Raft (Étagère)	816	50	33,00 Lv	1 650,00 Lv
Televizionna stoïka (Meuble TV)	756	25	46,00 Lv	1 150,00 Lv
			Obshto bez danütsi	2 800,00 Lv
			DDS	0,00 Lv
			Neto da plati	**2 800,00 Lv**

Data na plashtane : 08/02/N
Ime na bankata: Banka na Bulgariya
Nomer na bankova : 813 4569856369

SOCIÉTÉ FLINES

Vente de mobilier et d'ameublement
SA au capital de 50 000 € - RCS 276 546 322 Avesnes
6 rue de la Gare 59610 FOURMIES
Tél.: 03 27 60 XX XX - Fax: 03 27 60 XX XX
FR 15 276 546 322

Belgique Mobilier
7 rue Hergé
1009 Brussels
TVA intracom : Non immatriculé

Facture n° 01-029 — **Date :** 11/01/N

Commande n° : BC 01-029 du 05/01 Livraison n° : BL 01-209 du 11/01	Conditions de livraison : transport routier Conditions de paiement : au comptant à réception des marchandises

Réf.	Désignation	Cond.	Qtés	PU bruts	Remise	PU nets	Montants
CA747	Canapés Julie	Unité	5	410,00 €	2 %	401,80 €	2 009,00 €
CA852	Canapés Marie	Unité	10	325,00 €	2 %	318,50 €	3 185,00 €
TV125	Meubles TV Philippe	Unité	5	520,00 €	2 %	509,60 €	2 548,00 €
						Net commercial	7 742,00 €
						Port forfaitaire HT (condition « arrivée »)	200,00 €
						Net HT	7 942,00 €
						TVA (TN)	1 588,40 €
						Montant TTC	9 530,40 €
						Acompte versé le 05/01/N	- 1 000,00 €
	Par chèque le 11/01/N					**Net à payer TTC en euros**	8 530,40 €

Exclusive Bed Detroit

1351 East Jefferson Avenue
DETROIT, MI 48207 - 3175, USA
Phone : (313) 259-5700 - Fax : (313) 259-5999

Société FLINES
6 rue de la Gare
59610 FOURMIES
France
FR 15 276 546 322

INVOICE N° 1617	Date : 15/01/N		Delivery date :	January 25
Ref	Designation	Q.	Price ($)	Amount ($)
2569	Adults beds (lits adultes)	10	$ 340,00	$ 3 400,00
1695	Childs beds (lits enfants)	15	$ 200,00	$ 3 000,00
Date of payment : 31/01/N			Total duty-free	$ 6 400,00
<u>Bank name</u> : Continental Bank of America			Tax	
<u>Account number</u> : 122 5869322565			Inclusive of tax	$ 6 400,00

IKEA of Sweden

Möbler försäljning

17/01/N FAKTURA n° : 8132

Kungens Kurva
12722 Skärholmen (SWEDEN)
Tel: 011.46.476.810.00
SE 789877245001

Société FLINES
6 rue de la Gare
59610 FOURMIES
France
FR 15 276 546 322

Utseende	Pris	Kvant.	Totalt (Kr)
Hitta din oas (Fauteuils)	1 095,00 kr	5	5 475,00 kr
Sittstöd (Canapés)	8 490,00 kr	10	84 900,00 kr
		Totalt	90 375,00 kr
Betalningsvillkor : Kontant betalning via banköverföring		Insättning (28/12/N-1)	-10 000,00 kr
		Moms	0,00 kr
		Totalt alla skatter	**80 375,00 kr**

SOCIÉTÉ FLINES

Vente de mobilier et d'ameublement
SA au capital de 50 000 € - RCS 276 546 322 Avesnes
6 rue de la Gare 59610 FOURMIES
Tél.: 03 27 60 XX XX - Fax: 03 27 60 XX XX
FR 15 276 546 322

Bayern Lagern
Werner-Heisenberg-Allee 25
80939 München (DEUTSCHLAND)
DE 37 441 522 021

Facture n° 01-036 **Date:** 18/01/N

Commande n°: BC 01-036 du 12/01
Livraison n°: BL 01-036 du 18/01
Conditions de livraison: transport ferroviaire
Conditions de paiement: par traite à 30 jours fin de mois

Réf.	Désignation	Cond.	Qtés	PU bruts	Remise	PU nets	Montants
AR125	Armoires enfant Julien	Unité	10	165,00 €	5 %	156,75 €	1 567,50 €
LI021	Lit enfant Steven	Unité	3	127,50 €		127,50 €	382,50 €
LI042	Lit enfant Brandon	Unité	8	145,00 €		145,00 €	1 160,00 €
LI236	Lit adulte Pierre	Unité	10	275,00 €	5 %	261,25 €	2 612,50 €
						Net commercial	5 722,50 €
						Port forfaitaire HT (condition « arrivée »)	180,00 €
						Net HT	5 902,50 €
						TVA (TN)	
						Montant TTC	5 902,50 €
						Acompte versé le 12/01/N	- 2 500,00 €
	Par traite au 28/02					**Net à payer TTC en euros**	3 402,50 €

Deutsch Möbel

Walzwerkstrasse 14, 40599 Düsseldorf DEUTSCHLAND
Telefon: +49 211 749 0960 Fax: +49 211 749 0999

Société FLINES
6, rue de la Gare
59610 FOURMIES
France
FR 15 276 546 322

RECHNUNG: 6411 **DATUM:** 22/01/N

Zahlungsbedingungen:
Zahlung in 30 Tagen

Bank:
Deutsche Bundesbank
Strasse des Friedens, 22 Düsseldorf

Warenbezeichnung	Quantität	Preiss	Betrag
Sessel (fauteuils)	50	69,90 €	3 495,00 €
		MwSt. (19 %)	0,00 €
		Netto Betrag	**3 495,00 €**

TRANSIT DOUANIER

Aéroport commercial d'Orly Sud
22 rue Saint Exupéry 94390 ORLY
Tél.: 01 22 56 XX XX - Fax: 01 22 56 XX XX
SA au capital de 75 000 € - 452 252 398 RCS PARIS

Facture N°: T 127 Le: 25/01/N

Société FLINES
6 rue de la gare
59610 FOURMIES France
FR 15 276 546 322

Origine: DETROIT - USA	Destination: FOURMIES - FRANCE	
Description des produits en transit: Meubles	Documents joints: Invoice 1617	
	Montants soumis	Montants exonérés
Taxes: - droits de douane	455,00 €	
- TVA relative à la marchandise		936,08 €
Commissions de transit	183,47 €	
Transports: - soumis à la TVA	35,00 €	
- exonérés		15,50 €

Frais exonérés	Frais taxable	% TVA	TVA s/frais	TVA s/marchandises	Total à payer
15,50 €	673,47 €	TN	134,69 €	936,08 €	1 759,74 €

FÉCHAIN

Contrôle d'écritures d'achat - Calcul de coûts - Évaluation des sorties

- 1.5.2 Vérification et validation des factures d'achat de bien et de service
- 1.5.4 Enregistrement des factures d'achat de bien et de service
- 1.7.2 Analyse du processus « Contrôle et traitement comptable des opérations commerciales »
- 2.3.1 Réalisation, enregistrement, contrôle des travaux d'inventaire relatif aux clients, aux fournisseurs et aux stocks
- 5.2.4 Évaluation des coûts et des marges et leur suivi

La société **FÉCHAIN** est une imprimerie qui, sur commande des éditeurs, façonne les magazines, les livres, les prospectus, les journaux… de ses clients.

Elle doit se fournir en papier de diverses qualités chez des fournisseurs français, allemands et américains.

Certaines factures, concernant le papier 45 grammes servant à imprimer les journaux (matière première), ont déjà été enregistrées. Il vous est demandé de vérifier et d'éventuellement rectifier les opérations d'acquisition de cette matière première. Puis, dans un second temps de déterminer le coût d'acquisition du papier 45 grammes consommé pendant la période (juin N).

Missions

1 - **Vérifiez les enregistrements du mois de juin N (annexes 1 et 2) et enregistrez dans le bordereau d'imputation comptable de l'entreprise Féchain toutes les écritures rectificatives nécessaires au 30/06/N.**

2 - **Mettez à jour le compte « 601110 – Achat de papier 45 grammes » dans le Grand-livre des comptes de l'entreprise Féchain (annexe 3 à compléter).**

3 - **Rectifiez, si nécessaire, l'inventaire permanent du stock de papier (annexe 4) en tenant compte des enregistrements comptables précédents et des remarques ci-dessous (annexe A à compléter).**

4 - **Quelles sont les conséquences sur le résultat analytique des erreurs constatées dans les opérations comptables ?**

version BiMédia « Fechain_Eleve.xls »

version BiMédia « Bordereau.pdf »

Remarques :

- Les opérations sont soumises à la TVA au taux normal lorsque celle-ci s'applique.

- Le plan comptable est composé de comptes à 6 chiffres (exemple : 609111 : Rabais Remises Ristournes obtenus sur achats de papier 45 grammes).

- Les taux de conversion du dollar sont les suivants :

Cours du dollar américain en euro :	Mai N	1 € =	$ 1,3551
	Juin N	1 € =	$ 1,3284

- Les comptes de tiers ont été créés de la façon suivante :

9DMXNE	DMX Newsprint Paper – Los Angeles (USA)
9HELDE	Heldeberg Papier – Frankfort (Allemagne)
9KEVIN	Papeterie Kevin – Amiens (France)
9TRANS	Transit douanier – Orly (France)

- En comptabilité générale, la société utilise les comptes de charges par nature (comptes 61 et 62).

- En comptabilité de gestion, les stocks sont valorisés conformément au PCG :

Sous-section 4 – Coût d'entrée des stocks

Art. 213-30

Le coût des stocks doit comprendre tous les coûts d'acquisition, de transformation et autres coûts encourus pour amener les stocks à l'endroit et dans l'état où ils se trouvent.
Les pertes et gaspillages sont exclus des coûts.
Les coûts d'emprunt peuvent être inclus dans le coût des stocks selon les dispositions prévues à l'article 213-9.

Art. 213-31

Le coût d'acquisition des stocks est constitué du :

- prix d'achat, y compris les droits de douane et autres taxes non récupérables, après déduction des rabais commerciaux, remises, escomptes de règlement et autres éléments similaires ;
- ainsi que des frais de transport, de manutention et autres coûts directement attribuables à l'acquisition des produits finis, des matières premières et des services.

Les coûts administratifs sont exclus du coût de production et d'acquisition à l'exclusion des coûts de structures dédiées.

HELDEBERG
Papier

Karlstrasse 9, 60329 Frankfurt DEUTSCHLAND
Telefon: +49 421 210 6651 Fax: +49 421 210 6699

Société FÉCHAIN
27 quai d'Alsace
59300 VALENCIENNES
France
FR 06 121 562144

RECHNUNG: 325 **DATUM:** 04/06/N

Zahlungsbedingungen:
Zahlung in 30 Tagen

Bank:
Deutsche Sparkasse
Wiesenhuettenplatz, 28 Frankfurt

Warenbezeichnung	Quantität	Preiss	Betrag
Zeintungspapier 45 Gramm (Preis für eine tonne)	4	425,00 €	1 700,00 €
		MwSt. (19 %)	0,00 €
		Netto Betrag	**1 700,00 €**

PAPETERIE KEVIN
Papier pour journaux et magazines
SA au capital de 80 000 € - RCS 927 412 841 Amiens
27 parc des Expositions 80090 AMIENS
Tél. : 03 22 80 XX XX - Fax : 03 22 80 XX XX
FR 48 927 412 841

Société FÉCHAIN
27 quai d'Alsace
59300 VALENCIENNES
FR 06 121 562144

Facture n° 04-0007 **Date :** 10/06/N

Commande n° : BC 05-0045 du 28/05
Livraison n° : BL 04-0007 du 10/06
Conditions de livraison : transport par route
Conditions de paiement : traite à 30 jours fin de mois

Réf.	Désignation	Cond.	Qtés	PU bruts	Remise	PU nets	Montants
PAP-125	Papier journal 45 grammes	tonne	8	435,00 €	2 %	426,30 €	3 410,40 €
						Net commercial	3 410,40 €
						Port forfaitaire HT (condition « arrivée »)	150,00 €
						Net HT	3 560,40 €
						TVA (TN)	712,08 €
						Montant TTC	4 272,48 €
						Acompte versé le 28/05/N	- 1 000,00 €
	Par traite au 31/07					**Net à payer TTC en euros**	3 272,48 €

DMX NEWPRINT PAPER
506 South Grand Avenue, Downtown
LOS ANGELES, CA 90099 - 213, USA
Phone : (313) 259-5700 - Fax : (323) 654-0750

Société FÉCHAIN
27 quai d'Alsace
59300 VALENCIENNES
France
FR 06 121 562144

INVOICE N° 822 | Invoice date : June 21 | Order date : May 30 | Delivery date : June 24

Ref	Designation	Q.	Price ($)	Amount ($)
XW257	Newsprint paper 45 gram (price per tonne)	10	$ 580,00	$ 5 800,00
			Total duty-free	$ 5 800,00
			Tax	
			Inclusive of tax	$ 5 800,00

Date of payment : July 31
Bank name : Californian Bank
Account number : 451 8565478892

Annexe 1 (suite) - Factures comptabilisées

TRANSIT DOUANIER Aéroport commercial d'Orly Sud 22 rue Saint Exupéry 94390 ORLY Tél. : 01 22 56 XX XX - Fax : 01 22 56 XX XX SA au capital de 75 000 € - 934747551 RCS PARIS	Facture N° : T06/422	Le : 26/06/N
	Société FÉCHAIN 27 quai d'Alsace 59300 VALENCIENNES - FRANCE FR 06 121 562144	
Origine : LOS ANGELES - USA	Destination : VALENCIENNES - FRANCE	
Description des produits en transit : Papier 45 g	Documents joints : Invoice 822	
	Montants soumis	Montants exonérés
Taxes : - droits de douane	218,30 €	
- TVA relative à la marchandise		873,23 €
Commissions de transit	127,50 €	
Transports : - soumis à la TVA	35,00 €	
- exonérés		22,00 €

Frais exonérés	Frais taxables	% TVA	TVA s/frais	TVA s/marchandises	Total à payer
22,00 €	380,80 €	TN	76,16 €	873,23 €	1 352,19 €

PAPETERIE KEVIN
Papier pour journaux et magazines
SA au capital de 80 000 € - RCS 927 412 841 Amiens
27 parc des Expositions 80090 AMIENS
Tél. : 03 22 80 XX XX - Fax : 03 22 80 XX XX
FR 48 927 412 841

Société FÉCHAIN
27 quai d'Alsace
59300 VALENCIENNES
FR 06 121 562144

Avoir n° AV-04-0007A **Date :** 28/06/N

Commande n° : BC 05-0045 du 28/05 Livraison n° : BL 04-0007 du 10/06	Facture n° : 04-0007 du 10/06 Conditions de paiement : traite à 30 jours fin de mois

Réf.	**Désignation**	**Qté**	**PU nets**	**Montants**
PAP-125	Papier journal 45 grammes (2 bobines retournées)	2	426,30 €	852,60 €
			Net HT	852,60 €
			TVA (TN)	170,52 €
			Net à déduire TTC en euros	1 023,12 €

PAPETERIE KEVIN
Papier pour journaux et magazines
SA au capital de 80 000 € - RCS 927 412 841 Amiens
27 parc des Expositions 80090 AMIENS
Tél. : 03 22 80 XX XX - Fax : 03 22 80 XX XX
FR 48 927 412 841

Société FÉCHAIN
27 quai d'Alsace
59300 VALENCIENNES
FR 06 121 562144

Avoir n° AV-04-0007B **Date :** 30/06/N

Commande n° : BC 05-0045 du 28/05 Livraison n° : BL 04-0007 du 10/06	Facture n° : 04-0007 du 10/06 Conditions de paiement : traite à 30 jours fin de mois

Réf.	**Désignation**	**Qté**	**PU nets**	**Montants**
ESC	Escompte de 2 % pour règlement anticipé du solde de la facture 04-0007 : (3 410,40 – 852,60) x 2 %	1	51,16 €	51,16 €
			Net HT	51,16 €
			TVA (TN)	10,23 €
			Net à déduire TTC en euros	61,39 €

Annexe 2 - Extrait du bordereau d'imputation comptable – Achats de papier 45 g (juin N)

Ligne	Date	Journal	N° compte général	N° compte de tiers	Libellés des opérations	Débit	Crédit
1	04/06	HA	601110		Facture 325 – Heldeberg Papier	2 040,00	
2			401000	9HELDE	**1 700 x 1,20**		2 040,00
3	10/06	HA	601110		Facture 04-0007 – Papeterie Kevin	3 480,00	
4			624100			150,00	
5			445660			712,08	
6			609111				69,60
7			409100				1 000,00
8			401000	9KEVIN			3 272,48
9	21/06	HA	601110		Facture 822 – DMX Newsprint Paper	4 280,13	
10			401000	9DMXNE	**5 800/1,3551**		4 280,13
11	26/06	HA	635400		Facture T06/422 – Transit douanier	218,30	
12			622400			127,50	
13			624100		**35 + 22**	57,00	
14			445660		**873,23 + 76,16**	949,39	
15			401000	9TRANS			1 352,19
16	28/06	HA	401000	9KEVIN	Avoir AV-04-0007A – Papeterie Kevin	1 023,12	
17			609111				852,60
18			445660				170,52
19	30/06	HA	401000	9KEVIN	Avoir AV-04-0007B – Papeterie Kevin	61,39	
20			765000				51,16
21			445660				10,23

Annexe 3 (à compléter) - Extrait du livre des comptes de juin N – Achats de papier 45 g

Compte 601110 « Achats de papier 45 grammes »					
Date	**Libellé**	**Débit**	**Crédit**	**Solde**	**Sens**
01/06	Solde initial (à nouveau)	53 125,30		53 125,30	D
04/06	Facture 325 – Heldeberg Papier	2 040,00		55 165,30	D
10/06	Facture 04-0007 – Papeterie Kevin	3 480,00		58 645,30	D
21/06	Facture 822 – DMX Newsprint Paper	4 280,13		62 925,43	D
	Totaux				

Annexe 4 - *Inventaire permanent du stock de papier 45 grammes (juin N)*

Papier 45 grammes (Méthode CMUP après chaque entrée) – Calcul à la tonne										
DATES	LIBELLÉS	ENTRÉES			SORTIES			STOCK		
		Qté	CU	Montant	Qté	CU	Montant	Qté	CU	Montant
01/06	Stock initial (en tonne)							7	464,90	3 254,30
03/06	Consommation hebdomadaire				5	464,90	2 324,50	2	464,90	929,80
04/06	Entrée – Facture 325	4	510,00	2 040,00				6	494,97	2 969,80
10/06	Consommation hebdomadaire				5	494,97	2 474,83	1	494,97	494,97
10/06	Entrée – Facture 04-0007	8	435,00	3 480,00				9	441,66	3 974,97
17/06	Consommation hebdomadaire				5	441,66	2 208,31	4	441,66	1 766,65
21/06	Entrée – Facture 822	10	428,01	4 280,13				14	431,91	6 046,78
24/06	Consommation hebdomadaire				5	431,91	2 159,56	9	431,91	3 887,22
	Totaux	22	445,46	9 800,13	20	458,36	9 167,21			

Annexe A (à compléter) - *Inventaire permanent du stock de papier 45 grammes (juin N)*

Papier 45 grammes (Méthode CMUP après chaque entrée) – Calcul à la tonne										
DATES	LIBELLÉS	ENTRÉES			SORTIES			STOCK		
		Qté	CU	Montant	Qté	CU	Montant	Qté	CU	Montant
01/06	Stock initial (en tonne)							7	464,90	3 254,30
03/06	Consommation hebdomadaire				5	464,90	2 324,50	2	464,90	929,80
04/06	Entrée – Facture 325									
10/06	Consommation hebdomadaire				5					
10/06	Entrée – Facture 04-0007									
17/06	Consommation hebdomadaire				5					
21/06	Entrée – Facture 822									
24/06	Consommation hebdomadaire				5					
	Totaux				20					

ARLEUX

Changement de taux de TVA

- 1.2.2 Tenue et suivi des dossiers fournisseurs : du contrôle de la commande au contrôle du règlement
- 1.5.1 Recherche des informations, y compris techniques, relatives aux factures fournisseurs
- 1.5.4 Enregistrement des factures d'achat de bien, de service
- 1.7.2 Analyse du processus « Contrôle et traitement comptable des opérations commerciales »
- 3.2.1 Préparation de la déclaration de TVA
- 3.2.4 Conseil en matière de régime et d'options de TVA

La société **ARLEUX** est spécialisée dans la production et la commercialisation des produits issus de l'ail (lien d'ails, gousses d'ails en sachet, poudre d'ail, etc.). Une réparation importante du hangar de stockage est prévue pour le début de l'année N. Les opérations suivantes doivent être comptabilisées :

Dates	N° du document Tiers concerné	Opérations
22/12/N-1	**Chèque n° SG 7471 Société Réparex**	Acompte de 700 €, représentant 25 % du montant hors taxes du devis, versé lors de la commande de travaux et consécutif à l'acceptation du devis et des conditions contractuelles.
31/01/N	**Facture RT 549 Société Réparex**	Facturation de fin de travaux (réalisation des travaux sur tout le mois de janvier). Montant HT : 2 800,00 €. ***NB*** *: suite à une modification de la législation fiscale, ce type de travaux est taxé à la TVA au taux intermédiaire de 10 % à compter du 1er janvier N. Précédemment, le taux de TVA de 7 % s'appliquait.*
15/02/N	**Chèque n° SG 7494 Société Réparex**	Paiement à l'échéance du solde de la facture RT 549.

Remarques :

- Les comptes de tiers sont créés de la façon suivante : 0 (pour un client) ou 9 (pour un fournisseur) + les 5 premières lettres du nom du tiers. Si le client est un particulier un compte « CDIVER Clients divers » est utilisé.
- Le plan comptable est composé de comptes à 6 chiffres.

Mission

→ **Enregistrez dans le bordereau d'enregistrement comptable de l'entreprise ARLEUX toutes les écritures relatives à ces opérations (annexe à compléter) en proposant deux hypothèses d'enregistrement :**

- **la société Réparex n'a pas opté pour les débits ;**
- **la société Réparex a opté pour les débits.**

version BiMédia « Arleux_Eleve.xls »

Annexe - Bordereau d'enregistrement comptable de l'entreprise ARLEUX

HYPOTHÈSE 1 : la société Reparex n'a pas opté pour les débits

Ligne	Date	Journal	N° compte général	N° compte de tiers	Intitulés des comptes	Libellés des opérations	Débit	Crédit
1	22-déc	BQ						
2								
3								
4								
5	31-jan	HA						
6								
7								
8								
9	15-févr	BQ						
10								
11								
12								
						Totaux		

HYPOTHÈSE 2 : la société Reparex a opté pour les débits

Ligne	Date	Journal	N° compte général	N° compte de tiers	Intitulés des comptes	Libellés des opérations	Débit	Crédit
1	22-déc	BQ						
2								
3								
4								
5	31-jan	HA						
6								
7								
8								
9								
10	15-févr	BQ						
11								
						Totaux		

Scénario 11 L'enregistrement des acquisitions d'immobilisations

1.5.2 Vérification et validation des factures d'acquisition d'immobilisation
1.5.4 Enregistrement des factures d'acquisition d'immobilisation

Contexte général DUVIVIER :

Salarié dans le service comptable de la société Duvivier, vous devez comptabiliser les factures d'acquisition d'immobilisations envoyées par les fournisseurs.

Mission de veille :

Mettre à jour votre veille comptable sur les thèmes suivants
- Immobilisations par composants
- Acompte sur immobilisation
- Livraison à soi-même
- Fiscalité des véhicules de tourisme
- Comptabilisation des logiciels
- Classement comptable des titres

→ Organisation de la comptabilité

L'entreprise utilise les journaux auxiliaires suivants : ACH : Achats ; BQ1 : Société Générale (SG) ; CAIS : Caisse ; IMO : Immobilisations (type : Achats) ; OD : Opérations diverses ; RAN : Report à nouveaux ; VTE : Ventes et prestations de services.

Mission 1 Comptabilisez dans les journaux adéquats de la société Duvivier les opérations suivantes.

➢ Acquisition le 13/06/N par la société Duvivier d'un vieil hangar (facture n° 452) au fournisseur BETOX :
- Prix d'achat : 32 000 €.
- Frais accessoires : 12 000 € (4 000 € HT de frais d'installation, 3 000 € HT d'honoraires de notaire, 4 000 € HT d'honoraires d'architecte et 1 000 € de droits d'enregistrement). L'entreprise a décidé de ne pas utiliser la méthode de référence mais la méthode optionnelle d'imputation des frais notariaux et d'enregistrement.
- TVA au taux normal sur les frais d'installation et les honoraires.
- Paiement d'un quart au comptant par chèque bancaire n° 45896, le reste par LCR n° 48 acceptée le 17/06/N (échéance le 31/07/N).

Ligne	Date	Journal	N° compte général	N° compte de tiers	Intitulés des comptes/ Libellés des opérations	Débit	Crédit
1	13/06/N	IMO				❶	
2						❷	
3							
4						❸	
5							
6							❹
7					*Facture n° 452*		
8	13/06/N	BQ1				❺	
9							
10					*Chèque n° 45896*		
11	17/06/N	OD				❻	
12							
13					*LCR n° 48 acceptée*		
					Totaux		

❶ ❷ ❸
❹ ❺ ❻

→ Immobilisations par composants

Mission 2 La société Duvivier a acquis un immeuble ancien d'une valeur de 250 000 € le 01/01/N-4. Les durées d'utilisation des éléments composant cet immeuble ainsi que leur coût respectif sont indiqués ci-dessous :

Élément	Durée d'utilisation	Coût HT
Structure	30 ans	
Toiture	20 ans	50 000
Chauffage collectif	15 ans	20 000
Menuiseries	10 ans	30 000

Détermination de la valeur de la structure :

Des droits de mutation ont été payés pour 45 000 € et des honoraires de notaire pour 10 000 € HT (TVA au taux normal). Le total à régler au notaire s'élève à 307 000 €. (Acte notarié n° 115). Le notaire a opté pour les débits.
L'entreprise Duvivier a décidé d'opter pour l'enregistrement des honoraires et des droits de mutation en charges (méthode optionnelle).

Mission 3 Comptabilisez cette opération d'acquisition dans le journal des immobilisations de la société Duvivier.

Ligne	Date	Journal	N° compte général	N° compte de tiers	Intitulés des comptes/ Libellés des opérations	Débit	Crédit
1	01/01/N-4	IMO					
2							
3							
4							
5							
6							
7						❶	
8							
9					*Acte notarié n° 115*		
					Totaux		

❶

→ Avances et acomptes sur immobilisations

Mission 4 Comptabilisez dans les journaux adéquats de la société Duvivier les opérations suivantes.

Versement d'un acompte par la société Duvivier de 4 000,00 € le 10/06/N (chèque bancaire n° 45789) pour la commande de la machine-outil XR 8275 au fournisseur PLEXI.

➢ 28/07/N : Réception de la facture n° 124 du fournisseur PLEXI : 40 000,00 € HT (TVA au taux normal).

Ligne	Date	Journal	N° compte général	N° compte de tiers	Intitulés des comptes/ Libellés des opérations	Débit	Crédit
1	10/06/N	BQ1					
2							
3					*Chèque n° 45789*		
4	28/07/N	IMO					
5						❶	
6							
7							❷
8					*Facture n° 124*		
					Totaux		

❶ ❷

→ Production immobilisée

Mission 5 La société Duvivier a construit son propre atelier sur deux exercices différents : comptabilisez dans les journaux adéquats de la société Duvivier toutes les opérations nécessaires.

Opérations	Année N-1	Année N
Main-d'œuvre	6 000,00 €	2 000,00 €
Matières utilisées	8 000,00 €	1 000,00 €
Charges directes	2 000,00 €	1 000,00 €

L'atelier a été terminé le 01/04/N.

Ligne	Date	Journal	N° compte général	N° compte de tiers	Intitulés des comptes/ Libellés des opérations	Débit	Crédit
1	31/12/N-1	OD				❶	
2							
3					*Atelier en cours de construction*		
4	01/04/N	IMO				❸	
5							❷
6							
7					*Atelier terminé*		
					Totaux		

❶ ❷
❸

➜ Immobilisation n'ouvrant pas droit à déduction

Mission 6

Comptabilisez cette opération d'acquisition dans le journal des immobilisations de la société Duvivier.

➢ Le 12/10/N, acquisition par la société Duvivier d'un véhicule de tourisme 20 000,00 € HT, TVA au taux normal. Facture n° 65 du concessionnaire Citroën.

Ligne	Date	Journal	N° compte général	N° compte de tiers	Intitulés des comptes/ Libellés des opérations	Débit	Crédit
1	12/10/N	IMO				❶	
2							
3					*Facture n° 65*		
					Totaux		
❶							

➜ Immobilisation de faible valeur

Mission 7

Comptabilisez cette opération d'acquisition dans le journal des immobilisations de la société Duvivier.

➢ Le 10/11/N, la société Duvivier acquiert au fournisseur Leblanc (Facture 658) :

Un lot de clefs anglaises industrielles pour 270,00 €, une perceuse « Plaque et d'équerre » pour 550,00 €, une tablette informatique « Sam Soung » pour 600,00 €, un lot de 20 rames de papier A3 pour 100,00 €. Les prix représentent le total hors taxes (TVA au taux normal).

Ligne	Date	Journal	N° compte général	N° compte de tiers	Intitulés des comptes/ Libellés des opérations	Débit	Crédit
1	10/11/N	IMO					
2							
3						❶	
4							
5							
6						❷	
7							❸
8					*Facture n° 658*		
					Totaux		
❶				❷		❸	

→ Logiciels

Mission 8 Comptabilisez cette opération d'acquisition dans le journal des immobilisations de la société Duvivier.

➢ Acquisition le 25/03/N-1 par la société Duvivier, de trois micro-ordinateurs (prix unitaire HT : 1 500,00 €) et d'une imprimante (prix HT : 1 300,00 €).

Un ensemble de logiciels d'application (paie, comptabilité, traitement de textes…) est également acquis pour 450,00 € HT (TVA au taux normal).

Facture 323 du fournisseur RISOUL.

Les durées de vie des micro-ordinateurs et de l'imprimante sont identiques.

Ligne	Date	Journal	N° compte général	N° compte de tiers	Intitulés des comptes/ Libellés des opérations	Débit	Crédit
1	25/03/N-1	IMO				❶	
2							
3						❷	
4							❸
5					*Facture n° 323*		
					Totaux		
❶			❷		❸		

→ Augmentation des immobilisations financières

Mission 9 Comptabilisez cette opération relative à un prêt accordé à un salarié.

SOCIETE GENERALE

Agence de Douai
66, rue Saint-Jacques
59500 DOUAI

SA DUVIVIER
10, rue Doumergue
59500 DOUAI

Compte n° 17304/04158/00032589550/93

AVIS DE DÉBIT n° 724				
Date	Nature des opérations	Valeur	Débit	Crédit
15/12/N	Fonds versés (prêt salarié à 0,50 %)	15-déc	2 500,00	
15/12/N	Frais de mise en place du dossier (TTC)	15-déc	45,00	
	NET DÉBITÉ DE VOTRE COMPTE		2 545,00	

Ligne	Date	Journal	N° compte général	N° compte de tiers	Intitulés des comptes/ Libellés des opérations	Débit	Crédit
1	15/12/N	BQ1					
2						❶	
3						❷	
4							
5					*Avis de débit n° 724*		
					Totaux		
❶				❷			

→ Acquisition des titres

Mission 10

La société Duvivier a acquis au cours de l'année N les titres suivants, elle a choisi d'enregistrer les commissions bancaires dans les comptes de charges externes (méthode optionnelle). La banque retient une commission HT de 1,50 % pour chaque achat.

Comptabilisez dans les journaux adéquats de la société Duvivier toutes les opérations nécessaires.

- 15/03/N : 50 actions GOBLET acquises dans un but spéculatif (Cours : 25 € l'une). Avis de débit 122.
- 26/07/N : 120 titres GATIEN évalués par notaire à 12 000,00 € au total (prix d'émission unitaire : 100 €). Le capital de la société GATIEN est composé de 600 actions d'une valeur nominale de 80 €. Avis de débit 131.
- 15/09/N : 40 titres CGM évalués par notaire à 21,00 € l'unité (acquisition destinée à un placement spéculatif à long terme). Avis de débit 139.

Ligne	Date	Journal	N° compte général	N° compte de tiers	Intitulés des comptes/ Libellés des opérations	Débit	Crédit
1	15/03/N	BQ1				❶	
2						❷	
3						❸	
4							❹
5					*Avis de débit n° 122*		
6	26/07/N	BQ1					
7						❺	
8						❸	
9							❻
10					*Avis de débit n° 131*		
11	15/09/N	BQ1				❼	
12						❽	
13						❸	
14							❾
15					*Avis de débit n° 139*		
					Totaux		

❶	❷	❸
❹	❺	❻
❼	❽	❾

➔ Documents de synthèse

Mission 11 Reprenez toutes les opérations d'acquisition d'immobilisations de l'entreprise Duvivier pour mettre à jour le tableau des immobilisations de la liasse fiscale (tableau 2054) au 31/12/N.

cerfa N° 10169 ✱ 19 Formulaire obligatoire (article 53 A du Code général des impôts) ⑤ IMMOBILISATIONS DGFiP N° 2054

1er EXEMPLAIRE DESTINÉ À L'ADMINISTRATION (Ne pas reporter le montant des centimes)*

Désignation de l'entreprise ENTREPRISE DUVIVIER Néant ☐ *

CADRE A	IMMOBILISATIONS		Valeur brute des immobilisations au début de l'exercice (1)		Augmentations : Consécutives à une réévaluation pratiquée au cours de l'exercice ou résultant d'une mise en équivalence (2)		Augmentations : Acquisitions, créations, apports et virements de poste à poste (3)
INCORP.	Frais d'établissement et de développement TOTAL I	CZ		D8		D9	
INCORP.	Autres postes d'immobilisations incorporelles TOTAL II	KD	43 820	KE		KF	
CORPORELLES	Terrains	KG	100 000	KH		KI	
CORPORELLES	Constructions – Sur sol propre [Dont Composants L9]	KJ	349 000	KK		KL	❶
CORPORELLES	Constructions – Sur sol d'autrui [Dont Composants M1]	KM		KN		KO	
CORPORELLES	Constructions – Installations générales, agencements* et aménagements des constructions [Dont Composants M2]	KP		KQ		KR	
CORPORELLES	Installations techniques, matériel et outillage industriels [Dont Composants M3]	KS	186 000	KT		KU	❷
CORPORELLES	Autres immobilisations corporelles – Installations générales, agencements, aménagements divers *	KV		KW		KX	
CORPORELLES	Autres immobilisations corporelles – Matériel de transport *	KY	68 560	KZ		LA	
CORPORELLES	Autres immobilisations corporelles – Matériel de bureau et mobilier informatique	LB	37 210	LC		LD	❸
CORPORELLES	Autres immobilisations corporelles – Emballages récupérables et divers *	LE		LF		LG	
CORPORELLES	Immobilisations corporelles en cours	LH	16 000	LI		LJ	
CORPORELLES	Avances et acomptes	LK	28 900	LL		LM	❺
CORPORELLES	TOTAL III	LN	785 670	LO		LP	129 150
FINANCIÈRES	Participations évaluées par mise en équivalence	8G		8M		8T	❻
FINANCIÈRES	Autres participations	8U	29 500	8V		8W	❼
FINANCIÈRES	Autres titres immobilisés	1P	1 260	1R		1S	❽
FINANCIÈRES	Prêts et autres immobilisations financières	1T	6 500	1U		1V	
FINANCIÈRES	TOTAL IV	LQ	37 260	LR		LS	15 340
	TOTAL GÉNÉRAL (I + II + III + IV)	0G	866 750	0H		0J	144 490

CADRE B	IMMOBILISATIONS		Diminutions : par virement de poste à poste (1)		Diminutions : par cessions à des tiers ou mises hors service ou résultant d'une mise en équivalence ❹ (2)		Valeur brute des immobilisations à la fin de l'exercice (3)		Réévaluation légale * ou évaluation par mise en équivalence : Valeur d'origine des immobilisations en fin d'exercice (4)
INCORP.	Frais d'établissement et de développement TOTAL I	IN		CØ		DØ		D7	
INCORP.	Autres postes d'immobilisations incorporelles TOTAL II	IO		LV		LW	43 820	1X	
CORPORELLES	Terrains	IP		LX		LY		1Z	
CORPORELLES	Constructions – Sur sol propre	IQ		MA	50 000	MB		MC	
CORPORELLES	Constructions – Sur sol d'autrui	IR		MD		ME		MF	
CORPORELLES	Constructions – Inst. gales, agencts et am. des constructions	IS		MG		MH		MI	
CORPORELLES	Installations techniques, matériel et outillage industriels	IT		MJ	550	MK		ML	
CORPORELLES	Autres immobilisations corporelles – Inst. gales, agencts, aménagements divers	IU		MM		MN		MO	
CORPORELLES	Autres immobilisations corporelles – Matériel de transport	IV		MP	18 500	MQ		MR	
CORPORELLES	Autres immobilisations corporelles – Matériel de bureau et informatique, mobilier	IW		MS	2 400	MT		MU	
CORPORELLES	Autres immobilisations corporelles – Emballages récupérables et divers*	IX		MV		MW		MX	
CORPORELLES	Immobilisations corporelles en cours	MY	❾	MZ		NA		NB	
CORPORELLES	Avances et acomptes	NC	❿	ND		NE		NF	
CORPORELLES	TOTAL III	IY	20 000	NG	71 450	NH	823 370	NI	
FINANCIÈRES	Participations évaluées par mise en équivalence	IZ		ØU		M7		ØW	
FINANCIÈRES	Autres participations	IØ		ØX	4 000	ØY		ØZ	
FINANCIÈRES	Autres titres immobilisés	I1		2B		2C		2D	
FINANCIÈRES	Prêts et autres immobilisations financières	I2		2E	500	2F		2G	
FINANCIÈRES	TOTAL IV	I3		NJ	4 500	NK	48 100	2H	
	TOTAL GÉNÉRAL (I + II + III + IV)	I4	20 000	ØK	75 950	ØL	915 290	ØM	

* Des explications concernant cette rubrique sont données dans la notice n° 2032

N° 2054 - IMPRIMERIE NATIONALE Février 2015 - 145 834

Détails des calculs :

❶

❷

❸

❹

❺

❻

❼

❽

❾

❿

1.5.2 **Vérification et validation des factures d'acquisition d'immobilisation**
1.5.4 **Enregistrement des factures d'acquisition d'immobilisation**

Les immobilisations acquises à titre onéreux sont comptabilisées à leur coût d'acquisition c'est-à-dire : prix d'acquisition + frais accessoires liés à l'acquisition (transport, installation, montage) + honoraires des professionnels (architectes, géomètres, experts…).

Seuls les droits d'enregistrement (compte 635400), les commissions et les honoraires d'intermédiaires ou de notaire (compte 622000) peuvent, sur option, être enregistrés en charges.

En cas d'acquisition à crédit, le compte « 404000 fournisseur d'immobilisation » doit être utilisé (la création d'une lettre de change entraînera l'utilisation du compte 405000).

→ Voir schémas d'écriture relatifs au scénario 9.

Immobilisations par composants

Lorsque, pour la même immobilisation, certains éléments font l'objet d'un renouvellement à intervalles réguliers dont la durée ou le rythme d'utilisation est différent du reste de l'immobilisation, une décomposition de cette immobilisation est nécessaire.

Chacun des éléments représente un « composant » qui sera enregistré distinctement des autres.

On distingue deux catégories de composants :

- 1re catégorie : les éléments destinés à être remplacés ;
- 2e catégorie : les dépenses qui font l'objet de programmes pluriannuels de gros entretiens et de grandes révisions (dans ce cas, l'entité peut aussi opter pour la constitution de provisions pour gros entretien ou grandes révisions et bien évidemment, le montant de cette opération n'est alors pas immobilisé → *voir processus* 2).

Compte	Débit	Crédit
215410 - Matériel industriel (structure)	A	
215420 - Matériel industriel (composant)	B	
445620 - État, TVA déductible/ immobilisations	(A+B) x 0,20	
404000 - Fournisseurs d'immobilisations		(A+B) x 1,20

Avances et acomptes sur immobilisations

Au lieu du compte « 409100 », il est obligatoire d'utiliser le compte « 238000 avances et acomptes versés sur commande d'immobilisations corporelles » (ou le compte « 237000 » pour les immobilisations incorporelles).

Compte	Débit	Crédit
215400 - Matériel industriel	HT	
445620 - État, TVA déductible/ immobilisations	TVA	
238500 - Avances/ immobilisations		Acompte
404000 - Fournisseurs d'immobilisations		Net à payer

Production immobilisée

Elle correspond aux immobilisations produites par l'entreprise elle-même. En fiscalité, on parle de livraison à soi-même (auto fabrication).

L'immobilisation est évaluée au coût de revient et l'entreprise doit enregistrer la TVA qu'elle a collectée lors de la livraison à soi-même et la TVA qu'elle a en déduction lors de l'acquisition (pour les entreprises soumises totalement à la TVA, l'opération est dite blanche. Depuis le 22/12/2014, la comptabilisation de cette double TVA n'est, dans ce cas, plus obligatoire).

L'exigibilité de la TVA correspond à la 1re mise en service de l'immobilisation.

À chaque inventaire, il faut évaluer les dépenses liées à la réalisation de cette immobilisation afin d'enregistrer les travaux en cours.

Compte	Débit	Crédit
213000 - Constructions	Coût de revient HT	
231300 - Constructions en cours		Production N-1
722000 - Production immobilisée		Production N

Immobilisation n'ouvrant pas droit à déduction

Certaines immobilisations, tels les véhicules de tourisme (catégorie des véhicules de transport de personnes) n'ouvrent pas droit à déduction, la TVA n'est donc pas récupérable, d'où un enregistrement TTC dans le compte d'immobilisation.

218200 - Matériel de transport		404000 - Fournisseurs d'immobilisations	
TTC			TTC

Immobilisation de faible valeur

Les « petits » matériels et outillages industriels (compte 215400) et les « petits » matériels de bureau (compte 218300) dont la valeur unitaire n'excède pas 500,00 € HT **peuvent** être enregistrés en charge respectivement dans les comptes :

- 606300 Fournitures d'entretien et de petit équipement
- 606400 Fournitures administratives

215400 - Matériel industriel		218300 - Matériel de bureau et informatique		606300 - Fournitures et petit équipement		606400 - Fournitures administratives	
PU HT > 500 €		PU HT > 500 €		PU HT < 500 €		PU HT < 500 €	

445620 - État, TVA déductible/ Immobilisations		445660 - État, TVA déductible/ABS		404000 - Fournisseurs d'immobilisations	
TVA		TVA			Net à payer

Logiciels

Il est nécessaire de séparer les logiciels d'application (traitement de texte, tableur, SGBDR, grapheur, logiciel comptable, de paie, PGI…) et les logiciels d'exploitation (système d'exploitation).

Les premiers s'enregistrent dans un compte particulier (compte 205000 : Brevets, licences, marques, procédés et valeurs similaires), les seconds ne peuvent être dissociés de l'ordinateur d'où un enregistrement dans le même compte (compte 218300 : Matériels de bureau et informatique).

205000 - Brevets, licences… logiciels		218300 - Matériels de bureau et informatique		445620 - État, TVA déductible/ immobilisations		404000 - Fournisseurs d'immobilisations	
Logiciel application		Logiciel exploitation Ordinateur Imprimante		TVA			Net à payer

Acquisition des titres

Classement comptable : Il existe quatre types de titres :

- Les titres acquis dans le but d'être conservé durablement afin de détenir une participation dans une autre entreprise (une prise de participation se caractérise par la détention de plus de 10 % du capital de la société). Dans ce cas, on utilise le compte « 261000 Titres de participation » ;
- Les titres acquis dans le but d'être conservé durablement sans l'intention directe de détenir une participation. On utilise dans ce cas le compte « 271000 Titres immobilisés » ;
- Les titres acquis dans le but de réaliser une plus value à moyen ou long terme tout en constituant un placement durable. On utilise dans ce cas le compte « 273000 Titres Immobilisés de l'Activité de Portefeuille (TIAP) » ;
- Les titres acquis dans le but de réaliser une plus-value rapide à titre de spéculation. On utilise dans ce cas, le compte « 500000 Valeurs Mobilières de Placement (VMP) ».

Évaluation : les titres sont évalués au prix d'achat (cours moyen du dernier mois boursier pour les sociétés cotées ou valeur probable de négociation pour les sociétés non cotées).

Les frais tels commissions, courtages, impôts de bourse… constitueront des services bancaires enregistrés au débit du compte « 627100 Frais sur titres » si l'entreprise décide d'utiliser la méthode optionnelle.

261000 - Titres de participation		271000 - Titres immobilisés		273000 - TIAP		503000 - VMP - actions	
A		B		C		D	

627100 - Frais/titres		445660 - État, TVA déductible/ ABS		512000 - Banques	
Comm. HT		TVA/comm.			(A+B+C+D) + Comm. TTC

NB : *si l'entreprise utilise la méthode de référence, la comptabilisation des titres (classe 2 et classe 5) se fera au coût d'acquisition. Ce coût d'acquisition des immobilisations financières et des titres de placement est composé du prix d'achat plus les droits de mutation, honoraires ou commissions et frais d'actes, liés à l'acquisition (articles 221-1, 222-1 et 213-8 du PCG).*

Documents de synthèse

Le tableau 2054 de la liasse fiscale reprend tous les mouvements relatifs aux acquisitions, aux virements de poste à poste et aux sorties (cessions) des immobilisations au cours de l'exercice comptable.
Il permet d'obtenir la valeur brute des immobilisations détenues en début d'exercice et la valeur brute des immobilisations détenues en fin d'exercice telle qu'elle apparaît dans la colonne brute à l'actif du bilan.

cerfa N° 10169 ✱ 21
Formulaire obligatoire (article 53 A du Code général des impôts)

⑤

IMMOBILISATIONS

DGFiP N° 2054

1er EXEMPLAIRE DESTINÉ À L'ADMINISTRATION (Ne pas reporter le montant des centimes)*

Désignation de l'entreprise ______________________ Néant ☐ *

CADRE A	IMMOBILISATIONS			Valeur brute des immobilisations au début de l'exercice (1)	Augmentations : Consécutives à une réévaluation pratiquée au cours de l'exercice ou résultant d'une mise en équivalence (2)		Augmentations : Acquisitions, créations, apports et virements de poste à poste (3)	
INCORP.	Frais d'établissement et de développement TOTAL I		CZ		D8		D9	
INCORP.	Autres postes d'immobilisations incorporelles TOTAL II		KD		KE		KF	
CORPORELLES	Terrains		KG		KH		KI	
CORPORELLES	Constructions : Sur sol propre	Dont Composants L9	KJ		KK		KL	
CORPORELLES	Constructions : Sur sol d'autrui	Dont Composants M1	KM		KN		KO	
CORPORELLES	Constructions : Installations générales, agencements* et aménagements des constructions	Dont Composants M2	KP		KQ		KR	
CORPORELLES	Installations techniques, matériel et outillage industriels	Dont Composants M3	KS		KT		KU	
CORPORELLES	Autres immobilisations corporelles : Installations générales, agencements, aménagements divers *		KV		KW		KX	
CORPORELLES	Autres immobilisations corporelles : Matériel de transport *		KY		KZ		LA	
CORPORELLES	Autres immobilisations corporelles : Matériel de bureau et mobilier informatique		LB		LC		LD	
CORPORELLES	Autres immobilisations corporelles : Emballages récupérables et divers *		LE		LF		LG	
CORPORELLES	Immobilisations corporelles en cours		LH		LI		LJ	
CORPORELLES	Avances et acomptes		LK		LL		LM	
CORPORELLES	TOTAL III		LN		LO		LP	
FINANCIÈRES	Participations évaluées par mise en équivalence		8G		8M		8T	
FINANCIÈRES	Autres participations		8U		8V		8W	
FINANCIÈRES	Autres titres immobilisés		1P		1R		1S	
FINANCIÈRES	Prêts et autres immobilisations financières		1T		1U		1V	
FINANCIÈRES	TOTAL IV		LQ		LR		LS	
	TOTAL GÉNÉRAL (I + II + III + IV)		ØG		ØH		ØJ	

CADRE B	IMMOBILISATIONS		Diminutions : par virement de poste à poste (1)		Diminutions : par cessions à des tiers ou mises hors service ou résultant d'une mise en équivalence (2)		Valeur brute des immobilisations à la fin de l'exercice (3)		Réévaluation légale * ou évaluation par mise en équivalence : Valeur d'origine des immobilisations en fin d'exercice (4)	
INCORP.	Frais d'établissement et de développement TOTAL I	IN		CØ		DØ		D7	
INCORP.	Autres postes d'immobilisations incorporelles TOTAL II	IO		LV		LW		1X	
CORPORELLES	Terrains	IP		LX		LY		LZ	
CORPORELLES	Constructions : Sur sol propre	IQ		MA		MB		MC	
CORPORELLES	Constructions : Sur sol d'autrui	IR		MD		ME		MF	
CORPORELLES	Constructions : Inst. gales, agencts et am. des constructions	IS		MG		MH		MI	
CORPORELLES	Installations techniques, matériel et outillage industriels	IT		MJ		MK		ML	
CORPORELLES	Autres immobilisations corporelles : Inst. gales, agencts, aménagements divers	IU		MM		MN		MO	
CORPORELLES	Autres immobilisations corporelles : Matériel de transport	IV		MP		MQ		MR	
CORPORELLES	Autres immobilisations corporelles : Matériel de bureau et informatique, mobilier	IW		MS		MT		MU	
CORPORELLES	Autres immobilisations corporelles : Emballages récupérables et divers*	IX		MV		MW		MX	
CORPORELLES	Immobilisations corporelles en cours	MY		MZ		NA		NB	
CORPORELLES	Avances et acomptes	NC		ND		NE		NF	
CORPORELLES	TOTAL III	IY		NG		NH		NI	
FINANCIÈRES	Participations évaluées par mise en équivalence	IZ		ØU		M7		ØW	
FINANCIÈRES	Autres participations	IØ		ØX		ØY		ØZ	
FINANCIÈRES	Autres titres immobilisés	I1		2B		2C		2D	
FINANCIÈRES	Prêts et autres immobilisations financières	I2		2E		2F		2G	
FINANCIÈRES	TOTAL IV	I3		NJ		NK		2H	
	TOTAL GÉNÉRAL (I + II + III + IV)	I4		ØK		ØL		ØM	

* Des explications concernant cette rubrique sont données dans la notice n° 2032

N° 2054-SD – (SDNC-DGFiP) - Janvier 2017

Scénario 11 L'enregistrement des acquisitions d'immobilisations

BAVAY

Acquisitions d'immobilisations diverses

1.5.2 **Vérification et validation des factures d'acquisition d'immobilisation**
1.5.4 **Enregistrement des factures d'acquisition d'immobilisation**

L'entreprise **BAVAY** a été créée en N-5. Elle s'est spécialisée dans la conception et la commercialisation de pièces détachées destinées à l'industrie automobile.

Les ventes et les achats de biens et de services sont tous soumis à la TVA au taux normal.

Au cours du 4e trimestre de l'année N, elle a réalisé les opérations suivantes :

6 octobre	Acquisition d'un ensemble immobilier se décomposant ainsi (facture n° 127) : - Terrain : 80 000 € - Construction : 320 000 € - Droits de mutation : 36 540 € - Honoraires du notaire : 4 230 € HT Règlement immédiat de 50 % par chèque n° 813254 à l'ordre du fournisseur Constru, le reste à 30 jours. L'entreprise n'a pas utilisé la méthode de référence et a opté pour l'imputation des frais notariaux et des droits d'enregistrement dans les comptes de charges externes.
12 octobre	Versement par chèque n° 813261 d'un acompte pour la commande de fraiseuses (bon de commande n° 365) du fournisseur Karitex : 2 500 €.
19 octobre	Versement par chèque n° 813269 d'un acompte pour la commande d'une Renault Scénic (véhicule de tourisme) : 1 500 € (bon de commande n° 19586 du concessionnaire Renault).
24 octobre	Paiement global par chèque n° 813277 de l'aménagement d'un terrain (facture n° 6532) : 2 900 € HT et de l'aménagement d'un bâtiment (facture n° 6533) : 4 100 € HT. Travaux réalisés par l'entreprise Rénova.
30 octobre	Réception du véhicule commandé le 19 octobre. Prix total : 22 140 € TTC (facture n° 19586).
3 novembre	Acquisition d'une camionnette de livraison : 14 400 € HT (facture n° 6589 du concessionnaire Peugeot).
10 novembre	Réception des machines commandées le 12 octobre au fournisseur Karitex. La facture n° 365 se détaille ainsi : - Fraiseuses : prix HT : 9 560 € - Frais de montage et installation HT : 240 € Règlement immédiat de 25 % du net à payer par chèque n° 813306, le solde à crédit par traite à 30 jours fin de mois (LCR papier n° 2514), acceptée le jour même.
19 novembre	Acquisition d'un ensemble de matériel de bureau : 2 540 € HT (facture n° 332 du magasin Boulanger).
4 décembre	Acquisition de fournitures de bureau (papier, crayons, cartouches d'encre, etc.) : 141 € HT (facture n° 2145 de la papeterie Brunet).

Mission

→ **Enregistrez dans le bordereau d'imputation comptable de l'entreprise BAVAY toutes les écritures concernant les opérations décrites dans le tableau précédent.**

version biMédia « Bavay_Eleve.xls »

version biMédia « Bordereau.pdf »

Scénario 11 L'enregistrement des acquisitions d'immobilisations

MAUBEUGE

Production immobilisée - Immobilisations de faible valeur - Matériels et fournitures informatiques

1.5.2 Vérification et validation des factures d'acquisition d'immobilisation
1.5.4 Enregistrement des factures d'acquisition d'immobilisation

Le comptable de l'entreprise **MAUBEUGE** vous demande d'enregistrer les opérations relatives aux nouvelles immobilisations acquises ou créées au cours de l'exercice N.

➢ Un hangar a été construit directement pour elle-même par les ouvriers de l'entreprise. Cette construction a été terminée le 30 juin N. Le service chargé de la comptabilité de gestion communique les informations suivantes sur le coût de production de ce hangar :

- charges directes de production affectées au hangar :
  - matières premières consommées : 4 500 €
  - main-d'œuvre directe (charges sociales et fiscales comprises) : 6 300 €
- charges indirectes de production imputées au hangar :
  - charges de l'atelier production : 2 200 €
  - charges de l'atelier peinture : 2 800 €

NB *: la totalité de l'activité de l'entreprise est soumise à la TVA au taux normal.*

➢ Le 3 juillet N, l'entreprise Maubeuge a acquis à crédit les objets suivants pour ses ateliers et son service administratif (TVA au taux normal) – Facture n° 698 du fournisseur QUINTARD :
- une visseuse-dévisseuse : 80 € HT
- une cartouche imprimante laser (toner) : 75 € HT
- un fauteuil de bureau : 310 € HT

NB *: l'entreprise MAUBEUGE opte toujours pour une comptabilisation permettant de diminuer son impôt sur les bénéfices.*

➢ Le 15 juillet N, l'entreprise Maubeuge a fait installer dans son service administratif un réseau d'ordinateurs. Elle a reçu la facture n° 2354 du fournisseur RIS Informatique, payable à trente jours, pour les prestations suivantes :
- un ordinateur serveur de réseau : 3 120 €
- 5 ordinateurs clients à 960 € pièce : 4 800 €
- 200 m de fibre optique à 8,20 € le mètre : 1 640 €
- une imprimante réseau grosse capacité : 1 350 €
- des cartouches laser noir et blanc de rechange pour l'imprimante : 280 €
- système d'exploitation : 450 €
- logiciel de gestion de réseau : 320 €
- logiciel bureautique installé en réseau (tableur, SGBDR) : 620 €
- installation de la fibre optique : 980 €
- 10 rames de papier A4 à 5,80 € : 58 €
- 5 clefs USB de stockage à 11,20 € : 56 €

NB *: tous les prix sont donnés hors taxes et sont soumis à la TVA au taux normal.*

Mission

→ **Enregistrez dans le bordereau d'imputation comptable de l'entreprise Maubeuge toutes les écritures concernant les opérations décrites ci-dessus.**

version BiMédia « Maubeuge_Eleve.xls »

version BiMédia « Bordereau.pdf »

Situations professionnelles

AVESNES

Acquisition de titres - Dividendes

1.5.2 **Vérification et validation des factures d'acquisition d'immobilisation**
1.5.4 **Enregistrement des factures d'acquisition d'immobilisation**

Les établissements **AVESNES & Fils** ont réalisé les acquisitions suivantes pendant le premier semestre de l'année N par l'intermédiaire de leur banque, la Société Générale :

7 janvier N	Avis de débit n° 01/014 : Achat de 400 actions de la SICAV monétaire « Alpha Court terme » au prix unitaire de 27,30 €.
12 mars N	Avis de débit n° 03/047 : Achat de 800 actions de la SA Duflos au prix unitaire de 86 €. Cet achat procure aux Ets Avesnes & Fils une position dominante dans la société anonyme Duflos dont le capital de 150 000 € est composé de 2 000 actions de 75 € de valeur nominale. Les titres de la SA Duflos ne sont pas cotés en Bourse.
17 avril N	Avis de débit n° 04/072 : Achat de 180 actions de la société HP au cours unitaire de 37,50 €. Ce groupe international dispose d'un capital décomposé en plusieurs millions d'actions. Les Ets Avesnes & Fils espèrent une hausse rapide du cours de cette société suite aux bons résultats réalisés l'année dernière.
4 juin N	Avis de débit n° 06/009 : Achat de 250 actions de la société Google China au cours unitaire de 8 €. Le capital de Google China est composé de 100 000 actions. Les Ets Avesnes & Fils comptent obtenir une plus value substantielle dans les trois ans.
7 juillet N	Avis de débit n° 07/022 : Achat de 640 actions de la SAS Pelican au prix unitaire de 27,50 €. Le nombre de parts émises par cette société s'élève à un total de 800 titres. Les parts de cette SAS ne font pas l'objet d'une cotation boursière.

Remarque : *la société générale perçoit une commission pour chaque transaction équivalente à 1,50 % de la transaction (commission soumise à la TVA au taux normal).*
Les Ets Avesnes & Fils enregistrent les commissions bancaires dans les comptes de charge par nature prévus par le Plan Comptable Général (méthode optionnelle).

Mission

→ **Enregistrez ces acquisitions dans le bordereau d'imputation comptable des Ets Avesnes et Fils.**

version BiMédia « Avesnes_Eleve.xls »   version BiMédia « Bordereau.pdf »

La Société Générale a avisé les établissements **AVESNES & Fils** des recettes suivantes au cours du second semestre de l'année N :

1er octobre	Avis de crédit n° 10/002 : Encaissement des dividendes distribués par la société HP. Montant du coupon : 5,20 €.
15 octobre	Avis de crédit n° 10/021 : Encaissement des dividendes distribués par la société Google China. Montant du coupon : 1,40 €
15 novembre	Avis de crédit n° 11/024 : Encaissement des dividendes distribués par la SA Duflos. Montant du dividende par action : 7,25 €.
15 décembre	Avis de crédit n° 12/032 : Encaissement des dividendes distribués par la SAS Pelican. Montant du dividende par action : 4,80 €.

Mission

→ **Enregistrez ces opérations dans le bordereau d'imputation comptable des Ets Avesnes & Fils.**

Remarque : *Commission d'encaissement de dividendes perçue par la banque de 2 % du produit financier (commission soumise à la TVA au taux normal).*

Situations professionnelles

Scénario 11 L'enregistrement des acquisitions d'immobilisations

ANOR

Acquisition d'une immobilisation corporelle à l'étranger

1.5.2 Vérification et validation des factures d'achat de bien, de service et/ou d'acquisition d'immobilisation
1.5.4 Enregistrement des factures d'achat de bien, de service et/ou d'acquisition d'immobilisation
1.5.5 Gestion des échéances relatives aux règlements des fournisseurs

La société **ANOR** est une fonderie industrielle installée dans l'Avesnois (Région Hauts de France).
Afin de relancer son activité, elle a investi dans un four de fonderie acier et laiton dont la fabrication est faite en Scandinavie (**annexe**).

Mission

→ **Comptabilisez dans le bordereau d'imputation comptable de la société ANOR (annexe A à compléter) la facture du fournisseur suédois reçue en septembre N ainsi que le règlement effectué par virement bancaire fin octobre N.**

version BiMédia « Anor_Eleve.xls »

Annexe - Facture du fournisseur suédois reçue le 10/09/N

P.G MEKANISTA AB
Ovadersgatan 9
41834 GOTEBORG
SWEDEN (Suéde)
SE256558563601

Société ANOR Fonderies
14, rue d'Hirson
59610 FOURMIES
FR45201225638

Le 07/09/N — Facture 876

Désignation	Montant
87548 - Four de fonderie acier et laiton	445 000,00 SEK
Frais d'installation et de mise aux normes	5 000,00 SEK
Brut HT	450 000,00 SEK
Remise 4 %	18 000,00 SEK
Net commercial	432 000,00 SEK
Taxes	0,00 SEK
Net à payer (en Couronne Suédoise)	**432 000,00 SEK**

Remarques :

- Facture reçue le 10/09/N
- Conditions de règlement : 30 JFM par virement bancaire
- Virement international effectué le 31/10/N
- Cours mensuel boursier :
  - 09/N : 1 € = 9,24951 SEK (Couronne Suédoise)
  - 10/N : 1 € = 9,35695 SEK

Annexe A (à compléter) - Bordereau d'imputation comptable

Ligne	Date	Journal	N° compte général	N° compte de tiers	Intitulés des comptes/ Libellés des opérations	Débit	Crédit
1							
2							
3							
4							
5							
6							
7							
8							
9							
10							
					Totaux		

Situations professionnelles

OHAIN

Acquisition d'immobilisation par composant

1.5.2 **Vérification et validation des factures d'achat de bien, de service et/ou d'acquisition d'immobilisation**
1.5.4 **Enregistrement des factures d'achat de bien, de service et/ou d'acquisition d'immobilisation**

La société **OHAIN** est une coopérative viticole installée dans le Vaucluse. Elle se charge de toute la filière de vinification : du pressage du grain de raisin à la mise en bouteille étiquetée.

Devant l'afflux des coopérants, elle a fait installer une ligne de production qui transporte les bouteilles de l'atelier de pressage au chai principal (lieu de stockage des vins).

Cette installation a été réalisée fin février N par les établissements Prodivin (facture n° 02/145).

L'équipement industriel se compose des éléments suivants :

Éléments	Durée de vie	Coût HT
Palettiseur	10 ans	12 500 €
Souffleur à chaud	5 ans	4 500 €
Convoyeur aérien	20 ans	18 000 €
Encolleur	8 ans	2 500 €
Machine à étiqueter	6 ans	5 000 €
Machine à film d'emballage	12 ans	3 500 €
Saturateur	15 ans	3 000 €
Compresseur d'air	4 ans	1 000 €
		50 000 €

Le coût d'acquisition de cet équipement industriel comprend également 3 000 € HT de frais d'installation et de montage et 1 500 € HT de frais de transport.

La facture adressée par le fournisseur de l'équipement s'est élevée, frais d'installation et de montage compris, à 65 400 € TTC (TVA au taux normal).

L'entreprise désire utiliser la méthode des composants. Elle a également choisi de rattacher les frais d'acquisition proportionnellement à chaque composant de l'équipement industriel.

Mission

→ **Comptabilisez au 28/02/N l'opération d'acquisition de cette ligne de production dans le bordereau d'imputation comptable de la SA Ohain (annexe à compléter).**

version BiMédia « Ohain_Eleve.xls »

Annexe (à compléter) - **Bordereau d'imputation comptable**

Ligne	Date	Journal	N° compte général	N° compte de tiers	Intitulés des comptes/ Libellés des opérations	Débit	Crédit
1							
2							
3							
4							
5							
6							
7							
8							
9							
10							
11							
					Totaux		

BRUILLE 2

Analyse de factures d'acquisition d'immobilisation

- 1.5.2 Vérification et validation des factures d'achat de bien et de service et/ou d'acquisition d'immobilisation
- 1.5.4 Enregistrement des factures d'achat de bien et de service et/ou d'acquisition d'immobilisation
- 1.7.2 Analyse du processus « Contrôle et traitement comptable des opérations commerciales »

Au cours du mois de septembre N, la société à responsabilité limitée **BRUILLE** a fait l'acquisition de différents biens et vous transmet les pièces comptables correspondantes (cf. Cas BRUILLE 1) :

ETS DEVRED Le 02/09/N

SARL BRUILLE

Facture n° 728

Générateur industriel		14 000,00
Remise 5 %	-	700,00
Net commercial		13 300,00
Escompte 2 %	-	266,00
Net financier		13 034,00
Livraison	+	560,00
Installation	+	1 400,00
Total HT		14 994,00
TVA (TN)	+	2 998,80
Net à payer		**17 992,80**

Chèque n° 188756

BANQUE POPULAIRE DU NORD

Avis de débit n° 27 du 06/09/N

SARL BRUILLE

Désignation	Quantité	Cours	Montant
Obligations SA Morinie	1 500	75	112 500,00
Actions SA Catteau	100	50	5 000,00
Commission 1,50 %			1 762,50
TVA (TN)			352,50
NET À VOTRE DÉBIT			**119 615,00**

Payé par prélèvement bancaire

Les obligations MORINIE et les actions CATTEAU sont destinées à être conservées durablement.

CEGID SA Le 12/09/N

SARL BRUILLE

FACTURE N° 12888

PC COMPAQ		3 100,00
LOGICIELS D'APPLICATION	+	650,00
FRAIS FORMATION LOGICIEL	+	100,00
RAMES PAPIER A4	+	50,00
		3 900,00
TVA (TN)	+	780,00
NET À PAYER		4 680,00

LAFORET IMMOBILIER

Le 15/09/N

SARL BRUILLE

Facture V20105

Local commercial neuf		350 000
Frais d'architecte	+	3 500
TVA (TN)		70 700
Droits de mutation	+	7 000
Net à payer		**431 200**

Le local commercial a une durée de vie de 30 ans, alors qu'elle est de 15 ans pour la toiture (25 % de la valeur du local) et de 10 ans pour les menuiseries extérieures (15 % de la valeur du local).

Peugeot SADA **Le 20/09/N**

SARL BRUILLE

Facture n° 8897

Peugeot 208 Diesel		15 000,00
TVA (TN)	+	3 000,00
Carte grise	+	280,00
Carburant (gazole)	+	60,00
Net à payer		**18 340,00**

La Peugeot 208 est un véhicule de tourisme

La carte grise peut être considérée comme un droit de mutation

Maître S. FARIS
Notaire Le 30/09/N

SARL BRUILLE

Facture n° 87

Terrain bâti		27 000,00
Honoraires de notaire	+	650,00
Droits de mutation	+	750,00
Net à payer		28 400,00

Missions

1 - Pour chacune de ces immobilisations, à l'aide de l'article 213-8 du Plan Comptable Général (annexe), recensez dans le tableau de l'annexe A :
   - les éléments entrant obligatoirement dans le coût d'acquisition de l'immobilisation ;
   - les éléments entrant dans le coût d'acquisition avec une option pour l'enregistrement en charges (précisez le compte de charge correspondant) ;
   - les éléments obligatoirement comptabilisés en charges (précisez le compte de charge correspondant).

2 - Dans le tableau de l'annexe B, déterminez la valeur de chacune des immobilisations en envisageant deux hypothèses :
   - hypothèse 1 : la SARL BRUILLE active les droits de mutation, honoraires, commissions et frais d'actes pour toutes les immobilisations (méthode de référence) ;
   - hypothèse 2 : la SARL BRUILLE enregistre en charges les droits de mutation, honoraires, commissions et frais d'actes (méthode optionnelle).

3 - Prenez connaissance de l'article 214-9 du Plan Comptable Général (annexe) et indiquez quelle est la particularité comptable du local commercial acquis par la SARL BRUILLE.

4 - Enregistrez dans le bordereau d'imputation comptable de la SARL BRUILLE les acquisitions d'immobilisations du mois de septembre N en supposant que l'entreprise ait activé les droits de mutation, honoraires, commissions et frais d'actes aussi bien pour les immobilisations corporelles et incorporelles que pour les immobilisations financières (méthode de référence).

NB : la SARL BRUILLE enregistre ses acquisitions d'immobilisations corporelles et incorporelles au journal IMO. Elle utilise le compte « 467000 Notaire ».

version BiMédia « Bruille2_Eleve.xls »

version BiMédia « Bordereau.pdf »

Annexe - Extraits du plan comptable général

Coût d'entrée des immobilisations corporelles

213-8. – Le coût d'acquisition d'une immobilisation corporelle est constitué de :

* son prix d'achat, y compris les droits de douane et taxes non récupérables, après déduction des remises, rabais commerciaux et escomptes de règlement ;

* tous les coûts directement attribuables engagés pour mettre l'actif en place et en état de fonctionner selon l'utilisation prévue par la direction.

Les frais externes afférents à des formations nécessaires à la mise en service de l'immobilisation peuvent, sur option, être rattachés au coût d'acquisition de l'immobilisation ou comptabilisés en charges.

Dans les comptes individuels, les droits de mutation, honoraires ou commissions et frais d'actes, liés à l'acquisition, peuvent sur option, être rattachés au coût d'acquisition de l'immobilisation ou comptabilisés en charges. Ces deux options peuvent être exercées indépendamment l'une de l'autre.

* l'estimation initiale des coûts de démantèlement, d'enlèvement et de restauration du site sur lequel elle est située, en contrepartie de l'obligation encourue, soit lors de l'acquisition, soit en cours d'utilisation de l'immobilisation pendant une période donnée à des fins autres que de produire des éléments de stocks.

Dans les comptes individuels, ces coûts font l'objet d'un plan d'amortissement propre tant pour la durée que le mode.

Les coûts d'emprunts peuvent être rattachés au coût d'acquisition selon les dispositions prévues à l'article 213-9.

Comptabilisation des immobilisations décomposables

214-9. – Lorsque des éléments constitutifs d'un actif sont exploités de façon indissociable, un plan d'amortissement unique est retenu pour l'ensemble de ces éléments.

Cependant, si dès l'origine, un ou plusieurs de ces éléments ont chacun des utilisations différentes, chaque élément est comptabilisé séparément et un plan d'amortissement propre à chacun de ces éléments est retenu.

Les éléments principaux d'immobilisations corporelles devant faire l'objet de remplacement à intervalles réguliers, ayant des utilisations différentes ou procurant des avantages économiques à l'entreprise selon un rythme différent et nécessitant l'utilisation de taux ou de modes d'amortissement propres, doivent être comptabilisés séparément dès l'origine et lors des remplacements [...].

Annexe A (à compléter)

SARL BRUILLE	Éléments entrant dans le coût d'acquisition	Éléments entrant dans le coût d'acquisition avec une option pour l'enregistrement en charges	Éléments comptabilisés en charges
Générateur industriel			
Obligations SA Morinie			
Actions SA Catteau			
PC COMPAQ			
Logiciels d'application			
Local commercial neuf			
Peugeot 208			
Terrain bâti			

Annexe B (à compléter)

SARL BRUILLE	Hypothèse 1 Activation des droits de mutation, honoraires, commissions et frais d'acte	Hypothèse 2 Enregistrement en charges des droits de mutation, honoraires, commissions et frais d'acte
	Valeur d'acquisition de l'immobilisation	**Valeur d'acquisition de l'immobilisation**
Générateur industriel		
Obligations SA Morinie		
Actions SA Catteau		
PC COMPAQ		
Logiciels d'application		
Local commercial neuf		
Peugeot 208		
Terrain bâti		

Scénario 11 L'enregistrement des acquisitions d'immobilisations

FERON

Acquisition et production d'immobilisation (PGI)

1.5.2 Vérification et validation des factures d'achat de bien, de service et/ou d'acquisition d'immobilisation
1.5.4 Enregistrement des factures d'achat de bien, de service et/ou d'acquisition d'immobilisation
7.3.2 Participation à l'évolution du système d'information

La **SA FERON** est une entreprise commerciale spécialisée dans l'habillement des enfants.
Elle acquiert les articles directement chez les fabricants pour les vendre ensuite à des magasins détaillants.
Au cours de l'exercice comptable N (clôture : 31/12), elle a fait l'acquisition de diverses immobilisations. Vous êtes chargé(e), à l'aide du module comptable et du module de gestion des immobilisations du PGI de la société, d'intégrer ces immobilisations.

version BiMédia « Feron_Eleve.xls »

Dossier 1 : Rénovation du magasin – Installation de rayonnages (agencement des constructions)

En avril N, la **société FERON** a fait l'acquisition de rayonnages (compte 213500 « Installations générales, agencements et aménagements des constructions ») afin de présenter les articles aux clients visiteurs :

08/04/N	Réception de la facture 04/176 du fournisseur américain Vince relatif aux rayonnages. Montant brut HT : 35 000 $; remise sur quantité de 4 % ; escompte pour paiement direct de 2,50 % ; cours du dollar en euro le 08/04/N : 1 $ = 0,84520 €. Montant net à payer en euros : 27 688,75 €.
10/04/N	Réception de la facture 1417 du transitaire en douane US-Transit comprenant les droits de douane (640 €), les commissions liées au dédouanement (860 €) et la TVA due (au taux normal). Montant net à payer en euros : 7 337,75 €.
14/04/N	Réception de la facture 425 du fournisseur Francis relatif au transport (520 €) et à l'installation (780 €) des rayonnages, TVA au taux normal. Montant net à payer en euros : 1 560,00 €.

NB : *la société FERON utilise la méthode de référence d'intégration des droits de mutation, honoraires, commissions et frais d'actes au coût d'acquisition de l'immobilisation.*

Missions

1 - Justifiez le montant net à payer de chaque facture.

2 - Pré-comptabilisez les opérations relatives à cette acquisition dans le bordereau d'imputation comptable de la société FERON.

3 - Mettez à jour le plan tiers dans le module comptable du PGI (base de données « Feron ») :
- **9VINCE Fournisseur VINCE (US)**
- **9USTRA Transitaire US-Transit**
- **9FRANC Installateur Francis**

4 - Centralisez les opérations d'acquisition de ces rayonnages en une seule opération à saisir le 14/04/N (date de mise en service) dans le journal des immobilisations (IMO).

5 - Basculez vers le module de gestion des immobilisations du PGI (base de données « Feron »).

6 - Créez automatiquement l'immobilisation.

7 - Visualisez l'immobilisation ainsi créée et corrigez si nécessaire (libellé de l'immobilisation par exemple).

version BiMédia PGI « Feron_XX_Sage.zip » « Feron_XX_Ebp.zip » « Feron_XX_Cegid.zip »

version BiMédia « Bordereau.pdf » « Feron_MOP_Sage » « Feron_MOD_SagePGI.pdf »

Dossier 2 : Expansion du magasin – Acquisition d'un ensemble immobilier

Le développement de l'activité de la **société FERON** a amené l'entreprise à acquérir un terrain à bâtir voisin (pour agrandir le magasin) et un bâtiment ancien (à rénover pour stocker les marchandises).

L'opération immobilière s'est déroulée en juillet N :

04/07/N	Réception de la facture 114 de l'entreprise Benezet pour l'acquisition du terrain à bâtir. Montant brut : 40 000 € HT ; TVA au taux normal.
08/07/N	Réception de la facture IM568 de la société Catry pour l'acquisition du bâtiment ancien. Montant brut : 160 000 € ; opération non soumise à la TVA.
10/07/N	Réception de la facture 07/256 de Maître Pierre Chanteur (notaire) comprenant les droits de mutation relatifs au bâtiment (3 200 €), les frais d'actes non soumis à la TVA (520 €) et les honoraires (2 600 € HT ; TVA au taux normal) du montant brut de l'acquisition. Les frais d'actes et les honoraires concernent l'ensemble de l'opération immobilière et doivent être répartis proportionnellement.
15/07/N	Réception de la facture 332 de l'agence immobilière ORPI Nord. Cette agence s'est chargée de l'opération immobilière globale et retient une commission de 3 % du montant brut de l'acquisition (TVA au taux normal).

NB *: le notaire et l'agence immobilière ont tous les deux opté pour les débits.*

Missions

1 - L'agence immobilière ORPI Nord a calculé les valeurs comptables du terrain à bâtir (41 824 €) et du bâtiment (170 496 €). Justifiez ces deux montants.

2 - Pré-comptabilisez les enregistrements relatifs à cette opération immobilière dans le bordereau d'imputation comptable de la société FERON.

3 - Mettez à jour le plan tiers dans le module comptable du PGI (base de données « Feron ») :
- **9BENEZ Entreprise Benezet**
- **9CATRY Société Catry**
- **9ORPIN Agence Immobilière ORPI Nord**

Remarque : le compte notaire n'est pas considéré comme un compte fournisseur mais comme un compte débiteur/créditeur divers (compte 467000).

4 - Centralisez ces opérations immobilières en une seule opération à saisir le 15/07/N (date de mise en service) dans le journal des immobilisations (IMO).

5 - Basculez vers le module de gestion des immobilisations du PGI (base de données « *Feron* »).

6 - Créez automatiquement les deux immobilisations acquises en juillet N.

7 - Visualisez les immobilisations ainsi créées et corrigez si nécessaire.

Dossier 3 : Organisation des livraisons – Acquisition d'un camion semi-remorque

Dès le début du mois de septembre, les dirigeants ont compris la nécessité d'acquérir un camion pour effectuer les livraisons vers les magasins clients.

Le 10/09/N, la **société FERON** a reçu la facture 89874 du concessionnaire Renault Trucks pour l'acquisition du matériel de transport (Net à payer : 138 000 €). Ce type de camion a une durée d'utilisation estimée à 20 ans, toutefois différents composants ont été identifiés :

- le camion tracteur d'une valeur de 75 000 € HT devra être renouvelé au bout de 15 ans ;
- la remorque bâchée d'une valeur de 40 000 € HT sera effectivement utilisée sur 20 ans ;
- la bâche plastique d'une valeur de 8 000 € HT devra être remplacée dans 10 ans ;
- une révision obligatoire du camion tracteur doit être effectuée tous les 4 ans (contrôle technique). Le contrat concernant cet entretien obligatoire effectué par le concessionnaire Renault Trucks, devrait s'élever à 6 000 € HT en septembre N+4.

Missions

1 - Justifiez la nécessité de ventiler cette immobilisation en composants.

2 - Pré-comptabilisez cette acquisition dans le bordereau d'imputation comptable de la société FERON, (cette société immobilise les grosses dépenses d'entretien).

3 - Mettez à jour le plan tiers dans le module comptable du PGI (base de données « Feron ») :

- **9RENAU Concessionnaire Renault Trucks**

4 - Saisissez l'écriture d'acquisition dans le journal des immobilisations (IMO) en globalisant tous les composants dans le compte 218200.

5 - Basculez vers le module de gestion des immobilisations du PGI (base de données « Feron ») et créez automatiquement l'immobilisation acquise en septembre N.

6 - Visualisez l'immobilisation ainsi créée.

7 - Fractionnez cette immobilisation en quatre composants.

Dossier 4 : Vente par correspondance – Création d'un site d'e-commerce

Début octobre N, les dirigeants de la société FERON ont demandé à l'informaticien de l'entreprise de créer un site afin de proposer à la clientèle une procédure d'E-commerce pour les fêtes de fin d'année.

L'informaticien a terminé et mis en ligne ce site le 4 décembre N. Le service comptable a estimé les coûts engendrés par ce site à :

- 300 € de fournitures (documentation, papier imprimante, encre, etc.)
- 3 600 € de main-d'œuvre (salaires et charges sociales de l'informaticien)
- 500 € d'autres charges de production (charges indirectes d'électricité, frais généraux, etc.)

Missions

1 - **Pré-comptabilisez cette production immobilisée dans le bordereau d'imputation comptable de la société FERON.**

2 - **Saisissez cette écriture dans le journal des immobilisations (IMO) du module comptable du PGI.**

3 - **Basculez vers le module de gestion des immobilisations du PGI (base de données « Feron ») et créez automatiquement l'immobilisation conçue en décembre N puis visualisez-la.**

Scénario 12 Le suivi des dettes

- **1.5.3** Mise en évidence et traitement des anomalies dans le processus achat
- **1.5.5** Gestion des échéances relatives aux règlements des fournisseurs
- **1.7.1** Présentation des caractéristiques de l'organisation du processus « Contrôle et traitement des opérations commerciales »
- **1.7.2** Analyse du processus « Contrôle et traitement comptable des opérations commerciales »

Contexte général DUVIVIER :

Salarié dans le service comptable de la société Duvivier, vous devez analyser les dettes envers vos fournisseurs et mettre en place une procédure de suivi efficace.

Mission de veille :

Mettre à jour votre veille comptable sur les thèmes suivants :
- Lettrage des comptes fournisseurs
- Échéancier fournisseur
- Ratio de rotation fournisseurs
- Fournisseurs, effets à payer
- Intérêts sur impayés

→ Document comptable extrait du PGI de la société Duvivier

Société DUVIVIER
10, rue Doumergue
59500 DOUAI

Balance âgée
D'après date d'échéance
Sur la date la plus lointaine

Période du : 01/01/N
au : 28/02/N
Situation au : 28/02/N
Tenue de compte : EURO

PGI module comptable — Date de tirage : 02/03/N à 9:42:48 — Page 1

N° de compte	Intitulés des comptes	Solde du compte	Solde non échu	De 1 à 30 jours	De 31 à 60 jours	De 61 à 90 jours	Plus de 91 jours
401000	**Fournisseurs**						
9ALIXI	Société ALIXIA	828,00			828,00		
9BERNI	Société BERNISAL	1 710,00	1 710,00				
9DROMA	Société DROMAS	7,68			7,68		
9FARLO	Société FARLOS	1 200,00	1 200,00				
9MARLO	Société MARLON	274,00		274,00			
9OLIVA	Société OLIVA-LISE	1 776,00	1 320,00		456,00		
9PIRON	Société PIRONI	450,00					450,00
9ROGER	Société ROGER	1 176,00				1 176,00	
9SERVA	Société SERVAL	990,00		990,00			
9THERY	Société THERY	4 272,00	4 272,00				
Total C. général	**401000**	**12 683,68**	**8 502,00**	**1 264,00**	**1 291,68**	**1 176,00**	**450,00**
	Totaux	**12 683,68**	**8 502,00**	**1 264,00**	**1 291,68**	**1 176,00**	**450,00**
	% Période		**67,03 %**	**9,97 %**	**10,18 %**	**9,27 %**	**3,55 %**

Remarques liées à la balance âgée :

- *Habituellement, les fournisseurs nous relancent par courrier simple dès que notre échéance est dépassée de plus de 30 jours.*
- *Un dépassement de plus de 60 jours entraîne généralement une procédure de contentieux.*
- *La société PIRONI est en liquidation judiciaire depuis le 1er décembre N-1.*
- *En N-1, la moyenne des dépassements d'échéance représentait un tiers des dettes fournisseurs.*

SA DUVIVIER Ventes et réparations (électricité) 10, rue Doumergue 59500 DOUAI			Grand-livre des tiers Fournisseurs		Période du : 01/01/N au : 28/02/N Tenue de compte : EURO		
PGI module comptable			Date de tirage : 02/03/N		à 9:24		Page : 1
Date	**J^al^**	**N° pièce**	**Libellé écriture**	**Lett.**	**Mouvement débit**	**Mouvement crédit**	**Solde progressif**
9ALIXI		**Société ALIXIA**					
0101N	RAN		Solde initial			828,00	- 828,00
0401N	ACH	8123	Achat matériels électriques (30 jours nets)			533,40	- 1 361,40
1001N	ACH	A8123	Retour matériel non conforme (Fact. 8123)		174,00		- 1 187,40
0302N	BQ1		Chèque n° CA 3029 (Fact. 8123)		359,40		- 828,00
Total compte 9ALIXI			**Du 0101N au 2802N**		**533,40**	**1 361,40**	**- 828,00**
9BERNI		**Société BERNISAL**					
0101N	RAN		Solde initial			4 952,40	- 4 952,40
1201N	ACH	4317	Achat fournitures (30JFM)			285,60	- 5 238,00
1201N	BQ1		Chèque n° CA 2995		738,00		- 4 500,00
1201N	OD		LCR au 28-02		4 500,00		0,00
2002N	ACH	4342	Achat fournitures (30JFM)			1 710,00	- 1 710,00
Total compte 9BERNI			**Du 0101N au 2802N**		**5 238,00**	**6 948,00**	**- 1 710,00**
9DROMA		**Société DROMAS**					
1601N	ACH	212	Achat d'emballages			384,00	- 384,00
2301N	BQ1		Chèque n° CA 3011 (Fact. 212)		376,32		- 7,68
Total compte 9DROMA			**Du 0101N au 2802N**		**376,32**	**384,00**	**- 7,68**
9FARLO		**Société FARLOS**					
0101N	RAN		Solde initial			1 068,00	- 1 068,00
1001N	BQ1		Chèque n° CA 2991 (Fact. 12/1058)		1 068,00		0,00
2501N	ACH	01/74	Achat de bobines de fils (30 JFM le 10)			1 200,00	- 1 200,00
Total compte 9FARLO			**Du 0101N au 2802N**		**1 068,00**	**2 268,00**	**- 1 200,00**
9GUICH		**Société GUICHARD**					
1001N	ACH	1514	Achat matériels électriques (15 jours nets)			1 500,00	- 1 500,00
1501N	ACH	A1514	Remise 20 % sur quantité achetée le 10/01		300,00		- 1 200,00
2501N	BQ1		Chèque n° CA 3015 (Fact. 1514)		1 200,00		0,00
Total compte 9GUICH			**Du 0101N au 2802N**		**1 500,00**	**1 500,00**	**0,00**
9MARLO		**Société MARLON**					
0101N	RAN		Solde initial			1 344,00	- 1 344,00
1501N	BQ1		Virement automatique		1 000,00		- 344,00
0402N	ACH	338	Achat matériels électriques			930,00	- 1 274,00
1502N	BQ1		Virement automatique		1 000,00		- 274,00
Total compte 9MARLO			**Du 0101N au 2802N**		**2 000,00**	**2 274,00**	**- 274,00**
9NINON		**Société NINON**					
1801N	ACH	237	Achat câbles d'alimentation (30 JFM le 10)			1 350,00	- 1 350,00
2101N	OD		LCR au 10/03 (Fact. 237)		1 350,00		0,00
2501N	ACH	A237	Retour palettes consignées (Fact. 237)		150,00		150,00
Total compte 9NINON			**Du 0101N au 2802N**		**1 500,00**	**1 350,00**	**150,00**
			Totaux		**18 415,72**	**30 949,40**	**- 12 533,68**

Remarques liées à la balance âgée :

- *La facture 456 datée du 20/12/N-1 de 828,00 € (fournisseur Alixia) ne correspond pas à la commande réalisée.*
- *Notre ligne de crédit chez le fournisseur Bernisal est de 5 000 €. Il a accepté notre commande du 08/01/N (facture 4317 reçue le 12/01/N) à la condition d'un règlement immédiat par chèque et de l'acceptation d'une LCR à 30 JFM pour le solde.*
- *Le fournisseur Dromas accorde un escompte conditionnel de 2 % en cas de règlement sous huitaine.*

SA DUVIVIER Ventes et réparations (électricité) 10, rue Doumergue 59500 DOUAI	**Échéancier** Classé par date d'échéance	Période du : 01/11/N-1 au : 31/03/N Tenue de compte : EURO
PGI module comptable	Date de tirage : 02/03/N	à 9:32

Date écriture	N° compte général	N° compte de tiers	N° pièce	Code journal	Libellé écriture	Montant	Montant progressif
Échéance au 15/11/N-1							
	401000	**Fournisseurs**					
		9PIRON Société PIRONI					
0111N-1	401000	9PIRON	11/85	ACH	Achat boîtes d'alimentation	- 450,00	
					Total tiers 9PIRON	**- 450,00**	**- 450,00**
					Total compte 401000	**- 450,00**	**- 450,00**
					Total échéance 1511N-1	**- 450,00**	**- 450,00**
Échéance au 10/12/N-1							
	401000	**Fournisseurs**					
		9ROGER Société ROGER					
0312N-1	401000	9ROGER	688	ACH	Achat interrupteurs différentiels	- 1 176,00	
					Total tiers 9ROGER	**- 1 176,00**	**- 1 626,00**
					Total compte 401000	**- 1 176,00**	**- 1 626,00**
					Total échéance 1012N-1	**- 1 176,00**	**- 1 626,00**
Échéance au 16/01/N							
	401000	**Fournisseurs**					
		9DROMA Société DROMAS					
1601N	401000	9DROMA	212	ACH	Achat d'emballages	- 7,68	
					Total tiers 9DROMA	**- 7,68**	**- 1 633,68**
					Total compte 401000	**- 7,68**	**- 1 633,68**
					Total échéance 1601N	**- 7,68**	**- 1 633,68**
Échéance au 18/01/N							
	401000	**Fournisseurs**					
		9OLIVA Société OLIVA-LISE					
1812N-1	401000	9OLIVA	654	ACH	Achat de bobines de fils	- 456,00	
					Total tiers 9OLIVA	**- 456,00**	**- 2 089,68**
					Total compte 401000	**- 456,00**	**- 2 089,68**
					Total échéance 1801N	**- 456,00**	**- 2 089,68**
Échéance au 20/01/N							
	401000	**Fournisseurs**					
		9ALIXI Société ALIXIA					
2012N-1	401000	9ALIXI	456	ACH	Achat matériels électriques	- 828,00	
					Total tiers 9ALIXI	**- 828,00**	**- 2 917,68**
					Total compte 401000	**- 828,00**	**- 2 917,68**
					Total échéance 2001N	**- 828,00**	**- 2 917,68**
Échéance au 4/02/N							
	401000	**Fournisseurs**					
		9MARLO Société MARLON					
0402N	401000	9MARLO	338	ACH	Achats matériels électriques	- 274,00	
					Total tiers 9MARLO	**- 274,00**	**- 3 191,68**
					Total compte 401000	**- 274,00**	**- 3 191,68**
					Total échéance 0402N	**- 274,00**	**- 3 191,68**
Échéance au 15/02/N							
	401000	**Fournisseurs**					
		9SERVA Société SERVAL					
1501N	401000	9SERVA	N/01/42	ACH	Publicité, publications	- 990,00	
					Total tiers 9SERVA	**- 990,00**	**- 4 181,68**
					Total compte 401000	**- 990,00**	**- 4 181,68**
					Total échéance 1502N	**- 990,00**	**- 4 181,68**
					À reporter	**- 4 181,68**	**- 4 181,68**

SA DUVIVIER Ventes et réparations (électricité) 10, rue Doumergue 59500 DOUAI					**Échéancier** Classé par date d'échéance	Période du : 01/11/N-1 au : 31/03/N Tenue de compte : EURO	
PGI module comptable					Date de tirage : 02/03/N		à 9:32
Date écriture	**N° compte général**	**N° compte de tiers**	**N° pièce**	**Code journal**	**Libellé écriture**	**Montant**	**Montant progressif**
					Report	**- 4 181,68**	**- 4 181,68**
Échéance au 10/03/N							
	401000	**Fournisseurs**					
		9FARLO Société FARLOS					
1501N	401000	9FARLO	01/74	ACH	Achat de bobines de fils	- 1 200,00	
					Total tiers 9FARLO	**- 1 200,00**	**- 5 381,68**
		9NINON Société NINON					
1801N	401000	9NINON	237	ACH	Achat câbles d'alimentation	150,00	
					Total tiers 9NINON	**150,00**	**- 5 231,68**
					Total compte 401000	**- 1 050,00**	**- 5 231,68**
					Total échéance 1003N	**- 1 050,00**	**- 5 231,68**
Échéance au 31/03/N							
	401000	**Fournisseurs**					
		9BERNI Société BERNISAL					
2002N	401000	9BERNI	4342	ACH	Achat fournitures	- 1 710,00	
					Total tiers 9BERNI	**- 1 710,00**	**- 6 941,68**
		9OLIVA Société OLIVA-LISE					
2202N	401000	9OLIVA	712	ACH	Achat de bobines de fils	- 1 320,00	
					Total tiers 9OLIVA	**- 1 320,00**	**- 8 261,68**
		9THERY Société THERY					
2502N	401000	9THERY	212	ACH	Achat fournitures électroniques	- 4 272,00	
					Total tiers 9THERY	**- 4 272,00**	**- 12 533,68**
					Total compte 401000	**- 7 302,00**	**- 12 533,68**
					Total échéance 3103N	**- 7 302,00**	**- 12 533,68**
					Totaux	**- 12 533,68**	**- 12 533,68**

→ Le pointage et le lettrage des comptes fournisseurs

Mission 1 Le responsable du service comptable vous charge de réaliser le lettrage des comptes fournisseurs.

→ Étude du Grand-livre des tiers fournisseurs

Mission 2

Début mars, le responsable du service comptable vous charge de répondre aux questions suivantes liées à divers problèmes constatés.

Pourquoi le solde initial dû au fournisseur Alixia n'a pas été réglé ?

→

Pourquoi une facture due au fournisseur Bernisal n'a pas encore été réglée ?

→

Pourquoi le solde dû au fournisseur Dromas est de 7,68 € alors que la facture 212 a été réglée ?

→

Pourquoi une facture due au fournisseur Farlos n'a pas encore été réglée ?

→

Pourquoi le lettrage automatique du compte général fournisseur (401000) est à éviter dans cet exemple ?

→

Pourquoi le lettrage du compte fournisseur Marlon n'est pas possible ?

→

Pourquoi le solde du compte fournisseur Ninon est-il positif (débiteur) ?

→

→ Étude de la balance âgée des fournisseurs

Mission 3 Le responsable du service comptable vous charge de répondre aux questions suivantes liées à l'analyse de la balance âgée des fournisseurs (au 02/03/N).

Quel est l'intérêt de ce document ?

→

Pourquoi le fournisseur Alixia n'a-t-il pas encore été réglé ?

→

Pourquoi ne règle-t-on pas les 7,68 € que nous devons à la société Dromas ?

→

Pourquoi existe-t-il une dette dépassée depuis plus de 90 jours ?

→

Quelle dette va-t-il falloir régler au plus vite ?

→

Sur les deux premiers mois de l'année N, le pourcentage des échéances non respectées est-il inquiétant ?

→

→ Étude de l'échéancier fournisseur

Mission 4 Le responsable du service comptable vous charge de répondre aux questions suivantes liées à l'analyse de l'échéancier fournisseur au 02/03/N.

Quelles informations complémentaires apportent ce document en plus de celles de la balance âgée ?

→

Quelles informations supplémentaires apportent ce document ?

→

À la lecture de ce document, quelle décision anticipée doit être prise ?

→

Pourquoi le total de la balance âgée ne correspond pas au total de l'échéancier ?

→

→ Les ratios de rotation des fournisseurs

Mission 5 Dans le Grand-livre des comptes de la société Duvivier au 31/12/N, on a extrait les informations suivantes :

Comptes de la comptabilité générale			
401000 : 52 103 €	403000 : 2 400 €	404000 : 6 790 €	409100 : 560 €
601000 : 56 580 €	607000 : 612 698 €	609100 : 3 652 €	609700 : 25 960 €
610000 : 44 850 €	620000 : 103 050 €		

***NB** : par mesure de simplification, toutes les charges sont soumises au taux de TVA normal.*

Ratio de durée crédit fournisseur →

(en jours) →

Les quatre années précédentes, les ratios de durée de crédit fournisseur étaient les suivants :

N-4 : 15 jours	N-3 : 18 jours	N-2 : 22 jours	N-1 : 25 jours

Comment analysez-vous le ratio de crédit fournisseur de l'année N ?

→

→ Incidents de paiement liés aux effets de commerce

Mission 8 Simulez dans le journal des opérations diverses de la société Camus les opérations suivantes liées à celles que vous avez comptabilisées pour la société Duvivier (scénario 6).

- Le 20/09/N, la société Camus a prévenu l'entreprise Duvivier qu'elle ne pourrait pas régler sa LCR papier (LCR n° 224) de 2 400 € à échéance du 30/09/N.
- Le 21/09/N, l'entreprise Duvivier a annulé l'effet (LCR n° 224) et a adressé à la société Camus une nouvelle LCR papier (LCR 231) à échéance du 31/10/N dont le nominal est augmenté des frais postaux (5 €) et des intérêts de retard au taux de 15 %.

Ligne	Date	Journal	N° compte général	N° compte de tiers	Intitulés des comptes/ Libellés des opérations	Débit	Crédit
1	21/09/N	OD					
2							
3					*Annulation LCR n° 224*		
4	21/09/N	OD				❶	
5							
6							
7							
8					*Création LCR n° 231*		
					Totaux		
❶							

Mission 9 Simulez l'enregistrement dans l'hypothèse où la LCR serait magnétique.

Ligne	Date	Journal	N° compte général	N° compte de tiers	Intitulés des comptes/ Libellés des opérations	Débit	Crédit
1	21/09/N	OD					
2							
3							❶
4					*Imputation des frais relatifs à la LCR n° 231*		
					Totaux		
❶							

1.5.3 Mise en évidence et traitement des anomalies dans le processus achat
1.5.5 Gestion des échéances relatives aux règlements des fournisseurs
1.7.1 Présentation des caractéristiques de l'organisation du processus « Contrôle et traitement des opérations commerciales »
1.7.2 Analyse du processus « Contrôle et traitement comptable des opérations commerciales »

Pointage et lettrage des comptes fournisseurs

Le lettrage individuel des comptes fournisseurs permet de rapprocher le ou les règlements effectués à une ou plusieurs factures (ou avoirs) envoyés par nos fournisseurs afin d'analyser le solde à payer et les échéances correspondantes.

La technique est identique à celle du lettrage des comptes clients, les opérations non lettrées concernent soit des factures restant à régler, soit des oublis, soit des erreurs.

Le lettrage automatique du compte général fournisseur est très rapide mais comporte de nombreux inconvénients car :

- les règlements réalisés ne mentionnent pas obligatoirement les factures correspondantes ;
- les fournisseurs peuvent parfois accorder des escomptes conditionnels dont les règlements ont tenu compte alors que la facture d'avoir n'a pas encore été reçue ;
- des procédures de virement automatique périodique peuvent être mises en place et ne pas correspondre exactement aux factures dues.

Une bonne organisation du suivi des dettes passe donc par :

- un suivi individuel des comptes fournisseurs (Grand-livre des tiers) ;
- l'élaboration et l'analyse de la balance âgée (pour déterminer les factures échues et non réglées) ;
- l'étude et l'analyse de l'échéancier fournisseur (pour anticiper sur les sorties de trésorerie à prévoir).

Ratios de rotation des fournisseurs

Le décalage existant entre la sortie de trésorerie liée à l'achat (décaissement) et l'opération d'achat se nomme le délai de crédit fournisseur. Plus ce délai sera important, plus l'entreprise améliorera son BFRE (Besoin en Fonds de Roulement d'Exploitation). Il peut être calculé de la façon suivante :

Ratio de durée	Numérateur	Dénominateur
→ du crédit fournisseur	+ Solde des comptes fournisseurs (401000 + 403000) - Avances fournisseurs (409100)	Achats et charges externes TTC

***NB** : le résultat est multiplié par 360, pour l'avoir en jours.*

Représentations graphiques

L'outil graphique d'un tableur va permettre de mettre en évidence les indicateurs choisis par la société : ventilation des achats par articles, par fournisseurs, évolution des ratios (dans le temps pour l'entreprise ou par rapport à la branche d'activité)…

Suivi des règlements par effet de commerce

L'échéancier permet à la fois de connaître les échéances relatives au compte fournisseur (401000) mais également à celles du compte « 403000 – Fournisseurs, effets à payer ».

Il permet donc de connaître à l'avance les dates auxquelles il faudra prévoir une trésorerie suffisante pour respecter ces échéances.

	401000 - Fournisseurs		403000 - Fournisseurs, effets à payer		404000 - Fournisseurs d'immobilisations		405000 - Fournisseurs d'immobilisations, effets à payer	
1. Création des LCR papiers	A			A	B			B

Suivi comptable

L'enregistrement comptable des LCR papier correspond aux opérations réciproques de celles réalisées chez le fournisseur. Toutefois, leurs négociations et la mobilisation des créances (remise à l'escompte ou à l'encaissement, CMCC, affacturage, Dailly…) n'entraînent aucune écriture chez le client.

NB *: la création d'une LCR magnétique n'entraîne aucune écriture chez le client (seules les opérations d'achat et de règlement à l'échéance sont enregistrées).*

Incidents de paiement liés aux LCR

En cas de non-respect de l'échéance de la LCR. Deux cas peuvent être envisagés :

- soit le tireur accepte la demande de renouvellement de l'échéance (c'est-à-dire la création d'une nouvelle LCR à échéance plus lointaine) ;
- soit le tiré refuse de régler la LCR, on parle d'impayés.

Renouvellement des LCR papier

Étapes de travail :

- Annulation de la première LCR
- Création d'une nouvelle LCR papier reprenant : le nominal de la 1re LCR papier, les intérêts de retard (calculés sur la durée séparant la date d'échéance de l'ancienne LCR papier et la date d'échéance de la nouvelle LCR papier) et éventuellement d'autres frais récupérés (frais postaux,…).

	403000 - Fournisseurs, effets à payer		401000 - Fournisseurs	
1. Annulation de la 1re LCR papier	X			X

	401000 - Fournisseurs		661810 - Intérêts des dettes commerciales		626000 - Frais postaux et de télécom.		403000 - Fournisseurs, effets à payer	
2. Création d'une nouvelle LCR papier	X		Y		Z			X+Y+Z

Remarque *: si la LCR est magnétique, l'enregistrement est plus simple car l'annulation du 403000 n'est plus requise.*

Traitement des impayés

Plusieurs situations sont possibles :

1re hypothèse : Un accord à l'amiable est trouvé et la technique comptable correspond à celle du renouvellement d'échéance (imputation des frais, intérêts de retard et création d'une nouvelle LCR à échéance plus lointaine).

2e hypothèse : Aucun accord n'est trouvé.

→ Chez le tireur, les frais liés à l'impayé sont imputés au compte du tiré et une poursuite judiciaire peut être envisagée.

→ Chez le tiré, aucun enregistrement n'est réalisé dans l'attente des conclusions de la poursuite judiciaire.

OISY 6

Saisie des règlements - Lettrage des dettes - Paramétrage de la déclaration de TVA (PGI)

1.2.2 Tenue et suivi des dossiers fournisseurs : du contrôle de la commande au contrôle du règlement
1.5.5 Gestion des échéances relatives aux règlements des fournisseurs
1.7.1 Présentation des caractéristiques de l'organisation du processus « Contrôle et traitement des opérations commerciales »
1.7.2 Analyse du processus « Contrôle et traitement comptable des opérations commerciales »
3.2.1 Préparation de la déclaration de TVA
3.2.2 Établissement, contrôle et transmission de la déclaration de TVA
7.3.2 Participation à l'évolution du système d'information

Missions

→ À l'aide du progiciel de gestion intégré, du fichier relatif à la société « OISY_XX » et de l'annexe :

Dans le module comptable :

- **ouvrez la société « OISY XX » (avec XX pour vos initiales) et saisissez les écritures des règlements faits aux fournisseurs (annexe) ;**
- **imprimez le brouillard de banque (BQ1) pour septembre N et la balance des comptes au 30 septembre N (complète, de base et sans sous-totaux).**

Afin d'assurer un suivi cohérent des comptes fournisseurs, il vous est demandé de réaliser les tâches suivantes :

- **effectuez le lettrage automatique des comptes fournisseurs pour la période : 1er septembre N – 30 septembre N ;**
- **imprimez la balance des fournisseurs au 30 septembre N ;**
- **imprimez la balance âgée : situation au 30 septembre N, d'après la date d'échéance avec des délais de 15, 30 et 45 jours ;**
- **expliquez pourquoi un des comptes fournisseurs a un solde débiteur.**

Puis pour terminer le dossier :

- **paramétrez, si possible, la déclaration de TVA puis imprimez l'état préparatoire et la CA3 (CERFA) de septembre N (*ne pas mettre à jour la comptabilité*).**

version BiMédia

« Oisy_MOP_Compta_Sage »
« Oisy_MOP_Compta_SagePGI »
« Oisy_MOP_Gescom_Sage »
« Oisy_MOP_Gescom_SagePGI »
« Oisy_Procedures compta_Cegid.pdf »
« Oisy_Procedures gescom_Cegid.pdf »
« Oisy_Procedures compta_Ebp.pdf »
« Oisy_Procedures gescom_Ebp.pdf »
« Oisy_Procedures lettrage_SagePGI.pdf »

Annexe - *Règlements faits aux fournisseurs (compte de trésorerie : CIC)*

Dates	Modes de règlements	Montants	Fournisseurs
18/09	Virement n° 613 458	373,75 €	ABC Chocolat
20/09	Chèque bancaire n° 613 461	984,00 €	Trésor Public (TVA d'août)
27/09	Chèque bancaire n° 613 466	149,43 €	Confiserie SA
30/09	Lettre de change n° 127 (échue)	7 415,20 €	Délices SARL
30/09	Chèque bancaire n° 613 471	527,74 €	Pro Chocolat
30/09	Chèque bancaire n° 613 472	65,10 €	Chocolat de France

***NB** : Ne pas oublier d'enregistrer les acomptes versés aux fournisseurs avant le 15/09/N :*

07/09/N : Pro Chocolat : 200,00 €
12/09/N : Délices SARL : 150,00 €
12/09/N : Confiserie SA : 100,00 €

BTS comptabilité et gestion Session : Sous-épreuve E42 : FICHE DE SITUATION PROFESSIONNELLE

CANDIDAT(E)	**Nom et prénom :** **Matricule :**

DESCRIPTION DE LA SITUATION PROFESSIONNELLE *(Notamment à partir des situations professionnelles inscrites dans le passeport professionnel du candidat)*
Identification de la situation professionnelle dans le passeport : **Fiche SP1 - Société OISY (1-2-3-4-5-6)** Période de réalisation : Modalité de réalisation : **En autonomie pendant la formation dans l'établissement**
Intitulé de la situation professionnelle : **Société OISY : Paramétrage du PGI (module comptable et de gestion commerciale)**
Problème de gestion : **La principale mission est l'informatisation de la gestion commerciale et de la comptabilité sur les différents modules d'un PGI.** **À la base, vous disposez de multiples informations relatives à la deuxième quinzaine du mois de septembre.** **L'entreprise « OISY » a été créée le 1er septembre 1990. Après un développement rapide et l'ouverture de plusieurs agences, l'entreprise s'est transformée en une SA et a ouvert d'autres succursales.** **Ces dernières années, la croissance est telle que la société se doit de revoir toute son organisation comptable afin d'optimiser sa gestion quotidienne.**
Conditions de réalisation : (ressources, organisation du travail, contraintes, démarche...) : **Ressources logicielles : PGI (module comptable, module de gestion commerciale)** **Fichiers mis à disposition : Base de données « Oisy » / Oisy-articles.txt / fichiers modèles (facture, bon de commande, avoir, lettre de rappel, bon d'entrée).** **Travaux individuels sur 3 séances de 3 heures.**
Productions réalisées : **- état des mouvements d'entrée ;** **- liste des comptes de tiers ;** **- factures de vente et factures d'avoir clients pour septembre ;** **- brouillards des à nouveau, de vente, de banque (CIC) et d'achat de septembre ;** **- balance des tiers (clients et fournisseurs) au 30/09 (après lettrage) ;** **- balance âgée des clients et des fournisseurs au 30/09 ;** **- lettre de rappel au client Szymanski ;** **- déclaration de TVA du mois de septembre.**

Activités réalisées dans la situation professionnelle :	**Cocher**
7.1. Rechercher des informations	
7.2. Gérer les informations de l'organisation	
7.3. Contribuer à la qualité du système d'information	**X**
Indiquer les références des activités concernées pour les processus P1 à P4 : **1.2. Contrôle des documents commerciaux** **1.3. Enregistrement et suivi des opérations comptables relatives aux clients** **1.4. Production de l'information relative au risque client** **1.5. Enregistrement et suivi des opérations relatives aux fournisseurs** **3.2. Traitement des opérations relatives à la TVA**	

ANALYSE	
Analyse de la situation	
Contribution de la situation professionnelle à la professionnalisation	

FRESSAIN

Vérification d'un avoir et lettrage d'un compte fournisseur

1.5.2 Vérification et validation des factures d'achat de bien, de service
1.5.3 Mise en évidence et traitement des anomalies dans le processus achat
1.5.4 Enregistrement des factures d'achat de bien, de service
1.7.1 Présentation des caractéristiques de l'organisation du processus « Contrôle et traitement des opérations commerciales »
1.7.2 Analyse du processus « Contrôle et traitement comptable des opérations commerciales

Les dirigeants de la **SA FRESSAIN** vous ont embauché récemment dans leur service comptabilité. La première tâche qui vous est dévolue est le suivi des comptes fournisseurs.

Un compte individuel fournisseur vous pose particulièrement des difficultés.

L'activité de la SA FRESSAIN repose sur la commercialisation au détail de systèmes de fermeture.

Vous disposez des informations suivantes pour résoudre les difficultés rencontrées :
- **annexe 1** : Facture d'avoir n° AV-7132 reçue du fournisseur Cluzy et post-it de votre collaborateur comptable (Pierre) ;
- **annexe 2** : Barème des ristournes annuelles appliquées par le fournisseur Cluzy ;
- **annexe B** : Compte « 9CLUZY : Fournisseur Cluzy » à compléter et à lettrer.

***NB :** Le fournisseur Cluzy est spécialisé dans la vente en gros de serrures.*

Missions

1 - **Vérifiez le montant de la ristourne calculée dans la facture d'avoir n° AV-7132 (annexes 1 et 2).**

2 - **Comptabilisez dans le bordereau d'imputation comptable de la SA Fressain (annexe A) la facture d'avoir n° AV-7132.**

3 - **Complétez le compte « 9CLUZY : Fournisseur Cluzy » (annexe B).**

4 - **Lettrez le compte « 9CLUZY : Fournisseur Cluzy » (annexe B).**

version BiMédia « Fressain_Eleve.xls »

Annexe 1 - Facture d'avoir n° AV-7132

Avoir à vérifier :
Contacter le fournisseur Cluzy,
je ne suis pas certain
que le montant de l'avoir
soit correct, selon moi
la ristourne aurait dû être de :
477,00 € HT
19 080,00/1,20 x 3 %
07/01/N+1
Pierre

SA CLUZY Serrures
40, route d'Avermes
03000 MOULINS

Reçu le 06/01/N+1

Non comptabilisé

AVOIR : SA FRESSAIN
104 avenue du Parc
59500 DOUAI

Le 04/01/N+1

AVOIR N° AV-7132

Réf.	Libellé	Qté	Prix HT	Total
RRR	Ristourne annuelle pour l'année N : CA TTC N : 19 080,00	1	302,00	302,00
Total de l'avoir HT				302,00
TVA (TN)				60,40
Net à déduire				362,40

Annexe 2 - *Barème des ristournes annuelles appliqué par le fournisseur CLUZY*

Tranches de CAHT	Taux appliqué	Conditions
CAHT ≤ 2 500 2 500 < CAHT ≤ 5 000 5 000 < CAHT ≤ 10 000 10 000 < CAHT ≤ 20 000 20 000 < CAHT ≤ 40 000 CAHT > 40 000	0 % 1 % 2 % 3 % 4 % 5 %	La ristourne annuelle est calculée en début d'année suivante sur le chiffre d'affaires hors taxes de l'année écoulée (TVA au taux normal). Le calcul se fait par tranche.

Annexe A (à compléter) - *Bordereau d'imputation comptable de la SA FRESSAIN*

Ligne	Date	Journal	N° compte général	N° compte de tiers	Libellés des opérations	Débit	Crédit
1							
2							
3							
4							
5							
					Totaux		

Annexe B (à compléter et à lettrer) - *Compte « 9CLUZY – Fournisseur CLUZY »*

Date	Libellés	L	Débit	Crédit	Solde
01/01/N	Solde à nouveau			6 552,25	6 552,25
06/01/N	Avoir n° AV-7013 – Ristourne annuelle N-1		347,15		6 205,10
15/01/N	Règlement – virement n° 2458		3 127,50		3 077,60
15/02/N	Règlement – virement n° 2484		3 077,60		0,00
07/03/N	Facture n° 7024 – Cylindres KEK Genie Bouton			2 354,80	2 354,80
19/03/N	Avoir n° AV-7024 – Retour cylindres défectueux		98,75		2 256,05
24/03/N	Avoir n° AV-7024B – Rabais supplémentaire		117,74		2 138,31
30/04/N	Règlement – virement n° 2512		2 138,31		0,00
14/06/N	Facture n° 7071 – Béquilles version stand alone			6 845,52	6 845,52
18/07/N	Facture n° 7084 – Gâches à mortaiser réversibles			4 525,55	11 371,07
27/07/N	Avoir n° AV-7071 – Remise contractuelle omise		136,91		11 234,16
31/07/N	Règlement – virement n° 2540		6 708,61		4 525,55
22/08/N	Facture n° 7092 – Cylindres JPM KESO 4000 S			3 313,35	7 838,90
31/08/N	Règlement – virement n° 2552		4 525,55		3 313,35
30/09/N	Règlement – virement n° 2561		3 313,35		0,00
08/12/N	Facture n° 7131 – Cylindres JPM 5 pistons			2 741,33	2 741,33
31/12/N	Totaux		23 591,47	26 332,80	2 741,33
06/01/N+1	Avoir n° AV-7132 – Ristourne annuelle				

MARCHIENNES

Analyse du poste fournisseur (lettrage, balance âgée, échéancier)

- 1.5.3 Mise en évidence et traitement des anomalies dans le processus achat
- 1.5.5 Gestion des échéances relatives aux règlements des fournisseurs
- 1.7.1 Présentation des caractéristiques de l'organisation du processus « Contrôle et traitement des opérations commerciales »
- 1.7.2 Analyse du processus « Contrôle et traitement comptable des opérations commerciales »

La société **MARCHIENNES** est une imprimerie à grand tirage (journaux, revues, magazines, etc.).
Le chef d'atelier gère les opérations relatives aux achats.
La direction vous charge du suivi comptable des comptes fournisseurs et vous disposez pour ce faire :

- de la balance âgée des fournisseurs au 30/06/N (**annexe 1**) ;
- du Grand-livre des fournisseurs au 30/06/N (**annexe 2**).

Votre direction vous demande d'établir un rapport relatif au traitement de ces documents en faisant ressortir les points qui vous semblent importants de traiter.

Mission

➜ **Établissez un rapport à destination de votre direction reprenant les divers points à traiter.**

Annexe 1 - Balance âgée au 30/06/N

Société MARCHIENNES 11 Square du Chatelier 59000 LILLE		**Balance âgée** D'après date d'échéance Sur la date la plus lointaine			Période du : au : Situation au : Tenue de compte :		01/01/N 30/06/N 30/06/N EURO
PGI module comptable		Date de tirage : 01/07/N à 8:07:22					Page 1
N° de compte	**Intitulés des comptes**	**Solde du compte**	**Solde non échu**	**De 1 à 30 jours**	**De 31 à 60 jours**	**De 61 à 90 jours**	**Plus de 90 jours**
401000	**Fournisseurs**						
9ALIBE	ALIBERT Papier	2 172,00	2 172,00				
9BOUYG	BOUYGUES Télécom	960,00		960,00			
9DERNA	DERNAL Encres	1 776,00			1 776,00		
9KODAK	KODAK Matériels photos	5 310,00			5 310,00		
9LIBRA	LIBRARY Matériel	4 224,00		4 224,00			
9PAPER	PAPERMIND Incorporation	3 450,00	3 030,00		420,00		
9SERGE	SA SERGE (détergents)	1 075,20					1 075,20
9TELNU	TELNUMERIS (numérique)	1 182,00	1 068,00			114,00	
Total C. général	**401000**	**20 149,20**	**6 270,00**	**5 184,00**	**7 506,00**	**114,00**	**1 075,20**
	Totaux	**20 149,20**	**6 270,00**	**5 184,00**	**7 506,00**	**114,00**	**1 075,20**
	% Période		**31,12 %**	**25,73 %**	**37,25 %**	**0,57 %**	**5,33 %**

Remarques

- *En N-1, 40 % des dettes fournisseurs étaient en dépassement des échéances.*
- *Nos fournisseurs nous relancent généralement au bout de 30 jours de dépassement. Les dépassements excédant 2 mois sont souvent synonymes de contentieux et de frais non négligeables.*

Annexe 2 - *Grand-livre des fournisseurs au 30/06/N*

SOCIÉTÉ MARCHIENNES Imprimerie industrielle 11, square du Chatelier 59000 LILLE			**Grand-livre des tiers** Fournisseurs		Période du : 01/01/N au : 30/06/N Tenue de compte : EURO		
PGI module comptable			Date de tirage : 01/07/N		à 08:08		Page : 1
Date	**J^al^**	**N° pièce**	**Libellé écriture**	**Lett.**	**Mouvement débit**	**Mouvement crédit**	**Solde progressif**
9ALIBE		**ALIBERT Papier**					
2601N	HA	4763	Achat papier rotative (45JFM)			2 232,00	- 2 232,00
1102N	HA	4781	Achat papier rotative (45JFM)			1 848,00	- 4 080,00
3103N	BQ		Chèque n° SG 1785		4 080,00		0,00
2005N	HA	4986	Achat papier rotative (45JFM)			2 172,00	- 2 172,00
Total compte 9ALIBE			**Du 0101N au 3006N**		**4 080,00**	**6 252,00**	**- 2 172,00**
9BOUYG		**BOUYGUES Télécom**					
1501N	HA	01/N/117	Abonnement téléphonie internet 15/01-15/03			960,00	- 960,00
1502N	BQ		Prélèvement automatique Société Générale		960,00		0,00
1503N	HA	03/N/124	Abonnement téléphonie internet 15/03-15/05			960,00	- 960,00
1504N	BQ		Prélèvement automatique Société Générale		960,00		0,00
1505N	HA	05/N/131	Abonnement téléphonie internet 15/05-15/07			960,00	- 960,00
Total compte 9BOUYG			**Du 0101N au 3006N**		**1 920,00**	**2 880,00**	**- 960,00**
9DERNA		**DERNAL Encres**					
0101N	RAN		Solde initial			1 848,00	- 1 848,00
0301N	BQ		Chèque n° SG 1321		616,00		- 1 232,00
3101N	BQ		Échéance LCR magnétique n° 337		1 232,00		0,00
1503N	HA	897	Achat encres pour impression			5 532,00	- 5 532,00
2003N	BQ		Chèque n° SG 1751		1 844,00		- 3 688,00
0404N	HA	924	Achat encres pour impression			2 664,00	- 6 352,00
0804N	BQ		Chèque n° SG 1799		888,00		- 5 464,00
3004N	BQ		Échéance LCR magnétique n° 354		3 688,00		- 1 776,00
Total compte 9DERNA			**Du 0101N au 3006N**		**8 268,00**	**10 044,00**	**- 1 776,00**
9KODAK		**KODAK Matériels photos**					
1504N	HA	2254	Achat matériel photo numérique (30J nets)			5 310,00	- 5 310,00
Total compte 9KODAK			**Du 0101N au 3006N**			**5 310,00**	**- 5 310,00**
9LIBRA		**LIBRARY Matériel**					
1205N	HA	741	Achat matériel US (30J nets)			6 120,00	- 6 120,00
1505N	HA	A741	Retour matériel US défectueux		1 896,00		- 4 224,00
Total compte 9LIBRA			**Du 0101N au 3006N**		**1 896,00**	**6 120,00**	**- 4 224,00**
9PAPER		**PAPERMIND Incorporation**					
1103N	HA	1144	Achat papier glacé magazine (30JFM le 10)			420,00	- 420,00
1406N	HA	1168	Achat papier glacé magazine (30JFM le 10)			3 030,00	- 3 450,00
Total compte 9PAPER			**Du 0101N au 3006N**			**3 450,00**	**- 3 450,00**
9SERGE		**SA SERGE (détergents)**					
0101N	RAN		Solde initial			1 075,20	- 1 075,20
Total compte 9SERGE			**Du 0101N au 3006N**			**1 075,20**	**- 1 075,20**
9TELNU		**TELNUMERIS (numérique)**					
2201N	HA	56985	Achat fournitures numériques (60J nets)			4 332,00	- 4 332,00
2901N	HA	A56985	Retour emballages (palettes)		384,00		- 3 948,00
3101N	HA	A56985B	Rabais supplémentaire de 5 %		197,40		- 3 750,60
2502N	HA	57011	Achat fournitures numériques (60J nets)			3 894,00	- 7 644,60
2203N	BQ		Chèque n° SG 1757		3 750,60		- 3 894,00
2504N	BQ		Chèque n° SG 1824		3 780,00		- 114,00
0505N	HA	57045	Achat fournitures numériques (60J nets)			1 068,00	- 1 182,00
Total compte 9TELNU			**Du 0101N au 3006N**		**8 112,00**	**9 294,00**	**- 1 182,00**
				Totaux	**24 276,00**	**44 425,20**	**- 20 149,20**

RIEULAY

Calculs de ratios de crédit fournisseur - Graphiques

1.5.3 Mise en évidence et traitement des anomalies dans le processus achat
1.5.5 Gestion des échéances relatives aux règlements des fournisseurs
1.7.1 Présentation des caractéristiques de l'organisation du processus « Contrôle et traitement des opérations commerciales »
1.7.2 Analyse du processus « Contrôle et traitement comptable des opérations commerciales »

L'entreprise **RIEULAY** est une épicerie ouverte 7 jours sur 7, 24 heures sur 24.

Divers fournisseurs composent son portefeuille tiers.

Vous avez extrait du PGI, les comptes d'achats et de charges externes (ventilés par taux) pour les huit fournisseurs les plus importants de cette entreprise (fournisseurs dont le montant total des achats et charges externes annuels dépasse 40 000 € HT).

Comptes d'achats et de charges externes ventilés par fournisseur								
Nom du fournisseur	N° compte de tiers	607100	607200	607300	615100	615200	623000	Montant total
		TR	TI	TN	TI	TN	TN	
Ali Fruits	9ALIFR	51 000,00						
Frigitout	9FRIGI	30 300,00	11 826,00	45 105,00				
Gaspard Boissons	9GASPA	31 036,80		69 079,20				
Henri SA	9HENRI				29 400,00	18 960,00		
Karl Boulangerie	9KARLB	22 383,00	31 047,60					
Oscar traiteur	9OSCAR	43 906,80	30 831,60					
Publicis Arras	9PUBLI						48 600,00	
Tarik Alimentaire	9TARIK	22 293,60		29 835,60				
							Montant moyen	

Nom du fournisseur	N° compte de tiers	En-cours au 31/12/N	Ratios en jours	
			Achats TTC	Ratios
Ali Fruits	9ALIFR	5 978,40		
Frigitout	9FRIGI	7 983,60		
Gaspard Boissons	9GASPA	13 812,00		
Henri SA	9HENRI	8 722,80		
Karl Boulangerie	9KARLB	5 936,40		
Oscar traiteur	9OSCAR	8 469,60		
Publicis Arras	9PUBLI	2 916,00		
Tarik Alimentaire	9TARIK	9 558,00		
			Ratio moyen	

TVA
Taux Normal (TN)
Taux Intermédiaire (TI)
Taux Réduit (TR)

Missions

1 - Calculez le montant total des achats et charges externes par fournisseur ainsi que le montant moyen des achats et charges externes. Faites un graphique (secteur 3D) faisant ressortir le fournisseur le plus important.

2 - Complétez le reste du tableau (calcul des ratios). Faites un graphique (histogramme 3D) des ratios par fournisseur en faisant ressortir les fournisseurs pour lesquels les délais semblent trop importants.

3 - Avec quels fournisseurs pourrions-nous négocier pour améliorer la situation de notre trésorerie ?

version Média « Rieulay_Eleve.xls »

Scénario 13 Le suivi des comptes bancaires

- **1.6.1** Pointage des relevés et des comptes bancaires
- **1.6.2** Réalisation d'un état de rapprochement
- **1.6.3** Enregistrement des écritures de régularisation suite au rapprochement bancaire
- **1.7.1** Présentation des caractéristiques de l'organisation du processus « Contrôle et traitement des opérations commerciales »
- **1.7.2** Analyse du processus « Contrôle et traitement comptable des opérations commerciales »

Contexte général DUVIVIER :

Salarié dans le service comptable de la société Duvivier, vous devez analyser les comptes de trésorerie de l'entreprise et procéder au rapprochement bancaire.

Mission de veille :

Mettre à jour votre veille comptable sur les thèmes suivants :

- Enregistrement des flux financiers
- Virements internes
- Escompte hors facture
- Logiciel de récupération bancaire
- État de rapprochement bancaire

→ Documents comptables de la société Duvivier

CRÉDIT MUTUEL DU NORD

Date : 03/05/N

Bénéficiaire :
Société DUVIVIER

Solde précédent :

Montant : 904,30

Nouveau solde :

Chèque n° 458966

CRÉDIT MUTUEL DU NORD

Crédit Mutuel – LA banque à qui parler

€ 904,30

PAYEZ CONTRE CE CHÈQUE NON ENDOSSABLE
sauf au profit d'une banque ou d'un organisme visé par la loi

Neuf cent quatre euros et trente centimes

À la société DUVIVIER

PAYABLE À
CRÉDIT MUTUEL DU NORD
Agence de LENS
22, rue des mineurs 62300 LENS
45582/11269/00075148625/41

À Lens Le 3 mai N

SARL STÉPHANE
177, Bd Frédéric Martin
62300 LENS

Stéphane

Chèque N°
458966

SOCIÉTÉ GÉNÉRALE — REMISE DE CHÈQUES EN EUROS

Signez et inscrivez votre identifiant de compte au verso de chaque chèque. Sauf preuve contraire, la preuve du débit résulte de l'inventaire ultérieur réalisé par la Société Générale.

Date : 06/05/N
N° de bordereau : 01/337

Émetteur du chèque et banque	Montant
SARL Stéphane - Crédit Mutuel du Nord	904,30 €

Titulaire du compte : Société DUVIVIER 10, rue Doumergue 59500 DOUAI

Banque	Guichet	Numéro de compte	Clé	Nombre de chèques	Montant total en euros
17304	04158	00032589550	93	1	**904,30 €**

Agence de Douai
66, rue Saint-Jacques
59500 DOUAI

SA DUVIVIER
10, rue Doumergue
59500 DOUAI

Compte n° 17304/04158/00032589550/93

AVIS DE CRÉDIT n° 503				
Date	Nature des opérations	Valeur	Débit	Crédit
08/05/N	Encaissement du chèque n° CM 458966	08-mai		904,30
	NET PORTÉ À VOTRE COMPTE			**904,30**

Agence de Douai
66, rue Saint-Jacques
59500 DOUAI

SA DUVIVIER
10, rue Doumergue
59500 DOUAI

Compte n° 17304/04158/00032589550/93

AVIS DE CRÉDIT n° 564				
Date	Nature des opérations	Valeur	Débit	Crédit
20/05/N	Encaissement carte bancaire SA Christophe	20-mai		414,07
20/05/N	Commission d'encaissement exonérée	20-mai	2,07	
	NET PORTÉ À VOTRE COMPTE			**412,00**

SOCIÉTÉ GÉNÉRALE — BORDEREAU DE REMISE D'ESPÈCES

Quantités	Type	Unité	Montant
20	Pièce	2,00 €	40,00 €
20	Pièce	1,00 €	20,00 €
20	Pièce	0,50 €	10,00 €
80	Pièce	0,20 €	16,00 €
20	Pièce	0,10 €	2,00 €
10	Pièce	0,05 €	0,50 €
50	Pièce	0,02 €	1,00 €
50	Pièce	0,01 €	0,50 €

Quantités	Type	Unité	Montant
	Billet	500,00 €	- €
1	Billet	200,00 €	200,00 €
3	Billet	100,00 €	300,00 €
5	Billet	50,00 €	250,00 €
4	Billet	20,00 €	80,00 €
3	Billet	10,00 €	30,00 €
10	Billet	5,00 €	50,00 €

Date : 05/05/N
N° de bordereau : 02/524

Titulaire du compte : Société DUVIVIER 10, rue Doumergue 59500 DOUAI

Banque	Guichet	Numéro de compte	Clé
17304	04158	00032589550	93

Montant total en euros : 1 000,00 €

Agence de Douai
66, rue Saint-Jacques
59500 DOUAI

SA DUVIVIER
10, rue Doumergue
59500 DOUAI

Compte n° 17304/04158/00032589550/93

AVIS DE CRÉDIT n° 496				
Date	Nature des opérations	Valeur	Débit	Crédit
05/05/N	Encaissement d'espèces	05-mai		1 000,00
	NET PORTÉ À VOTRE COMPTE			**1 000,00**

→ Chèques en caisse et chèques à encaisser

Mission 1 Comptabilisez dans les journaux adéquats de la société Duvivier les documents présentés ci-avant en tenant compte des informations suivantes.

➤ Réception le 04/05/N du chèque n° CM 458966 pour le règlement d'une vente de matériels électriques réalisée le 02/05/N au client Stéphane (facture n° 924 - TVA au taux normal).

Ligne	Date	Journal	N° compte général	N° compte de tiers	Intitulés des comptes/ Libellés des opérations	Débit	Crédit
1	02/05/N	VTE					
2							❶
3							❷
4					*Facture n° 924 à Stéphane*		
5	04/05/N	OD					
6							
7					*Chèque n° CM 458966 de Stéphane*		
8	06/05/N	OD					
9							
10					*Bordereau de remise de chèque n° 01/337*		
11	08/05/N	BQ1					
12							
13					*Avis de crédit n° 503*		
					Totaux		
❶			❷				

→ Règlement par cartes bancaires

Mission 2 Comptabilisez dans les journaux adéquats de la société Duvivier les documents présentés ci-avant en tenant compte des informations suivantes.

➢ Le 20/05/N : Facture n° 997 à la SA Christophe pour une vente d'ampoules électriques pour 345,06 € HT – TVA au taux normal. Le règlement est immédiat par carte bancaire.

La banque prévient l'entreprise que son compte a été alimenté sous déduction d'une commission de 0,50 % exonérée de TVA (avis de crédit n° 564 reçu le 22/05/N).

Ligne	Date	Journal	N° compte général	N° compte de tiers	Intitulés des comptes/ Libellés des opérations	Débit	Crédit
1	20/05/N	VTE				❶	
2							
3							❷
4					*Facture n° 997 à Christophe*		
5	20/05/N	OD					
6							
7					*Règlement par carte bancaire*		
8	22/05/N	BQ1				❹	
9						❸	
10							
11					*Avis de crédit n° 564*		
					Totaux		
❶			❷		❸ ❹		

→ Virements entre les comptes de trésorerie

Mission 3 Comptabilisez dans les journaux adéquats de la société Duvivier les documents présentés ci-avant en tenant compte des informations suivantes.

➢ Le 05/05/N, dépôt de 1 000 € en espèces sur le compte bancaire de la Société Générale (Bordereau de remise d'espèces n° 02/524, avis de crédit n° 496).

Ligne	Date	Journal	N° compte général	N° compte de tiers	Intitulés des comptes/ Libellés des opérations	Débit	Crédit
1	05/05/N	CAIS					
2							
3					*Bordereau de remise d'espèces n° 02/524*		
4	05/05/N	BQ1					
5							
6					*Avis de crédit n° 496*		
					Totaux		

→ Escompte conditionnel

Mission 4 Comptabilisez dans les journaux adéquats de la société Duvivier les documents présentés ci-avant en tenant compte des informations suivantes.

- **23/05/N : Facture n° 999 à la société Aimez, ventes de câbles électriques pour 1 068,51 € TTC (condition de règlement : virement bancaire à 30 jours fin de mois avec escompte de 2,50 % en cas de règlement sous huitaine) ; TVA au taux normal.**
- **26/05/N : Règlement de la société Aimez par chèque n° BP 589369.**

Votre collaborateur du service comptable n'a pas utilisé les comptes « chèques en caisse » et « chèques à encaisser ».

Ligne	Date	Journal	N° compte général	N° compte de tiers	Intitulés des comptes/ Libellés des opérations	Débit	Crédit
1	23/05/N	VTE					
2							❶
3							❷
4					*Facture n° 999 à la société Aimez*		
5	26/05/N	BQ1				❺	
6						❸	
7						❹	
8							
9					*Chèque n° BP 589369 de la société Aimez*		
					Totaux		

❶ ❷ ❺
❸ ❹

La somme de 1 041,80 € n'apparaît pas sur le relevé bancaire envoyé par la Société Générale alors que le chèque a été reçu par la société Duvivier et enregistré dans sa comptabilité. Pourquoi ?

→

→ Pointage des relevés et des comptes bancaires

• **Relevé du compte ouvert par la société DUVIVIER à la Société Générale au 31/05/N :**

SOCIÉTÉ GÉNÉRALE	**Date : 31 mai N** **Compte n° 17304/04158/00032589550/93** **Agence de Douai** **66, rue Saint-Jacques 59500 DOUAI**			
Relevés des opérations bancaires	**Société DUVIVIER** **Votre compte dans nos livres**			
01-05	**Solde créditeur initial**		**7 744,00**	
03-05	Votre chèque n° 11612	595,00		
04-05	Votre chèque n° 11609	122,00		
06-05	Votre versement en espèces		1 000,00	
10-05	Achat d'actions	1 540,00		
10-05	Frais sur achats d'actions	36,00		
11-05	Votre remise de chèques du 08/05		904,30	
14-05	Votre remise à l'escompte (net)		1 653,00	
20-05	Votre chèque n° 11614	950,00		
20-05	Règlement par cartes bancaires à votre ordre		412,00	
22-05	Votre chèque n° 11615	843,80		
25-05	Retour impayé (client Alexandre)	352,00		
25-05	Frais sur retour (client Alexandre)	12,50		
27-05	Votre remise à l'escompte (net)		512,69	
31-05	Commission du mois (sur emprunt)	18,90		
31-05	Intérêts en votre faveur (sur VMP)		31,45	
31-05	**Solde créditeur final**	**7 787,24**		
	Totaux	**12 257,44**	**12 257,44**	

• **Compte « 512100 – Société Générale » dans les livres de la société Duvivier au 31/05/N :**

SA DUVIVIER Ventes et réparations (électricité) 10, rue Doumergue 59500 DOUAI			**Grand-livre des comptes**		Période du : 30/04/N au : 31/05/N Tenue de compte : EURO		
PGI module comptable			Date de tirage : 02/06/N		à 11:04		Page : 1
Date	**Jal**	**N° pièce**	**Libellé écriture**	**Lett.**	**Mouvement débit**	**Mouvement crédit**	**Solde progressif**
512100		**Société Générale**					
3004N	BQ1	1	Solde initial		7 522,00		7 522,00
0205N	BQ1	1	Intérêts reçus sur nos actions		100,00		7 622,00
0305N	BQ1	2	Jérôme, mon chèque 11612			595,00	7 027,00
0505N	BQ1	3	Virement interne		1 000,00		8 027,00
0805N	BQ1	4	Règlement client Stéphane		904,30		8 931,30
1005N	BQ1	5	Achat 10 actions Carrefour			1 540,00	7 391,30
1105N	BQ1	6	Effets remis à l'escompte		1 710,00		9 101,30
1505N	BQ1	7	Agios sur escompte du 11/05			57,00	9 044,30
1605N	BQ1	8	Laurent, mon chèque 11613			435,50	8 608,80
1805N	BQ1	9	Cédric, mon chèque 11614			950,00	7 658,80
2005N	BQ1	10	Raoul, mon chèque 11615			834,80	6 824,00
2205N	BQ1	11	Règlement client Christophe		412,00		7 236,00
2405N	BQ1	12	Effets remis à l'escompte		525,00		7 761,00
2605N	BQ1	13	Règlement client Aimez		1 041,80		8 802,80
2805N	BQ1	14	Sébastien, mon chèque 11616			415,50	8 387,30
Total compte 512100			**Du 3004N au 3105N**				**8 387,30**
			Totaux		**13 215,10**	**4 827,80**	**8 387,30**

Informations complémentaires :

- *Après recherche, la souche du chèque n° 11615 et la facture du fournisseur Raoul confirment que le montant figurant sur le relevé de la banque est exact.*
- *Détail du bordereau d'escompte du 27/05/N : agios TTC : 12,31 € (Intérêts : 10,03 € ; commissions HT : 1,90 € ; TVA sur commissions : 0,38 €).*
- *Lors de la constatation d'un impayé, les frais liés sont automatiquement ajoutés à la créance impayée.*

Mission 5 Réalisez les travaux de rapprochement bancaire du compte Duvivier avec le compte ouvert à la Société Générale pour le mois de mai N.

❶ POINTAGE DES OPÉRATIONS

❷ RECTIFICATION DES ERREURS ET OUBLIS CONSTATÉS

→

→

❸ VÉRIFICATION DE LA CONCORDANCE ENTRE LES SOLDES INITIAUX

Compte DUVIVIER :	Solde initial		
	- Chèque n° 11609		
	Solde initial rectifié		
Compte 512100 :	Solde initial		
	+ Intérêts sur actions		
	Solde initial rectifié		

❹ ÉTAT DE RAPPROCHEMENT

ÉTAT DE RAPPROCHEMENT BANCAIRE				
Compte 512100 « SG » (chez DUVIVIER)		Libellés	Compte DUVIVIER (à la SG)	
Débit	*Crédit*		*Débit*	*Crédit*
		Soldes finaux à rectifier		
		Totaux		
		Soldes finaux rectifiés		

❺ ENREGISTREMENTS COMPTABLES DANS LE JOURNAL DE BANQUE

Ligne	Date	Journal	N° compte général	N° compte de tiers	Intitulés des comptes/ Libellés des opérations	Débit	Crédit
1	31/05/N	BQ1					
2							
3							
4						❶	
5						❷	
6						❸	
7						❹	
8							
9					*Selon état de rapprochement*		
10	31/05/N	BQ1					
11							
12					*Selon état de rapprochement*		
					Totaux		

❶ ❷
❸ ❹

❻ VÉRIFICATION DE L'ÉGALITÉ DES NOUVEAUX SOLDES FINAUX

SA DUVIVIER
Ventes et réparations (électricité)
10, rue Doumergue 59500 DOUAI

Grand-livre des comptes

Période du : 28/05/N
au : 31/05/N
Tenue de compte : EURO

PGI module comptable | Date de tirage : 02/06/N | à 11:29 | Page : 1

Date	J^al	N° pièce	Libellé écriture	Lett.	Mouvement débit	Mouvement crédit	Solde progressif
512100		**Banque Société Générale**					
2805N	BQ1		Report au 28/05/N		13 215,10	4 827,80	8 387,30
Total compte 512100			**Du 2805N au 3105N**				
			Totaux				

Solde final du compte « Duvivier » à la Société Générale (selon l'état de rapprochement) :	

- **1.6.1** **Pointage des relevés et des comptes bancaires**
- **1.6.2** **Réalisation d'un état de rapprochement**
- **1.6.3** **Enregistrement des écritures de régularisation suite au rapprochement bancaire**
- **1.7.1** **Présentation des caractéristiques de l'organisation du processus « Contrôle et traitement des opérations commerciales »**
- **1.7.2** **Analyse du processus « Contrôle et traitement comptable des opérations commerciales »**

Règlement par les comptes de trésorerie

Les règlements au comptant donnent lieu à l'utilisation d'un compte de trésorerie, le compte :

- « 530000 Caisse » pour un paiement en espèces
- « 512000 Banques » pour un paiement par chèque, par carte bancaire ou par virement bancaire
- « 514000 Chèques postaux » pour un paiement par chèque postal ou par virement postal

	530000 - Caisse		512000 - Banques		514000 - Chèques postaux		411000 - Clients	
1. Règlements des clients	A		B		C			A+B+C

NB : *l'utilisation du compte 514000 tend à disparaître car la banque postale est considérée comme une véritable banque d'où l'utilisation d'un compte 512000.*

Chèques en caisse et chèques à encaisser

Pour que le compte bancaire tenu par l'entreprise corresponde au mieux à celui tenu par la banque, il est souhaitable de décomposer les étapes de perception du paiement par chèque en trois étapes d'enregistrement :

- réception du chèque ;
- dépôt du chèque à la banque ;
- mise à jour du compte bancaire suite au traitement du chèque.

Ces étapes entraînent l'utilisation du compte « 511200 Chèques à encaisser ». Celui-ci peut être décomposé en deux sous comptes : « 511210 Chèques en caisse » et « 511220 Chèques à encaisser ».

	511210 - Chèques en caisse		411000 - Clients		511220 - Chèques à encaisser		512000 - Banques	
1. Réception du chèque	X			X				
2. Dépôt du chèque à la banque		X			X			
3. Avis bancaire d'encaissement						X	X	

Règlement par cartes bancaires

Les paiements par cartes bancaires engendrent des frais bancaires à la charge du vendeur. Ces commissions sont généralement exonérées de TVA.

Pour séparer, la date de règlement par carte bancaire et la date de l'encaissement net de frais sur le compte bancaire, il est possible d'utiliser le compte « 511500 Cartes de crédit à encaisser ».

	511500 - Cartes de crédit à encaisser		**411000 - Clients**		**627800 - Autres commissions bancaires**		**512000 - Banques**	
1. Paiement en cartes bancaires	X			X				
2. Avis bancaire d'encaissement		X			Y		X-Y	

Virements entre les comptes de trésorerie

Lorsqu'une entreprise réalise un virement entre deux de ses comptes de trésorerie, elle doit utiliser un compte de transfert, le compte « 580000 virements internes » pour que chaque journal auxiliaire puisse faire apparaître la somme correspondant au virement.

	580000 - Virements internes		**530000 - Caisse**		**512000 - Banques**	
1. Sortie d'espèces de la caisse	X			X		
2. Dépôt des espèces à la banque		X			X	

	580000 - Virements internes		**530000 - Caisse**		**512000 - Banques**	
3. Sortie d'espèces de la banque		Y				Y
4. Introduction des espèces en caisse	Y		Y			

Escompte conditionnel

Certaines entreprises, pour inciter leurs clients à régler plus rapidement, proposent des escomptes conditionnels (exemple : « escompte de 2 % en cas de règlement sous huitaine »).

Celui-ci ne se calcule donc pas lors de la facturation mais lors du règlement si la condition est respectée (éventuellement une facture d'avoir peut être établie par le vendeur).

665000 - Escomptes accordés		**411000 - Clients**		**445710 - État, TVA collectée**		**512000 - Banques**	
Y			X	Y x 0,20		X - (Y x 1,20)	

Pointage des relevés et des comptes bancaires

La banque tient elle-même en parallèle le compte de son entreprise cliente. Celui-ci représente le compte « réciproque » du compte banque dans l'entreprise.

La banque adresse périodiquement (par semaine, quinzaine, mois, ou par consultation directe sur Internet) des relevés de compte.

Il peut exister des décalages entre le compte banque tenu par l'entreprise et le compte entreprise tenu par la banque. Ceux-ci sont dus soient à :

- des erreurs ou des oublis à rectifier dans le compte où elles apparaissent ;
- des décalages de saisie à rectifier de façon réciproque.

Pour éviter ces décalages, certaines entreprises (comme les cabinets comptables) enregistrent leurs écritures de trésorerie, dans le journal de banque, directement à partir des relevés de compte envoyés par la banque. Ainsi un seul rapprochement doit être effectué à l'inventaire.

Logiciels de récupération des données bancaires

Des outils informatiques permettent de « scanner » les documents bancaires, de les exporter (télétransmission ou téléchargement) ou de les intégrer directement dans le PGI utilisé par l'entreprise.

Ces logiciels de récupération de données bancaires doivent être parfaitement paramétrés pour obtenir le meilleur transfert de données possible. Toutefois, une analyse détaillée de ces transferts doit être faite pour éviter toute erreur d'imputation.

L'objectif principal de cette « automatisation » est un gain de productivité pour les cabinets comptables chargés de la tenue des comptes bancaires de leurs clients. Il permet :

- d'éviter de réclamer au client ses relevés bancaires ;
- de supprimer la saisie des relevés bancaires ;
- de faciliter l'imputation des comptes ;
- de rentabiliser le dossier ;
- d'attribuer des missions au collaborateur comptable plus en rapport avec le cœur de son métier.

L'intégration des données bancaires repose sur 3 étapes :

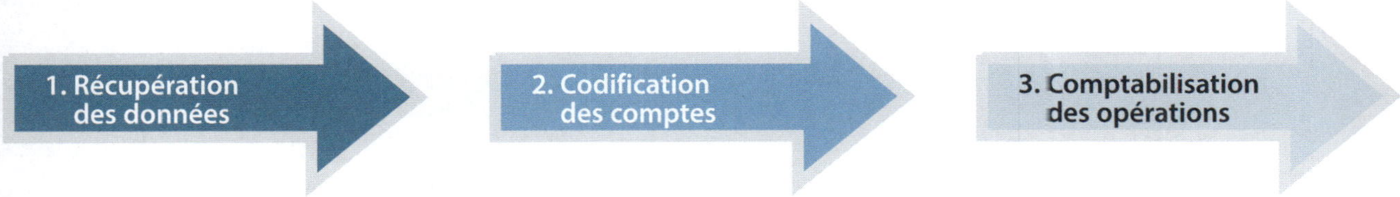

Un paramétrage efficace passera par :

- un tri des écritures par numéro de chèques ou par libellé ;
- une affectation automatique par mots-clés (ex. : Virement, TIP, ERDF, GRDF, Telecom, Agios…) ;
- un traitement automatisé des chèques, des remises de cartes bancaires, des prélèvements d'emprunts…

Étapes relatives au rapprochement bancaire classique

Pour obtenir une corrélation parfaite entre le compte banque de l'entreprise et le compte de l'entreprise à la banque, il est nécessaire de respecter les étapes suivantes :

1) Pointage des opérations réciproques.
2) Rectification des erreurs ou des oublis constatés.
3) Vérification de la concordance entre les soldes initiaux.
4) État de rapprochement (imputation dans chaque compte des opérations réciproques non encore imputées et prise en compte des erreurs et oublis dans les comptes concernés).
5) Enregistrement au journal banque de l'entreprise des opérations nécessaires.
6) Vérification de l'égalité des nouveaux soldes finaux.

RAIMBEAUCOURT

Enregistrement d'opérations liées à la trésorerie - Contrôle des comptes

- 1.3.1 Enregistrement, contrôle et validation des opérations relatives aux clients (y compris celles générées par le PGI)
- 1.5.5 Gestion des échéances relatives aux règlements des fournisseurs
- 1.6.1 Pointage des relevés et des comptes bancaires

Comptable dans l'entreprise **RAIMBEAUCOURT**, il vous est demandé d'étudier les comptes de trésorerie pour le mois de janvier N.

3 janvier : Ventes au comptant de marchandises de la journée – Bande enregistreuse de la caisse centrale n° 0301NN (TVA incluse au taux normal) :
- contre chèques bancaires : 10 610,71 € TTC
- contre chèques postaux : 1 804,41 € TTC
- contre espèces : 712,88 € TTC (Pièce de caisse n° 45)

4 janvier : Dépôt des chèques dans les différentes banques (avis de crédit n° 127 pour le Crédit Mutuel et n° 887 pour la Banque Postale).

5 janvier : Réglée au comptant par virement postal n° 573, la facture n° 68925 de l'EDF (TVA au taux normal) : 252 € TTC.

8 janvier : Reçu des chèques bancaires de divers clients : 6 201,21 €.

10 janvier : Dépôt au Crédit Mutuel des chèques bancaires reçus le 08/01 (Avis de crédit 128).

14 janvier : Achat au comptant contre espèces de 100 € de timbres-poste (pièce de caisse n° 46).

16 janvier : Réglé par chèque bancaire n° 235648 le fournisseur Chabert : 5 413,22 €.

18 janvier : Réglée au comptant par virement postal n° 574, une facture de papeterie au fournisseur Furet : 528 € TTC (TVA au taux normal – Facture n° 356). Cet achat est destiné aux travaux de bureau.

23 janvier : Encaissé, le jour même, du client Vienne, en règlement de notre facture de vente de marchandises n° 345 de 8 904 € TTC (TVA au taux normal incluse), un virement bancaire n° 3265 de 8 725,92 € (escompte de 2 % pour paiement sous huitaine déduit).

24 janvier : Achat de marchandises au fournisseur Lenglet (TVA incluse au taux normal – Facture n° 215) réglé au comptant par chèque bancaire n° 235649 : 7 800 € TTC.

27 janvier : Règlement de 50 % au comptant par chèque bancaire n° 235650 des honoraires de l'avocat Maître Colin (TVA au taux normal incluse – Facture n° 22448 de 2 136 € TTC – cet avocat n'a pas opté pour les débits).

31 janvier : M. Raimbeaucourt effectue un dépôt d'espèces au Crédit Mutuel de telle sorte que le solde du compte « 531100. Caisse en euros » reste positif de 1 000 € (Pièce de caisse n° 47 et avis de crédit n° 129).

NB *: l'entreprise Raimbeaucourt utilise le compte 511200 « Chèques à encaisser ».*

Au **31 décembre N-1**, les comptes de trésorerie de l'entreprise Raimbeaucourt présentaient les soldes suivants :

512110 Crédit Mutuel Lille : solde créditeur	11 613,42 €
514110 Banque Postale Lille : solde débiteur	1 627,69 €
531100 Caisse en euros :	954,50 €

Missions

1 - Enregistrez ces opérations dans le bordereau d'imputation de l'entreprise Raimbeaucourt, en séparant les opérations de facturation et de règlement dans les journaux auxiliaires (HA, VT, BQ1 pour le Crédit Mutuel Lille, BQ2 pour la Banque Postale Lille, CA pour la Caisse en euros et OD pour les Opérations Diverses).

2 - Présentez de façon détaillée les trois comptes de trésorerie. Faites apparaître le solde après chaque opération (annexe).

3 - Que peut-on conseiller au dirigeant de l'entreprise Raimbeaucourt pour éviter de payer trop d'agios sur les découverts constatés au Crédit Mutuel ?

version BiMédia « Raimbeaucourt_Eleve.xls »

version BiMédia « Bordereau.pdf »

Annexe - Compte de trésorerie de la société « RAIMBEAUCOURT »

Compte 531100 CAISSE EN EUROS					
Date	**Libellé**	**Débit**	**Crédit**	**Solde**	**Sens**
	Totaux				

Compte 512110 CRÉDIT MUTUEL LILLE					
Date	**Libellé**	**Débit**	**Crédit**	**Solde**	**Sens**
	Totaux				

Compte 514110 BANQUE POSTALE LILLE					
Date	**Libellé**	**Débit**	**Crédit**	**Solde**	**Sens**
	Totaux				

SAILLY

Enregistrements relatifs à la trésorerie

- 1.3.3 **Enregistrement, suivi des effets de commerce créés**
- 1.5.5 **Gestion des échéances relatives aux règlements des fournisseurs**
- 1.7.1 **Présentation des caractéristiques de l'organisation du processus « Contrôle et traitement des opérations commerciales »**
- 1.7.2 **Analyse du processus « Contrôle et traitement comptable des opérations commerciales »**

Comptable dans la société **SAILLY**, vous devez enregistrer les écritures de trésorerie des mois de juin et de juillet N.

Les opérations sont décrites en **annexe 1** et un extrait du plan comptable spécifique à la société SAILLY vous est fourni en **annexe 2**.

Mission

→ **Comptabilisez dans le bordereau d'imputation comptable, les écritures de l'exercice N.**

version BiMédia « Sailly_Eleve.xls »

version BiMédia « Bordereau.pdf »

Annexe 1 - Opérations relatives à la trésorerie

Dates	Opérations	Montants
02/06	Facture n° 224 envoyée au client Risoul : vente de marchandises. Net à payer :	540,00 €
04/06	Acceptation par le client Risoul de la LCR papier n° 176 jointe à la facture 224. Échéance au 30/06. Nominal de la LCR :	540,00 €
08/06	Négociation de la LCR papier n° 176 auprès de la Société Générale.	540,00 €
09/06	Chèque n° 616 – Avance faite aux établissements « Étienne Travaux » pour la réparation de notre atelier (30 % du devis fixé à 1 200 € TTC).	360,00 €
10/06	Avis de crédit n° 07/158 relatif à la négociation de la LCR papier n° 176. Commission : 3,00 € HT, escompte au taux de 6,50 %. Net perçu :	534,26 €
14/06	Facture n° 33 reçue des établissements « Étienne Travaux » conforme au devis. Cette société n'a pas opté pour les débits. Net à payer : La LCR papier n° 6589 jointe est acceptée le jour même. Échéance au 31/07. Nominal de la LCR :	840,00 € 840,00 €
15/06	Vente au comptant de la 1re quinzaine de juin : - Règlements en espèces : - Règlements par chèques : - Règlements par cartes de crédit :	1 422,50 € 6 375,80 € 4 009,70 €
18/06	Dépôt des chèques à la Société Générale.	6 375,80 €
18/06	Dépôt d'espèces à la Société Générale. Avis de crédit n° 06/854.	1 250,00 €
18/06	Avis de crédit n° 06/855 : le compte bancaire (Société Générale) est alimenté de la valeur des cartes de crédit sous déduction d'une commission de 0,50 % (exonérée de TVA). Net perçu :	3 989,65 €
20/06	Avis de crédit n° 06/863 : le compte bancaire (Société Générale) est alimenté de la valeur des chèques remis à l'encaissement le 18/06.	6 375,80 €
22/06	Reçu n° 258 de la Poste pour achat, en espèces, de timbres postaux.	12,40 €
24/06	Facture n° 335 de la « Papeterie Broussard » : achat de fournitures de bureau. Un escompte conditionnel de 2 % est accordé en cas de règlement sous huitaine. Montant net à payer de la facture : Règlement immédiat par chèque n° 617. Montant du chèque :	300,00 € 294,00 €
31/07	Avis de débit n° 07/365 – Échéance de la LCR papier n° 6589.	840,00 €

***NB** : Lorsqu'elle s'applique, la TVA est au taux normal.*

Annexe 2 - Extrait du plan comptable de la société SAILLY

Numéros	Intitulés	Numéros	Intitulés
445712	État, TVA collectée (TN)	512100	Société Générale
445800	État, TVA à régulariser	531000	Caisse
511210	Chèques en caisse	580000	Virement interne
511220	Chèques à encaisser	581000	Ventes au comptant (en espèces)
511400	Effets remis à l'escompte	627800	Autres services bancaires (commissions diverses)
511500	Cartes de crédit à encaisser		

BARALLE

Règlements au comptant - Règlements à crédit (LCR papier, LCR magnétique)

- 1.3.3 Enregistrement, suivi des effets de commerce créés
- 1.5.5 Gestion des échéances relatives aux règlements des fournisseurs
- 1.7.1 Présentation des caractéristiques de l'organisation du processus « Contrôle et traitement des opérations commerciales »
- 1.7.2 Analyse du processus « Contrôle et traitement comptable des opérations commerciales »

Le gérant de la **SARL BARALLE** vous confie les enregistrements relatifs aux règlements clients et fournisseurs. Les opérations sont décrites en **annexe**.

Mission

→ **Comptabilisez dans le bordereau d'imputation comptable, les écritures de l'exercice N.**

version BiMédia « Baralle_Eleve.xls »

version BiMédia « Bordereau.pdf »

Annexe - Opérations relatives aux règlements

Dates	Opérations	Montants
01/03	Facture n° 336 adressée au client Bricout : vente de marchandises – Remise 6 % - Escompte conditionnel de 2,50 % en cas de règlement au comptant. Brut	3 400,00 €
02/03	Aussitôt la facture reçue, le client Bricout nous a viré la somme due sous déduction de l'escompte promis. Montant du virement :	3 739,32 €
03/03	Émission de la LCR magnétique n° 895 à échéance du 30/04 sur le client Spatouli suite à la facture de vente de marchandises enregistrée le 26/02.	6 000,00 €
04/03	Facture n° 03/1254 du fournisseur Cluse : achat de marchandises – Remise 3 %. Brut : Frais de port HT : Avance versée par chèque le jour de la commande (27/02) :	 6 400,00 € 450,00 € 800,00 €
11/03	Facture d'avoir n° A03/1254 du fournisseur Cluse suite au renvoi de marchandises non conformes à la commande. Brut :	400,00 €
15/03	Facture n° 186 au client Gerbier : vente de marchandises – Remise 5 %. Brut :	4 200,00 €
17/03	Acceptation par le client Gerbier de la LCR papier n° 24/186 jointe à la facture n°186. Conditions 30 JFM - Échéance au 30/04. Nominal :	4 788,00 €
31/03	Règlement du fournisseur Cluse par chèque n° CMNE 145896. Montant du chèque :	6 724,00 €
26/04	Afin de se faciliter l'encaissement, la société Baralle confie l'encaissement de toutes ses lettres de change au Crédit Mutuel Nord Europe. Montant de la LCR papier n° 24/186 : Montant de la LCR magnétique n° 895 :	 4 788,00 € 6 000,00 €
30/04	Échéance des lettres de change. Montant de la LCR papier n° 24/186 : Montant de la LCR magnétique n° 895 :	4 788,00 € 6 000,00 €
02/05	Avis de crédit n° 05/44 relatif à l'encaissement des lettres de change. Conditions : - commission de manipulation : 5,00 € HT par LCR papier, - commission de manipulation : 1,50 € HT par LCR magnétique. Net perçu :	 5,00 € 1,50 € 10 780,20 €

***NB** : Lorsqu'elle s'applique, la TVA est au taux normal.*
La banque de la SARL BARALLE est le Crédit Mutuel Nord Europe (CMNE), compte 512200.

Scénario 13 Le suivi des comptes bancaires

DUVIVIER

Contrôle des comptes de trésorerie (PGI)

1.6.1 Pointage des relevés et des comptes bancaires
1.6.2 Réalisation d'un état de rapprochement
1.6.3 Enregistrement des écritures de régularisation suite au rapprochement bancaire
7.3.2 Participation à l'évolution du système d'information

Mission

→ **Informatisez le rapprochement bancaire de l'entreprise DUVIVIER (voir scénario n° 13) à l'aide du mode opératoire à télécharger.**

version BiMédia

« DUVIVIER_MOP_SAGE »
« DUVIVIER_MOP_SAGE PGI »
« DUVIVIER_MOP_SAGE PGI_I7 »
« Duvivier_Mode_Operatoire_Cegid.pdf »
« Duvivier_Mode_Operatoire_Ebp.pdf »

version BiMédia

PGI

« Duvivier_XX_Sage.zip »
« Duvivier_XX_Ebp.zip »
« Duvivier_XX_Cegid.zip »

FAUMONT

État de rapprochement bancaire et enregistrements

1.6.1 Pointage des relevés et des comptes bancaires
1.6.2 Réalisation d'un état de rapprochement
1.6.3 Enregistrement des écritures de régularisation suite au rapprochement bancaire

L'entreprise **FAUMONT** vous a récemment embauché(e) en tant qu'assistant(e) gestionnaire de la trésorerie. La première tâche qui vous incombe est de faire le rapprochement bancaire entre l'extrait de compte envoyé par la Société Générale (**annexe 1**) et le compte « 512012 SG Valenciennes » tenu par vos soins (**annexe 2**).

Missions

Après étude des deux annexes concernant le mois de mai N :

1 - Présentez l'état de rapprochement établi à fin mai par Faumont (annexe A à compléter).

2 - Enregistrez, dans le journal de Faumont, les écritures de régularisation qui sont nécessaires (annexe B à compléter).

version eMédia « Faumont_Eleve.xls »

Annexe A (à compléter) - État de rapprochement

Compte 512012 chez FAUMONT		ÉTAT DE RAPPROCHEMENT BANCAIRE	Compte FAUMONT à la Société Générale	
Débit	*Crédit*		*Débit*	*Crédit*
		Soldes finaux à rectifier		
		Totaux		
		Soldes finaux rectifiés		

Annexe B (à compléter) - *Journal de banque de l'entreprise FAUMONT*

BQ		31-mai		
		Suivant état de rapprochement du 31/05		

Annexe 1 - *Extrait du compte FAUMONT tenu par la Société Générale de Valenciennes*

SOCIÉTÉ GÉNÉRALE Agence de Valenciennes	Relevé des opérations réalisées par : **Entreprise FAUMONT** Période : **Mai N** Compte n : **015 489 632 69856**			
		Débit	**Crédit**	**Solde**
Solde au 30 Avril				- 5 886,90 DB
5 Mai	Échéance de la LCR papier 458	765,20		- 6 652,10 DB
11 Mai	Bordereau de remise de chèque 332		279,60	- 6 372,50 DB
12 Mai	Virement bancaire n° VB56879		5 937,50	- 435,00 DB
12 Mai	Location d'un coffre en avril	19,50		- 454,50 DB
13 Mai	Frais sur négociation d'actions	3,24		- 457,74 DB
16 Mai	Échéance des LCR papier 896-898-901-904	6 225,00		- 6 682,74 DB
21 Mai	Bordereau de remise d'espèces 154		6 250,00	- 432,74 DB
25 Mai	Avis de crédit sur remise LCR papier 101 (net)		1 290,40	857,66 CR
31 Mai	Agios sur découvert de mai (1)	19,00		838,66 CR

(1) Dont 12,60 € TTC de commissions sur le plus fort découvert du mois et 6,40 € d'intérêts sur découvert.

Annexe 2 - *Compte « 512012 SG Valenciennes » tenu par l'entreprise FAUMONT (mois de mai)*

Jour	Libellés	Débit	Jour	Libellés	Crédit
				Solde créditeur initial au 30/04	**6 671,60**
11	Remise chq BP147667 du client Hazard	281,80	11	Frais d'encaissement sur chq BP147667	2,20
11	Virement bancaire du client Chedjou	5 937,50	16	LCR papier échues au 15/05 : 896 : fournisseur Debuchy 898 : fournisseur Dumont 901 : fournisseur Frau 904 : fournisseur Mavuba	 3 154,00 965,00 1 810,00 296,00
21	Dépôt d'espèces	6 250,00			
25	LCR papier 101 remise à l'escompte	1 310,00	25	Agios sur remise à l'escompte de la LCR papier 101	19,60
			31	LCR papier échues au 30/05 : 907 : fournisseur Vittek 909 : fournisseur De melo 913 : fournisseur Obraniak	 1 613,50 320,75 947,80
Sous totaux		13 779,30	Sous totaux		15 800,45
	Solde créditeur final au 31/05	**2 021,15**			
Total général		15 800,45	Total général		15 800,45

DUFFEUX

D'après DPECF – Épreuve E4 2005

État de rapprochement bancaire et enregistrements

1.6.1 Pointage des relevés et des comptes bancaires
1.6.2 Réalisation d'un état de rapprochement
1.6.3 Enregistrement des écritures de régularisation suite au rapprochement bancaire

L'entreprise **DUFFEUX** a pour activité le conditionnement des fruits et légumes dans la région nantaise. Elle a transmis au cabinet GEPHIL Fiduciaire son relevé bancaire ainsi qu'un extrait de son Grand-livre relatif au compte banque. L'état de rapprochement bancaire n'a pas encore été préparé par le cabinet GEPHIL Fiduciaire.

Missions

1 - Calculez et justifiez la différence des soldes initiaux qui apparaissent dans les documents des annexes 1 et 2.

2 - Présentez l'état de rapprochement au 31 mars N (annexe A à compléter).

3 - Enregistrez dans le bordereau d'imputation comptable de la société DUFFEUX les écritures nécessaires au 31 mars N.

4 - Indiquez le solde initial qui doit figurer sur le compte banque tenu par la société DUFFEUX au 1er avril N et le solde initial qui doit apparaître sur le relevé bancaire à cette même date.

<u>Remarque</u> : *En cas de différence d'imputation des sommes, il est précisé que les erreurs proviennent de l'entreprise.*

version BiMédia « Duffeux_Eleve.xls »

version BiMédia « Bordereau.pdf »

Annexe A (à compléter) - État de rapprochement

Compte 512100 BPNA chez DUFFEUX		ÉTAT DE RAPPROCHEMENT BANCAIRE	Compte DUFFEUX à la banque BPNA	
Débit	*Crédit*		*Débit*	*Crédit*
		Soldes finaux à rectifier		
		Totaux		
		Soldes finaux rectifiés		

Annexe 1 - Extrait de compte entreprise DUFFEUX tenu par la Banque Populaire Nantes - Atlantique

BANQUE POPULAIRE **NANTES – ATLANTIQUE** **Rue du pont du Cens** **44 000 Nantes**	Titulaire du compte : **Client Duffeux** **25, boulevard Paul Bellamy** **44 000 Nantes**			
		Débit	**Crédit**	**Solde**
01/03	Solde initial			- 2 431,18
03/03	Remise de chèques n° 842		2 876,23	445,05
04/03	Remise de chèques n° 256		9 875,52	10 320,57
04/03	Règlement des LCR papier échues	1 369,16		8 951,41
05/03	Chèque n° 4586 émis	168,85		8 782,56
05/03	Virement du client Martin		12 564,00	21 346,56
08/03	Frais de tenue de compte titres (dont TVA : 3,00 €)	18,00		21 328,56
08/03	Remise de chèques n° 658		14 389,56	35 718,12
09/03	Mensualité d'emprunt (dont 542 € d'intérêts)	2 456,54		33 261,58
14/03	LCR papier n° 6684 revenue impayée	457,78		32 803,80
14/03	Frais d'impayés sur LCR papier n° 6684 (dont 4,00 € de TVA)	24,00		32 779,80
16/03	Prélèvement automatique (fournisseur d'électricité)	471,00		32 308,80
19/03	LCR papier n° 6687 encaissée (commissions 36,00 € TTC)		7 542,00	39 850,80
20/03	Virement du client Dupont		7 491,25	47 342,05
23/03	Chèque n° 4589 émis (abonnement Internet)	5 648,58		41 693,47
25/03	Encaissement du chèque n° 12547		145,97	41 839,44
27/03	Encaissement des cartes bancaires		2 465,45	44 304,89
27/03	Chèque n° 4588 émis (loyer de février)	1 235,00		43 069,89
28/03	Chèque n° 706 impayé du client Durand	449,74		42 620,15
29/03	Encaissement d'intérêts sur actions (VMP)		940,00	43 560,15
30/03	Virement des salaires	28 645,69		14 914,46

***NB** : Les frais d'impayés restent à la charge de l'entreprise DUFFEUX.*

Annexe 2 - Compte « 512100 Banque Populaire Nantes – Atlantique » tenu par l'entreprise DUFFEUX

		Somme		**Solde**	
		Débit	**Crédit**	**Débiteur**	**Créditeur**
01/03	Solde initial			78,56	
01/03	Virement du client René	197,64		276,20	
02/03	Chèque n° 256 du client Pierre	9 875,52		10 151,72	
02/03	Virement du client Martin	12 564,00		22 715,72	
03/03	Chèque n° 4587 au fournisseur Fébur		895,98	21 819,74	
04/03	Chèque n° 658 du client Henri	14 389,56		36 209,30	
05/03	Chèque n° 4588 loyer de février		1 235,00	34 974,30	
05/03	Chèque n° 4589 (abonnement Internet)		5 648,58	29 325,72	
05/03	LCR papier n° 6687 remise à l'encaissement	7 578,00		36 903,72	
05/03	Prélèvement automatique (fournisseur d'électricité)		471,00	36 432,72	
08/03	Virement au client Dupont	7 941,25		44 373,97	
14/03	Chèque n° 12547 du client Honoré	145,97		44 519,94	
22/03	Chèque n° 372 du client Charles	4 844,88		49 364,82	
27/03	Virement des cartes bancaires en notre faveur	2 465,45		51 830,27	
30/03	Virement des salaires		28 645,69	23 184,58	

BUISSY

Vérification d'un rapprochement bancaire automatique (logiciel de récupération des données bancaires)

- 1.6.2 Réalisation d'un état de rapprochement
- 1.6.3 Enregistrement des écritures de régularisation suite au rapprochement bancaire
- 1.7.1 Présentation des caractéristiques de l'organisation du processus « Contrôle et traitement des opérations commerciales »
- 1.7.2 Analyse du processus « Contrôle et traitement comptable des opérations commerciales »

Collaborateur comptable dans un cabinet d'expertise comptable, vous avez en responsabilité la surveillance du dossier de la société **BUISSY**.

L'organisation comptable relative à la gestion de la trésorerie vous est fournie en **annexe 1** et les tableaux issus du rapprochement bancaire automatique de votre PGI vous sont fournis en **annexe 2**.

Missions

1 - **Vérifiez et analysez les résultats du rapprochement bancaire automatique.**

2 - **Comptabilisez dans le bordereau d'imputation comptable (annexe à compléter), les écritures que vous jugerez nécessaire.**

version eMédia « Buissy_Eleve.xls »

Annexe 1 - Organisation comptable relative à la gestion de la trésorerie

- Le comptable de la société Buissy enregistre au jour le jour toutes les opérations relatives à son compte bancaire (BNP).
- En début de chaque mois suivant, il transmet le journal de banque du mois écoulé au cabinet comptable (procédure d'exportation).
- Le responsable du dossier dans le cabinet comptable, importe le journal de banque de la société sur le PGI du cabinet afin de faire la surveillance des comptes.
- Le cabinet comptable a signé un accord avec la banque de la société Buissy (BNP) pour intégrer, *via* son logiciel de récupération des données bancaires, les informations apparaissant sur le relevé bancaire des opérations du mois écoulé.
- Le logiciel de récupération a été paramétré de sorte que 90 % des informations sont retraitées automatiquement et il permet d'obtenir les imputations et affectations dans les comptes correspondants directement dans le PGI.
- Le PGI du cabinet comptable permet de réaliser automatiquement un rapprochement bancaire faisant ressortir les éventuels écarts à retraiter.
- Le responsable du dossier dans le cabinet comptable enregistre les opérations nécessaires.

Annexe 2 - Tableaux issus du rapprochement bancaire automatique

Rapprochement bancaire : BNP BNP1/0 en Euro

Code journal	BQ1	Solde comptable	15 097,14
Extrait	Ext.31/07/N	Solde bancaire	14 015,23
Lettre rapprochement	H	Solde lettre	

Mouvements bancaires : Ext.31/07/N

Date ...	Date ...	Libellé	N° pièce	Co...	Co...	Extrait	L...	Montant tenue	Débit	Crédit
0307..	0307..	Chèque	4354362			Ext....	C	-1 071,00	1 071,00	
0607..	0607..	Remiset d'espèces				Ext....	F	1 800,00		1 800,00
1007..	1007..	Achat d'obligations Rent...				Ext....	A	-2 772,00	2 772,00	
1107..	1107..	Remise de chèques				Ext....	E	1 627,74		1 627,74
1607..	1607..	Négociation LCR (net)				Ext....	G	2 975,40		2 975,40
2007..	2007..	Chèque	4354364			Ext....	B	-1 710,00	1 710,00	
2007..	2007..	Virement				Ext....	D	741,60		741,60

Mouvements comptables : BQ1

Code ...	Date	N°...	Référence	Piè...	N°compt...	Libellé écriture	D...	L...	Débit	Crédit
BQ1	0307..	2	4354362	Ex...	51211000	chèque 4354362	1...	C		1 071,00
BQ1	0507..	3		Ex...	51211000	Dépôt d'espèces	1...	F	1 800,00	
BQ1	0807..	4		Ex...	51211000	Encaissements clients	1...	E	1 627,74	
BQ1	1007..	5		Ex...	51211000	Achat obligations Renta2022	1...	A		2 772,00
BQ1	1107..	6		Ex...	51211000	Négociation LCR	1...	G	3 078,00	
BQ1	1507..	7		Ex...	51211000	Agios sur négociation du 11/07	1...	G		102,60
BQ1	1807..	9	4354364	Ex...	51211000	chèque 4354364	1...	B		1 710,00
BQ1	2207..	11		Ex...	51211000	Virement client	1...	D	741,60	

Période : 0101N au 3112N — Ecritures rapprochées

Rapprochement bancaire : BNP BNP1/0 en Euro

Code journal	BQ1	Solde comptable	15 097,14
Extrait	Ext.31/07/N	Solde bancaire	14 015,23
Lettre rapprochement	H	Solde lettre	

Mouvements bancaires : Ext.31/07/N

Date ...	Date ...	Libellé	N° pièce	Co...	Co...	Extrait	L...	Montant tenue	Débit	Crédit
0407..	0407..	Chèque	4354359			Ext....		-219,60	219,60	
1007..	1007..	Frais sur achat d'obligatio..				Ext....		-64,80	64,80	
2207..	2207..	Chèque	4354365			Ext....		-1 520,64	1 520,64	
2507..	2507..	Retour impayé				Ext....		-633,60	633,60	
2507..	2507..	Frais relatif à l'impayé				Ext....		-22,50	22,50	
2707..	2707..	Négociation LCR (net)				Ext....		922,84		922,84
3107..	3107..	Commission mensuelle (e...				Ext....		-34,02	34,02	
3107..	3107..	Intérêts en votre faveur				Ext....		56,61		56,61

Mouvements comptables : BQ1

Code ...	Date	N°...	Référence	Piè...	N°compt...	Libellé écriture	D...	L...	Débit	Crédit
BQ1	3006..	1			51211000	Solde final de juin			13 539,60	
BQ1	0207..	1			51211000	Intérêts actions Decathlon			180,00	
BQ1	1607..	8	4354363		51211000	chèque 4354363				783,90
BQ1	2007..	10	4354365		51211000	chèque 4354365				1 502,64
BQ1	2407..	12			51211000	Négociation LCR			945,00	
BQ1	2607..	13			51211000	Règlement client			1 875,24	
BQ1	2807..	14	4354366		51211000	chèque 4354366				747,90

Période : 0101N au 3112N — Ecritures non rapprochées

Remarques :

- Le solde final apparaissant au 30/06/N sur le relevé bancaire était de 13 939,20 €.
- Lorsqu'elle s'applique, la TVA est au taux normal.
- Les frais relatifs à l'acquisition de titres (obligations) sont soumis à la TVA.
- Après vérification auprès de notre fournisseur, le chèque n° 4354365 est d'un montant de 1 520,64 €.
- Lors de la constatation d'un impayé, les frais sont imputés directement au client défaillant.
- Après courriel envoyé à la BNP, celle-ci nous a renvoyé en pdf le détail du bordereau de négociation de la LCR papier du 27/07 : Commissions HT : 5,00 € - Intérêts sur escompte : 16,16 €.
- La commission mensuelle prélevée par la banque concerne la gestion des emprunts. Elle est soumise à la TVA.
- Les intérêts perçus en fin de mois sont relatifs aux obligations acquises au cours du mois de juillet. Ces intérêts sont exonérés de TVA.
- Les chèques n° 4354359, 4354363 et 4354366 n'ont pas encore été portés à l'encaissement par les bénéficiaires.
- Le chèque reçu le 26/07 n'a pas encore été déposé à la banque.

Annexe à compléter - *Bordereau d'imputation comptable*

Ligne	Date	Journal	N° compte général	N° compte de tiers	Intitulés des comptes/ Libellés des opérations	Débit	Crédit
1							
2							
3							
4							
5							
6							
7							
8							
9							
10							
11							
12							
					Totaux		

Vérification de l'égalité des soldes initiaux :

Solde du compte 512110 :	
Total	

Solde du compte Buissy à la BNP :	
Total	

Vérification de l'égalité des soldes finaux :

Solde du compte 512110 :	
+ Opérations au débit du compte 512110 :	
- Opérations au crédit du compte 512110 :	
Total	

Solde du compte Buissy à la BNP :	
Total	

Maquettes (couverture et intérieure) : FontainePicard
Mise en page : FontainePicard

ISBN : 978-2-7446-4293-7

Pour d'éventuelles informations de votre éditeur

https://eqrcode.co/a/oYu10N

Achevé d'imprimer sur les presses de l'imprimerie FAURITE

Imprimé en France
Dépôt légal : 2e trimestre 2021